---

## DISTINCTION

DES

## ACTES TRANSLATIFS DE PROPRIÉTÉ

### D'AVEC CEUX QUI SONT SIMPLEMENT DÉCLARATIFS

---

EXPLICATION DE LA LOI DU 23 MARS 1855

## PAR M. BERGER

JUGE DE PAIX DU CANTON DE BOURGANEUF

Ancien Notaire

---

## LIMOGES

Vᵉ H. DUCOURTIEUX, IMPRIMEUR DE LA COUR

5, RUE DES ARÈNES, 5

—

1875

## DISTINCTION
### DES ACTES TRANSLATIFS DE PROPRIÉTÉ
#### D'AVEC CEUX QUI SONT SIMPLEMENT DÉCLARATIFS

## DISTINCTION

### DES

## ACTES TRANSLATIFS DE PROPRIÉTÉ

### D'AVEC CEUX QUI SONT SIMPLEMENT DÉCLARATIFS

EXPLICATION DE LA LOI DU 23 MARS 1855

## PAR M. BERGER

JUGE DE PAIX DU CANTON DE BOURGANEUF

Ancien Notaire.

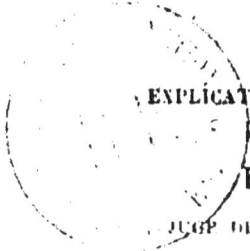

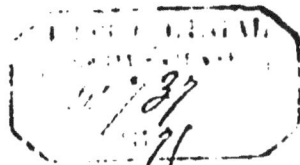

LIMOGES

V e H. DUCOURTIEUX, IMPRIMEUR DE LA COUR

5, RUE DES ARÈNES, 5

1875

# TRANSCRIPTION

## DISTINCTION

### DES

# ACTES TRANSLATIFS DE PROPRIÉTÉ

#### D'AVEC

## CEUX QUI SONT SIMPLEMENT DÉCLARATIFS

§ 1er

### ORIGINE DE LA TRANSCRIPTION

#### Sommaire

1. Tradition du droit romain.
2. Formalités des coutumes de nantissement.
3. Indication de ces formalités.
4. Appropriance usitée en Bretagne.
5. Insinuation des donations établie par l'ordonnance de 1731.
6. Suppression des formalités du nantissement et établissement de la transcription par la loi du 19 septembre 1790.
7. Lois des 11 brumaire an VII et 23 mars 1855.
8. Empire du milieu intellectuel dans lequel on vit.

1. L'affermissement de la propriété a toujours été considéré comme une nécessité des sociétés civilisées ; mais la tendance des législations n'a pas été en conformité constante avec ce besoin. La doctrine de la tradition, dont le droit romain originaire était si fortement empreint, s'était affaiblie avec le temps. (TROPLONG, *Trans.*, n° 3.) Il appartenait aux sociétés barbares de créer l'idée génératrice de la transcription par les solennités matérialistes dont elles entouraient la prise de possession du sol. Sans doute ces

1

institutions, inconscientes du crédit, ne s'inspiraient que des idées propres aux populations primitives ; mais, acceptées avec empressement par le régime féodal, perfectionnées par les légistes et appliquées par eux à la consécration du droit de propriété, elles sont devenues, à ce point de vue, le berceau du droit moderne.

2. Les coutumes dites de nantissement exigeaient sous divers noms, *vest*, *dévest*, *deshéritance* et *adhéritance*, devoirs de loi,... que l'acquéreur obtînt au moyen de formalités spéciales l'investiture de la propriété. Jusqu'à leur accomplissement, il n'avait que le droit personnel.

« Au vendeur, dit Jean Desmares, demeure toujours la
» vraie saisine et possession jusques à tant qu'il en soit
» dessaisi en la main du seigneur foncier ; et ne s'en peut
» dire l'acheteur saisi jusques à ce qu'il en soit saisi de fait
» par le seigneur foncier. »

Sans doute la puissance de la convention, puissance que ne peuvent méconnaître les législations les plus matérialistes, donnait à l'acquéreur le droit de contraindre le vendeur à livrer la chose vendue. L'acquéreur avait à cet effet l'action personnelle-immobilière, mais qui cependant ne pouvait, dans les provinces de nantissement, être dirigée que contre le vendeur tant que le vest et le dévest n'avaient pas été accomplis, à la différence de presque toutes les autres contrées de la France, où la tradition suffisait pour conférer le droit réel contre les tiers. (MERLIN, *Rép.*, v° *Nantissement*, p. 458 et suiv.; POTHIER, édit. DUPIN, t. II, p. 26, et t. X, p. 49).

3. Le vest et le dévest consistaient dans la comparution des deux contractants, dont l'un se dessaisissait au profit de l'autre, devant un fonctionnaire qui en dressait acte. Si le dessaisissement était refusé, une instance pouvait en tenir lieu. Du moment où les formalités du nantissement étaient accomplies, l'acquéreur était saisi du droit de propriété vis-à-vis des tiers. (MERLIN, *Rép.*, v° *Nantissement*, p. 458.)

4. La Bretagne avait, sous le nom d'appropriance, des institutions particulières, qui, au moyen de publications faites après la vente, confirmaient le droit de l'acheteur, lors même que l'immeuble vendu eût appartenu à un tiers, si celui-ci n'était pas intervenu pour réclamer ses droits.

M. Troplong (*Trans.*, n°° 6, 7 et suiv.) et M. Flaudin, dans son résumé historique sur la transcription, donnent sur tous ces points des détails auxquels nou- ne pouvons que nous référer.

5. L'ordonnance de 1731 sur les donations, œuvre du chancelier d'Aguesseau, fixa la législation sur l'insinuation des donations. Mais elle excepta les pays soumis au Parlement de Flandre, dans lesquelles les formalités du nantissement étaient appliquées aux donations.

Nous expliquerons plus tard en quoi l'insinuation différait du nantissement.

6. L'Assemblée constituante, par la loi du 19 septembre 1790, supprima les formalités usitées dans les pays de nantissement et les remplaça par la transcription ; mais elle ne toucha pas à l'insinuation, ainsi que le déclare la loi du 27 janvier 1791.

7. La loi du 11 brumaire an VII posa le principe général de la nécessité de la transcription pour la transmission de la propriété vis-à-vis des tiers. Cette loi s'appliquait aux donations aussi bien qu'aux actes à titre onéreux, en sorte, dit M. Merlin (*Rép.*, 4° édit., v° *Donation*, sect. 6, § 3), que les donations furent dès ce moment assujetties à deux sortes de formalités, l'insinuation et la transcription. Le Code civil, à son tour, soumit les donations à la transcription, et les dispensa pour l'avenir de l'insinuation ; mais ses dispositions furent interprétées, justement peut-être, en ce sens que la propriété, dans les contrats à titre onéreux, était transmise par la convention seule sans le secours de la transcription.

La loi du 23 mars 1855 est venue de son côté combler le

vide laissé par le Code et réglementer la transmission résultant de cette nature d'actes.

8. Ainsi procède l'esprit humain. Les idées les plus justes n'émanent pas toujours de ceux qui se croient au sommet de l'échelle intellectuelle. Dans tous les cas, elles ne sont presque jamais acceptées sans contestations; et, dans les fluctuations perpétuelles de l'opinion, les hommes les plus considérables ne peuvent quelquefois se soustraire au courant qui entraîne les sociétés, lors même qu'ils le sentent marcher au rebours du vrai. Lorsque Colbert, devançant son siècle, eut inscrit dans l'édit du mois de mars 1673 les principes qui dominent le droit hypothécaire actuel, la résistance qu'il rencontra fut telle, que, dans l'année suivante, en avril 1674, force fut de le rapporter; et le chancelier d'Aguesseau ne craignait pas d'écrire dans le siècle suivant ces lignes qui prouvent jusqu'où peut aller l'influence du milieu dans lequel on vit : « On a toujours cru que rien » n'était plus contraire au bien et à l'avantage de toutes les » familles que de faire trop connaître l'état et la situation » de la fortune des particuliers. » (T. IX, p. 280.)

## § 2

### TRANSMISSIONS SOUMISES A LA TRANSCRIPTION

#### Sommaire

9. Nous devons avant tout faire remarquer que la transcription n'est nécessaire que pour saisir le nouveau propriétaire vis-à-vis des tiers.

Entre les parties, la propriété est transférée par la convention. (Art. 711 et 1583 du Code civil.) Les législations modernes maintiennent la foi due aux contrats. Seulement elles obligent dans certains cas les parties à avertir les tiers des changements de situation opérés afin que ceux-ci puissent éviter d'en éprouver un dommage.

Nous avons déjà dit que, dans les coutumes de nantissement, l'acquéreur avait l'action personnelle avant l'ensaisinement, sauf cependant quelques coutumes qui en faisaient une condition de la convention. (*Voy.* MERLIN, *Rép.*, v° *Nantissement*, p. 467.)

M. Merlin enseigne (*ib.*, p. 460) que, lorsque, sans être ensaisiné, l'acquéreur avait la possession de l'immeuble, il pouvait agir et se défendre au possessoire, même contre les tiers; mais, au pétitoire, il n'avait pas le même droit. La propriété reposait encore sur la tête du vendeur.

C'était une conséquence des principes admis par notre ancienne jurisprudence et puisés dans la législation romaine, principes d'après lesquels la vente ne transférait pas la propriété de la chose, le droit de propriété ne pouvant résulter que de la tradition. (POTHIER, t. I, p. 76, t. II, p. 62.)

Après l'ensaisinement, dans les coutumes de nantissement, et ailleurs, après la tradition, l'acquéreur devenait propriétaire absolu.

Les lois actuelles attribuent aux actes de la volonté humaine leur véritable autorité. Elles donnent à l'acquéreur l'action réelle, même avant la transcription. Toutefois elles l'obligent à respecter, sauf son recours contre le vendeur, les actes que sa négligence a laissé consommer.

10. Avant d'entrer en détail dans l'examen des diverses transmissions pour lesquelles la transcription est nécessaire, nous croyons devoir aborder la question de savoir si les testaments et les institutions contractuelles y sont assujettis.

Et, d'abord, un premier principe semble hors de contestation : c'est que la transmission héréditaire s'opère par la seule force de la loi, sans que l'héritier ait à en avertir les tiers.

Il en était ainsi dans les pays de nantissement, à l'exception de ceux soumis aux coutumes de Valenciennes et de Mons, qui en disposaient autrement, mais seulement en ligne collatérale. (MERLIN, *Rép.*, v° *Nantissement*, § 1, n° 5 ; TROPLONG, *Trans.*, n° 36 ; FLANDIN, *Trans.*, n° 10.)

La maxime « le mort saisit le vif » est une des règles fondamentales du droit français ; aussi, a-t-elle été respectée par l'ordonnance de 1731 qui ne s'applique qu'aux actes de donation, et par la loi du 11 brumaire an VII qui ne s'applique qu'aux actes translatifs de propriété.

Nous ne connaissons personne qui ait soutenu que le Code civil ait modifié cette maxime en exigeant quelque mesure de publicité dans l'intérêt des tiers.

Lorsque, en 1849, on songea à réformer la législation hypothécaire, ceux mêmes qui ne reculaient pas devant les principes les plus absolus, reconnurent que la nature des choses était plus forte que la logique, et les obligeait à ne pas appliquer la nécessité de la transcription aux successions *ab intestat*. (FLANDIN, *Trans.*, n° 13.)

La loi de 1855 n'a donc soumis l'héritier à aucune mesure de publicité (FLANDIN, *ib.*, rapport de M. DEBELLEYME, appendice du traité de M. TROPLONG, *Trans.*, n° 36.)

**11.** *Transmissions testamentaires.* — Dans les pays de nantissement, le légataire, bien qu'astreint à demander la délivrance, n'était pas tenu de remplir les formalités du vest et du dévest ; la propriété des choses léguées passait directement sur sa tête. Telle était la jurisprudence du Conseil d'Artois, résultant de deux sentences confirmées au Parlement de Paris le 12 décembre 1791. Telle était aussi la disposition de la coutume de Reims (article 171). C'était là, suivant M. Merlin (*Rép.*, v° *Nantissement*, § 1, n° 7) la règle générale ; il cite les coutumes qui s'en écartaient.

L'ordonnance de 1731 ne s'appliquait qu'aux donations. L'insinuation n'était pas prescrite dans notre ancienne législation pour l'efficacité des testaments. Des mesures bursales avaient été prises à ce point de vue, notamment par un édit de mars 1703; mais ces exigences fiscales n'affectaient en rien la validité du legs. (Collection de DENISART, t. I, p. 695. Cour de cassation, 11 fructidor, an XIII; S., 7, 2, 1023.)

Quant aux substitutions, des mesures spéciales leur avaient été imposées.

M. Flandin (*Trans.,* n° 11) cite un arrêt de la Cour de Nîmes du 11 février 1807, duquel il résulterait implicitement que la loi du 11 brumaire an VII prescrivait la transcription des testaments. Ce serait là, suivant nous, une erreur. Cette loi ne s'applique que « aux actes translatifs de biens et droits susceptibles d'hypothèques ». Il nous semble qu'en interprétant ces termes dans le sens que la loi a voulu leur donner, on ne peut les appliquer aux dispositions testamentaires. Le deuxième paragraphe de l'article 26 indique qu'il a en vue plusieurs personnes faisant ensemble une convention. Rien n'autorise à penser que cette loi ait entendu prescrire une mesure qui se serait écartée de l'uniformité maintenue jusque-là dans notre droit entre la transmission héréditaire et la transmission testamentaire.

Que le Code civil n'ait pas assujetti à la transcription les legs d'immeubles, c'est ce qui nous semble ne pouvoir être contesté, en dehors, bien entendu, de la matière des substitutions, pour lesquelles nous avons déjà fait cette réserve en parlant de notre ancienne législation.

Le rapport fait par M. Debelleyme sur la loi de 1855 (*loco citato*) constate que l'opinion de ceux qui réclamaient la transcription a été rejetée. Il eût été bien peu raisonnable en effet de soumettre à la transcription un legs qui peut être ignoré du légataire, et on aurait créé pour ce dernier un bien grand danger à raison des hypothèques qui seraient survenues dans l'intervalle du chef de l'héritier. (*Voy*. pour la renonciation au legs le n° 145.)

**12.** *Institution contractuelle*. — Les coutumes de nantissement étaient divisées sur la question de savoir si les formalités ordinaires du nantissement devaient être appliquées aux institutions contractuelles. Merlin (*Rép.*, v° *Nantissement*, § 1, n° 4) explique que la faveur rattachée aux contrats de mariage avait été un motif de dispense pour quelques-unes d'entre elles ; que, dans les autres, on avait maintenu le principe général de l'ensaisinement ; et que, dans les coutumes muettes, la jurisprudence présentait la même divergence.

Il examine encore cette question au mot : institution contractuelle (§ 10, n° 4), et là il se prononce en faveur de la dispense de cette formalité, tout en expliquant qu'elle était exigée par quelques coutumes.

L'ordonnance de 1731, par son article 19, dispensait de l'insinuation les donations faites en ligne directe dans les contrats de mariage ; elle en dispensait encore quelques autres donations par les articles 21 et 22. Quant au surplus des donations, elle prononçait la peine de nullité pour le défaut d'insinuation. Entendait-elle y assujettir les donations de biens à venir ? Pothier, dans son *Traité des donations*, (section 2, art. 3, § 1<sup>er</sup>) enseigne que oui ; mais beaucoup d'autres auteurs professaient l'opinion opposée, ainsi que l'explique Merlin. (*Rép.*, v° *Institutions contractuelles*, § 7.)

Si on consulte la jurisprudence, on verra que quelques arrêts de la Cour de cassation, rendus à la vérité au sujet de donation entre époux, tendaient à décider que l'insinuation n'était nécessaire que pour les donations de biens présents. (*Voy.* arrêts des 25 ventôse an XI, S. 3, 1, 277 ; 14 prairial an XIII, S., 5, 1, 339 ; 8 vendémiaire an XIV, S., 6, 1, 603.)

Nous ne croyons pas que le sens véritable de l'ordonnance ait une importance bien grande pour la solution, au point de vue des lois nouvelles, des questions relatives à la diffi-

culté que nous examinons. Le défaut d'insinuation pouvait
être invoqué par les héritiers du donateur. L'ordonnance
avait pour but, à la fois, de protéger les créanciers du donateur, et ceux qui, appelés à sa succession, avaient à se
demander s'ils l'accepteraient. (POTHIER, *Donations*, sect.
2, § 4.)

Enfin, l'insinuation se faisait à la fois au domicile du
donateur et au lieu de la situation des biens (art. 23).

La législation actuelle s'est, comme on le voit, bien écartée de ces prescriptions.

13. La loi de l'an VII ne nous paraît pas s'être préoccupée
de l'intérêt des héritiers du donateur. Le Code civil a été
préparé au Conseil d'Etat à une époque où l'insinuation
était encore appliquée, et où cependant on pratiquait la
transcription par suite de la loi du 19 septembre 1790. On se
demandait alors si on maintiendrait à la fois les deux formalités. Les dangers possibles d'une législation nouvelle
entraînent toujours d'excellents esprits à désirer qu'on
conserve l'abri de dispositions anciennes dont ils ont appré-
cié la sagesse. M. Tronchet, mu par ce sentiment, demandait qu'on maintînt l'insinuation et la transcription jusqu'au
moment où, arrivé à la discussion du titre de la vente, le
Conseil aurait à prendre un parti définitif, et il disait que
l'iusinuation était plus avantageuse aux héritiers que la
transcription ; qu'elle les garantissait du danger d'accepter
une succession onéreuse ; que le registre des insinuations
les avertissait de la situation ; qu'ils y trouvaient toutes les
espèces de donations, tandis qu'ils ne trouveraient sur le
registre des transcriptions ni les donations de biens à venir
autorisées dans les contrats de mariage ni les donations de
meubles.

Nous le répétons : à cette époque, la transcription était
pratiquée, et l'un des membres du Conseil d'Etat affirmait
que les donations de biens à venir n'étaient pas transcrites.
Aussi, si nous jetons les yeux sur l'article 26 de la loi de

l'an VII, serons-nous frappés de cette idée, que ses termes ne se réfèrent qu'à la protection de ceux qui contractent avec la personne qui se dépouille actuellement d'un droit de propriété.

14. Enfin, le Code civil n'a pas été fait dans un autre esprit.

Si on s'en tient à la lettre de la loi, on remarque que l'article 939 parle des donations des biens susceptibles d'hypothèques, ce qui indique qu'il pourvoit à l'intérêt des tiers intéressés à la situation du donateur ; que cet article est placé sous la rubrique suivante : « de la forme des donations entre vifs »; qu'il prescrit la transcription au bureau de la situation des biens transmis ; qu'aux termes de l'article 943, la donation ne peut comprendre les biens à venir ; qu'enfin, si l'article 947 dit que les quatre articles précédents ne s'appliquent point aux donations comprises aux chapitres 8 et 9, cela ne signifie pas que les autres articles du chapitre 4 doivent y être appliqués ; que l'article 1081 semble établir une différence profonde entre la donation de biens présents et celle de biens à venir.

M. Flandin, qui ne partage pas notre opinion (*Transcriptions*, n° 698 et suiv.), déclare nettement qu'on ne peut s'emparer de l'argument *à contrario* que M. Bonnet a déduit de l'article 947. Il reconnaît que pour interpréter sainement la loi, il faut examiner quelle est la nature de l'institution contractuelle. Nous le croyons aussi; et nous attachons aux considérations suivantes plus d'importance qu'aux raisons de texte que nous venons d'indiquer.

Sans doute l'institution contractuelle est irrévocable, en ce sens que le donateur ne peut plus donner à d'autres après l'institution ; mais la donation ne le dépouille pas ; il reste propriétaire ; il peut vendre ; il peut hypothéquer. Elle n'est donc que le don d'une succession à venir, ou, en d'autres termes, une disposition à cause de mort. Dès lors, elle ne peut comporter la transcription.

Mais, dit M. Flandin, la transcription sert à empêcher

une deuxième donation, ou plutôt à avertir ceux auxquels
on voudrait donner une deuxième fois ; et, ici, M. Flandin
s'étonne de voir dans les rangs de ses adversaires des auteurs
qui, dans le concours de deux donataires à titre particulier,
allouent l'immeuble donné à celui qui a transcrit le premier. Nous n'y voyons pas la contradiction qu'il y trouve.
L'institué contractuel n'a pas à craindre un second donataire, parce que son titre, assimilé, au point de vue de la
transmission, à celui d'un héritier ou d'un légataire, n'est
pas assujetti à la transcription.

Et comment le ferait-on transcrire ? Jusqu'au décès du
donateur, on ne sait quels immeubles il laissera. Si nous
étions sous l'empire de dispositions analogues à celle de
l'ordonnance de 1731 qui exigeait l'insinuation au lieu du
domicile du donateur, en même temps qu'au lieu de la
situation de l'objet donné, on pourrait dire que la transcription au domicile du donateur avertira les tiers. M. Flandin convient qu'il faut transcrire au lieu de la situation ;
et, dans l'embarras où le place cette nécessité, il veut que
la transcription vaille à l'avance pour tous les immeubles
que le donateur aura dans l'arrondissement, par analogie
avec ce qui se pratique pour les inscriptions d'hypothèques
générales. Il prévoit l'objection qu'on peut tirer de l'article
2130, qui, pour les hypothèques conventionnelles, exige
une inscription spéciale sur chaque immeuble acquis ; mais
il répond que la transcription faite avertit suffisamment le
donataire ultérieur et qu'il n'y a pas lieu à transcrire de
nouveau.

Ce qu'il y a de vrai, c'est que la donation n'a transmis à
l'institué contractuel aucun des immeubles du donateur ;
qu'elle n'a fait que lui assurer la transmission de la succession ; que cette succession peut ne comprendre aucun
des immeubles qu'avait l'instituant au moment de l'institution et se composer exclusivement d'immeubles situés
dans un autre arrondissement ; que dès lors exiger la transcription, ce serait exiger l'impossible.

Si la loi eût voulu la prescrire, elle n'eût pu, dans l'ordre d'idées qu'elle a consacré, exiger la transcription qu'au décès de l'instituant, alors que les immeubles deviennent la propriété du donataire; mais dans ce cas, le bénéfice de la transcription eût été le prix de la course et eût appartenu au mieux renseigné sur l'époque du décès.

La doctrine de M. Flandin conduirait d'ailleurs à de bien déplorables résultats. Il veut qu'un second donataire puisse opposer le défaut de transcription. Mais, avec une législation comme il la comprend, le donateur qui regrettera d'avoir donné à l'institué n'aura qu'à vendre ses immeubles pour effacer l'effet d'une transcription effectuée, à acheter dans un autre arrondissement. Dès lors, et en s'entendant avec la personne qui sera devenue l'objet de ses préférences, il pourra détruire facilement son œuvre. Indiquer de pareils résultats, c'est les juger.

La doctrine que nous venons de combattre n'a été adoptée, à notre connaissance, que par M. Bonnet (dispositions par contrat de mariage, t. II, n° 686), par M. Flandin (*loco citato*), et par M. Duvergier, sur l'article 1er de la loi de 1855 (*Collection de lois*, 1855, p. 60). Encore M. Duvergier n'admet-il cette opinion qu'avec une certaine réserve et ne fait-il que conseiller la transcription comme mesure de prudence.

Tous les autres auteurs professent une opinion opposée. On trouvera l'indication de ces diverses autorités au recueil de Sirey, vol. de 1864, 1re partie, p. 121, au bas d'un arrêt de la Cour de cassation du 4 février 1867 qui consacre notre opinion dans une espèce où il s'agissait d'une donation entre époux faite par contrat de mariage. M. Duvergier cite dans le même sens un arrêt de Pau du 2 janvier 1827 (S., 29, 2, 215) et un arrêt de Rouen du 24 mai 1811. (*J. du P.*, p. 181, 1, 799.)

Nous ne croyons pas que cette question soit bien grave; mais, au point de vue pratique, elle a une telle importance que nous avons pensé devoir l'examiner avec quelques détails.

Nous devons ajouter que la transcription des institutions contractuelles est, en fait, extrêmement rare, si même elle n'est pas entièrement insolite.

Nous n'avons pas besoin d'ajouter avec M. Troplong (*Donations*, n° 1169), que les donations de biens présents et à venir faites en contrat de mariage avec état des dettes en vertu de l'article 1084 du Code civil, doivent être transcrites si le donataire veut assurer l'effet de la donation des biens présents, et, au décès du donateur, s'en tenir à ces derniers biens.

13. *Partages.* — Dans les coutumes de nantissement, les formalités qu'exigeait la législation pour que le nouveau possesseur ajoutât au droit personnel résultant de la convention le droit réel qui constitue la propriété, n'étaient pas nécessaires en matière de partage. C'est ce qu'atteste M. Merlin au mot : nantissement (*R.*, § 1, n° 6), où il cite plusieurs dispositions de ces coutumes et où il indique celles qui s'étaient écartées de ce principe fondé sur l'effet déclaratif du partage.

La loi de l'an VII n'astreignant à la transcription que les actes translatifs, ne s'appliquait pas au partage. C'est ce qu'explique M. Hua dans ses *Notions élémentaires sur le régime hypothécaire* (p. 153). M. Merlin (q. de d., *Voy. Partage*, § 7) ajoute que l'esprit de la loi de l'an VII est bien établi par la loi du 22 frimaire an VII sur l'enregistrement, si voisine de celle de brumaire et qui ne soumet pas les partages au droit proportionnel.

Le Code civil a été fait dans le même esprit.

Lorsque fut préparée la loi de 1855, les idées de publicité absolue étaient accréditées. Le projet (art. 1ᵉʳ) soumettait à la transcription les actes déclaratifs aussi bien que les actes translatifs ; et l'exposé des motifs, œuvre de M. Suin, conseiller d'État, expliquait cette innovation par le besoin de publicité ; mais la Commission repoussa ce changement

dans les principes de nos lois, ainsi que l'atteste le rapport de M. Debelleyme (appendice de l'ouvrage de M. Troplong sur la transcription, p. 35); et l'article 1er de la loi, telle qu'elle fut votée, ne reproduisit pas le mot déclaratif du projet, et ajouta au numéro 4 de l'article 1er de ce projet, ainsi conçu : « Tout jugement d'adjudication », ces mots : « autre que celui rendu sur licitation au profit d'un cohé-
» ritier ou d'un copartageant ». Comme conséquence du principe qui dispensait de la transcription les actes trans-latifs, l'article 7 du projet fut supprimé. Cet article 7 était ainsi conçu : « La transcription de l'acte ou jugement de.
» partage ou licitation vaut inscription en faveur du cohé-
» ritier ou copartageant sur les biens de chaque lot et sur
» le bien licité; elle lui conserve son privilège pour les
» soultes et retours de lots et pour le prix de la licitation;
» néanmoins le conservateur est tenu, sous peine de dom-
» mages-intérêts envers les tiers, de faire d'office l'inscrip-
» tion sur son registre des créances résultant de l'acte ou du jugement de partage ou de licitation. »

Il est donc clair que le partage n'est pas assujetti à la transcription. (Sic., TROPLONG. Trans., no 45; FLANDIN, Trans., n° 185.)

## § 3

### MEUBLES. — IMMEUBLES

### Sommaire

16. Dans l'ancien droit, la distinction entre les meubles et les immeubles n'était pas la même que celle adoptée par le Code civil. Les bestiaux, même ceux attachés à une exploitation, étaient généralement meubles. Les rentes foncières étaient généralement immeubles; il en était de même des offices. Les rentes constituées étaient meubles dans quelques coutumes et immeubles dans d'autres.

Les formalités du nantissement n'étaient pas exigées pour les rentes constituées, pour les offices, et en général pour tout ce qui avait manifestement le caractère d'immeuble fictif. Au contraire, les simples démembrements de la propriété étaient, suivant M. Merlin, soumis à la formalité du nantissement. (*Voy. Rép.*, v° *Nantissement*, p. 463 et 472.)

La loi du 11 brumaire an VII n'avait assujetti à la transcription que les actes translatifs de biens susceptibles d'hypothèques.

La loi de 1855 a comblé cette lacune; elle les soumet tous à la publicité.

Cette loi s'applique, sans aucune exception, à « tout acte » translatif de propriété immobilière ou de droits réels » susceptibles d'hypothèques ». Elle prescrit donc la transcription pour la transmission de la propriété des immeubles fictifs aussi bien que des immeubles par nature.

17. Dès lors il faut soumettre à la transcription les transmissions d'actions de la banque de France, quand ces actions ont été immobilisées en vertu de l'article 7 du décret du 16 janvier 1808. Cet article est ainsi conçu : « Les action- » naires qui voudront donner à leurs actions la qualité » d'immeubles en auront la faculté ; et, dans ce cas, ils en » feront la déclaration dans la forme prescrite par les trans- » ferts. »

« Cette déclaration une fois inscrite sur le registre, les » actions immobilisées seront soumises au Code Napoléon » et aux lois de privilège et d'hypothèque comme les pro- » priétés foncières ; elles ne pourront être aliénées et les

» priviléges et hypothèques être purgés qu'en se conformant
» au Code Napoléon et aux lois relatives aux priviléges et
» hypothèques sur les propriétés foncières. »

Il en est de même des actions du canal du Midi (art. 13
du décret du 10 mars 1810) et des actions des canaux
d'Orléans et du Loing (art. 13 du décret du 16 mars 1810),
quand ces actions ont été immobilisées. Les décrets que
nous venons de citer les assimilent, en ce cas, aux actions
de la banque.

(*Voy.* TROPLONG, *Trans.*, n° 90; FLANDIN, *Trans*., n° 37 et
38; RIVIÈRE et HUGUET, *Questions,* n° 135; MOURLON, *Revue
pratique,* t. I, p. 109, n° 23.)

L'article 5 de la loi du 17 mai 1834 a prévu le cas où le
propriétaire d'une action immobilisée de la banque de
France voudrait lui rendre sa nature mobilière. Dans ce
cas, il doit en faire la déclaration à la banque. Cette déclaration contient l'établissement de la propriété en sa personne; elle est transcrite au bureau des hypothèques de
Paris et soumise aux formalités de purge légale. Le trans-
fert n'est opéré qu'après justification de la purge et d'un
certificat de non inscription.

Bien que la même faculté n'ait pas été écrite dans les
décrets relatifs aux canaux du Midi, d'Orléans et du Loing,
nous ne doutons pas qu'elle s'y applique, puisque les articles de ces décrets que nous avons cités prononcent l'assimilation aux actions de la banque pour l'immobilisation,
l'inaliénabilité, la disposition et la jouissance.

18. L'immobilisation des rentes sur l'Etat a été admise
dans deux cas. Le décret du 1er mars 1808 sur les majorats
permet de faire entrer dans leur formation des rentes qu'on
immobilise au moyen d'une déclaration faite dans la forme
des transferts.

La loi du 28 avril 1816 (art. 109), immobilisait les rentes
acquises par la caisse d'amortissement et ordonnait leur
annulation aux époques déterminées par une loi.

Une ordonnance du 29 avril 1831 (art. 9) disait « que la
» conversion des rentes nominatives en rentes au porteur
» ne serait pas admise par le Trésor public pour toutes les
» inscriptions qui représenteraient les fonds des caution-
» nements, des majorats constitués, ceux des établissements
» publics ou religieux, des caisses de retraites, ceux qui
» auraient été produits par la vente de biens avec charge
» de remploi, qui proviendraient de constitutions dotales,
» qui appartiendraient à des mineurs ou à des propriétaires
» absents, enfin pour toutes les rentes frappées d'une cause
» légale quelconque d'immobilisation momentanée, à
» l'égard desquelles les règlements en vigueur continue-
» raient à être exécutés ».

C'était reconnaître implicitement que la rente pouvait être
immobilisée en dehors des deux cas dont nous avons parlé.

Et cependant les rentes sont meubles de leur nature
(art. 529 du Code civil), et, ainsi que le font observer
M. Merlin (*Rép.*, v° *Inscription sur le grand livre*, § 3, n° 2)
et M. Flandin (*Trans.*, n° 39), la loi seule peut donner la
qualité de meuble et celle d'immeuble.

Aussi la jurisprudence s'était-elle divisée sur la question
de savoir si les sommes dotales soumises par les contrats
de mariage au remploi pouvaient être employées en rentes
sur l'Etat. La Cour de Caen avait pensé que les rentes
pouvaient être immobilisées en ce cas (13 novembre 1847,
S., 48, 2, 657) ; la Cour de Riom avait adopté la même doctrine (10 janvier 1856, S., 57, 2, 31) ; la Cour de Rouen au
contraire s'était prononcée dans un sens opposé (7 mai 1853,
S., 54, 2, 177). Les auteurs s'étaient aussi divisés.

Cependant les besoins de la pratique faisaient sentir la
nécessité d'une solution. En 1859, le gouvernement proposa une disposition additionnelle au budget ainsi conçue :
« Les sommes dont le placement ou le remploi en immeu-
» bles est prescrit ou autorisé par la loi, par un jugement,
» par un contrat, ou par une disposition à titre gratuit,

» entre vifs ou testamentaire, peuvent être employées en
» rentes sur l'État. Dans ce cas, et sur la réquisition des
» parties, l'immatricule de ces rentes au grand livre de la
» dette publique en indique l'affectation spéciale. »

M. Vuitry, président de section au Conseil d'État, disait,
pour justifier cette disposition, que les rentes présentaient
toute espèce de garantie; que depuis longtemps ce mode
d'emploi avait été appliqué à des sommes dotales; que, tant
que durait la dotalité, l'immatricule de la rente en maintenait les conditions qu'on modifiait ensuite quand la capacité
était revenue à la femme ou à ses représentants.

Rien, dans ces considérations, ne se référait à la nature
immobilière qu'aurait eue la rente après ce remploi. Cependant, si nous en croyons M. Flandin, la commission du
Corps législatif aurait objecté que la question d'immobilisation se trouverait par là engagée; que l'immobilisation
des rentes impliquerait le droit de les hypothéquer, de les
saisir immobilièrement; que c'était là toute une procédure
à organiser, procédure peu compatible avec la nature de
ces valeurs auxquelles il importait de maintenir leur caractère d'insaisissabilité.

Ces objections ne nous paraissent pas concluantes; la
question d'immobilisation est tout à fait étrangère à celle
d'insaisissabilité, pour laquelle rien n'empêchait de maintenir les conditions fondamentales de la rente.

Nous reconnaissons qu'il importait de se fixer sur la
question de savoir si la rente affectée au moyen du remploi
à une créance dotale serait immeuble ou ne le serait pas:
car, bien que notre loi des successions n'ait pas un héritier
des meubles et un héritier des immeubles, les successions
testamentaires nécessitent souvent l'examen de la question
de savoir si un objet est meuble ou immeuble. Beaucoup
de legs s'appliquent seulement aux meubles; beaucoup
d'autres sont restreints aux immeubles; autrefois le droit de
mutation était moindre pour les meubles que pour les im-

meubles. Il est donc besoin, à bien des points de vue, de se fixer là-dessus.

La question de remploi a été résolue par la loi du 2 juillet 1862, dont l'article 46 reproduit les termes du projet de 1859 ; mais nous croyons qu'il résulte des termes mêmes de l'exposé des motifs que la nature mobilière de la rente n'a pas été modifiée pour ce cas. Nous y lisons en effet que « les rentes sont meubles aux termes de l'article 529 du Code Napoléon ; mais qu'il résulte des lois et des règles spéciales qui leur sont applicables..... qu'elles conviennent et se plient, comme les immeubles, à toutes les natures de placements ».

Ne résulte-t-il pas de là que leur nature mobilière n'a pas été transformée ? Et, comme le rapport de la commission reproduit à peu près ces considérations (DUVERGIER, *R. de lois*, 1862, p. 201), n'est-il pas clair que la loi a été votée dans cet esprit ?

Au surplus, si on eût entendu que les rentes seraient immeubles, il eût été logique de faire transcrire l'acquisition de la rente, comme on fait transcrire l'acquisition par une femme dotale d'un immeuble acheté à titre de remploi ; or nous affirmons qu'on n'a jamais songé à le faire. Il faudrait de plus, la capacité revenue à la femme, faire une nouvelle transcription, comme on le fait pour les actions de la banque. (*Voy.* le n° 17.)

Tout cela nous semble être tout à fait en dehors de ce qu'on a entendu établir. Nous croyons donc fermement que la rente achetée en remploi d'une créance dotale conserve sa nature de meuble et n'est pas soumise à la transcription.

19. *Mines.* — La loi du 11 avril 1810 distingue les mines des minières et des carrières ; elle déclare immeubles les mines (art. 7) ; mais elle n'a pas de disposition de ce genre pour les minières et les carrières, ce qui ne signifie pas que tout ce qui constitue une minière ou une carrière ne soit

immeuble ; la conséquence à en tirer, c'est que la propriété du dessous ne constitue pas aux yeux de la loi une propriété distincte de celle de la surface. (TROPLONG, *Hyp.*, t. II, n° 404 *bis*.) Néanmoins rien n'empêche, dit avec raison M. Troplong (*loco citato*) que, par une convention, le dessous soit séparé du dessus.

**20.** Le concessionnaire d'une mine, le propriétaire du fonds qui contient une carrière, une tourbière, une minière, peuvent vendre leurs produits extraits. Ils ne vendent alors que des objets mobiliers. (Art. 9 de la loi de 1810.) Ils peuvent au contraire céder le droit d'exploiter soit en partie, soit jusqu'à épuisement. Nous n'examinerons pas la question de savoir dans quels cas les lois sur les mines prohibent ce genre de cession. Cet examen serait en dehors de notre sujet. Mais nous nous demanderons si ce genre de cession est mobilier ou immobilier, et dès lors s'il est sujet à la transcription.

M. Troplong (*Hyp.*, t. II, n° 404 *bis*) et M. Mourlon (*Revue pratique*, t. I, p. 22, n° 12), pensent que si un propriétaire a vendu pour un prix unique le droit d'exploiter une carrière jusqu'à épuisement, la vente a alors pour objet, non point des choses mobilières à extraire, mais la propriété du dessous, et que la transcription devient nécessaire vis-à-vis des tiers.

M. Flandin (*Trans.*, n°ˢ 47 et 48) adopte cette opinion, mais la restreint au cas où la cession porte sur le tréfonds tout entier ; quand, au contraire, les parties n'ont eu en vue que les matériaux à extraire, il ne voit là qu'une vente mobilière, et il cite un arrêt de la Cour de cassation du 19 mars 1816 (S., 17, 1, 7).

Il importe de préciser davantage. La cession d'une mine et celle d'une carrière sont, sans contredit, des cessions immobilières soumises à la transcription. Mais n'y a-t-il pas lieu de transcrire même la cession du droit d'extraire une certaine quantité de matériaux ?

M. Troplong (*Louage*, t. 1, n° 93), M. Flandin, (n° 525 et suiv.), estiment qu'une mine et une carrière peuvent faire l'objet d'un bail.

Et cependant rien ne répugne à l'idée d'un bail comme la convention qui permet de prendre la chose pour la garder elle-même et sans aucune pensée de restitution (POTHIER, *Louage*, n° 11).

Un contrat pareil ressemble bien plus à la vente.

Une mine, une carrière ne se reproduisent pas. Les matières extraites ne sont pas des fruits. Elles sont une partie de la masse elle-même.

A cela, on pourrait objecter que l'usufruit peut s'appliquer à une mine et à une carrière, pourvu qu'elles soient en exploitation au moment où s'ouvre l'usufruit (art. 598 du Code civil).

Pothier (t. 5, V. 585) estime que, dans la pureté des principes, une mine et une carrière qui ne produisent pas de fruits ne pourraient être la matière d'un usufruit ; mais il ajoute que cette décision peut recevoir une exception dans certaines carrières si riches qu'elles sont regardées comme inépuisables. C'est là ce qui a fait écrire dans nos lois la disposition de l'article 598.

Du moment où le principe de cet article est anormal, gardons-nous de l'appliquer hors de sa sphère.

Aussi, la Cour de cassation a-t-elle proscrit l'opinion qui voit un bail dans la cession du droit d'exploiter, quelle que soit sa durée. (19 mars 1816, S., 17, 1, 7 ; 13 août 1833, S., 33, 1, 784 ; 31 juillet 1839, S., 39, 1, 675 ; 22 août 1842, S., 42, 1, 790 ; 11 janvier 1843, S., 43, 1, 317 ; 17 janvier 1844, 44, 1, 174 ; 23 avril 1845, S., 45, 1, 576 ; 26 janvier 1847, S., 47, 1, 102 ; 6 mars 1855, S., 55, 1. 379 ; 28 janvier 1857, S., 57, 1, 640 ; 31 décembre 1856, S., 57, 1, 641.)

Toutes ces décisions ont vu dans la cession du droit d'exploiter, non un bail, mais une vente.

Reste la question de savoir si cette vente, quelque courte

que soit sa durée, est de nature mobilière ou immobilière.

Les fonds de terre sont immeubles par leur nature (art. 513 du Code civil). Leur caractère immobilier enveloppe à la fois l'ensemble et chacune des parties du tout. Une mine et une carrière n'existent que tout autant que les matières spéciales qui les constituent n'ont pas été épuisées. Si on les enlève pièce à pièce, la mine et la carrière disparaissent pour ne laisser qu'un fonds innommé.

A côté des dispositions qui qualifient les fonds de terre, il en est d'autres qui s'appliquent aux produits du sol, aux fruits. Ces produits sont immeubles pendant qu'ils adhèrent au sol; ils deviennent meubles quand ils en sont détachés.

L'exploitation et la jouissance du sol ont leur nécessités, et la législation a dû les prendre en considération. Le propriétaire, dont le champ est grevé d'hypothèques, doit continuer à le jouir dans son propre intérêt, et même dans l'intérêt du créancier hypothécaire. Il peut en percevoir les produits, les vendre, soit en employant la forme d'une vente, soit en employant celle du bail. Son droit n'est paralysé que lorsque l'hypothèque est mise en mouvement; et, même dans ce cas, le bail est respecté, ainsi que nous le verrons, pendant un nombre d'années déterminé.

Mais, quand il s'agit d'une mine ou d'une carrière, on se trouve en présence d'un dépôt de matières ne se reproduisant pas et ne donnant pas de fruits. Celles qu'on en extrait sont une partie de la mine ou de la carrière; leur extraction est une diminution du tout, et par suite une des nécessités de la jouissance du fonds; mais il faut aussi veiller aux intérêts des créanciers hypothécaires.

Aussi, la Cour de cassation, après avoir jugé le 31 décembre 1856 (S., 57, 1, 650) que, même au point de vue du Code civil, la résolution de la cession du droit d'exploiter une mine doit être régie par les principes qui président à la résolution en matière de vente, et non par ceux de la résolution des baux, a-t-elle nettement jugé, le 15 décembre 1857

(S., 60, 1, 536), que si le propriétaire d'un immeuble hypothéqué ne perd pas la faculté de céder à un tiers le droit d'extraire le minerai qui s'y trouve, et conserve le prix du minerai extrait, il n'en est plus ainsi des minerais extraits après la transcription de la saisie, que ces minerais sont immeubles tant qu'ils adhèrent au sol ; que la saisie les frappe en cet état ; que la transcription de la saisie interdit toute aliénation ; que ce serait permettre au propriétaire d'éluder cette disposition que de l'autoriser à céder le prix d'une portion d'immeuble qu'il ne pouvait plus convertir en meuble au préjudice des tiers ; que dès lors le prix du minerai extrait devait être distribué par ordre d'hypothèques.

La cour ajoute que, si la cession du droit d'extraction constitue une vente mobilière, le caractère assigné à cet acte dérive de la nature du contrat envisagée au temps de la réalisation de ce contrat et au point de vue de l'intention des parties ; mais que cette mobilisation anticipée ne saurait prévaloir à l'égard des tiers.

Nous ferons remarquer que, dans l'affaire soumise à la Cour de cassation, la cession était antérieure à la loi de 1855 ; que, dès lors, la question de validité à l'égard des tiers ne pouvait être soulevée et qu'il ne restait que la question de distribution du prix.

Un autre arrêt de la même Cour, rendu le 16 juin 1856 (S. 57, 1, 477), avait jugé que la cession, consentie par le le propriétaire d'une mine, de ses droits sur l'extension de périmètre par lui demandée, constituait un droit immobilier ; que ce droit portait sur l'immeuble lui-même, sur un attribut de la propriété, puisque nul ne peut faire ce genre de recherches sans le consentement du propriétaire ou l'autorisation du gouvernement ; et que, après avoir été cédé, ce droit ne saurait plus être transféré à un autre.

De là, il suit que, si une cession pareille avait été faite sous l'empire de la loi de 1855, elle eût dû être soumise à la transcription.

L'arrêt du 15 décembre 1857 nous paraît avoir posé les véritables principes de la matière. Si on laissait le champ libre aux cessions du droit d'extraction, l'hypothèque deviendrait illusoire. Si, d'un autre côté, on ne permettait pas au propriétaire grevé d'extraire lui-même ou de céder le droit d'extraire quelques minerais, l'exploitation de la mine grevée d'hypothèques serait très souvent entravée. L'arrêt a satisfait à tous les besoins en tempérant, pour cette propriété *sui generis*, la rigueur du droit d'hypothèque qui atteindrait toutes les cessions de matières à extraire, et en n'attribuant aux créanciers hypothécaires que le prix des matières extraites après la mise en mouvement de la saisie.

La conséquence encore de cette doctrine, il ne faut pas se le dissimuler, c'est que le cessionnaire est tenu de notifier, et que, du jour de la notification, s'il y fait procéder, le prix est à la disposition des créanciers hypothécaires ; que, si au contraire il ne notifie pas, les créanciers hypothécaires ont le droit de faire vendre sur lui conformément à l'article 2169 du Code civil.

Nous ne pouvons nous empêcher de rapprocher de l'arrêt de 1857 un arrêt de la Cour de cassation du 10 juin 1841 (S., 41, 1, 489), qui a appliqué les mêmes doctrines aux hypothèques grevant les bois futaies. Nous reviendrons plus tard sur ce genre de propriétés.

La doctrine que nous adoptons est acceptée, comme nous l'avons dit, par MM. Troplong et Flandin, pour le cas de cession indéfinie. Ils n'abandonnent donc le principe que pour le cas de cession partielle, tandis que nous ne pouvons voir de différence là où la transmission ne porte que sur une partie du tout.

Quoiqu'il en soit, nous ne devons pas nous abstenir de mentionner l'opinion, citée par M. Flandin, des auteurs favorables à celle qu'il a émise, au point de vue de l'application aux mines du contrat de louage. Il cite Favard (*Rép.,* v° *Louage*, sect. 1<sup>re</sup>, § 1, n° 2), Rollaud de Villargues (*Rép. du not.*, v° *Bail*, n° 75), Duvergier (*Louage*, n° 401), Championnière (n° *du Droit* du 25 avril 1845), Dalloz (*Jur. gén.*, v° *Enregistrement*, n°˚ 2875 et 2880, v° *Louage*, n° 47, et v° *Mines, minières*, n°˚ 75 et 757), Lebon (*Revue de législation*, t. VI, p. 432, année 1855).

M. Demolombe (*Distinction des biens*, t. I, n° 160) enseigne que la cession du droit d'exploitation est purement mobilière. Il cite un arrêt de la Cour de cassation du 11 janvier 1843 (S., 43, 1, 317), mais qui ne se réfère au caractère de cet acte qu'au point de vue des droits d'enregistrement. L'opinion qu'il émet nous semble se rattacher à celle qui se réfère à la vente d'une futaie dont nous nous occuperons un peu plus bas.

21. Aux termes de la loi du 21 avril 1810, la concession d'une mine règle les droits du propriétaire de la surface sur le produit de la mine concédée (art. 6); et, aux termes de l'article 18, la valeur des droits résultant en faveur du propriétaire de la surface en vertu de l'article 6, demeure réunie à la valeur de la surface elle-même, et est affectée, avec elle, aux hypothèques prises par les créanciers du propriétaire. L'article 42 ajoute que le droit résultant de l'article 6 est réglé à une somme déterminée par l'acte de concession.

Le tribunal de Saint-Etienne avait jugé le 1<sup>er</sup> avril 1846 que ce droit, qualifié par l'article 6 de droit sur le produit de la mine, n'offrait à l'esprit que l'idée d'une créance ou d'une rente mobilière; que dès lors, bien que l'article 18 la déclare susceptible d'hypothèque, elle reprend en cas de vente, et lorsqu'elle est par là séparée de la surface, sa nature mobilière; que les créanciers du propriétaire ne peuvent par suite en poursuivre la vente que dans les formes tracées par le Code de procédure pour la vente des rentes. La Cour de Lyon, par arrêt du 29 décembre 1846 (S., 47, 2, 97), jugea au contraire que la redevance allouée au proprié-

taire de la surface n'était qu'une partie de la propriété du
sol, et que l'hypothèque qui la grevait ne pouvait être
anéantie par la vente qu'en consentirait le propriétaire ;
elle réforma en conséquence le jugement. Mais la Cour de
cassation, par arrêt du 13 novembre 1848 (S., 48, 1, 682),
cassa l'arrêt de Lyon et consacra les idées émises par le tribunal de Saint-Etienne.

La Cour de cassation, par un arrêt de rejet de la Chambre
civile du 15 janvier 1849 (S., 49, 1, 20), dans une affaire
d'enregistrement, a consacré la même doctrine. Mais la
Cour de Lyon semble avoir persisté dans son opinion par
arrêt du 13 février 1872 (S., 72, 2, 297).

Qu'y a-t-il de vrai dans ces solutions ?

La législation antérieure à la loi de 1810 consacrait le
droit du propriétaire de la surface aux matières métalliques
déposées dans le sein de la terre ; c'est au moins ce qu'on
pense le plus généralement. (DEMOLOMBE, *Distinction des
biens*, t. I, n° 647 ; C. de cass., 1er février 1841, affaire
Castellane, S., 41, 1, 121). La loi du 12 juillet 1791 ne mettait les matières métalliques à la disposition de la nation
qu'en ce sens que l'exploitation ne pouvait avoir lieu que de
son consentement, sous sa surveillance et à la charge d'indemniser les propriétaires de la surface (art. 1er) ; et, par
l'article 5, elle réservait le droit de préférence aux propriétaires de la surface.

La loi de 1810 au contraire supprime ce droit de préférence (art. 16) ; mais elle alloue au propriétaire de la surface une redevance qui l'indemnise de la privation qu'on
lui impose.

« L'acte de concession, dit l'article 17, fait après l'accom-
» plissement des formalités prescrites, purge, en faveur du
» concessionnaire, tous les droits des propriétaires de la
» surface et des inventeurs ou de leurs ayants droit, chacun
» dans leur ordre, après qu'ils auront été entendus ou ap-
» pelés légalement, ainsi qu'il sera ci-après réglé. »

M. Regnauld de Saint-Jean-d'Angély disait dans l'exposé des motifs que l'acte de concession donne la propriété libre, et, « si je puis ainsi parler, vierge au concessionnaire » désigné, parce que tous les intéressés, inventeurs et pro- » priétaires de la surface sont appelés et que leurs droits » sont réglés par l'acte même ».

Que représente la redevance ainsi allouée à titre d'in-demnité ? Elle nous semble tenir lieu, d'une part, du droit qu'avait l'ancien propriétaire sur les produits de la mine et, de l'autre, de l'amoindrissement qui résulte de la concession pour la surface singulièrement gênée dans son exploitation et dont les sources sont presque toujours taries ou considé-rablement diminuées.

Au moment où fut votée la loi de 1810, les hypothèques grevant la propriété entière furent restreintes à la surface ; il fallait donc qu'à la valeur de la surface on joignît la redevance qui devait représenter la valeur de la mine. Aussi l'article 18 statua-t-il que la valeur des droits résultant pour le propriétaire de la surface de l'article 6 demeurerait réunie à la valeur de la surface et serait affectée avec elle aux hypothèques prises par les créanciers du propriétaire.

Résulte-t-il de là que cet article ne permît d'hypothéquer la redevance qu'en même temps que la surface? Nullement, puisque, si nous le comprenons bien, il réglait une situation déjà établie.

Ce qui achève de le prouver, c'est que l'article 19 dit que du jour de la concession faite, même au propriétaire de la surface, la propriété de la concession sera distinguée de celle de la surface et considérée désormais comme propriété nouvelle sur laquelle de nouvelles hypothèques pourront être assises, sans préjudice de celles qui auraient été ou seraient prises sur la surface et la redevance, comme il est dit en l'article précédent.

Ici l'avenir est évidemment réglé ; mais on n'a pas assez fait attention au dernier paragraphe de l'article, ainsi conçu :

« Si la concession est faite au propriétaire de la surface,
» ladite redevance sera évaluée pour l'exécution dudit ar-
» ticle. »

Voilà donc qu'on prévoit le cas où la concession est donnée
au propriétaire de la surface, et où, sans la prévoyance de
la loi, on aurait pu déclarer la redevance éteinte par confusion. Mais, comme l'hypothèque restreinte par la concession à la surface aurait été alors anéantie, en ce qui
concerne la redevance, on y a pourvu par une disposition
spéciale.

Donc la loi n'a pas voulu mettre les créanciers hypothécaires à la merci des actes de leur débiteur. Elle ne l'a pas
voulu pour le passé; elle n'a pas dû le vouloir pour l'avenir :
car les principes généraux ne permettent pas que, du moment où une valeur quelconque a été immobilisée et
déclarée susceptible d'hypothèque, elle puisse être soustraite
à ceux dont elle est le gage.

L'opinion que nous combattons nous semble difficile à
maintenir en ce qui concerne les hypothèques qui existent
au moment de la concession. Pour la maintenir en ce qui
concerne les hypothèques postérieures, il faudrait trouver
dans la loi une distinction qui n'y est pas écrite.

Sans doute, ainsi que nous le verrons plus bas, des immeubles par destination peuvent être mobilisés par une
vente; mais qu'on le remarque bien, il s'agit ici d'une redevance qui tient lieu à la fois de la détérioration de la surface, et du droit qu'avait primitivement le propriétaire au
tréfonds; et, lors même qu'on voudrait s'emparer des termes
de l'article 6 pour soutenir qu'elle tient exclusivement lieu
de la part du propriétaire de la surface dans les produits, si
les principes que nous avons développés plus haut au point
de vue des produits eux-mêmes sont exacts, l'objection ne
s'en trouverait pas moins sans force.

Nous savons que l'opinion opposée, celle qui voit une
mobilisation dans la vente de la redevance isolément de la

surface a été adoptée par M. Pont (*Priv. et Hyp.*, t. I,
n° 370, et *Contr. de mar.*, t. I, n° 421), par MM. Aubry et
Rau (4° édit., t. III, §259, p. 126), par M. Flandin (*Trans.*,
n° 46).

Mais celle que nous émettons a été soutenue par M. Demolombe. (*Distinction des biens*, t. I, n° 649.) M. Demolombe
voit dans cette redevance l'exemple unique d'une rente
immobilière. Il cite comme émettant l'idée de la non mobilisation par la vente la *Revue de droit, français et étranger*
(p. 417).

Si cette opinion est exacte, la cession de la redevance est
soumise à la transcription et doit être assimilée à une vente
d'immeubles ordinaires.

Nous avons dit que les mines sont immeubles, ainsi
que leurs immeubles par destination. Néanmoins les actions
ou intérêts dans une société ou entreprise de mines sont
réputées meubles conformément à l'article 529 du Code
civil (art. 8 de la loi de 1810).

## § 4

### VENTES DE FUTAIES

#### Sommaire

21. La vente d'une futaie doit-elle être transcrite ?
   Les baux étaient frappés par la saisie réelle dans l'ancien droit.
   Lois des 28 septembre 1791 et 11 brumaire an VII.
   Code civil, article 1743.
   Conclusion dans le sens de la nécessité de la transcription.

22. La vente d'une futaie doit-elle être transcrite ?

Il n'est pas de question plus controversée. M. Troplong
(*Hyp.*, n°° 404 et 831, *Trans.*, n° 33), M. Flandon (*Trans.*,
n° 30, où il cite la *Jurisprudence générale*, 2° édit., v° *Biens*,
n°° 38 et suiv.), M. Mourlon (*Revue pratique*, t. I, n° 9,
p. 14), enseignent la négative.

Nous sommes profondément convaincu que c'est là une
erreur,

L'article 521 du Code civil dit que les coupes ordinaires de bois taillis ou de futaies mises en coupes réglées ne deviennent meubles qu'au fur et à mesure que les arbres sont abattus. Jusque là, ils sont immeubles parce qu'ils sont attachés au sol. Leur séparation les mobilise.

Si donc le propriétaire laisse un testament qui attribue ses immeubles à un légataire et ses meubles à un autre, leurs droits respectifs dépendront de la question de savoir si la coupe avait été effectuée au moment du décès ou si elle n'a été faite que postérieurement.

C'est ce qu'a dit avec raison le grand juge le 11 prairial an XIII (S., 7, 2, 240).

La loi du 22 frimaire an VII sur l'enregistrement (art. 69, § 5, n° 11) ne tarife qu'au droit de vente mobilière la vente des récoltes de l'année, des coupes de taillis et de futaies, tandis qu'elle tarife les ventes immobilières à un droit supérieur.

C'est que, à ce point de vue, on a cru devoir s'arrêter à la pensée de mobilisation qui a présidé à la convention des parties; et la Cour de cassation a appliqué le tarif mobilier même à une vente de coupe de bois suivie presque immédiatement de la vente du sol lui-même. (Arrêt du 8 septembre 1813, S., 16, 1, 15.)

Nous n'avons rien à objecter à cette jurisprudence; mais nous croyons que lorsque la question s'agite entre l'acquéreur de la coupe d'une futaie et un créancier hypothécaire du vendeur, la solution doit être opposée; qu'il en doit être de même quand deux acquéreurs, acquéreurs successifs d'une futaie non aménagée, sont en lutte l'un contre l'autre et que le dernier seul a fait transcrire.

Il importe de jeter un coup d'œil sur la législation qui a précédé les lois par lesquelles nous sommes actuellement régis.

Lorsqu'une saisie réelle était assise sur un immeuble, l'une des premières mesures prises dans l'intérêt des créanciers consistait dans l'établissement d'un commissaire à l'héritage saisi, commissaire qui était chargé de détenir l'immeuble et d'en percevoir les revenus pour les créanciers. Le commissaire faisait procéder au bail judiciaire des biens, lors même qu'ils auraient été affermés précédemment. Le droit du fermier, qui n'avait aucun caractère de réalité, et qui n'était qu'un droit contre la personne, ne pouvait prévaloir vis-à-vis des créanciers saisissants et opposants. On se bornait à tempérer la rigueur de ces principes quand le bail était fait pour un prix suffisant et que le fermier offrait de continuer en payant des fermages aux créanciers. (POTHIER, introduction au titre 21 de la *Coutume d'Orléans*, nos 42 à 61, et n° 113, *Procédure civile*, part. 4e, chap. II, sect. 5, art. 4 et 5.)

Dès cette époque cependant on distinguait le bail de la vente des fruits. (POTHIER, *Louage*, p. 232.)

Du moment où le fermier était dépossédé par la saisie, on n'aurait pu soutenir que l'acquéreur d'une futaie pût faire prévaloir son titre contre le saisissant lors même qu'il se fût agi d'une futaie mise en coupes réglées. Aussi Basnage (*Traité des hypothèques*, p. 58) n'hésitait-il pas à condamner une pareille prétention et citait en ce sens une décision du 10 avril 1653.

Lorsque la révolution de 1789 eut tout remis en question, on se demanda si l'intérêt de la propriété n'exigeait pas que le bail eût plus de stabilité; et la loi du 28 septembre 1791 (tit. 1er, sect. 2, art. 2 et 3), permit à l'acquéreur des biens affermés, quand la durée du bail était supérieure à dix années, de résilier, mais en indemnisant le fermier. M. Merlin constate, dans les conclusions dont nous allons parler, que le bail, quand il n'excédait pas six années, obligeait l'acquéreur.

L'effet de cette loi se maintint sous la loi du 11 brumaire an VII, dont l'article 25 pose en principe que l'adjudication ne transmet à l'adjudicataire que les droits du saisi. (Arrêt de la Cour de cass. du 7 messidor an XII, rapporté par M. Merlin avec des conclusions au mot *résolution de bail* (q. de d., § 1").

On a soutenu que l'article 6 de la loi du 11 brumaire an VII sur le régime hypothécaire, en employant ces mots : « les biens territoriaux et leurs accessoires inhérents », avait entendu soustraire les ventes de récoltes et de bois aux créanciers hypothécaires même sans transcription ; on a invoqué en ce sens un arrêt de la Cour de cassation du 19 vendémiaire an XIV (S., 6, 1, 65). Mais c'est là une citation faite à tort ; la Cour n'a eu à statuer qu'entre l'acquéreur d'une certaine quantité de garance pendante par racines et un créancier du vendeur à la requête duquel avait été pratiquée une saisie-brandon ; l'arrêt prend soin de dire que les fruits font partie du fonds lorsqu'ils sont compris dans la saisie du corps immobilier auquel ils appartiennent.

Le Code civil développa le principe de la loi de 1791, et l'article 1743 fit prévaloir le droit du fermier sur celui de l'acquéreur. Delà, les discussions sans fin qui se produisirent et qui avaient pour but de faire maintenir les baux quelle que fût leur durée et malgré les hypothèques antérieures. (*Voy.* TROPLONG, *Hyp.*, n° 777 *ter.*) Cet état de choses était gros de trop de périls pour le crédit. Aussi la loi de 1855, par son article 2, a-t-elle assujetti à la transcription les baux d'une durée de plus de dix-huit ans et les quittances ou cessions d'une somme équivalente à trois années de loyers ou fermages non échus. Le rapport de M. Debelleyme explique que la commission ne s'est pas dissimulé qu'en cela elle faisait invasion sur les droits personnels ; nous croyons, sans entrer dans la discussion de la question de savoir si le bail constitue un droit réel, que la loi nouvelle est rentrée en cela dans le véritable esprit de l'article 685 du Code de procédure civile.

La loi nouvelle a donc entendu réagir contre les doctrines

qui semblaient prévaloir depuis la promulgation du Code civil.

Nous nous occuperons plus tard (*voy.* n° 178) des cessions de fruits proprement dites. Concentrons maintenant notre attention sur les ventes de bois futaies.

Les futaies sont un produit de la terre ; mais la sève de l'année n'y a que la moindre part. Ces belles végétations, qui forment l'ornement du sol qu'elles couvrent, sont une œuvre séculaire de la nature. C'est dire assez qu'elles ne peuvent être assimilées aux fruits annuels de la terre.

L'ordonnance de 1669 sur les eaux et forêts ne permettait aux gens de mainmorte de les abattre qu'autant qu'ils y étaient spécialement autorisés par l'administration.

« Les bois de haute futaie ne sont pas un fruit, disait Pothier (*Douaire*, n° 198) ; lorsque le propriétaire les abat, il est censé diminuer et entamer son fonds plutôt que percevoir le fruit de son fonds. »

Aussi aujourd'hui, comme autrefois, l'usufruitier n'a-t-il droit qu'aux futaies mises en coupes réglées, et ne peut-il toucher à celles qui n'ont pas été aménagées. (Art: 591 du Code civil.)

Le mari n'a pas plus de droit sur celles qui appartiennent à sa femme. (Art 1403.)

Qui ne comprend que la futaie a presque toujours plus de valeur que la terre qui la supporte ? M. Troplong lui-même, dont nous combattons l'opinion, reconnaît aux numéros 404 et 834 de son traité des hypothèques qu'elles constituent un capital mis en réserve. Par suite, n'est-il pas manifeste que permettre au propriétaire, qui a hypothéqué le sol couvert de ces végétations accumulées, de les vendre et de s'en approprier le prix, c'est lui permettre d'anéantir l'hypothèque et consacrer un scandale ?

Sans doute, quand la forêt a été mise en coupes réglées, le propriétaire a suffisamment annoncé son intention de convertir chaque coupe en un produit annuel, et le créan-

cier a été bien et dûment averti. Mais, quand aucun amé-
nagement n'a été opéré, la futaie reste à l'état de capital ; la
coupe est un acte d'aliénation ; la femme séparée, le tuteur
ne peuvent se la permettre. (DEMOLOMBE, *Distinction des
biens*, t. I, n° 180.) Dès lors, le propriétaire, en 'a faisant,
entreprend sur le droit des créanciers hypothécaires.

Nous avons dit que, sous l'ancien droit, la saisie paralysait le droit du fermier. S'il en était ainsi, même au point
de vue des produits annuels, comment en aurait-il été autrement de ce que tout le monde reconnaissait être un capital ?

Sans doute nos lois nouvelles ont donné plus de fermeté
au droit du fermier. Il faut bien que la propriété soit admi-
nistrée, et une bonne administration améliore la situation
même des créanciers ; mais le droit du propriétaire a une
limite où commence celui du créancier. Du moment où la
transcription de la saisie a été opérée, les fermages sont
immobilisés et distribués aux créanciers. La loi nouvelle a
même restreint la durée des baux et fixé à moins de trois
ans de loyers ceux qui peuvent être payés à l'avance sans
transcription.

La loi a donné une immunité au fermier, c'est-à-dire à
celui qui par son travail maintient la fécondité de la terre
et prépare la venue des fruits ; mais, nulle part nous ne
voyons qu'il en doive être ainsi du spéculateur qui se rend
acheteur de fruits non récoltés. M. Troplong (*Hyp.* n° 778 *bis*)
reconnaît qu'il ne peut être traité comme le fermier et
que, du moment où l'hypothèque a immobilisé les fruits, la
cession devient inerte dans les mains de l'acheteur. Dans
son *Traité du louage* (t. I, n° 22), il distingue l'acheteur de
fruits du fermier. Il nous semble donc peu logique qu'il
consacre le droit de l'acheteur de la futaie. En mettant de
côté la différence profonde qui sépare la futaie des produits
annuels, nous dirons : ou elle a été coupée au moment de
l'immobilisation, ou elle ne l'a pas été. Si elle n'est pas coupée, on ne peut traiter à son égard les créanciers plus défa-

vorablement que quand il s'agit des fruits. Si elle a été
coupée, la question reste entière, et, à notre sens, elle doit
être résolue comme nous venons de le dire.

Voyons maintenant ce que décide la jurisprudence.

Ses premières solutions sont contraire aux droits des
créanciers hypothécaires. Mais elle ne sont pas aussi nombreuses qu'on le supposerait en lisant les ouvrages qui con-
sacrent la doctrine de la mobilisation; presque toutes ne
statuent qu'au point de vue des rapports du vendeur avec
l'acquéreur. Ainsi, le 24 août 1813 (S., 13, 1, 466), la Cour de
cassation a déclaré personnelle et mobilière l'action dirigée
par un acquéreur de baliveaux contre son vendeur, parce
qu'il ne s'agissait entre eux que d'arbres destinés à être
coupés. C'est là le principe qui a présidé à la disposition
que nous avons citée, de la loi du 22 frimaire an VII, et qui
a amené un grand nombre de décisions en matière d'enregistrement.

Mais, dans une affaire où la question était nettement
posée entre l'acquéreur d'une maison destinée à être démolie, et de bois futaies, d'une part, et les créanciers hypothécaires du vendeurs, de l'autre, la Cour de cassation se
prononça contre ces derniers le 11 août 1825 (S., 26, 1, 133).
M. Sirey, en rapportant cet arrêt rendu contre la plaidoierie
de M. Dalloz, le critique avec sa vivacité ordinaire.

Cette difficulté s'est représentée devant la Cour de cassation dans une affaire, où, malgré la vente de taillis et de
futaies faite par le propriétaire moyennant un prix payé
comptant, malgré un commencement d'exécution de cette
vente, une saisie immobilière avait été assise sur le sol et
sur les bois non encore abattus. Le tribunal d'Aix admit
une demande en distraction formée par l'acquéreur de la
coupe; mais la Cour d'Aix jugea au contraire que l'hypothèque grève à la fois le sol et les arbres adhérents; que,
dès lors, elle ne peut plus être anéantie que par la volonté
du créancier ou par celle de la loi; que la volonté de la

loi est que le fait matériel de la coupe puisse seul détruire
l'immobilisation ; que, jusqu'à la saisie, le propriétaire peut
couper ; mais que, la saisie intervenue, il ne peut plus arrêter l'action des créanciers; que l'acquéreur a été averti par
l'inscription et ne peut pas se plaindre de la situation qu'il
a encourue.

La Cour de cassation, par l'arrêt du 10 juin 1841, dont
nous avons dit quelques mots plus haut (S., 41, 1, 486),
maintint la décision dénoncée. Il importe de s'arrêter aux
motifs donnés.

La Cour rappelle les articles 590, 591, qui ne donnent à
l'usufruitier de droit sur les futaies que quand elles sont
aménagées, et lui refusent toute entreprise sur celles qui ne
sont pas mises en coupes réglées ; elle constate qu'aux termes de l'article 521 les coupes ordinaires ne deviennent
meubles qu'au fur et à mesure que les arbres sont abattus ;
elle constate que dès lors, il est hors de doute que le droit
des créanciers hypothécaires peut être exercé tant que les
bois sont encore debout.

La Cour ajoute « que l'article 2204 du Code civil, qui
» permet de saisir les biens appartenant au débiteur doit
» s'entendre des biens immobiliers et de leurs accessoires
» immobiliers déclarés susceptibles d'hypothèques par l'ar-
» ticle 2118, biens et accessoires que les créanciers peuvent
» suivre (art. 2166) en quelques mains qu'ils passent, étant
» toujours soumis à leurs hypothèques, et dont les tiers
» détenteurs ne peuvent retenir la propriété qu'en payant
» toutes les dettes hypothécaires (art. 2167), ou en usant
» soit du bénéfice de discussion (art. 2170 et 2171), soit du
» délaissement par hypothèque (art. 2172 et suiv.), soit de
» la faculté de purger la propriété (art. 2179, 2181 et suiv.)
» on ne peut pas tirer de l'article 2204 la conséquence qu'il
» suffit d'un simple acte de la volonté du débiteur grevé
» pour distinguer de l'immeuble l'accessoire immobilier au
» préjudice du créancier hypothécaire, quoique l'accessoire

» reste inhérent à l'immeuble, et notamment dans l'espèce
» de la cause, l'acquéreur des bois hypothéqués avec le fonds
» n'ayant aucune transcription ni notification à faire ne
» peut subir aucune enchère ».

L'arrêt donne ensuite une nouvelle consécration aux
motifs contenus dans l'arrêt de la Cour d'Aix, et ajoute que
l'application des principes faite par la Cour d'Aix est d'autant
plus juste, que dans la cause il ne s'agissait ni d'une coupe
ordinaire de taillis, ni d'une futaie mise en coupes réglées,
mais d'une vente faite par anticipation et avec un long
terme pour la coupe.

Qu'on rapproche cet arrêt, dont la doctrine a été adoptée
par la Cour de Limoges le 8 décembre 1852 (S., 52, 2. 687) de
celui du 15 décembre 1857 relatif aux mines que nous avons
déjà cité (S., 60, 1, 536), et on ne pourra s'empêcher de reconnaître que, d'après la jurisprudence actuelle de la Cour
suprême, la coupe d'une futaie non aménagée est atteinte
par l'immobilisation que produit la saisie, quand les bois ne
sont pas encore abattus.

Et comment en serait-il autrement quand les auteurs
mêmes qui font résulter la mobilisation de la volonté constatée par la vente, M. Troplong au moins, reconnaissent que,
si cette mobilisation est produite par le bail, elle ne peut pas
l'être par la vente de fruits ou de récoltes.

Nous venons de voir que la Cour de cassation, dans l'arrêt de 1841, n'avait à statuer que sur des bois non encore
abattus. Nous reconnaissons qu'il semble résulter de plusieurs de ses motifs, qu'elle n'applique sa doctrine qu'aux
arbres qui sont encore debout. Faut-il en conclure que l'acquéreur pourra soustraire ainsi aux créanciers hypothécaires la valeur de ceux qu'il a déjà coupés? Nous ne pouvons le croire, la logique commande une solution opposée.
Le propriétaire du sol, en vendant une futaie non aménagée, vend la partie la plus importante de ce qui servait d'assiette à l'hypothèque ; il vend une valeur qu'on reconnaît

être un capital. Dès lors, il est conforme aux principes que le créancier hypothécaire atteigne cette valeur dans ses mains. Sans doute, si les arbres ont été abattus, il serait difficile de faire surenchère. Mais, si cette garantie donnée par la loi au créancier lui échappe matériellement en pareil cas, il reste toujours à ce dernier le droit de demander à l'acquéreur au moins le prix qu'il a imprudemment payé au vendeur.

Nous n'avons pas besoin de faire observer que, si en matière de mines, l'arrêt du 18 décembre 1857 semble permettre au propriétaire de vendre avant la saisie le droit d'extraire des minerais, et, s'il valide cette vente en tant qu'elle s'applique aux extractions faites avant la saisie, on peut expliquer cette tolérance par les nécessités de l'exploitation qu'il importe aux créanciers comme au propriétaire de maintenir entière. La concession ne peut échapper à une révocation que par une exploitation soutenue. Si le propriétaire n'a pas les ressources nécessaires pour ce genre de travaux, l'intérêt même des créanciers ne leur permet pas de se plaindre de ce qu'il sollicite le concours des tiers.

Nous croyons devoir faire remarquer que si la vente a porté sur une futaie aménagée, les coupes faites sont considérées comme des fruits coupés, et, dès lors, mobilisés ; que, par suite, les arbres non coupés restent seuls soumis à l'action hypothécaire.

Ces questions ont été examinées par M. Demolombe dans un de ces ouvrages qui appellent si justement l'attention des jurisconsultes. Dans son *Traité de la distinction des biens* (n° 521 et suiv.), il explique que les fruits et les arbres sont immeubles par nature tant qu'ils sont pendants et que la coupe les rend meubles ; il ajoute que la vente d'une coupe la rend mobilière (n° 160) ; mais il dit au n° 179 qu'il ne faudrait pas pousser trop loin cette idée, et qu'elle est susceptible de restrictions, d'abord en ce qui concerne la capacité du vendeur, et ensuite en ce qui concerne les tiers.

En ce qui concerne le vendeur, il ne lui permet, quand il n'a pas la pleine possession de sa capacité, de vendre que les produits périodiques dont la perception rentre dans l'administration d'un immeuble et constitue une nécessité ; mais il lui refuse la vente de tout ce qui n'est pas produit périodique, et spécialement d'une futaie non aménagée (n° 180). Il la lui refuse : 1° parce que, dit-il, il ne faut pas mettre l'effet avant la cause, et qu'il ne peut y avoir de mobilisé que ce qui peut être vendu valablement ; 2° parce que la vente d'une partie intégrante d'un immeuble non assimilable à un fruit ne peut être considérée comme un acte d'administration.

Et, quant aux tiers, M. Demolombe, au n° 181, distingue la vente volontaire de la vente forcée. Quant à la vente volontaire (n°⁸ 182 et 183), il suppose une vente de futaie ou de récolte enregistrée, et une vente postérieure de l'immeuble même. Il donne raison sur ce point à l'acquéreur du fonds, qui, dit-il, n'a à lutter que contre un droit purement mobilier.

Puis, au n° 185 et aux numéros suivants, il examine le cas d'une vente de récolte ou de futaie avec date certaine et suivie d'une saisie de l'immeuble. Dans ce cas, il distingue si la saisie est pratiquée par un créancier non hypothécaire, ou si elle l'a été par un créancier nanti d'une hypothèque. Dans le premier cas, il fait triompher l'acheteur de la récolte ou de la futaie ; dans le second, il distingue encore : ou il s'agit de la vente d'une récolte pendante de fruits, de bois taillis, ou de la coupe d'une futaie aménagée, et alors il donne raison à l'acheteur de cette coupe ; ou il s'agit de la coupe d'une futaie non aménagée, et alors il en repousse la vente comme directement contraire au droit des créanciers hypothécaires. Il cite, à ce propos, l'arrêt de 1841, et ne le critique que parce qu'il le suppose rendu à propos de la coupe d'une futaie aménagée, tandis qu'il s'agissait au contraire dans la cause d'une futaie non aménagée. (Voir le compte-rendu de l'arrêt.)

L'éminent professeur nous permettra une observation que nous soumettons à sa haute raison.

Nous admettons avec lui que la question de mobilisation dépend de la validité de la vente elle-même. Mais, si on admet, quand il s'agit de juger de la capacité du vendeur, que la futaie non aménagée fait partie intégrante de l'immeuble, si on admet que la vente ne mobilise pas quand cela est empêché par l'âge du vendeur, comment admettre qu'elle mobilise, quand cela est empêché par le droit d'un tiers ?

Et, quant à la saisie pratiquée par un créancier non hypothécaire, ou nous nous faisons illusion, ou la saisie a les mêmes effets, quel que soit le créancier qui la poursuive, parce qu'il représente les créanciers hypothécaires, bien qu'il ne le soit pas lui-même. (*Voy.* n° 284.)

La saisie, autrefois, paralysait l'effet du bail ; ce système a été modifié ; mais, nous ne voyons nulle part que l'effet de la poursuite soit moindre quand elle émane d'un créancier simplement chirographaire.

M. Demolombe ne nous semble adopter les solutions dont nous venons de parler, que parce qu'il a pensé que les droits à établir sur les biens devaient être ramenés à l'une de ces classes :

« Soit à un droit de propriété ;

» Soit à un droit de jouissance, c'est-à-dire d'usufruit, » d'usage ou d'habitation ;

» Soit, enfin, à des services fonciers. » (*Distinction des biens*, t. I, n° 119.)

En admettant cette classification, le droit de l'acheteur de la futaie non aménagée nous semble devoir être classé parmi les droits de propriété ; la futaie fait partie intégrante de l'immeuble, et sa vente doit être annoncée aux tiers pour que ceux-ci n'en éprouvent aucun dommage ; dans tous les cas, elle ne peut nuire aux droits antérieurs.

S'il fallait compléter la démonstration que nous croyons

avoir faite, nous renverrions aux moyens que M. Demolombe met à la disposition du créancier hypothécaire auquel
on enlève un immeuble par destination grevé par son hypothèque, moyens que nous indiquerons au numéro 24.

§ 3

ANTICHRÈSE (*Voy.* le § 48)

**Sommaire**

23. L'antichrésiste ne peut être dépossédé par un créancier hypo-
thécaire postérieur.
Mais il peut l'être par un créancier hypothécaire antérieur.
Dans tous les cas, il doit faire transcrire son titre.

23. L'antichrèse donne à l'antichrésiste le droit de percevoir les fruits de l'immeuble soumis à l'antichrèse jusqu'au
payement de sa créance (art. 2085 et 2087). M. Flandin
(*Trans.*, n° 403) dit avec raison que la disposition de l'article 2076 s'applique à l'antichrèse comme au gage, et
que la possession par le créancier est un élément essentiel de
tout nantissement. Pothier ne voyait aussi d'antichrèse
qu'autant que le créancier était en possession de l'immeuble (*Traité de l'hypothèque*, chap. V, art. 1). Avant
la loi de 1855, on se demandait si l'antichrésiste, qu'on
reconnaissait ne pouvoir opposer son titre à un créancier
hypothécaire antérieur, pouvait résister à l'action d'un
créancier hypothécaire postérieur. M. Troplong enseignait
que la disposition de l'article 2091 faisait prévaloir la puissance d'immobilisation de l'hypothèque du moment où elle
était mise en mouvement (*Hyp.*, n° 778). La Cour de cassation, au contraire, par arrêt du 31 mars 1851 (S., 51, 1, 309)
a jugé que le créancier hypothécaire postérieur ne peut
déposséder l'antichrésiste. Il y a donc là une exception au
principe de l'inefficacité des cessions de fruits vis-à-vis des
tiers. Mais, la loi de 1855, par son article 2, a pourvu à cette
situation. L'antichrèse est soumise à la transcription. Dès

lors, la doctrine de l'arrêt que nous venons de citer ne pourrait être appliquée  si l'antichrèse n'avait été transcrite.

Cet arrêt reconnaissait l'impuissance de l'antichrèse en
présence des hypothèques antérieures. Un arrêt de la Cour
de cassation du 24 janvier 1872 (S., 72, 1, 21) consacre directement ce principe qui ne semble guère susceptible de doute
(*Voy.* le § 48).

## § 6

## IMMEUBLES PAR DESTINATION

### Sommaire

21. L'immobilisation cesse-t-elle par la séparation des immeubles
par destination ?

**21.** L'immobilisation, quand il s'agit de meubles devenus
immeubles par leur destination, cesse-t-elle par leur séparation ? On semble le reconnaître universellement. M. Troplong (*Hyp.*, n° 414), M. Demolombe (*Distinction des biens*,
t. I, n° 325), adoptent cette opinion. La Cour de cassation a
jugé, le 3 août 1831 (S., 31, 1, 388), que le créancier hypothécaire ne pouvait exercer le droit de suite sur les esclaves
attachés à une habitation dans les colonies du moment où
ils avaient été vendus. Ce principe paraît accepté par la
jurisprudence dont un tableau est donné au journal de Sirey
dans une note au volume 68, 1re partie, p. 9. Nous croyons
cependant que toutes les décisions citées ne s'appliquent pas
exactement à la question que nous examinons. On se demande seulement, dans plusieurs des affaires jugées, s'il y
a séparation véritable, et, sur cette question spéciale, on peut
consulter quelques arrêts rendus par la Cour de cassation les
15 juillet 1867 (S., 68, 1, 9) et 31 janvier 1870 (S., 71, 1, 70).
Nous avons dit qu'un arrêt du 9 août 1825 (S., 26, 1, 133) avait
repoussé l'action de créanciers hypothécaires se plaignant
de ce qu'une maison hypothéquée avait été vendue pour
être démolie, et jugé que la démolition   avait mobilisé les
matériaux à leur égard.

M. Demolombe semble approuver cette jurisprudence. (*Distinction des biens*, t. I, n° 189.)

Quant à nous, elle nous laisse bien des doutes et nous sommes confirmé dans nos tendances par les réserves que fait M. Demolombe lui-même (au même volume n° 326) en faveur des créanciers hypothécaires, auxquels il donne le droit de s'opposer à la démolition, à la coupe de bois, à l'enlèvement des bestiaux vendus, des machines, et auxquels il donne celui de demander, même après l'enlèvement, la réintégration des objets mobiliers, soit contre le propriétaire, soit contre des créanciers purement chirographaires, soit même contre un tiers détenteur de mauvaise foi. Il nous semble que ces réserves sont la condamnation de son opinion.

En effet, si le créancier hypothécaire a, quand les bois n'ont pas été coupés encore, quand la maison n'est pas encore démolie, le droit de s'opposer à la coupe et à la démolition, si lorsque, malgré ses protestations, on a abattu ce qui constituait son gage, il a le droit d'obliger l'acquéreur de mauvaise foi à le réintégrer, c'est que le droit du créancier a été violé. Quand le jugement ordonne le rétablissement des lieux, il efface le fait, et la puissance déclarative de sa décision en fait disparaître les traces.

N'est-il pas plus simple de ne pas voir une mobilisation dans un acte directement contraire à la morale?

Qui songerait à soutenir que le droit de gage a disparu parce qu'un voleur s'est emparé de l'objet soumis au gage dans la maison du créancier?

La morale et les véritables doctrines juridiques se réunissent pour faire que les conséquences d'un acte répréhensibles soient effacées.

Sans doute, les acquisitions faites de bonne foi doivent être maintenues, mais seulement quand elles sont protégées par l'apparence qu'elles ont d'un acte d'administration. Ainsi, la vente de bestiaux, même quand le cheptel serait

considérablement diminué, doit être validée quand l'acquéreur n'a pas su que le vendeur voulait frustrer ses créanciers hypothécaires. Mais l'acquéreur d'une maison destinée
à être démolie n'a qu'à consulter le bureau des hypothèques, et il reconnaîtra la situation. Son acquisition est une
participation à la fraude. Elle doit être annulée.

Les principes que nous adoptons lèvent toutes les difficultés au point de vue des immeubles par destination.

### § 7

### CONVENTIONS FAITES PAR CORRESPONDANCE

#### Sommaire

25. Il n'y a contrat que lorsque l'acceptation est connue du proposant.
26. En quel lieu la convention est-elle censée formée?
27. La convention peut-elle être établie par la correspondance ?
28. Quelles pièces faut-il transcrire en ce cas ?
29. Peut-on transcrire une vente verbale ?

25. On comprend que la transcription ne peut s'appliquer
qu'à un contrat devenu complet, et dont la preuve peut être
fournie. Un contrat ne se forme que par l'accord de deux
volontés ; mais ici se rencontrent d'assez nombreuses difficultés.

Quand deux parties sont en présence, l'échange de leurs
consentements les oblige l'une et l'autre. Mais lorsqu'elles
ne se trouvent pas dans le même lieu, leurs communica-
tions ne sont pas instantanées. Si l'une d'elles propose par
écrit un marché, la convention n'est formée que lorsqu'elle
a reçu la réponse de l'autre. Jusqu'au moment où la lettre
portant l'acceptation a été lue par celui qui a fait la proposition, il n'y a pas de marché; chacune des parties peut
rompre la convention; la mort, l'incapacité qui viennent
frapper l'une des parties empêchent la convention de se
former. (LAROMBIÈRE, nº 20.) L'héritier est tenu de respecter

les engagements de son auteur ; mais il n'est pas obligé par
de simples propositions non arrivées à l'état de contrat.

M. Larombière, qui développe si bien ces idées, ajoute
toutefois que si ces incidents de mort ou d'incapacité ne
surviennent qu'après l'acceptation donnée, mais avant
qu'elle soit connue, le contrat n'en est pas moins irrévocablement formé ; que si le contrat est imparfait, ce n'est
qu'à cause de la faculté de rétractation ; mais que, du moment
où, en fait, la rétractation n'a pas eu lieu, la mort ou l'incapacité ne nuisent pas au contrat, mais le consolident (n° 20).

Nous croyons que c'est là une erreur. Il n'y a lieu de
droit que lorsque l'acceptation est connue de celui qui a
fait la proposition. (THOPLOSO, *Vente*, n° 26.) Pothier (*Vente*,
n° 32) enseigne que la mort de celui qui, par lettre, a proposé un marché, survenue avant que la lettre ait été reçue
par le destinataire, rend la proposition sans valeur. On a
voulu en induire que, dans sa pensée, la perfection de la
vente ne dépendait pas de l'arrivée au proposant de la lettre
contenant l'acceptation. M. Merlin (*R.*, v° *Vente*, § 1er,
art. 3) combat cette objection avec la puissance de dialectique qui lui est propre. La réponse, dit-il, est pour le ré-
pondant ce qu'est la lettre première pour celui qui propose
le marché. Il ajoute que si je me trouve en présence d'un
sourd, que celui-ci, après m'avoir proposé un marché, n'ait
pas entendu ma réponse, je ne suis pas obligé malgré mon
acceptation, et que je puis la révoquer.

Si donc il est vrai qu'il n'y ait pas contrat, la mort de
l'une des parties rompt la négociation.

Le principe de l'invalidité de la convention avant la connaissance de l'acceptation, et, par suite, du droit de rétractation, est au surplus reconnu par la jurisprudence. (C. de
cass., 28 février 1870, S., 70, 1, 296.) La Cour de Bordeaux
a même jugé le 17 janvier 1870 (S., 70, 2, 219) que le retrait
de l'offre empêche le contrat, bien qu'il ne soit arrivé à
l'acceptant qu'après son acceptation.

**26.** On se demande quel est le lieu où la convention s'est formée. Est-ce celui de la proposition ? Est-ce celui de l'acceptation ? Il est quelquefois important de le connaître pour fixer la compétence. Peut-être, pour être logique, peut-on dire que la convention n'est complète qu'au moment de l'arrivée de la lettre qui contient l'acceptation, et que le contrat, naissant alors seulement et se référant au point de départ de la lettre première, le lieu de formation est celui d'où a été envoyée la proposition. La Cour de Rennes a cependant jugé le contraire le 6 février 1873 (S., 73, 2, 261).

**27.** La convention est indépendante de sa preuve. L'article 1325 exige pour l'acte sous signatures privées contenant des conventions synallagmatiques qu'il ait été fait double. M. Toullier (t. VIII, n° 325) en avait conclu qu'un contrat ne pouvait être établi par la correspondance des parties. C'était là une erreur qu'ont réfutée M. Troplong (*Vente*, t. I, n° 21), M. Merlin (*R.*, v° *Double écrit*, n° 11), M. Duvergier (*Vente*, t. I, n° 168), et que M. Toullier a répudiée lui-même (édit. de 1830, note, p. 486, t. VIII). La Cour de cassation a déclaré avec raison que l'aveu des parties résultant de leur correspondance établissait la convention. (Arrêts du 14 frimaire an XIV, S., 7, 2, 92, et du 26 janvier 1842, S., 42, 1, 951.)

L'article 1325, peu conforme aux principes, doit être restreint au cas pour lequel il a été fait ; ainsi que l'établit l'article 109 du Code de commerce.

**28.** Si la vente faite par correspondance est valable, il faut, pour la consolider vis-à-vis des tiers, la faire transcrire. M. Flandin se demande, au n° 80, si l'acquéreur pourra se borner à présenter à la transcription la lettre du vendeur qui constate l'acceptation de la proposition d'achat et les conditions de la vente. Il pense que oui; et, à ce propos, il discute l'opinion tirée de l'article 1328 sur laquelle il partage l'opinion que nous avons émise. Puis il termine en disant, au n° 83, que ce qui domine toute cette discussion, c'est qu'il importe peu, pour l'admissibilité de la transcription, que l'acte transcrit soit régulier; que le conservateur n'est pas juge de sa validité. Il cite M. Mourlon (*Revue pratique*, t. I, p. 212, n° 27).

Cette observation nous semble insuffisante. Il ne faut transcrire qu'autant que l'opération sera utile. La transcription de la lettre du vendeur peut ne pas prouver complètement qu'il y a eu vente. Il n'y a convention qu'autant qu'il y a accord entre les parties sur la chose et sur le prix ; il faudrait donc transcrire en même temps la lettre qui contient la proposition ; mais elle est entre les mains du vendeur. On voit donc qu'au point de vue matériel on se trouve aux prises avec plus d'une difficulté.

La transcription, dans ces cas, sera donc rarement faite ; mais elle peut être une nécessité ; nous dirons tout à l'heure quelques mots de sa valeur vis-à-vis des tiers ; mais, dès à présent, et pour épuiser ce sujet, nous croyons qu'il serait bon de procéder de la manière suivante :

L'acquéreur a sans doute gardé copie de sa lettre ; nous estimons qu'on pourrait en faire une réproduction, la certifier, ajouter la date de la mise à la poste. S'il avait envoyé une lettre chargée, il serait mieux encore qu'il copiât le certificat de chargement ; que le tout fût transcrit à la suite de la lettre du vendeur.

Il se peut que tout cela soit impossible ; que l'acquéreur n'ait pas gardé copie de sa lettre ; dans ce cas, il faudrait, ce nous semble, qu'il certifiât au pied de la lettre du vendeur que cette lettre répond à la proposition qu'il a adressée à ce dernier et indiquât les conditions de cette proposition.

On pourrait objecter à celui qui a acheté par correspondance qu'aucune preuve irrévocable n'établit qu'il a accepté la proposition de vente faite par le propriétaire ; que, lors même qu'il a envoyé une lettre chargée, rien n'en indique la teneur et que la poste ne peut être assimilée à un huissier signifiant un consentement.

A cela nous croyons qu'on peut répondre que les situations extrêmes doivent être traitées avec leurs conditions propres; que la lettre du vendeur vaut au moins commencement de preuve par écrit qu'une réponse favorable a pu être faite; que dès lors les faits et les témoignages peuvent être consultés; que, si, en cas de contestation, la justice doit un jour reconnaître qu'il y a eu vente, cette déclaration rétroagira et que dès lors il a importé de transcrire; que les tiers auront été suffisamment avertis.

Nous ajouterons que la preuve authentique ne doit pas être nécessairement rapportée aux tiers. Une vente peut être faite sous signatures privées, ainsi que cela a été reconnu dans la discussion de la loi de 1855. (*Voy.* nos 319 et 322.)

**29.** Nous ne doutons pas que ce genre d'aliénation puisse donner lieu à transcription; mais nous ne pouvons suivre M. Mourlon (*Revue pratique*, t. I, p. 165, n° 26) quand il enseigne qu'une vente verbale doit être transcrite et que, s'il y a résistance du conservateur, il doit y être pourvu par une ordonnance rendue en référé. M. Flandin nous semble être dans le vrai dans sa discussion de cette thèse qu'il combat (n° 77).

La vente, entre les parties, peut être verbale; mais, vis-à-vis des tiers, il ne suffit pas qu'elle existe; il ne suffit pas même qu'elle soit établie ou qu'il en existe quelques preuves. Il faut que à la preuve on ajoute la transcription. La preuve sans la transcription est inopérante vis-à-vis des tiers. Mais la transcription elle-même ne peut se comprendre qu'avec une pièce à transcrire. Aussi l'article 2 de la loi de 1855, n° 3, parle-t-il, non d'une convention verbale, mais d'un jugement en déclarant l'existence. Permettre de transcrire une simple prétention, serait autoriser la perturbation des affaires d'autrui.

## § 8

### PROMESSES DE VENTES •

### Sommaire

30. La promesse peut n'être ni acceptée, ni refusée ; elle est alors une pollicitation.
   Elle peut être acceptée sans que l'acceptant s'oblige à acheter, et alors elle oblige le vendeur seul.
   Si, dans la pensée des parties, il n'y a pas vente conditionnelle, l'acte est une simple promesse de vente.
   S'il y a en même temps promesse d'acheter, il y a vente.
31. Différence entre les arrhes et les à-comptes.

**30.** Pothier, dans son *Traité de la vente* (partie 6ᵉ, § 2, 3 et 4), ne s'occupe que des promesses unilatérales faites par le vendeur, sans que celui auquel elles sont faites contracte aucune obligation.

M. Flandin (*Trans.*, nᵒ 59) dit, après M. Dalloz, qu'il convient de distinguer trois modalités dont les promesses de ventes sont susceptibles ; qu'une promesse peut être faite sans qu'elle soit ni acceptée, ni refusée ; qu'elle peut être acceptée, sans que celui qui l'accepte s'oblige à acheter ; qu'enfin il peut y avoir promesse réciproque de vendre et d'acheter ; que, dans le premier cas, il y a simple pollicitation ou proposition, dans le second, promesse unilatérale, et, dans le troisième, promesse synallagmatique.

Pothier, qui ne voit qu'une pollicitation dans une proposition non agréée (*Obligations*, nᵒ 4), et qui ne pourrait y voir autre chose sans méconnaître la portée d'une proposition restée sans réponse, consacre dans son commentaire de la vente trois paragraphes aux promesses de ventes. Il les compare à la vente elle-même ; mais il explique que, dans la promesse de vente, celui qui promet de vendre s'engage seul et que celui à qui la promesse est faite ne contracte aucune obligation.. Il examine ce que pourra faire la personne à laquelle la promesse a été donnée pour obtenir son accomplissement ; et, quant au promettant, il ajoute

4

que si la promesse a été faite avec limitation de temps, l'expiration du délai le dégage de son obligation ; que, si au contraire, il n'y a pas ou de délai fixé, il doit obtenir une sentence qui fixe l'époque après laquelle il sera déchargé.

Nulle part Pothier ne suppose que le promettant peut rétracter son engagement non encore suivi de l'obligation d'acheter. Partout au contraire il le tient pour obligé par sa promesse.

M. Merlin (R., v° *Vente*, p. 534) enseigne que l'article 1589 a condamné la doctrine de Pothier et que la promesse de vente ne peut plus avoir de valeur sans la promesse d'achat. Mais cette opinion est restée isolée ; on reconnaît au contraire généralement que l'article 1589 ne s'applique qu'aux engagements réciproques et que la promesse de vendre est restée soumise aux principes généraux du droit.

Voyons donc si, d'après ces principes généraux, la promesse de vente non suivie de promesse d'achat doit engendrer un lien de droit, ou si celui qui l'a faite peut se dégager tant qu'elle n'a pas été acceptée.

M. Troplong (*Vente*, n° 115) examine ce qu'on pensait dans l'ancienne jurisprudence sur les moyens de forcer le promettant à remplir ses engagements ; il passe en revue trois systèmes qui avaient surgi, et il constate que, si on se divisait sur les moyens de contrainte, il y avait unanimité sur le principe de l'obligation. Aussi M. Troplong s'étonne-t-il de trouver un arrêt de la Cour d'Angers du 27 août 1829 qui condamne l'opinion de Pothier sur la force obligatoire de la promesse de vente.

Cependant cette opinion a trouvé un écho même à la Cour de cassation. Nous ne parlerons pas de l'arrêt Raby du 21 décembre 1846 (S., 47, 1, 65), dans lequel la question a été envisagée au point de vue des conventions faites par correspondance, et où la Cour n'a vu qu'une proposition sans y trouver de réponse ; mais nous nous étonnons de trouver ce mot de pollicitation et la mention du droit de rétractation dans un arrêt du 12 juillet 1817 (S., 48, 1, 182) et dans un arrêt du 9 août 1848. (S., 48, 1, 615.) Ce n'est pas que nous entendions critiquer les solutions de ces arrêts. Seulement nous croyons que les motifs en sont très contestables. Dans le premier, il s'agit d'une promesse unilatérale qui n'avait été contestée qu'après son acceptation, et dans le second, il s'agissait d'une promesse acceptée par l'acte même, mais sans que l'acceptant prit immédiatement des engagements. Aussi la Cour n'a-t-elle pas hésité à reconnaître que les deux promettants étaient obligés par leurs engagements.

Est-il donc vrai qu'il n'y ait pas engagement obligatoire dans la promesse de vente non suivie de la promesse d'achat. Laissons un moment le domaine des théories pour descendre dans la pratique. Un propriétaire donne à une autre personne une déclaration par laquelle il s'oblige à lui vendre, quand elle le voudra, un immeuble déterminé moyennant un prix et à des conditions indiquées avec précision. Celui auquel la promesse est faite prend la déclaration et la conserve comme son titre.

M. Flandin (n° 61) y voit une promesse non acceptée; il y voit même une simple proposition de vendre non suivie de réponse. C'est, ce nous semble, méconnaître les faits; il y a simple pollicitation, ou, pour parler le langage du monde, simple proposition quand le propriétaire offre de vendre sans recevoir de réponse. Il y a au contraire convention véritable quand il convient de vendre à un tiers qui se réserve soit d'acheter, soit de ne pas acheter, suivant le parti que lui conseilleront ses convenances. L'acceptation, dans l'hypothèse que nous avons posée, est verbale, soit; mais les conventions peuvent exister sans être écrites. Toullier (t. VI, n°° 32 et 33) enseigne qu'on peut faire connaître sa volonté par des paroles, comme par des écrits, et même par de simples gestes; que le consentement peut être exprès ou tacite. Or, peut-on contester que la remise de la

promesse et la réception par celui auquel elle est donnée
constatent que ce dernier a entendu en prendre acte? (C. de
cass., 7 mars 1865 et la note, S., 65, 1, 165.)

Dira-t-on que cette convention n'est pas valable parce
qu'il y a engagement sans équivalent? Nous rappelons que
Pothier, dont les scrupules sont connus, reconnaissait sa
validité; et nous ajoutons que, dans notre droit, comme
dans l'ancien, les engagements peuvent être unilatéraux;
que la cause de la promesse est dans l'espoir que cette promesse déterminera celui à qui elle est donnée à disposer ses
affaires de manière à acheter la propriété qu'on veut vendre;
qu'ainsi la convention satisfait à toutes les conditions des
engagements licites.

C'est là ce que n'hésite pas à dire M. Devilleneuve dans
une note imprimée à la suite d'un arrêt de la Cour de
Paris (S., 48, 2, 161), note dans laquelle il cite l'opinion de
M. Ballot, publiée dans la *Revue de droit français et étranger*,
et ce qu'admet M. Demolombe. (*Obligations*, t. II, n° 329.)

Si les idées que nous venons d'émettre sont vraies, il ne
reste que deux classes de promesses, celles qui sont unilatérales, et celles qui sont synallagmatiques.

La promesse unilatérale transmet-elle conditionnellement
la propriété, de manière à nécessiter la transcription pour
qu'elle soit respectée par les tiers?

M. Mourlon (*Revue pratique*, t. II, p. 193, n° 39) voit
dans la promesse de vente une transmission conditionnelle
rétroagissant au jour où la convention a été faite. Dans ce
système le vendeur est dessaisi, et la transcription qui
avertit les tiers doit intervenir pour consolider le droit de
l'acquéreur.

Mais il n'est pas exempt d'inconvénients. Si le vendeur
cesse d'être propriétaire et si l'acquéreur est saisi par suite
de la force rétroactive de la convention, les hypothèques
données par le vendeur dans l'intervalle de la convention
à l'option de l'acquéreur disparaissent pour faire place à

telles nées du chef de l'acquéreur; et cependant cet intervalle peut être long; les promesses de vente se font le plus souvent dans les baux à long terme. La propriété restera longtemps incertaine. Le propriétaire auquel il n'a pas été adressé de demande de réalisation a beaucoup de tendances à ne pas croire qu'il doive être jamais dessaisi; il peut consentir des ventes à d'autres personnes.

Il y a donc là une source de dangers.

Il importe par suite de regarder de très près pour savoir s'il y a réellement vente conditionnelle, ou seulement obligation de vendre, d'un côté, pendant que, de l'autre, il n'y a pas obligation d'acheter. Or c'est là le plus souvent le sens du contrat. C'est ainsi qu'il a été interprété par la Cour de cassation par un arrêt du 14 mars 1860 (S., 60, 1, 742) et par un arrêt du 20 janvier 1862 (S., 62, 1, 706). C'est l'opinion de M. Troplong (*Vente*, n° 116), de M. Marcadé, sur l'article 1589, de M. Duvergier (*Vente*, n° 122), de MM. Massé et Vergé sur Zachariæ (t. IV, § 675).

Si la promesse de vente a été suivie de la promesse d'acheter, aux termes de l'article 1589, elle vaut vente. D'après M. Toullier (t. IX, n° 92), suivi sur ce point par M. Troplong (*Vente*, n° 130), cela n'est absolument vrai que lorsque la promesse est suivie de tradition. M. Duranton au contraire (t. XVI, n° 51), M. Merlin (*R.*, v° *Vente*, § 7), M. Favard de Langlade (*Nouveau rép.*, v° *Vente*, § 1, n° 3), MM. Massé et Vergé sur Zachariæ (t. IV, p. 265), M. Mourlon (*Revue pratique*, t. I, p. 518), et M. Flandin (*Trans.*, t. I, n° 69) estiment que la vente en ce cas résulte de l'acte même et qu'il y a lieu à transcription.

L'opinion de M. Toullier nous semble en désaccord avec le principe du Code, d'après lequel, contrairement à ce qui se produisait auparavant, la vente transporte la propriété sans tradition. La disposition de l'article 1589 exige qu'il soit procédé à la transcription de l'acte.

Pour qu'il en fût autrement, il faudrait, comme le dit

M. Flandin, qu'il résultât nettement de l'acte que les parties
ont entendu faire dépendre la translation de la propriété
d'un acte ultérieur.

En résumé, nous pensons que si la promesse de vente
constitue par la manière dont elle a été entendue par les
parties une vente conditionnelle, il faut la faire transcrire
immédiatement; que, s'il y a promesse d'un côté et absence
d'obligation de l'autre, la transcription n'est utile qu'au
moment où le bénéficiaire déclare acheter; que, si la promesse de vente contient de part et d'autre engagement
définitif, on se trouve dans le cas d'une vente ordinaire.

31. *Arrhes.* — Si la promesse de vente a été faite avec des
arrhes, chacun est libre de s'en départir, celui qui les a
données en les perdant, et celui qui les a reçues en les dou-
blant. (Art. 1590.)

On confond souvent un à-compte donné sur une vente
avec des arrhes remises sur une simple promesse de vente.
Il importe cependant de les distinguer. S'il y a eu vente
définitive avec à-compte payé, la vente est complète et ne
peut être rompue, quelque somme qu'offre le vendeur; si
au contraire il y a simple promesse, il y a lieu à l'application de l'article 1590.

## § 9

### VENTES CONDITIONNELLES. — VENTES DONT LE PRIX EST LAISSÉ A L'ARBITRAGE D'UN TIERS.

#### Sommaire

32. Différence entre la condition suspensive et la condition résolutoire.
   Nécessité de faire transcrire dans les deux cas.
   Faut-il faire transcrire l'acte de reprise de l'immeuble par suite
de réméré, et, plus généralement, faut-il constater la réalisation
de la condition par un acte, et le faire transcrire ?
   Faut-il faire transcrire la résolution amiable pour défaut de
payement ?
   *Quid* de la résolution judiciaire ?
33. Lorsque l'arbitre désigné pour la fixation du prix n'accepte pas.

peut-on recourir aux tribunaux ?
*Quid* si la vente est l'accessoire d'un autre contrat ?
*Quid* si l'acte de vente même délègue aux tribunaux le choix de l'arbitre ?
Faut-il faire transcrire la décision de l'arbitre ?

**32.** Nous avons dit tout-à-l'heure, à propos des promesses de ventes, que la vente conditionnelle est soumise, comme la vente définitive, à la transcription.

La condition peut être suspensive ; elle peut être résolutoire. Lorsque la condition est suspensive, la chose demeure aux risques du vendeur (art. 1182), et la vente ne peut être exécutée qu'après l'événement, lorsqu'il est futur et incertain (art. 1182). Mais, il n'y a pas moins translation conditionnelle de propriété, et, par suite, nécessité de transcrire.

La sagesse de la loi ne saurait être contestée. La possession de vendeur doit faire supposer aux tiers qu'il est encore propriétaire. Ils peuvent traiter avec lui dans cette pensée. Il importe donc qu'ils soient avertis, afin que, si la condition se réalise, son effet rétroactif (art. 1179) ne soit pas pour eux une cause de préjudice.

Lorsque la condition est résolutoire, la vente s'exécute immédiatement comme si elle était définitive (art. 1183). La transcription doit donc être faite.

Mais on se demande s'il y a lieu à prendre quelqu'une des mesures prescrites par la loi de 1855, lorsque l'événement donnant lieu à résolution vient à se produire.

La vente peut-être résolue par l'événement d'une condition casuelle indiquée dans la vente. Elle peut l'être, quand la faculté de rachat a été réservée, par l'exercice de cette faculté. Elle peut l'être amiablement ou judiciairement pour défaut de payement du prix.

Lorsque les parties font un acte pour constater la reprise par le vendeur de l'immeuble vendu, en exécution d'une condition réalisée, il n'y a pas lieu à transcription parce qu'il n'y a pas transmission de propriété. La rétroactivité que produit l'événement de la condition efface la dépossession du vendeur. Le vice originaire de la convention la fait tomber au point de vue de la translation de la propriété. L'immeuble n'est pas allé de la tête du vendeur sur celle de l'acquéreur, puis retourné sur celle du vendeur ; il est au contraire, aux yeux de la loi, demeuré immobile sur la tête de la personne à laquelle il appartenait (*sic* TROPLONG, *Trans.*, n° 245).

Les tiers d'ailleurs ne peuvent être trompés, puisque la transcription les a avertis que la vente pouvait être une ombre fugitive et qu'ils ont dû suivre et scruter les événements.

Nous devons, au surplus, faire une observation qui nous semble dominer la matière. La loi n'a point exigé que la réalisation de la condition fût constatée par un acte soumis à la transcription. Il est beaucoup de cas où c'eût été difficile, puisque cette réalisation dépend de faits se produisant sans écrit. Exiger une transcription sur ce point, ce serait aller au-delà des textes. Aussi, dans une affaire jugée par la Cour de cassation, le 22 juillet 1872 (S., 73, 1, 9), et dans laquelle la validité d'une vente dépendait d'une consignation de fonds, la Cour n'a-t-elle pas ajouté à la réalisation de la consignation celle de sa transcription ? (*Voy.*, au surplus, le n° 198.)

S'il y avait résolution amiable pour défaut de payement du prix, les principes nous sembleraient devoir conduire à décider qu'elle produit les mêmes effets qu'une résolution prononcée judiciairement. Mais, comme ce mode de dissolution de la convention peut être fréquemment confondu avec une rétrocession, nous réservons cette question pour la traiter ultérieurement au chapitre des résolutions (*Voy.* n° 199.)

Quand il y a jugement prononçant une résolution, un texte de la loi de 1855, l'article 4, y a pourvu. Nous parlerons ailleurs de ce cas.

**33.** *Prix laissé à l'arbitrage d'un tiers.* — Pothier (*Vente*, sect. 2 de la 1re partie) enseigne que trois choses sont nécessaires pour le contrat de vente ; « une chose qui en fait l'objet, un prix convenu, et le consentement des contractants ».

Aux termes de l'article 1591 du Code civil, le prix doit être déterminé par les parties ; l'article 1592 ajoute cependant qu'il peut être laissé à l'arbitrage d'un tiers ; que si le tiers ne veut ou ne peut faire l'estimation, il n'y a pas de vente.

De là sont nées trois questions.

Si l'arbitre désigné par les parties refuse d'accepter cette mission, peut-on recourir aux tribunaux pour faire nommer un autre arbitre ? La Cour de Paris a jugé que oui le 18 novembre 1831 (S., 32, 2, 133); mais il nous semble que M. Troplong critique justement cette décision. (*Vente*, t. I, n° 156.) Les textes du droit romain, cités par lui, supposent toujours que le choix émane des parties elles-mêmes. Sans doute, elles peuvent déléguer à un tiers la nomination de l'arbitre ; mais, le principe de l'autorité dont l'arbitre est armé ne peut se trouver que dans leur volonté arrêtée sur le choix même, qu'il soit médiat ou immédiat. L'art. 1592 nous semble ne pas permettre qu'on admette une autre opinion. C'est, au surplus, ce qu'a jugé la Cour de cassation, le 1er ventose an X (S., 2, 1, 230).

Si les parties, au lieu de nommer l'arbitre, conviennent de le nommer ultérieurement, la convention les engage-t-elle ? Oui, dit M. Duvergier (*Vente*, t. I, n° 153), dont l'opinion est professée aussi par M. Mourlon (*Revue pratique*, t. I, p. 511, n° 36); et, si, dit-il, l'une d'elles refuse ensuite de procéder à la désignation, la justice prononcera.

Nous croyons que c'est là une erreur, et nous nous fondons sur les raisons que nous venons de donner. La vente suppose trois éléments dont l'un est le prix. Cet élément doit, comme les autres, émaner de la volonté personnelle des parties. Elles peuvent charger la justice de nommer l'arbitre ; mais, si elles ne lui ont pas donné cette mission, la justice ne peut nommer l'arbitre. Elle ne peut parfaire la convention pour les parties. Les tribunaux tiennent de la loi le pouvoir de statuer quand il y a débat ; mais le contrat judiciaire suppose une convention première, ou un fait générateur d'un engagement, sans lesquels l'œuvre de la justice est impossible. Les tribunaux déclarent un engagement et ne le créent pas.

Il en serait autrement par les motifs que nous venons de donner, si, en convenant de nommer ultérieurement les arbitres, les parties avaient consenti à les laisser nommer par la justice, en cas de désaccord entre elles.

Ces principes sont ceux qu'enseignent M. Troplong (*loco citato*), M. Delvincourt (t. III, p. 355, édit. de 1859), M. Duranton (t. XVI, n° 114), MM. Aubry et Rau, d'après Zachariæ (t. IV, p. 271, § 675, note 225), M. Dalloz (*Jur. gén.*, v° *Vente*, n° 380).

Mais M. Flandin (*Trans.*, n° 98 et suiv.), ne les accepte pas. On peut, au surplus, consulter la note des diverses autorités au volume 62, 2, 362 de la collection de Sirey.

M. Troplong ajoute (n° 357) que, si la vente était l'accessoire d'un contrat de gage ou d'hypothèque ou une dation en payement et que le prix fût renvoyé au jugement d'experts, les tribunaux auraient le droit de contraindre les parties à faire la nomination ou de nommer eux-mêmes ; que la vente, alors, est un moyen de libération, et que, ne pas en faciliter l'emploi, ce serait exposer le débiteur à une vente par expropriation forcée. Il cite la loi 16, *de pignoribus et hyp.*

Nous croyons à l'exactitude de cette solution. Ce cas ne doit pas être traité comme celui d'une convention nouvelle qui doit être entièrement libre. Il y a ici un engagement premier complet dont il importe que le débiteur puisse être libéré. C'est ce que juge implicitement, en matière d'enregistrement à la vérité, un arrêt de la Cour de cassation du 22 décembre 1813 cité par M. Merlin (*R.*, v° *Vente*, § 91, n° 1 *bis*) et ce que reconnaît un arrêt de Montpellier du 13 février 1828 (S., 28, 2, 238).

La transcription doit évidemment être opérée quand une vente est faite avec fixation du prix par un tiers. Mais à quelle époque doit-elle être faite ?

On pourrait soutenir qu'il n'y a pas vente complète, puis qu'elle manque de l'un de ses éléments constitutifs; que la vente n'existera qu'après la fixation du prix. Mais, on peut répondre que l'acte primitif constitue un engagement obligatoire; que son caractère conditionnel a été, dans tous les temps, reconnu (TROPLONG, *Vente*, t. I, n° 155), que la condition a un effet rétroactif; on peut ajouter que si celui qui a acheté ainsi ne fait pas transcrire et que le vendeur transmette l'immeuble à un autre acquéreur, celui-ci, en transcrivant, peut primer le premier; que c'est à ce danger qu'a voulu pourvoir la loi de 1855.

Ces considérations nous paraissent déterminantes. Nous croyons donc qu'il faut transcrire l'acte premier. C'est ce qu'enseigne M. Flandin (*Trans.*, n° 103).

Faut-il transcrire aussi, quand l'acte primitif ne porte pas nomination des arbitres, mais en délègue le choix à la justice, la décision qui les désigne?

Et, dans tous les cas, faut-il transcrire l'acte portant fixation du prix ?

Nous avons dit qu'il faut transcrire l'acte primitif quand il contient un engagement qui lie les parties. On peut dire que ceux qui veulent traiter avec l'acquéreur ont intérêt à savoir si sa vente est devenue complète. On peut répondre qu'ils sont avertis; que la transcription de l'acte primitif suffit à toutes les exigences raisonnables, tant du côté de l'acquéreur que du côté du vendeur.

Nous croyons donc qu'il suffit de faire transcrire l'acte primitif. C'est aussi l'avis de M. Flandin (*Trans.*, n° 105).

## § 10

### VENTES ALTERNATIVES

#### Sommaire

34. Le choix peut être déféré soit à l'une, soit à l'autre partie.
Cette vente est conditionnelle.
Elle doit être transcrite.
Il n'est pas nécessaire de faire transcrire l'acte qui contient l'option.

**34.** Aux termes de l'article 1584 du code civil, la vente peut avoir pour objet deux ou plusieurs choses alternatives ; dans tous les cas, son effet est réglé par les principes généraux des conventions.

Le choix peut être déféré par la convention, soit à l'une, soit à l'autre partie. Quand la convention est muette à cet égard, le choix appartient au débiteur (art. 1190).

Cette espèce de vente est conditionnelle. Si, par exemple, le choix appartient au vendeur, il y a vente de la chose sur laquelle tombera ce choix, mais soumise à la condition de ce choix. On pourrait dire, dans ce cas, que, si une vente s'applique alternativement à deux choses, il y a vente sous condition suspensive de la chose qui sera choisie, et, quant à l'autre, qu'il y a à son égard un mélange de la condition résolutoire. On ne peut dire qu'il y ait, d'une manière absolue, condition résolutoire ; car la condition résolutoire suppose l'existence d'une transmission qui sera révoquée plus tard (art. 1183), tandis que, dans la vente alternative, il n'y a généralement pas livraison de la chose sur laquelle ne porte pas le choix.

Comme il y a transport au moins conditionnel du droit de propriété pour la chose qui sera l'objet du choix, il importe de faire transcrire *ab initio*, afin d'éviter que le vendeur la transmette à un autre qui, en faisant transcrire le premier, devrait être préféré. (FLANDIN, n° 105.)

Il est inutile, au moins il n'est pas nécessaire de faire

transcrire l'acte portant option, parce que le premier acte
avertit suffisamment les tiers.

## § 11

### VENTES CONSENTIES PAR LES INCAPABLES

#### Sommaire

35. La ratification de l'acte consenti par l'incapable doit-elle être
transcrite ?
Sous le code civil, la vente consentie par le majeur de l'objet
déjà vendu en minorité était valable, malgré une ratification
ultérieure.
Aujourd'hui elle doit l'être encore, pourvu qu'elle soit transcrite.
De là, il suit que la ratification doit être transcrite pour être
opposée aux actes faits en minorité.
Faut-il qu'elle le soit pour être opposée aux actes postérieurs ?
Conclusion dans le sens de la nécessité de la transcription.
Application de cette doctrine aux actes des personnes capables
susceptibles de nullité ou de rescision.

35. Les incapables de contracter sont les mineurs, les
interdits, les femmes mariées, dans les cas exprimés par la
loi, et généralement tous ceux auxquels la loi interdit certains contrats (art. 1124 du Code civil).

Aux termes de l'article 1125, les incapables ne peuvent
attaquer leurs engagements que dans les cas prévus par la
loi ; mais les personnes capables de contracter ne peuvent
opposer l'incapacité du mineur, de l'interdit, ou de la
femme mariée avec qui ils ont contracté. En d'autres termes, la nullité est purement relative.

L'article 1304 limite à dix ans la durée de l'action de l'incapable ; et ce délai court du jour où il est devenu capable.
Ce que le temps peut faire à lui seul, l'incapable peut le faire
au moyen d'une ratification donnée après la cessation de
l'incapacité. La ratification (art. 1338) emporte renonciation aux moyens qui pouvaient être invoqués contre l'acte ;
mais l'article a soin d'ajouter : « sans préjudice néanmoins
» des droits des tiers. »

Cette ratification doit-elle être transcrite ?

Non, disent MM. Troplong (*Trans.*, n°° 97 et 174), Rivière et Huguet (n°° 63 et 218), Mourlon (*Revue pratique*, t. VI, p. 390, n° 125), Flandin (*Trans.*, n° 116).

Malgré cet ensemble d'autorités si considérables, nous sommes loin de nous sentir convaincu ; et, ce qui confirme nos doutes, c'est que plusieurs de ces auteurs nous semblent ne pas poursuivre logiquement leur idée. M. Mourlon, (t. VI, p. 401, n° 126, 4°), enseigne qu'une ratification qui s'applique à un acte émané d'une personne capable, mais entaché d'erreur ou de violence, est sujet à transcription ; et, sur ce point, il distingue entre le cas où l'acte de ratification reconnaît qu'en fait il n'y a pas eu erreur ou violence, de celui où elles ont existé, ce qui réduit la question à un examen de la rédaction employée.

MM. Rivière et Huguet (au n° 64), exigent la transcription de l'acte par lequel on ratifie un acte nul par défaut de convention et faussement qualifié contrat, par exemple, un acte sous seings privés non signé de l'une des parties.

Examinons donc la question en elle-même.

Commençons par la situation qui résultait de la législation antérieure à la loi de 1855.

La ratification, aux termes de l'article 1338, couvre les moyens de nullité qui peuvent vicier l'acte ; mais cet article réserve expressément l'intérêt des tiers.

Depuis la promulgation du Code civil, la propriété était transmise d'une manière absolue par la convention seule. L'incapable qui avait traité n'avait transmis que des droits viciés par sa propre incapacité, et, du moment où, en pleine possession de sa capacité, il avait vendu à un tiers, celui-ci devenait légitime propriétaire et ne pouvait être dépossédé par une ratification ultérieure. M. Flandin le reconnaît expressément (n° 115), M. Troplong le reconnaît aussi (n° 174) et cite un arrêt de la Cour de cassation du 16 janvier 1837 (S., 37, 1, 102). Cet arrêt ne laisse aucun doute sur la vérité de l'interprétation que nous venons de donner de l'article 1338, et a été suivi d'un arrêt de la Cour de Paris du 23 juillet 1838 reproduit au *Journal de Sirey* (39, 2, 6), avec une note très developpée et très judicieuse de M. Devilleneuve.

La loi de 1855 a modifié cet état de choses, et, dans l'intérêt du crédit, elle a voulu que les actes translatifs de propriété fussent transcrits. De là, il suit que la vente faite en majorité doit être transcrite ; mais de là il suit que la ratification doit l'être elle-même.

Il est difficile de soutenir, en présence de l'article 1338 et de la jurisprudence que nous venons de rappeler, que la ratification puisse effacer les droits concédés aux tiers *medio tempore* et régulièrement conservés. Mais nous allons plus loin, et nous croyons que, à défaut de transcription, elle ne peut être opposée avec succès aux actes faits ultérieurement avec les tiers.

Voyons cependant pourquoi on la regarde comme non assujettie à la transcription.

Elle ne l'est pas, dit-on, parce qu'un pareil acte n'est que la renonciation à l'exercice de l'action en nullité, qu'il n'est pas translatif de propriété. *Confirmatio nihil novi juris addit.* On ajoute que la transcription de l'acte primitif a suffisamment averti les tiers.

La fragilité d'un pareil raisonnement est manifeste. La ratification est si nécessaire, elle ajoute tellement au premier acte, que, sans elle, le vendeur peut incontestablement transmettre à d'autres la propriété qu'il a aliénée par l'acte vicié.

Les tiers ont été suffisamment avertis par la transcription de l'acte primitif ! — Mais cela est encore loin de la vérité. Cette transcription apprend qu'il y a eu une aliénation, mais une aliénation viciée et attaquable ; que, par suite, on peut acheter régulièrement tant que le vice ne sera pas purgé. On a surtout besoin de savoir si une ratification a été faite, et on ne peut le savoir que par sa transcription. On voudrait obliger les tiers à se renseigner ; mais

auprès de qui ? serait-ce auprès de celui qui a été incapable ?
Mais sa réponse ne présentera pas de garanties. Sera-ce
auprès de l'acquéreur ? Mais on pourra douter de sa véracité.
Et, comme on est forcé de reconnaître que, tant qu'il n'y a
pas eu ratification, une nouvelle aliénation est inattaquable,
on ne peut contester non plus qu'une transmission
ajoutée à la première pour lui donner ce qui lui manque ne
doive être publiée pour être valable vis-à-vis des tiers.

Mais, dit-on, la vente primitive est une vente conditionnelle et qui doit valoir quand la condition est réalisée par la
ratification.

Nous avons pensé que la transcription de la vente conditionnelle se 'suffisait à elle-même, sans qu'il fût besoin de
transcrire la preuve de l'évènement de la condition, et
cependant nous ne pouvons souscrire à l'objection que nous
venons d'indiquer et qui émane de M. Mourlon.

Quand nous avons traité des ventes conditionnelles, nous
avons entendu parler des ventes qui obligent au moins le
vendeur, tandis que, dans la vente faite par l'incapable,
celui-ci n'a réellement pas été obligé. Il l'est si peu qu'on
reconnaît que, s'il vend avant d'avoir ratifié, la vente est
très-valable et que le nouvel acquéreur n'a qu'à faire transcrire. On ne remarque pas, d'ailleurs, que, s'il y avait condition, elle serait potestative et placée dans la main de celui
qui s'est engagé, ce qui serait contraire à l'article 1174 du
Code civil, d'où il suit qu'on ne peut s'étayer sur les principes relatifs aux conditions.

Cette objection, d'ailleurs, qu'on ne peut puiser que dans
l'article 1338, se réfute d'elle-même, puis que cet article, à
supposer qu'on veuille y voir une véritable rétroactivité, ne
l'établit qu'entre les parties, et réserve au contraire les droits
des tiers.

M. Troplong ajoute (au n° 97) que la loi de 1855 ne s'applique pas à la ratification, parce que l'action en nullité n'est
pas susceptible d'hypothèque.

Cette objection nous paraît sans force. L'incapable a gardé le droit de propriété ; il peut vendre à d'autres, nous venons de le voir ; il peut hypothéquer ; comment peut-on affirmer qu'en renonçant à attaquer l'acte vicié il renonce à un droit non susceptible d'hypothèque ? Nous croyons n'avoir pas besoin d'insister longuement sur ce point ; mais nous ne pouvons nous empêcher de rappeler que M. Troplong reconnaît lui-même, au n° 56, que celui qui a une action immobilière telle qu'une action en revendication peut hypothéquer l'immeuble lui-même ; que, à ce point de vue, les actions immobilières rentrent dans les termes de l'article 1er de la loi de 1855, et que M. Flandin professe la même opinion au numéro 377 de son ouvrage sur la transcription.

Il nous paraît donc certain que la loi de 1855, qui a eu pour but d'éclairer les tiers, n'a pu vouloir que la ratification fût dispensée de transcription.

Nous ajoutons que la doctrine qui ne l'y assujettit pas serait funeste à l'incapable. La loi lui assure une action en nullité parce qu'elle suppose que les engagements qu'il a pris pendant la durée de son incapacité peuvent lui être préjudiciables. Elle doit donc lui faciliter les moyens d'échapper aux liens qu'il s'est créés. Or quelle est la personne qui achèterait sans préoccupation un immeuble déjà vendu pendant la minorité ? N'aurait-elle pas toujours la crainte qu'il fût intervenu depuis une ratification secrète ? Nous avons dit, en matière de vente conditionnelle, que l'événement de la condition n'était pas soumis à la nécessité de la transcription, lors même qu'il était constaté par un acte ; mais, dans ce cas, il est au moins possible aux tiers de se renseigner, parce qu'il y a des faits positifs ou des actes qu'on peut consulter. Quand au contraire l'incapable dira qu'il n'a consenti aucune ratification, on lui répondra que la preuve en est impossible ; qu'on ne prouve pas un fait négatif. On ne peut songer, nous l'avons dit, à renvoyer aux renseignements auprès de l'acquéreur primitif, auquel on

5

donnerait l'éveil et qui est l'adversaire véritable de celui
auquel on propose la vente nouvelle. De pareilles théories
conduisent donc presque fatalement à la nécessité d'une
action en rescision ou à une ratification désavantageuse.

M. Flandin a si bien senti ce qu'il y avait de faible dans
l'argumentation développée par lui au numéro 110, qu'il
conseille de mentionner en marge de la transcription première la ratification effectuée. Nous croyons qu'au lieu de
se borner à conseiller une mesure non prescrite par la loi,
il faut enseigner énergiquement que la loi de 1855 exige la
transcription de la ratification.

Nous appliquons la doctrine que nous venons de développer à la ratification des conventions émanées des personnes capables, mais entachées d'un vice qui donnerait
lieu à rescision ou à nullité. Les principes nous paraissent
devoir être absolument les mêmes. Ici en effet, si l'aliénation émane d'une personne capable, le consentement a
été vicié par l'erreur, la violence, le dol, et dès lors il est
sans force translative.

Nous n'avons rien dit dans cette discussion des lois sur
l'enregistrement; les auteurs qui dispensent la ratification
de transcription citent ces lois avec complaisance. Mais il
nous semble difficile de s'en faire un point d'appui. On
comprend aisément que, quand le droit proportionnel a été
perçu sur une première vente, on ne puisse le percevoir
une seconde fois lorsque les mêmes parties viennent dans
un second acte relatif au même immeuble ajouter ce qui
manque à la première convention au point de vue du consentement. On ne perçoit dans ce cas qu'un droit fixe,
parce que le droit de transmission a été payé à l'avance.

### § 12

#### CESSIONS D'ACTIONS IMMOBILIÈRES

#### Sommaire

36. L'action immobilière est susceptible d'hypothèques et sa cession
doit être transcrite lors même qu'elle aurait été signifiée en
vertu de l'article 1690.

**37.** La cession du droit de réméré doit-elle être transcrite ?

**38.** La cession de la créance du vendeur devrait, en principe, être transcrite; mais, en fait, il ne peut y avoir d'inconvénients à ne pas la faire transcrire.

**38 bis.** Inutilité de la transcription de la cession de créance hypothécaire. L'article 9 ne s'applique qu'aux hypothèques légales. Cession de droits successifs. — Renvoi.

**36.** On se demande s'il faut transcrire la cession d'une action immobilière; et ce qu'il y a de singulier, c'est que ceux mêmes qui dispensent la ratification de transcription reconnaissent, ainsi que nous l'avons dit, que si l'incapable cède son droit, cette cession doit être transcrite.

Sans doute, en s'attachant par abstraction à la pensée du droit pris en lui-même et en le séparant de l'immeuble, on peut soutenir qu'il ne peut servir d'assiette à une hypothèque. (TROPLONG, *Hyp.*, t. II, n° 406.) Mais on sait que l'article 2125 du Code civil permet d'hypothéquer l'immeuble sur lequel on n'a qu'un droit éventuel; et en procédant ainsi on arrive à asseoir solidement l'hypothèque. (TROPLONG, *Hyp.*, t. II, n° 469.) M. Flandin (*Trans.*, n° 377) le constate et en conclut qu'il y a lieu à transcription; il ajoute au n° 378, que celui qui possède une action pour recouvrer un immeuble est réputé posséder l'immeuble lui-même, *is qui actionem habet ad rem recuperandam ipsam rem habere videtur* (*Loi* 15, *de reg. juris.*), et il en conclut que, sous ce second rapport, la transcription est encore nécessaire. Nous croyons que ce point de vue est toujours le même puisqu'il procède de la même idée.

M. Troplong, dans son *Traité de la transcription*, ainsi que nous l'avons dit, professe sur la nécessité de la transcription une opinion semblable (n° 50), bien qu'au n° 97, il déclare non susceptible d'hypothèque le droit de celui qui a consenti une cession d'immeuble annulable.

MM. Rivière et Huguet (n° 107) et M. Zachariæ (t. V, § 704, et la note 9, édit. AUBRY et RAU) enseignent au contraire qu'il n'y a pas lieu à transcription, parce que, si le droit immobilier peut conduire à l'obtention de l'immeuble, il ne le contient pas au moment du contrat ; que d'ailleurs il n'est pas susceptible d'hypothèque.

Ce sont là les idées que nous venons de combattre ; c'est d'ailleurs pousser à l'extrême l'abstraction et la conduire à des résultats faux, puisque le droit à l'immeuble n'a de valeur que parce qu'il conduit à la propriété de cet immeuble.

L'article 1690 du Code civil oblige le cessionnaire d'une créance, d'un droit ou d'une action sur un tiers à signifier le transport à ce tiers.

M. Troplong (*Vente*, t. II, n° 907) enseigne que toutes les cessions de droits incorporels ne sont pas soumises à la signification ; qu'une cession de droits successifs en est dispensée. La Cour de cassation l'a ainsi décidé le 6 juillet 1858 (S., 59, 1, 250).

Quoi qu'il en soit de ce point qui ne rentre pas directement dans notre sujet, une cession ayant trait à des immeubles n'en doit pas moins être transcrite lors même qu'elle aurait été signifiée, parce que la publicité dont la loi de 1855 a voulu faire la base du crédit est celle qui résulte des renseignements que fournit le bureau des hypothèques, et non celle que peuvent donner des renseignements plus ou moins erronnés. M. Flandin enseigne la même opinion (n° 380).

37. Ce que nous avons dit s'applique à la cession que fait de son droit le vendeur à réméré. Nous avons dit que le retrait n'était pas assujetti à la transcription, parce qu'il constitue une reprise résultant du droit écrit dans l'acte primitif transcrit lui-même ; que l'acquéreur n'a de droits sur l'immeuble qu'autant qu'on ne les lui retirera pas, et que la transcription avertit les tiers qu'il ne faut traiter qu'en s'assurant que le délai du retrait s'est écoulé sans que le vendeur en ait usé. Sans doute il y a là un danger quelconque ; mais la loi n'a exigé la transcription que pour les actes translatifs ; or il n'y en a pas dans le retrait. (C. de

cass., 21 germinal an XII, S., 4, 2, 175). Peut-être un jour complètera-t-on la loi à cet égard. Aujourd'hui on ne peut la dépasser. Mais, quant au cessionnaire du droit de retrait, il y a là manifestement une transaction étrangère à l'acte primitif, et qu'il faut soumettre à la publicité. (FLANDIN, *Trans.*, nᵉ 385. — TROPLONG, *Trans.*, nᵉ 60.) Un arrêt de la Cour de Paris du 12 août 1871 (S., 71, 2, 193) a jugé que le vendeur à réméré, en cédant son droit, ne transmet qu'un *jus ad rem*, sans transmettre aucun droit de propriété ; qu'en conséquence les hypothèques qu'il a pu consentir antérieurement sont sans efficacité. Nous renvoyons aux observations aussi judicieuses que savantes dont M. Labbé a fait suivre cet arrêt, et dans lesquelles il rappelle que l'article 2125 est la condamnation formelle de cette théorie.

38. M. Flandin (nᵉ 392) discute l'opinion émise par M. Mourlon (*Revue pratique*, t. I, p. 177, nᵉ 18, et t. II, p. 327), et d'après laquelle il pourrait être, dans certains cas, nécessaire de faire transcrire la cession de la créance du vendeur. M. Mourlon pense que, si la vente vient à être résolue judiciairement, la transcription de la cession de créance devient indispensable.

M. Flandin répond que la cession de créance est signifiée à l'acquéreur ou acceptée par lui ; que dès lors, quels que soient les événements, le défaut de transcription ne peut avoir aucune conséquence fâcheuse, puisque le vendeur est dessaisi par la signification de la créance sans laquelle on ne peut reprendre la propriété.

En principe, la transmission de la cession de créance, au bout de laquelle se trouve la propriété à reprendre en cas de non payement, devrait être transcrite ; mais il nous semble qu'en fait, après la signification, il ne peut y avoir de danger à ne pas la faire opérer.

On peut d'ailleurs faire remarquer que le droit à la reprise de l'immeuble est subordonné à l'inaccomplissement du payement ; que la créance est la chose principale qui fait l'objet de la cession, et que, comme le dit M. Flandin, le jugement qui prononce la résolution à défaut de payement est rendu, non au profit du cédant, mais au profit du cessionnaire, qui alors doit faire opérer la mention prescrite par l'article 4. On peut ajouter que, après la transcription de la vente, le vendeur est dessaisi de la propriété et que, quant à la créance, le cessionnaire auquel il la transmet est averti par la loi que, si cette créance a déjà été cédée par une cession signifiée, cette signification aura saisi le premier cessionnaire qui, par suite, doit avoir seul droit au bénéfice de la résolution.

Il n'en est pas moins vrai qu'on se trouve, en ce cas, dans une situation anormale et qui tient à un défaut de prévision du législateur. Quelque solution qu'on donne, on froissera un principe. Si on oblige le cessionnaire à transcrire, il faudra donner raison à celui qui le premier aura transcrit, au mépris peut-être d'une signification faite par son adversaire en exécution de l'article 1690. Si au contraire on se range du côté de celui qui a signifié le premier sans avoir fait transcrire, on semble méconnaître les principes de la loi nouvelle.

Cette situation se reproduira dans la matière de l'anti-chrèse (n° 139) et en matière de subrogation à hypothèque légale (n° 357). Mais dans ce dernier cas, nous serons conduit à une solution opposée, parce que la cession de créance elle-même est alors assujettie par la loi aux formalités prescrites par l'article 9.

**38 bis.** Bien qu'en principe on ait beaucoup discuté et qu'on discute encore, ainsi que le rappelle M. Demolombe (*Distinction des biens*, t. 1, n° 472) sur la nature du droit hypothécaire, nous croyons comme lui que l'hypothèque ne constitue qu'un droit mobilier, ou, pour ne pas enfreindre directement l'article 2114 qui dit littéralement que l'hypothèque est un droit réel, que la créance hypothécaire ne cesse pas d'être mobilière quoiqu'elle soit assortie d'un droit spécial sur le prix des immeubles du débiteur. Il nous semble incontestable que la transcription de la cession est inutile. L'article 778 du Code de procédure établit nettement qu'il n'y a là rien d'immobilier. (*Sic*, BRESSOLLES, *Exposé des règles de la transcription*, n° 18; FLANDIN, n° 394).

Nous ajoutons que l'article 9 de la loi de 1855 oblige ceux auxquels les femmes mariées cèdent leurs reprises matrimoniales donnant droit à hypothèque légale à prendre en leur nom une inscription ou à faire mentionner leur cession en marge de l'inscription préexistante. C'est là la précaution exigée. Cela établit assez, d'une part, que la transcription ordinaire est inutile ici; et, de l'autre, que les cessions de créances hypothécaires autres que celles faites par les femmes mariées dont nous venons de parler ne sont assujetties à aucune formalité. (BERTAULD, *Subrogation*, n° 112; FLANDIN, n° 1374; TROPLONG, *Trans.*, n° 344; RIVIÈRE et HUGUET, n° 408; BRESSOLLES, n° 100; *Contrà*, DUCRUET, *Étude sur la transcription*, n° 41).

*Cession de droits successifs.* — Nous en parlerons ultérieurement.

## § 13

### VENTES FAITES EN VERTU D'UNE PROCURATION OU D'UNE AUTORISATION

#### Sommaire

30. Faut-il transcrire à la fois l'acte et la procuration ou l'autorisation ?

39. La même question avait été posée sous l'empire de l'ordonnance sur l'insinuation du mois de février 1731, et Furgole était d'avis que l'énonciation de la procuration suffisait; que la donation seule était soumise à l'insinuation.

Elle a été reproduite sous la loi de l'an VII, et, sur les conclusions de M. Merlin, elle a été résolue dans le même sens par la Cour de cassation le 27 nivose an XII. (Q. de d., vᵉ *Trans.*, § 3, p. 331.)

Les termes de la loi de 1855 ne diffèrent pas à cet égard des termes de la loi de l'an VII. Il faut donc résoudre la difficulté de la même manière. La loi veut la transcription de la convention. Quant à la procuration et à l'autorisation, la copie de leur teneur n'est pas nécessaire. Et, si on devait ajouter à la transcription de l'acte celle de tous les détails qui contribuent à la validité de la convention, il faudrait, ainsi que M. Morlin en fait justement la remarque, transcrire, quand un tuteur fait vendre les immeubles de son pupille, le jugement d'autorisation, quand il s'agit d'héritiers, les pièces établissant leurs droits héréditaires, celles constatant que les majeurs sont sortis de la minorité. A ce compte les frais seraient grands, et la loi qui a voulu aider au crédit deviendrait un présent funeste.

Les textes veulent être interprétés avec la raison; et le bon sens le plus élémentaire conduit à la solution que nous venons d'indiquer. C'est celle qu'enseignent M. Troplong (*Trans.*, nᵒ 126) et M. Flandin (nᵒ 120).

M. Flandin cite une opinion contraire, celle de M. Marton, qui a écrit sur la loi belge et qui argumente de ce que cette loi exige la transcription en entier; mais il estime que la loi française se contente de la transcription de la convention, c'est-à-dire de ce que les tiers ont intérêt à connaître.

## § 11

### VENTES PAR UN PORTE-FORT

#### Sommaire

40. La vente de la chose d'autrui est nulle (art. 1599); mais il n'y a nullité que lorsque celui qui vend transmet la chose comme sienne, soit qu'il sache qu'elle est à autrui, soit qu'il l'ignore. C'est ce qu'enseigne avec raison M. Flandin. (*Trans.*, n° 122.)

Il ajoute que si le vendeur agit comme se portant fort pour le véritable propriétaire, la vente est valable; il cite à cet égard l'opinion de M. Troplong (*Vente*, t. I, n° 234), de M. Duvergier (*Vente*, t. I, n° 222), de M. Duranton (t. XVI, n° 180), de M. Delvincourt (t. III, p. 130, n° 2). Il aurait pu invoquer l'article 1120 du Code civil.

M. Flandin estime que la ratification par le propriétaire a dans ce cas un effet rétroactif et que la mutation est réputée accomplie au jour de la vente.

C'est là, ce nous semble, l'idée qui a amené sur ce point beaucoup d'erreurs; nous y reviendrons tout à l'heure.

M. Troplong (*Trans.*, n° 55) pose le même principe et ajoute cependant que, jusqu'à la ratification, le véritable propriétaire reste libre de disposer de la chose; que, dans les principes du Code, les actes faits par le propriétaire avant la ratification tournent au profit des tiers avec lesquels ils sont faits, malgré la ratification qui intervient après coup, parce qu'elle n'a pas lieu *rebus integris*, et que la volonté du propriétaire ne peut porter atteinte à des droits créés par lui; il constate que, d'après le Code civil et d'après la jurisprudence romaine, la ratification ne rétroagit pas au détriment de ceux à qui le propriétaire a conféré des droits sur l'immeuble; puis, après un passage dont l'expression manque de netteté et où il voit une rétroactivité au profit de l'acheteur, il passe à la loi de 1855 et dit que les situations sont changées; que les droits ne dépendent plus, à l'égard des tiers, de la volonté des contractants, mais bien de la réalisation de ces droits par ceux qui s'en sont fait investir.

En quoi la loi de 1855 a-t-elle changé la situation au point de vue de la rétroactivité? Elle n'a voulu modifier en rien le droit commun ; M. Debelleyme l'a expressément reconnu dans son rapport. Elle a seulement entendu protéger les tiers et obliger à faire connaître des actes qui, jusque là ignorés, devenaient un véritable piège et un danger pour tous ceux qui n'y avaient pas figuré. Rien n'est plus simple que l'application, à cet égard, de cette loi. Le tiers qui achète de celui qui se porte fort achète d'un non propriétaire ; il ne peut donc acquérir aucun droit de propriété ; s'il fait transcrire, cette transcription ne peut rendre public un droit qu'il n'a pas acquis.

Lorsque, au contraire, le véritable propriétaire vend son immeuble et que l'acquéreur soumet sa vente à la transcription, le droit de propriété devient complet.

Et si plus tard ce même propriétaire ratifie l'aliénation consentie par celui qui s'est porté fort pour lui, il ne peut donner un droit qu'il a transmis à un autre par un acte que la transcription a complété et rendu inattaquable.

Ces résultats nous paraissent incontestables, et nous croyons qu'on peut leur appliquer à *fortiori* les raisons que nous avons fait valoir à l'appui de la non rétroactivité vis-à-vis des tiers de l'acte fait par un incapable.

M. Troplong a-t-il entendu contester ces principes ? on pourrait le croire en lisant ce qu'il a écrit au numéro 55 de son *Traité de la transcription*. Cependant, aux numéros 128 et 129, il dit que la ratification faite par le propriétaire de l'acte du porte-fort doit être transcrite.

Quelle que soit son opinion véritable, nous avons dû traiter la question pour elle-même.

41. Nous avons pensé que la non transcription de la ratification faite par l'incapable pouvait être opposée même par ceux qui ont traité après la ratification ; il est plus évident encore que ceux qui traitent avec le propriétaire majeur sans que la ratification qu'il a faite de la vente du porte-fort ait été transcrite, traitent valablement et doivent être préférés s'ils font transcrire eux-mêmes.

Cependant cette matière des ratifications a été l'objet de plusieurs solutions qui ne sont pas d'accord avec les idées que nous avons émises. Le 24 janvier 1825 (S., 26, 1, 38), la Cour de cassation a jugé que, lorsque la femme ratifie l'obligation souscrite en son nom par son mari et subroge le créancier à son hypothèque légale, cette subrogation ne peut nuire aux tiers qui ont reçu hypothèque depuis l'acte ratifié et dont l'inscription est antérieure à la ratification, puisque, dit la Cour, l'hypothèque légale résultant de l'obligation solidaire que la femme a contractée avec son mari n'a pu, relativement au droit des tiers, prendre naissance que du jour de l'obligation qu'elle a contractée elle-même.

C'est évidemment juger que la ratification n'est pas rétroactive.

Le 6 juillet 1831 (S., 31, 1, 30), la même Cour a jugé que, lorsqu'un mari vend les biens de sa femme, qu'il vend ensuite ses propres biens; que la femme ratifie postérieurement, elle n'a hypothèque légale à raison de sa ratification que du jour de cette ratification même.

Le même principe est appliqué ici.

Elle a jugé, le 25 novembre 1856 (S., 57, 1, 117), que la ratification par le mineur, devenu majeur d'une hypothèque par lui donnée en minorité, est opposable aux créanciers hypothécaires postérieurs à la ratification, sans qu'il soit besoin d'une inscription nouvelle de l'hypothèque ratifiée.

On peut dire ici qu'aucun droit n'avait été conféré à des tiers avant la ratification, et que le résultat doit être le même que celui qui serait résulté de l'expiration des dix ans exigés pour la prescription par l'article 1305.

Elle a jugé, le 10 novembre 1862 (S., 63, 1, 129), que la ratification d'un partage, fait en minorité, fait courir du jour de l'acte ratifié le délai de soixante jours prescrit par l'article 2109 pour prendre inscription.

On peut dire ici qu'il s'agit d'une rétroactivité entre les parties elles-mêmes, et que l'intérêt des tiers n'est pas engagé.

Enfin elle a jugé, le 3 août 1859 (S., 59, 1, 801), que la ratification d'un acte dans lequel un tiers avait agi pour un mineur se portant fort pour lui produit le même effet que si cet acte avait été fait par une personne capable de s'obliger, sauf le droit du tiers antérieur à la ratification ; que, par suite, l'inscription prise en vertu de l'acte qui avait conféré hypo-thèque produit son effet du jour de sa date vis-à-vis des créanciers qui n'avaient pas d'inscription valable avant la ratification.

Nous avouons que cet arrêt soulève quelques doutes dans notre esprit. Il admet la régularité d'une inscription prise sans titre sur une propriété, en vertu d'un acte consenti originairement *à non domino*.

Mais l'examen des questions jugées par ces arrêts est plutôt relatif aux principes du régime hypothécaire. Nous ne nous occupons que des règles de la translation de la pro-priété. L'examen de ces décisions serait un peu étranger à notre sujet.

Les questions que nous venons de discuter ont été réso-lues par M. Flandin (*Trans*, n°° 122 et 132), mais, à notre sens, avec une absence d'unité que nous avons reprochée aussi à M. Troplong, et qui tient sans doute à la difficulté du sujet. Nous avons dit que M. Flandin invoque à tort la rétroactivité ; et, en même temps, après avoir expliqué qu'il faut soumettre à la transcription l'acte par lequel le pro-priétaire ratifie, il dit au numéro 133 que c'est dans le même sens qu'il a été jugé que l'hypothèque constituée sur le bien d'autrui n'a pu devenir valable par la ratification du pro-priétaire ; que cette ratification forme le vrai titre de l'hy-pothèque et que mention doit en être faite dans l'inscrip-tion prise, à défaut de quoi, dit-il, cette inscription est nulle vis-à-vis des tiers ; et il cite à l'appui de cette thèse un arrêt de Bruxelles du 26 décembre 1816, un arrêt de Paris du 11 août 1808, la *Jurisprudence générale*. (*Voy. Priv. et hyp.*, n° 1556), Grenier (*Hyp.*, n° 46.)

Nous inclinerions à l'opinion émise par M. Flandin sur ce dernier point; mais la raison qui a amené ces décisions, c'est que la ratification seule a pu créer un droit qu'on ne trouve pas dans l'acte premier même ratifié, et que, par suite, la rétroactivité qu'on invoque vis-à-vis des tiers n'existe pas.

M. Mourlon (*Revue pratique*, t. 1, n° 28) professe l'opinion que nous avons émise, et dit avec raison que la vente faite par le porte-fort n'a aucun caractère conditionnel, puisque les engagements qui y sont pris sont étrangers au propriétaire de l'immeuble, du côté duquel il n'existe aucun lien.

La transcription de la ratification suffit si elle contient les conventions essentielles de l'acte ratifié. Sinon, il faut transcrire les deux. (FLANDIN, *Trans.*, n° 134, MOURLON (*loco citato*).

## § 13

### ACQUISITIONS PAR UN PORTE-FORT

#### Sommaire

42. Tant que celui pour lequel le porte-fort a acheté ne s'est pas expliqué, le porte-fort peut-il prendre pour lui l'acquisition?
Il ne le peut que de l'agrément du vendeur.
En cas de refus de celui pour lequel le porte-fort a acheté, celui-ci devient-il de plein droit acquéreur?
Oui, à moins que le vendeur ait entendu ne vendre qu'à l'acheteur désigné?
En cas d'acceptation de celui pour lequel on a acheté, y a-t-il effet rétroactif?
Oui, et il suit de là qu'il faut transcrire *ab initio*.
Faut-il transcrire l'acceptation? Non.
43. En cas de décès de l'acquéreur désigné, le droit passe-t-il à ses héritiers? Oui.

42. Nous avons examiné les conséquences de la vente consentie par un tiers, sans mandat du propriétaire.

Nous allons renverser la situation et nous occuper de l'acte par lequel une vente est faite par le propriétaire lui-même d'un acquéreur qui n'y comparaît pas personnellement et pour lequel une autre personne se porte fort.

Celui au nom duquel l'acquisition est faite peut accepter ; il peut aussi repousser cette acquisition.

S'il l'accepte, il se l'approprie.

Ce genre de convention est prévu par l'article 1120 du Code civil ainsi conçu : « Néanmoins, on peut se porter fort » pour un tiers, en promettant le fait de celui-ci ; sauf l'in- » demnité contre celui qui s'est porté fort ou qui a promis » de faire ratifier, si le tiers refuse de tenir l'engagement. »

L'article 1121 ajoute : « On peut pareillement stipuler au » profit d'un tiers, lorsque telle est la condition d'une stipu- » lation que l'on fait pour soi-même, ou d'une donation que » l'on fait à un autre. Celui qui a fait cette stipulation ne » peut plus la révoquer si le tiers a déclaré vouloir en pro- » fiter. »

Quelles doivent être les conséquences, soit de l'accepta- tion, soit du refus ?

Avant tout, celui qui a agi au nom de l'acquéreur éven- tuel peut-il prendre pour lui l'acquisition et vendre l'im- meuble, tant que l'acquéreur pour lequel il a entendu ache- ter n'a pas accepté l'acquisition ?

M. Larombière l'a pensé (t. I, p. 109); son opinion a été consacrée par un arrêt de Bordeaux du 21 juillet 1827 (S., 27, 2, 174), et par un arrêt de Toulouse du 27 juin 1839 (S., 40, 2, 110), par un arrêt de Rennes du 15 décem- bre 1843 (S., 50, 2, 276) et par un assez grand nombre d'au- torités citées en note à la page qui vient d'être indiquée.

Nous croyons cependant qu'il faut adopter la solution opposée.

Nous nous occupons d'une vente. Le propriétaire a en- tendu transmettre à un acquéreur déterminé. Il a pu pren- dre en considération la personne de l'acheteur qu'on lui a désigné, être entraîné par des considérations de bon voi- sinage. Le porte-fort ne peut briser arbitrairement les termes de la convention et prendre pour lui un immeuble que le vendeur a voulu transmettre à une tierce personne, sans que celle-ci ait été appelée à donner une acceptation ou un refus.

On ne saurait se prévaloir des termes de l'article 1121. D'abord, la convention prévue par cet article n'est pas celle de l'article 1120, dans lequel il n y a en présence que deux intérêts : celui de l'absent pour lequel on se porte fort, et celui de la personne qui traite avec le porte-fort. Dans l'article 1121, au contraire, il y a trois intérêts mêlés : celui de chacune des parties qui traitent, et celui du tiers au nom duquel stipule l'une de ces deux parties. Que celui qui a ainsi stipulé puisse révoquer à cet égard jusqu'à l'acceptation du tiers, on le comprend. Mais lorsque la convention est faite entre deux parties seulement, lorsque surtout il s'agit d'une vente, que, sans l'assentiment du vendeur, le porte-fort puisse prendre pour lui l'immeuble qu'on a entendu vendre à un autre, nous ne pouvons le comprendre.

Nous estimons donc que le porte-fort ne peut s'attribuer le bénéfice de la convention que de l'agrément du vendeur, tant que l'acquéreur désigné ne s'est pas expliqué.

Si l'acquéreur éventuel, désigné par la convention, refuse d'accepter, le porte-fort devient il *de plano* acquéreur ?

Nous le pensons, mais avec cette restriction que le bénéfice de l'acquisition ne pourrait lui appartenir si la vente contenait une clause contraire explicite ou implicite.

Si, en effet, le vendeur avait déclaré qu'il n'entendait vendre qu'à la personne pour laquelle on s'est porté fort, sans que celui qui a traité pour elle pût s'emparer pour lui-même de la convention, il est clair qu'on ne pourrait la briser.

Mais si la vente ne contient aucune clause de ce genre, explicite ni implicite, nous croyons qu'elle doit avoir cette signification que, l'acheteur désigné refusant, celui qui a traité pour lui doit être admis à prendre l'immeuble.

C'est ce qu'a jugé avec raison la Cour de Limoges, par arrêt du 10 août 1850 (S., 52, 2. 386).

Nous n'avons pas besoin de faire remarquer que, si on adopte l'opinion de M. Larombière, la solution que nous venons de donner pour le cas de refus de l'acquéreur éventuel, ne souffre plus aucune difficulté.

Si l'acheteur désigné accepte, son acceptation peut-elle avoir un effet rétroactif au jour de la vente ?

M. Larombière, bien qu'il soutienne que, jusqu'à l'acceptation de l'acheteur désigné, celui-ci est sans droit aucun, estime cependant que l'acceptation a un effet rétroactif : *Ratihabitio mandato equiparatur* (t. I, p. 209). Il cite un arrêt de la Cour de cassation rendu en matière électorale le 6 avril 1842 (S., 42, 1, 597). M. Flandin enseigne la même doctrine (n° 124).

Nous croyons cette opinion fondée. Le droit de l'acquéreur désigné est, en effet, écrit dans la convention. Dès ce moment, le vendeur n'est plus propriétaire. Le porte-fort ne l'est pas, nous venons de le dire. Qui donc le serait? ce ne peut être que l'acquéreur désigné.

Ici, la rétroactivité se produit entre les parties; l'article 1338, qui ne réserve que l'intérêt des tiers, n'a plus rien à y faire.

Il suit de ce que nous avons dit que, pour satisfaire à la loi de 1855, il faut faire transcrire *ab initio*.

Faudrait-il, en outre, faire transcrire l'acte d'acceptation ? Nous n'en voyons pas l'utilité. Le nom de l'acheteur est porté dans la vente. Il peut à la vérité ne pas vouloir accepter ; mais, s'il refuse, la dévolution se fait sur la tête du porte-fort désigné aussi dans la vente. Dans tous les cas, sauf l'exception que nous avons signalée relativement à l'exclusion explicite ou implicite du porte-fort, le vendeur est dessaisi (*voy.* n° 52).

La transcription de toute pièce étrangère à la vente serait donc inutile.

**43.** Nous demanderons-nous si l'acheteur désigné venant à mourir avant son option transmettrait son droit à ses héritiers ? Bien que ce point ait été contesté par un arrêt de Bordeaux du 21 juillet 1827 que nous avons déjà cité, nous croyons que la transmission devrait s'opérer. Sans doute, nous ne voulons pas dire qu'il y a dans une vente de ce genre une condition identique à celle prévue par l'article 1179 du Code civil, puisque la personne à laquelle elle s'applique n'est pas partie à la convention ; mais enfin tant que le droit de l'acheteur éventuel n'est pas éteint, soit, d'après notre opinion, par l'accord en ce sens du vendeur et du porte-fort, soit, dans une autre opinion, par la volonté seule du porte-fort, ce droit subsiste et doit passer aux héritiers, comme ils reçoivent le droit de succéder. C'est dans ce sens que M. Larombière estime que, dans le cas de l'article 1121 (p. 120) le droit passe aux héritiers. Nous croyons qu'il faut appliquer à ce cas la doctrine de l'article 1179.

Autrement, on arriverait à dire qu'une convention se trouve anéantie par un décès ; encore serait-on embarrassé pour savoir si on attribuerait le bénéfice de la suppression du droit de l'acheteur désigné au vendeur ou au porte-fort.

## § 16.

### DÉCLARATION DE COMMAND.

### Sommaire.

**44.** Lois des 13 septembre, 16 octobre 1791, 11 thermidor an IV, 11 brumaire an VII, 22 frimaire an VII et 28 avril 1816.
**45.** Obligation de réserver la faculté de déclarer command.
**46.** Quel est le délai dans lequel doit être faite la déclaration de command ?
En matière d'enregistrement, il faut que la déclaration soit notifiée à la régie dans les vingt-quatre heures de l'adjudication ou du contrat.
La convention fait loi entre les parties ; mais le délai ne peut dépasser six mois.
**47.** La déclaration peut-elle être faite par acte sous signatures privées ?

Entre les parties, elle peut suffire ; mais quand il s'agit d'échapper au droit de mutation, il faut qu'elle soit authentique.

48. Faut-il que la notification de l'acceptation soit faite à la régie dans les vingt-quatre heures? Non.

Entre les parties, faut-il que l'acceptation soit faite dans les six mois? Oui.

Faut-il qu'il y ait eu mission véritable de la part du command?

44. Nous avons parlé d'une acquisition faite au nom d'un tiers, mais d'un tiers désigné dans la vente.

Notre ancienne pratique française a créé un autre mode d'acquisition, celui qu'on connaît sous le nom de déclaration de command. Il consiste à acheter avec réserve du droit de déclarer ultérieurement la personne pour laquelle on a fait l'acquisition.

Le droit romain ne connaissait pas cette forme d'achat qui s'est introduite en France, soit parce que les personnes de distinction répugnaient à intervenir dans les ventes judiciaires, soit plutôt parce qu'on voulait échapper aux étreintes du fisc. (MERLIN, R., v° Vente, § 3, n° 4; TROPLONG, Vente, t. I, n°° 64 et 67.)

Elle a pénétré dans la pratique par les ventes judiciaires. Pothier (Introduction à la coutume d'Orléans, titre I, n° 145) nous apprend que le délai dans lequel devait être faite la déclaration n'était pas bien déterminé. Il proposait de déférer au juge sa fixation.

Une pareille latitude laissait trop de marge à la fraude. Aussi, le décret du 13 septembre-16 octobre 1791, reproduisant et étendant les dispositions de la loi du 5 décembre 1790, vint-il y pourvoir. Il est ainsi conçu : « Le délai pour » faire et accepter les déclarations et élections d'ami demeure » fixé, dans tout le royaume, pour toute espèce de » biens et pour tous effets à six mois, à compter de la date des » ventes ou adjudications contenant les réserves en vertu » desquelles elles auront été faites.

» En conséquence, toute personne, au profit de laquelle » aura été faite et qui aura accepté dans les six mois d'une

» adjudication de biens nationaux en vertu des réserves et
» aux mêmes conditions qui y seront stipulées, une décla-
» ration de command ou élection d'ami portant sur les
» biens compris dans ladite adjudication, sera de plein droit
» subrogée à l'acquéreur qui aura fait cette déclaration ou
» élection d'ami, et ne pourra, en payant à la nation le
» prix desdits biens, être recherchée ni poursuivie, soit hy-
» pothécairement, soit autrement par qui que ce soit, du
» chef dudit acquéreur. »

Les termes du paragraphe premier ne laissent pas doute sur la généralité d'application de ce décret (MERLIN, loco citato). Il s'appliquait à toutes les matières, aux matières fiscales, comme aux autres; et, quand il parlait des biens nationaux, il ne faisait, en ce qui les concernait, que déduire les conséquences d'une règle générale.

On sentit bientôt le besoin de resserrer le délai au point de vue fiscal, et la loi du 14 thermidor an IV (art. 5) statua que les déclarations d'ami ou de command qui ne seraient pas faites dans les vingt-quatre heures des ventes et adjudications, seraient soumises au droit proportionnel d'enregistrement.

La loi du 11 brumaire an VII, sur l'expropriation forcée, permettait par son article 19 à tout citoyen d'enchérir par lui-même ou par autrui. Elle dispensait ceux qui enchériraient pour un tiers de justifier de leurs pouvoirs; mais elle les obligeait à faire, au pied du procès-verbal d'adjudication, dans les vingt-quatre heures, leur déclaration de command sous peine d'être réputés adjudicataires directs.

La loi sur l'enregistrement, du 22 frimaire an VII, maintient par son article 68, § 1er, n° 24, l'obligation de faire la déclaration dans les vingt-quatre heures, mais elle y ajoute celle de réserver dans la vente ou l'adjudication la faculté de déclarer command, celle de faire la déclaration par acte public et de la notifier dans les vingt-quatre heures de l'adjudication ou du contrat.

En ce qui concerne la réserve à faire dans la vente, on peut dire que la loi du 22 frimaire ne fait que reproduire la règle écrite dans le décret de 1791.

L'article 69 taxe, savoir : par le n° 4 du paragraphe 5, au droit de 2 francs par cent francs, droit relatif aux ventes mobilières, les déclarations de command faites après les vingt-quatre heures, et celles faites sans que la faculté en ait été réservée dans la vente ou l'adjudication, et, par le n° 3 du paragraphe 7, au droit de 4 francs par cent francs, droit relatif aux ventes immobilières, les déclarations faites dans les mêmes conditions.

Le même principe a été adopté par la loi du 28 avril 1816 (art. 44, n° 3).

Voilà la législation sur les déclarations de command.

Jetons maintenant un coup d'œil sur les difficultés qui ont été soulevées.

45. Et d'abord, faut-il que la faculté de déclarer command ait été réservée dans l'acte de vente ou d'adjudication ?

Le décret de 1791 suppose la nécessité de la réserve. La loi du 22 frimaire an VII l'exige impérieusement, sans quoi elle prescrit l'application du droit proportionnel. La loi du 28 avril 1816 l'exige aussi.

Au point de vue fiscal, il ne peut donc exister de doute.

Il ne peut en exister, non plus, au point de vue des relations civiles des parties entre elles, puisque le décret de 1791 a entendu régler, d'une manière absolue et sous tous les rapports, les effets de la déclaration de command.

Telle est l'opinion de M. Troplong (*Vente*, t. I, n° 68), de M. Toullier (t. VIII, n° 170). Telle est aussi l'opinion de M. Merlin (*Rép.*, v° *Command*, n°° 8 et 9, et 9 de D., v° *Déclaration de command*, § 1).

46. Quel est le délai dans lequel doit être faite la déclaration de command ?

Au point de vue fiscal, point de difficultés ; le délai est

de vingt-quatre heures (lois du 22 frimaire an VII, et du 28 avril 1816).

M. Troplong (*Vente*, n° 69), dit que le délai fixé dans une vente volontaire ou dans une adjudication pour faire la déclaration fait la loi des parties entre elles. M. Toullier (t. VIII, n° 174) émet la même opinion que professe de son côté M. Merlin (*R.*, v° *Vente*, n° 4 du § 3.

Nous ne voyons pas de raisons pour repousser cette opinion. Si les parties conviennent dans une vente que l'acquéreur aura le droit de déclarer command dans un délai déterminé, nous ne croyons pas qu'on puisse voir une revente dans la déclaration faite avant l'expiration du délai convenu; mais nous y mettons cette restriction que le délai ne dépasse pas six mois, terme fatal qui nous semble ne pouvoir être excédé à raison de la disposition du décret de 1791.

47. La déclaration de command doit-elle être faite par acte authentique ?

La loi du 22 frimaire an VII et celle du 28 avril 1816 l'exigent impérieusement. Une décision du ministre de la justice du 15 mars 1808 (S., 8, 2, 204) statue dans le même sens. M. Toullier (t. VIII, n° 178) s'étonne de cette exigence. La date, dit-il, sera toujours assurée, puisque la notification de la déclaration doit être faite à la régie; mais il ajoute que la signature peut être contestée et que c'est là sans doute ce qui a décidé le législateur.

Nous remarquons que les deux lois que nous venons de citer ne statuent qu'au point de vue fiscal. Devrait-on appliquer ce principe en dehors des questions d'enregistrement ? Ce cas sera certainement bien rare, puisqu'on s'exposerait à payer un droit proportionnel de mutation. Mais s'il se présentait, nous croyons que, entre les parties elles-mêmes, on devrait accepter la déclaration sous signatures privées. Les créanciers hypothécaires de celui qui a déclaré command ne pourraient la critiquer, puisque le décret de

1791 n'exige pas un acte public, que, d'autre part, il y a déclaration enregistrée, avec signature avouée par la notification.

48. Faudra-t-il que l'acceptation du command intervienne et soit notifiée à la régie dans les vingt-quatre heures ?

M. Troplong (*Vente*, t. I, n° 70) enseigne que la déclaration de command doit être complétée par l'acceptation du command dans le délai de vingt-quatre heures pour la régie et dans le délai stipulé pour les parties.

Occupons-nous d'abord de la régie. Le *Journal des notaires* (t. 39, n° 2544) semble regarder cette acceptation et sa notification dans les délais comme nécessaire. Il cite l'opinion de M. Merlin et un arrêt de la Cour de cassation du 26 octobre 1810. Mais ces autorités sont plutôt opposées que favorables à la thèse que le *Journal des notaires* entend soutenir, ainsi qu'on peut s'en convaincre en lisant l'arrêt rapporté par M. Merlin. (*R.*, v° *Command*, n° 10.)

M. l'avocat général Fabre a dit devant la Cour de cassation, dans une affaire où la question que nous discutons n'était pas engagée, que le délai de vingt-quatre heures n'avait pas été donné pour chercher un mandant, mais pour le faire connaître et pour réaliser son acceptation.

Nous croyons cependant que l'acceptation et sa notification à la régie ne sont pas nécessaires.

Le décret de 1791 exigeait que l'acceptation eût lieu dans le délai de six mois. Mais la loi du 14 thermidor an IV, qui eut pour but de fixer les conditions de la déclaration au point de vue des droits du trésor, se borna à exiger que la déclaration fût faite dans le délai de vingt-quatre heures.

La loi du 11 brumaire an VII, sur les ventes judiciaires, eut à prévoir la question de savoir si on exigerait un pouvoir de celui qui voudrait enchérir pour un tiers ; elle répondit par l'article 19 qu'on ne l'exigerait pas, mais que dans les vingt-quatre heures l'enchérisseur serait tenu de faire sa déclaration. Si cette loi avait voulu exiger l'accep-

tation dans le même délai, elle n'aurait pas manqué de le
dire. Enfin la loi du 22 frimaire an VII, qui a ajouté la
nécessité de l'acte public, ou au moins l'a reproduite et a
exigé sa notification, n'a pas non plus fait mention de
l'acceptation.

Aussi M. Daniels disait-il devant la Cour de cassation le
3 septembre 1810, que la loi de frimaire an VII n'exige pas
qu'on justifie de l'acceptation par le command de la déclaration faite à son profit, à la différence de ce que statue
l'article 709 du Code de procédure au point de l'avoué adjudicataire. (MERLIN, v° *Enregistrement*, R., p. 700, deuxième
colonne.)

M. Merlin lui-même suppose évidemment que l'acceptation dans les vingt-quatre heures n'est pas indispensable,
puisque, discutant la question de savoir si la notification
de la déclaration doit être faite à la régie ou à l'élu, il dit
que la notification à l'élu ne pourrait avoir qu'un but, celui
de l'avertir de la déclaration, qu'elle ne pourrait le lier
comme le ferait une acceptation; qu'elle ne produirait
aucun effet entre le déclarant et le command; que d'ailleurs
le plus souvent celui-ci est très éloigné au moment de l'adjudication. M. Merlin, s'il avait pensé que l'acceptation fût
nécessaire, n'aurait pas manqué de le dire; et la Cour de
cassation, sur ses conclusions, a jugé, le 3 thermidor an IX,
que la notification prescrite par la loi de l'an VII doit être
faite à la régie, que cette loi n'a pas songé à régir les rapports des parties entre elles. (MERLIN, q. de d., v° *Déclaration de command*, § 2.)

Enfin, tandis que M. Troplong (*Vente*, n°° 68 et suiv.)
indique comme nécessaires, pour la validité d'une déclaration de command, cinq conditions, savoir : 1° la réserve
du droit écrite dans la vente; 2° la déclaration elle-même
faite dans le délai; 3° l'acceptation faite par le command
dans le délai stipulé, et, à l'égard de la régie, dans les
vingt-quatre heures; 4° la notification de la déclaration à la

régie; 5° le maintien à l'égard du command de toutes les conditions primitives. M. Merlin (q. de d., v° *Déclaration de command*, § 2) ne compte que quatre conditions. Celle qu'il supprime est l'acceptation par le command.

Nous devons ajouter que d'après deux instructions de la régie, l'une du 15 avril 1863, et l'autre du 7 novembre 1868, reproduite au *Recueil* de Sirey (vol. 69, 2, 243), l'administration se contente d'une déclaration de command faite et présentée à l'enregistrement dans les vingt-quatre heures; mais il n'y est pas le moins du monde énoncé que l'acceptation dans ce délai soit nécessaire pour qu'on ne perçoive pas un nouveau droit proportionnel.

Reste la question entre les parties; le délai de vingt-quatre heures leur est étranger, seulement on se demande si le décret de 1791 ne vient pas imposer une acceptation dans le délai de six mois. On ne peut nier que son texte suppose l'obligation d'accepter dans les six mois; nous ne voyons pas que ce décret ait été rapporté. Au point de vue des parties entre elles, on peut donc soutenir qu'après les six mois la déclaration de command qui n'a pas été acceptée doit être assimilée à une promesse de vente unilatérale. M. Toullier (t. VIII, n°ˢ 180 et 181) dit que la loi n'exige pas que l'acceptation soit notifiée à la régie, mais qu'il est dans la nature des choses que l'acceptation soit notifiée au vendeur si l'acquéreur veut se dégager envers lui. Il ajoute que, si, à défaut de convention dans la vente qui fixe le délai de la nomination du command, l'acquéreur tarde à le faire, le vendeur ne peut s'en plaindre; que c'était à lui à stipuler un terme dans la vente.

Nous croyons que le délai de six mois s'impose à la déclaration de command et à l'acceptation; que, si ce délai expire sans déclaration de command, l'acquéreur est personnellement obligé; et que, si le command élu n'a pas accepté dans ce délai, il n'a plus que les droits de celui à qui a été faite une promesse de vente unilatérale. Nous ne l'assimilons pas à celui à qui a été faite une vente acceptée par un porte-fort, parce que dans l'achat par un porte-fort il y a convention synallagmatique avec le vendeur dans la vente même, tandis que, dans la vente avec réserve de déclarer command, il y a possibilité de transmettre à un inconnu, mais possibilité qui, au point de vue de l'effet rétroactif, a ses limites tracées par le décret de 1791.

Nous venons de dire qu'avec la réserve de déclarer command il y avait possibilité de transmettre à un inconnu, c'est dire assez que nous ne croyons pas à l'exactitude de ce qu'a dit M. Fabre devant la Cour de cassation. En fait, l'exécution de la loi se traduit par la transmission à un inconnu dans presque tous les cas. En droit, nous avons dit que ce mode d'achat a été introduit dans ce but par la pratique. Son origine a été indiquée par M. Merlin. (*Voy. suprà*, nº 44.) Nous pensons qu'interpréter la loi comme le fait M. Fabre, c'est la détourner de son but. Quand la déclaration est faite et acceptée régulièrement, l'acceptant est sans doute, aux yeux de la loi, traité comme s'il avait originairement donné mission d'acheter ; mais il y a là une immunité accordée malgré la réalité des faits. (*Voy.* au surplus le nº 51, *in fine*.)

## § 17

### DÉCLARATION DE COMMAND PAR L'AVOUÉ

#### Sommaire

49. L'avoué n'a pas besoin de réserver la faculté de déclarer command.
   Le command peut, en en faisant la réserve au moment où il accepte, déclarer lui-même command en remplissant les formalités ordinaires.
   Mais celui qu'il désigne n'aurait pas le même droit.
50. La distribution des immeubles entre plusieurs commands ne changerait pas les conditions, parce qu'il y a indivisibilité entre eux.

49. Aux termes de la loi du 11 brumaire an VII, sur les expropriations, tout citoyen pouvait enchérir devant la jus-

tice. Le Code de procédure, par son article 703, a modifié
cet état de choses en exigeant que les enchères passent par
la bouche d'un avoué, et l'a créé ainsi intermédiaire légal.
L'article 707 veut que dans les trois jours l'avoué déclare
pour qui il est devenu adjudicataire, et que la personne
qu'il désigne accepte, s'il ne représente pas son pouvoir.
Ce n'est plus là, ainsi que l'a bien expliqué M. Daniels dans
les conclusions dont nous avons parlé, la déclaration de
command de la loi de l'an VII.

L'avoué en ce cas, c'est-à-dire quand il devient adjudicataire, n'a pas besoin de déclarer, au moment où l'adjudication est prononcée, qu'il se réserve de déclarer dans les
trois jours la personne pour laquelle il a misé. La régie
avait eu la prétention de faire déclarer personnellement
adjudicataires les avoués qui n'avaient pas fait cette réserve;
on se demande même si M. Merlin n'était pas dans ces
idées; au moins peut-on interpréter ainsi ce qu'il a dit au
numéro 9 du mot command de son *Répertoire;* mais cette
prétention a été condamnée par plusieurs arrêts de la Cour
de cassation, l'un du 3 septembre 1810 rapporté au *Répertoire* de M. Merlin (v° *Enregistrement,* § 10); un autre du
24 avril 1811, rapporté encore au *Répertoire* (v° *Command,*
n° 8), un troisième du 23 avril 1816 (S., 16, 1, 286), et un
quatrième du 1er février 1854 (S., 54, 1, 266). *Voy.* Troplong, *Vente,* t. I, n° 76.

L'adjudicataire véritable ainsi désigné par l'avoué peut,
lorsqu'il se l'est réservé, dans son acceptation de ce qu'a fait
l'avoué, user du droit ouvert par la loi du 22 frimaire
an VII, en s'y conformant et remplissant les formalités que
nous venons d'indiquer.

Mais le command qu'il a déclaré ne peut à son tour en
déclarer un autre. Un avis du conseil d'Etat du 24 décembre
1808, approuvé par l'Empereur, l'a ainsi décidé. (S., 9, 2, 163.)

Il en est ainsi, d'après cet avis, de tous les commands.

On ne peut jamais en déclarer qu'un.

C'est ce que pense M. Merlin (R., v° *Command*, n° 7) et ce qu'ont décidé un arrêt de la Cour de cassation du 11 janvier 1808 rapporté par M. Merlin (*loco citato*) et un autre arrêt de la même Cour du 22 août 1809 (S., 10, 1, 287).

50. *Conditions de la vente.* — L'acceptation par le command doit être pure et simple. Le décret de 1791 le porte expressément et les lois postérieures n'ont rien changé à cet égard. Cour de cassation, 31 janvier 1814 (S., 14, 1, 178). TROPLONG, *Vente*, t. I.

Mais on ne pourrait considérer comme une modification la distribution des immeubles qui serait faite par la déclaration de command entre plusieurs personnes, la totalité du prix restant due avec indivisibilité par toutes. C'est ce qu'on peut induire d'arrêts de la même Cour des 26 novembre 1834 (S., 35, 1, 65) et 11 août 1835 (S., 35, 1, 591).

## § 18

### RÉTROACTIVITÉ DE LA DÉCLARATION DE COMMAND

#### Sommaire

51. Pour qu'il y ait rétroactivité, il faut que l'acceptation ait eu lieu dans les six mois. (Décret de 1791.)

Les actes de simple jouissance n'entraînent pas acquisition personnelle.

L'acquéreur qui a déclaré command n'est plus obligé.

Il faut que l'acquéreur soit capable au moment de la déclaration de command ; mais il n'est pas nécessaire qu'il ait donné mandat.

51. Le command élu est propriétaire dès le jour de la déclaration de command. Dès lors les hypothèques consenties par celui qui a déclaré command s'évanouissent par l'effet rétroactif de la déclaration. Le décret de 1791 a une disposition qui ne laisse à cet égard aucun doute. M. Flandin (n°ˢ 139 et 140) émet la même opinion et rappelle celle qu'a émise dans le même sens M. Merlin. (Q. de d., v° *Stipulation pour autrui*, § 1ᵉʳ.) M. Merlin cite, comme nous, le décret de 1791 (p. 17) ; mais il nous semble qu'il commet

une erreur lorsqu'il dit que ce décret a été abrogé par la loi
du 14 thermidor an IV. Cette dernière loi est spéciale aux
droits d'enregistrement et n'a dérogé au décret de 1791
qu'en ce sens que la déclaration de command, non faite
dans les vingt-quatre heures, est soumise au droit proportionnel ; mais entre les parties, le décret de 1791 est encore
dans toute sa force.

Il suit de là que, pour que l'effet rétroactif soit produit,
il faut, aux termes du décret, que l'acceptation ait eu lieu
dans les six mois. Si elle a lieu après, elle ne produit d'autre
conséquence que celle qu'entraîne la promesse de vente
unilatérale, ainsi que nous l'avons dit au n° 48.

Il suit encore des principes que, si l'acquéreur, par suite
de ses conventions avec le vendeur, avait le droit de faire
une déclaration de command après le délai de vingt-quatre
heures, les actes de simple jouissance par lui accomplis
auparavant n'entraîneraient pas de sa part une acquisition
ersonnelle définitive. (MERLIN, R., v° *Vente*, p. 523; TRO-
PLONG, *Vente*, n° 74.)

Il en serait autrement d'une revente ou d'une affectation
hypothécaire que l'acquéreur donnerait après sa déclaration
de command pour une affaire étrangère à l'acquisition.

Les principes que nous avons émis conduisent encore à
cette solution, que l'acquéreur qui a déclaré command est
à l'abri de toute poursuite de la part du vendeur du moment
où l'élu a accepté. TROPLONG (*Vente*, n° 65); MERLIN (R.,
v° *Vente*, p. 524); Cour de cassation, 27 janvier 1808 (S.,
7, 2, 30).

On s'est demandé si la personne en faveur de laquelle est
faite la déclaration doit être capable de l'accepter au moment
où elle est faite. Il nous semble que oui. L'acceptation se
réfère toujours au moment où la proposition est faite. Une
vente a deux éléments, la transmission et l'acceptation.
L'élément essentiel d'un contrat est la capacité. Dumoulin
voulait que l'élu fût capable et qu'il eût donné mandat. Il

n'a pas été suivi dans toutes ces idées ; il n'est pas nécessaire que l'élu ait donné mandat (TROPLONG, *Vente*, t. I, n° 67), mais au moins faut-il qu'il soit capable. (Cour de cassation, 4 décembre 1865, S., 68, 1, 31.) (*Voy.* n° 48.)

## § 19

### TRANSCRIPTION DE LA DÉCLARATION DE COMMAND

#### Sommaire

**51.** Il faut transcrire immédiatement la vente et la déclaration de command.
Il n'en est pas de même de la notification à la régie.
Ni de l'acceptation.

**52.** Les idées que nous venons d'émettre nous conduisent à penser que la vente et la déclaration de command doivent être transcrites *ab initio*.

Faut-il de plus transcrire la notification faite à la régie ? Non, puisque l'accomplissement de cette formalité n'a que des conséquences fiscales.

Enfin, nous ne pensons pas non plus qu'il soit nécessaire de faire transcrire l'acte d'acceptation parce que les tiers sont suffisamment avertis par la transcription de la vente même. (*Voy.* n° 42.)

## § 20

### REMPLOI

#### Sommaire

**53.** Son origine et ses conditions dans l'ancien droit.
Etait-il rétroactif ? L'est-il aujourd'hui ?
D'après la jurisprudence, il ne l'est aujourd'hui qu'entre les époux ; il ne l'est pas vis-à-vis des tiers.
Doutes sur la rétroactivité même entre les époux.
**54.** Le remploi peut-il être accepté après la dissolution de la communauté ?
**55.** Faut-il transcrire la vente en remploi ?
L'acceptation doit-elle l'être aussi ?
*Quid* si le contrat de mariage dit que la première acquisition servira de remploi ?

**53**. Les principes du régime de la communauté se sont développés successivement. Les besoins de la pratique ont amené des différences dans la jurisprudence; et le nom même de coutumes donné à la législation de nos provinces coutumières indique l'origine des règles qu'elles ont adoptées.

Les idées premières acceptées au point de vue de la communauté conjugale conduisaient à comprendre dans l'actif non-seulement les valeurs mobilières qu'avaient les époux au moment de leur mariage, mais encore celles qui, par par suite d'une vente postérieure, tenaient lieu du prix d'un immeuble. Pour remédier à cette situation, on avait imaginé d'introduire dans les contrats de mariage une clause, d'après laquelle, celui des époux dont un immeuble serait vendu aurait un droit de reprise contre la communauté. Plus tard, et lors de la réformation de la coutume de Paris, en 1580, on écrivit le principe de la reprise dans l'article 232, et l'idée en fut acceptée même dans les coutumes muettes à cet égard, ainsi que l'explique Brodeau, sur Louet, lettre R, n° 30. Dès lors, il ne fut plus vrai de dire, comme Loysel, dans ses *Institutes coutumières* : « Le mari ne peut » se lever trop matin pour vendre le bien de sa femme. »

A l'injustice des résultats qui se produisaient auparavant, se joignit l'influence d'un principe dominant dans nos coutumes, principe qui avait pour but d'empêcher que l'un des époux s'enrichît au préjudice de l'autre au moyen de donations directes ou indirectes.

Le droit de reprise une fois consacré, et bien que la vente entre époux fût contraire aux idées dominantes (POTHIER, *Donations entre mari et femme*, n° 78), on admit qu'il pouvait être fait un remploi au profit de celui des époux dont l'immeuble avait été vendu. Le remploi était fait comme aujourd'hui, savoir : pour le mari, par sa déclaration dans l'acte d'acquisition, et pour la femme, par la déclaration du mari qu'il achetait au nom de sa femme, et par l'acceptation de la femme elle-même.

Cette acceptation pouvait être faite *ex intervallo* (POTHIER, *Communauté*, n° 200). Mais c'était une difficulté que de savoir si la femme pouvait accepter après la mort du mari. Pothier (n° 200) explique, sans se prononcer lui-même, que Duplessis enseignait la négative et se fondait sur ce qu'il serait souverainement injuste que la femme se réservât toutes les chances avantageuses pour rejeter les autres sur son mari ; mais que d'autres enseignaient le contraire. Parmi ceux qui avaient adopté l'opinion opposée, nous citerons Boucheul sur l'article 230 de la Coutume du Poitou (n° 120), et Ferrière, dont Boucheul invoque l'autorité.

L'acceptation de la femme avait-elle un effet rétroactif au jour de la vente? Pothier enseigne que oui (*Communauté*, n° 200) ; d'Aguesseau, dans son vingt-septième plaidoyer, a enseigné la même doctrine, et M. Merlin (*R.*, v° *dot*, § 10) a reproduit l'opinion du chancelier ; il semble cependant qu'il ait plus tard enseigné le contraire (*Rép.*, v° *Remploi*, § 2, n° 7).

En serait-il de même dans notre droit? M. Toullier (t. XII, n° 360) n'hésite pas à répondre négativement. Il se fonde sur la discussion qui a eu lieu au Conseil d'Etat, et dans laquelle un amendement de M. Jollivet ayant pour but de permettre l'acceptation après la dissolution de la communauté a été repoussé par cette raison que, jusqu'à l'acceptation, le mari peut revendre et hypothéquer l'immeuble acquis. M. Toullier en conclut que la déclaration du mari constitue une offre qui peut être retirée tant qu'elle n'est pas acceptée. M. Flandin (*Trans.*, n° 313) combat cette doctrine et assimile l'acquisition à une convention conditionnelle. Mais l'opinion de M. Toullier a été généralement acceptée. (TROPLONG, *C. de Mariage*, n° 1136, RODIÈRE et PONT, t. I, n° 511.)

Quant à la Cour de cassation, elle a eu à examiner la question dans une affaire où la régie demandait un droit proportionnel de mutation, conformément à l'opinion émise par M. Merlin (v° *Remploi*, § 2, n° 7). Par arrêt du 11 janvier 1868 (S., 68, 1, 136), elle déclare qu'à l'égard du mari l'acceptation est rétroactive et équivaut à la ratification du mandat que le mari tient de la loi ; mais elle maintient les droits des tiers.

Nous devons faire remarquer que dans cette affaire, la régie avait réclamé un droit proportionnel de vente ; on sait que depuis la loi du 28 avril 1816 ce droit comprend : 1° le droit originaire de 4 pour cent ; 2° le droit de transcription qui est de 1 fr. 50 centimes par cent francs. Le tribunal de première instance avait repoussé le droit de 4 pour cent ; mais il avait jugé que, la femme ne pouvant prendre l'immeuble qu'en l'état hypothécaire où il se trouvait par suite de son passage sur la tête du mari, le droit de transcription était dû.

La Cour de cassation, saisie par le pourvoi de la régie, n'avait plus à statuer sur le droit de transcription ; mais évidemment elle accepte les principes proclamés à cet égard en première instance.

La Cour de cassation ajoute que le mandat donné au mari est d'une nature particulière ; que le mari ne stipule ni comme un mandataire ordinaire, ni comme le porte-fort, puisqu'il est directement obligé envers le vendeur, et demeure obligé si la femme n'accepte pas.

Cet arrêt présente donc la situation à deux points de vue. Entre les époux, il voit l'accomplissement d'un mandat susceptible de ratification et ratifié par l'acceptation de la femme ; et, quant aux tiers, dont il réserve les droits, il voit l'acceptation d'une offre faite par le mari, offre qui ne peut avoir d'effet rétroactif.

L'arrêt constate en même temps que l'acceptation ne peut être faite après la dissolution de la société civile qui existe entre les époux.

La théorie du mandat sur laquelle la Cour de cassation fonde la rétroactivité entre les époux nous parait susceptible de plusieurs objections. C'était là la base sur laquelle était assise l'opinion de Pothier. M. d'Aguesseau déclare que le mari était le procureur de sa femme. Ce mandat était soumis à ratification, et, dans la pensée de ceux qui refusaient le droit d'acceptation après la dissolution de la communauté, il était restreint dans sa durée. C'étaient déjà deux limitations sensibles. Mais, à cela près, le mandat se produisait avec ses conséquences naturelles qui conduisaient à la rétroactivité vis-à-vis des tiers comme vis-à-vis du mari.

Aujourd'hui, avec les doctrines qui ont prévalu dans la discussion du Code civil, peut-il en être ainsi?

Qu'on voie un mandat dans la clause d'un contrat de mariage stipulant que les premières acquisitions faites par le mari serviront de remploi à la femme ; nous le comprenons, et c'est l'avis de M. Toullier (t. XII, n° 364), de M. Flandin (n° 324), avis combattu par MM. Rodière et Pont (*C. de Mariage*, t. I, n° 517), Zachariæ (t. 3, § 507, p. 426, note 50, édit. Aubry et Rau).

Que l'exécution de ce mandat, ait, même vis-à-vis des tiers, un effet rétroactif, nous le comprenons encore.

Qu'on voie un mandat dans le contrat de mariage qui oblige le mari à faire remploi, sans dire que le remploi portera sur telle ou telle acquisition, nous le comprenons; mais comme ce remploi est soumis à l'acceptation de la femme (C. de cass., 12 juin 1865, S., 65, 1, 299), les doctrines ordinaires du mandat ne peuvent être appliquées vis-à-vis des tiers au moins, et, dès lors, il ne peut y avoir à leur égard de rétroactivité.

Qu'on voie, au contraire, un mandat dans la loi seule, nous ne pouvons le comprendre; lorsque, sous le régime dotal, un contrat permet de vendre moyennant remploi, la femme a sans doute le droit d'obliger le mari à faire ce remploi (C. de cass., 20 décembre 1852, S., 53, 1, 151).

Lorsque, au contraire, aucune clause de remploi n'impose au mari commun en biens de remployer le prix des immeu-

7

bles de sa femme qu'il vient à aliéner, il n'est pas possible
de trouver dans la loi le principe d'un mandat.

Nous ne voyons pas, dès lors, où est le germe de la rétroactivité même entre époux.

Il faudrait, à ce compte, dire qu'il y a rétroactivité dans
la vente par laquelle le mari transmet à sa femme des immeubles de la communauté à titre de remploi, et appliquer
la doctrine des arrêts de la Cour de cassation qui, en assujettissant ces transmissions au droit de transcription, ont
décidé qu'elles n'étaient pas soumises au droit proportionnel de vente, notamment des arrêts des 3 juillet 1850 (S., 50,
1, 678), 18 avril 1853 (S., 53, 1, 335), 7 juin 1853 (S., 53, 1,
505). Qu'importe, en effet, entre le mari et la femme, que
le mari ait en achetant omis de déclarer qu'il acquiert en
remploi si on le reconnaît obligé d'exécuter un mandat par
lui reçu à cet égard.

Les principes appliqués en matière d'enregistrement ne
sont pas toujours un guide bien sûr pour l'esprit du juge.

Nous ne voyons là, quant à nous, aucun principe de rétroactivité ni vis-à-vis des tiers ni entre les époux.

54. Nous avons parlé d'une proposition faite au Conseil
d'Etat par M. Jollivet qui réclamait, au profit de la femme,
le droit d'accepter le remploi après la dissolution de la communauté. La jurisprudence et la doctrine en ont conclu que
l'acceptation est impossible après la dissolution de la communauté. On peut dire, d'une part, que l'offre faite au nom
de la communauté s'évanouit quand la communauté cesse
d'exister ; de l'autre, on peut ajouter qu'il serait injuste de
donner à l'un des époux toutes les chances favorables. (TOUL-
LIER, t. XII, n° 364 ; TROPLONG, *C. de Mariage*, n°° 1126,
1127, 1128 ; MERLIN, *R.*, v° *Remploi*, § 2, n° 5.)

Quelle opinion faut-il adopter sur cette difficulté ?

La proposition dont nous venons de parler n'a pas été acceptée ; mais elle n'a pas été non plus rejetée. (*V.* TOULLIER,
t. XII, n° 360.) Tout ce qu'on peut induire de la discussion,

c'est que la femme, quand elle accepte, doit prendre les biens grevés des hypothèques dont le mari les a chargés, et que, dès-lors, comme nous l'avons dit, l'acceptation de la femme n'a pas d'effet rétroactif, au moins vis-à-vis des tiers, tandis que sous l'ancien droit, Pothier en reportait l'effet au jour de l'acquisition.

Qu'on puisse, comme le fait M. Toullier (n° 361), invoquer l'opinion de Pothier pour repousser la validité de l'acceptation quand elle est postérieure à la dissolution de la communauté, c'est ce qui ne nous paraît pas possible, puisque Pothier s'est borné à rappeler l'opinion des autres, et a soigneusement évité de se prononcer lui-même.

Mais M. Toullier donne une raison plus satisfaisante quand il assimile la déclaration de remploi à une offre qui peut être rétractée tant qu'elle n'a pas été acceptée (n° 360).

M. Troplong (C. de Mariage, n° 1136) reproduit ce moyen et le fonde sur la discussion au Conseil d'Etat relative à la proposition Jollivet, discussion de laquelle il résulte que le mari peut vendre et hypothéquer l'immeuble acquis en remploi tant que la femme n'a pas donné son acceptation.

Il suit de là, en effet, que le remploi sous le code ne peut plus être régi par les règles que lui appliquait Pothier, qui donnait à l'acceptation une portée rétroactive. Il ne peut donc être gouverné que par les règles qui s'appliquent à l'offre non acceptée ; or, nous avons dit au n° 26 que cette offre n'a plus de valeur après le décès de celui qui l'a faite.

Nous ajoutons, que, quand il s'agit du remploi, il faut limiter l'acceptation au jour de la séparation de biens, parce que le mari n'a fait la déclaration de remploi qu'à raison de son administration maritale.

Nous avons dit que l'acquisition faite au nom d'autrui pouvait être acceptée même par l'héritier de l'acquéreur désigné (n° 42) ; mais cette acquisition qui a un effet rétroactif n'a rien de commun avec le remploi, qui ne peut, à raison de ses conditions propres, constituer qu'une offre.

Nous concluons donc, qu'après la séparation de biens la femme ne peut accepter le remploi ; que, même avant cette séparation, elle ne peut accepter quand l'offre a été révoquée par le mari.

Mais ici se présente une question sur laquelle la jurisprudence et la doctrine donnent généralement une solution que nous ne pouvons accepter.

Lorsque deux époux sont mariés sous le régime dotal et que le contrat de mariage permet l'aliénation du fonds dotal moyennant remploi, on veut que l'acquéreur puisse être inquiété si ce remploi n'a pas eu lieu avant la séparation de biens, et qu'il ne puisse arrêter l'action en nullité, même en payant une seconde fois.

Ici, on veut appliquer dans toute leur rigueur les idées que nous venons d'émettre, et rendre l'acquéreur responsable de l'absence ou de la tardiveté de remploi.

Nous croyons qu'on confond deux situations distinctes.

L'obligation de l'acheteur consiste à payer son prix et, nous ajoutons, à veiller à ce qu'il en soit fait un emploi utile quand il a traité avec une femme dotale. Mais le remploi ne peut être fait que par les époux. On frappe donc l'acheteur à raison d'une faute que les époux ont commise.

Quand les époux ont vendu, ils ont pris l'engagement de faire une acquisition en remploi. On leur permet, non-seulement de se dégager de cet engagement, mais encore de profiter de son inexécution pour attaquer celui vis-à-vis duquel ils l'ont pris.

C'est, à notre sens, le renversement du droit.

Cependant, c'est là la doctrine qui résultait de l'arrêt de la Cour de cassation du 27 avril 1842 (S., 42, 1, 649). Elle avait semblé la répudier par l'arrêt du 20 juin 1853 (S., 54, 1, 5) ; mais elle y est revenue le 17 décembre 1855 (S., 56, 1, 201), le 2 mai 1859 (S., 59, 1, 293) et elle l'a reproduite par l'arrêt de 1868.

Ces arrêts se fondent sur la règle que le remploi ne peut

être fait après la séparation de biens. Nous avons accepté cette idée; mais il ne faut pas l'appliquer aux tiers qui ont traité sur la foi d'une clause écrite dans un contrat de mariage et que les époux n'ont pas voulu appliquer ensuite.

Qu'on remarque d'ailleurs qu'il y a souvent des cas de force majeure qui empêchent le remploi. L'un des époux peut mourir immédiatement après la vente des biens de la femme. Faudra-t-il que l'acquéreur souffre de cet évènement?

Et si, après la vente, l'acquéreur a intenté une action pour obliger les époux à faire le remploi, s'il leur a fait des offres, que jugera-t-on ?

Ces considérations nous paraissent décisives. Nous approuvons complétement les observations faites par M. Devilleneuve dans une note qui accompagne le compte-rendu de l'arrêt de 1853, note dans laquelle il invoque l'opinion de M. Merlin (q. de d., v° *Remploi*, § 8, n° 2), celle de M. Seriziat (*Régime dotal*, n° 119, p. 130).

On peut citer dans le même sens l'opinion de MM. R... et Pont (*C. de Mariage*, t. II, n° 557). Ces savants auteurs expliquent avec raison que la clause de remploi signifie presque toujours qu'on a voulu sauver à la femme la valeur de son immeuble. De là il suit que l'acquéreur doit être admis à payer quand il offre son prix.

Il semble d'ailleurs qu'il s'opère un retour en ce sens. On peut citer à cet égard un arrêt de la Cour d'Agen du 6 novembre 1867 et un arrêt de Pau du 26 février 1868 (S., 68, 2, 73), de même qu'un arrêt de Caen du 31 mai 1870 (S., 71, 2, 31).

55. Il est bien clair qu'il faut faire transcrire la vente faite avec remploi. Doit-on aussi faire transcrire l'acceptation faite par la femme? Il nous semble que oui.

Si la rétroactivité se produisait dans le droit actuel comme elle se produisait dans l'ancien droit suivant les doctrines de Pothier, il faudrait appliquer ici les principes relatifs aux ventes conditionnelles. (*Voy.* n° 32.) Les tiers seraient avertis par la transcription de la vente même que le mari peut être dessaisi par l'acceptation de la femme et que, en ce cas, il n'aura jamais eu aucun droit sur l'immeuble. C'est ce que M. Flandin, conséquent avec sa doctrine, décide au n° 321.

Si au contraire on accepte les idées de la jurisprudence et qu'on décide que, jusqu'à l'acceptation de la femme, le mari a été propriétaire au moins vis-à-vis des tiers, et que l'immeuble a pu être grevé de son chef, la conséquence forcée, c'est qu'il faut faire transcrire pour l'avenir.

M. Mourlon estime que cette transcription n'est pas nécessaire et il rétracte l'opinion par lui émise auparavant au sujet de l'acceptation des déclarations de command qu'il croyait soumises à la transcription. (*Revue pratique*, n°° 31 et 60, t. IV.) Nous pensons, comme nous l'avons dit (n° 52), que l'acceptation des déclarations de command n'est pas nécessairement soumise à la transcription parce qu'elle est rétroactive, et que l'acceptation du remploi est assujettie à la transcription parce qu'elle ne produit pas de rétroactivité. Nous nous associons à cet égard aux critiques de M. Flandin sur le peu de logique du système de M. Mourlon.

Nous avons dit au numéro 53 quelques mots du cas où le contrat de mariage porte que la première acquisition faite pendant la communauté doit servir de remploi en faveur de la femme. M. Flandin se demande, au n° 326, comment la transcription devra être effectuée. Il rappelle ce qu'a dit là-dessus M. Mourlon (*Revue pratique*, t. IX, n° 62), et il estime avec lui que si le contrat de mariage est indiqué dans l'acte de vente, et s'il y est dit que l'acquisition est la première, la transcription de la vente devra suffire.

Nous ne voyons pas en effet ce qu'on pourrait demander de plus dans l'intérêt des tiers.

Mais si l'acte d'acquisition est muet sur ces deux points, M. Mourlon pense que sa transcription est encore suffisante. Il se prévaut de la disposition de la loi du 10-18 juillet 1850. M. Flandin professe une opinion opposée. Il dit que la transcription doit se suffire à elle-même et que les tiers ne doivent pas être mis dans la nécessité de chercher ailleurs les éléments qui leur sont nécessaires.

Nous avons pensé que la transcription d'un acte qui avertit les tiers suffit le plus souvent. (*Voy.* n<sup>os</sup> 32, 33, 34, 42, 52.) Mais ici la transcription ne leur apprend rien. Elle est donc insuffisante. Nous ajouterons à ce qu'a dit M. Flandin que la loi de 1850 n'a obligé à mentionner dans l'acte de célébration que la date du contrat de mariage et le nom du notaire qui l'a passé. Elle n'apprendrait donc pas grand chose aux tiers.

Il reste à décider comment on pourrait procéder pour avertir suffisamment les tiers. M. Flandin pense (n° 328) qu'on pourrait ajouter en marge ou à la suite de l'acte transcrit une note explicative. Nous croyons aussi qu'une déclaration de la partie intéressée, qui serait transcrite en même temps que l'acte, pourrait être suffisante.

§ 21

CONTRE-LETTRES

**Sommaire**

56. L'intérêt des contractants les détermine dans bien des circonstances à déguiser leurs conventions sous des apparences mensongères et à rétablir la vérité par des actes

destinés à rester plus ou moins longtemps secrets, ou au moins séparés intentionnellement de l'acte qu'ils ont pour effet de rectifier.

Denisart, au mot contre-lettre, enseignait qu'elles étaient vues défavorablement et qu'on ne les admettait que lorsqu'elles étaient faites par acte notarié avec minute ou reconnaissance en justice. Dans ces cas mêmes, elles étaient regardées comme nulles en matière de contrats de mariage, d'offices, de fondations de monastères, et quand elles se référaient aux devoirs des comptables.

M. Merlin (q. de d., *Additions*, t. VII, v° *Contre-lettre*) dit que le témoignage de Denisart est confirmé par un acte de notoriété des gens du Roi du parlement de Provence du 2 juillet 1698; mais que les inconvénients des contre-lettres les avaient fait proscrire en Lorraine, même quand elles résultaient d'actes authentiques, par un édit du 6 mars 1723.

La loi du 22 frimaire an VII (art. 40) déclara nulle toute contre-lettre qui aurait pour objet une augmentation du prix stipulé dans l'acte soumis à l'enregistrement et la frappa du triple droit; mais, il importe de ne pas le perdre de vue, elle ne frappa de nullité que celles qui seraient faites par actes sous signatures privées. Il était inutile en effet, au point de vue du trésor dont on voulait assurer les droits, de défendre qu'une convention étrangère à l'acte principal augmentât le prix, pourvu qu'elle fût soumise à l'enregistrement.

La nullité prononcée n'était pas conforme aux principes de la morale. Aussi, quand on discuta le projet du Code au conseil d'Etat, s'arrêta-t-on à d'autres idées, et l'article 1321 fut ainsi rédigé : « Les contre-lettres ne peuvent avoir leur » effet qu'entre les parties contractantes; elles n'ont point » d'effet contre les tiers. »

M. Toullier soutint dès l'abord que cette disposition avait abrogé l'article 40 de la loi du 22 frimaire an VII. (*Voy.* t. VIII, n° 186.) M. Merlin, au contraire, enseigna que cet article d'une loi spéciale n'avait pas été rapporté par le Code. Mais son opinion, adoptée d'abord par la Cour de cassation, fut en définitive condamnée par un arrêt de cette Cour du 10 janvier 1819 (S. 19, 1, 151 ; supplément aux q. de d., v° *Contre-lettre*, p. 98).

Quel est l'effet des contre-lettres ? Il est nettement déterminé par l'article 1321. Les parties seules sont liées ; les tiers, au contraire, ne le sont pas.

Et d'abord, une contre-lettre résultant d'un acte authentique ou d'un acte ayant date certaine peut-elle être opposée aux tiers ?

M. Toullier (t. VIII, n° 182) enseigne que la place même qu'occupe l'article 1321 indique qu'il s'applique aux contre-lettres authentiques aussi bien qu'à celles qui résultent d'actes sous signatures privées ; que cet article est placé au titre des *Actes authentiques*, et que la loi nouvelle a voulu prohiber la distinction enseignée par Denisart. M. Merlin (supplément aux *Questions de droit*, t. VII, v° *Contre-lettre*) professe la même opinion qu'adoptent M. Larombière (sur l'article 1321, n° 4) et M. Flandin (n° 164). Enfin, la Cour de cassation a complété cette doctrine en décidant qu'une contre-lettre ayant acquis date certaine ne peut être opposée aux tiers (20 avril 1863 ; S., 63, 1, 230). C'est là ce qu'a décidé aussi la Cour de Toulouse par arrêt du 28 mai 1874 (S., 74, 2, 153).

La théorie des dates certaines n'a donc rien à faire avec les contre-lettres. La loi n'a pas voulu qu'on masquât la vérité sous des apparences mensongères pour les tiers. La contre-lettre ne vaut pas quand elle a date certaine ; elle est nulle, pour eux, même quand elle résulte d'un acte authentique.

Appliquons maintenant ces principes.

Une vente est faite, l'acquéreur donne au vendeur une déclaration dans laquelle il reconnaît qu'il n'est pas propriétaire ; que la vente n'est qu'une simple apparence, ou qu'il s'oblige à revendre à une tierce personne qu'on n'a pas voulu désigner dans l'acte. L'acquéreur vend à un autre. Celui-ci restera propriétaire et triomphera si le vendeur armé de la contre-lettre vient l'attaquer. Celui qui a acheté du propriétaire ostensible peut invoquer les principes ordinaires de la bonne foi qui ne permettent pas d'induire en erreur par des combinaisons mensongères; mais, et c'est là notre sujet spécial, il répondra qu'il a acheté du propriétaire désigné par l'acte connu du public et que les contre-lettres n'ont pas d'effet à l'égard des tiers. C'est en effet ce qu'a jugé la Cour de cassation par arrêts des 10 décembre 1810 (S., 11, 1, 83) et 25 avril 1826 (S., 26, 1, 429).

Le contrat de vente porte un prix; une contre-lettre l'augmente. Le vendeur, aux prises avec les créanciers hypothécaires de l'acheteur n'aura aucun privilège pour le supplément. (Cour de cassation, 23 février 1835, S., 35, 1, 362; 16 décembre 1840, S., 41, 1, 167; 10 mars 1847, S., 47, 1, 616; 20 avril 1863, S., 63, 1, 230; 29 avril 1872, S., 73, 1, 400. Toulouse, 28 mai 1874, S., 74, 2, 155.)

C'est là ce qu'enseignent MM. Toullier (t. VIII, n° 182), Tarrible (*Rép.* de M. Merlin, v° *Privilège*, p. 29), Larombière (sur l'article 1321).

On pourrait, en lisant un arrêt de Dijon du 13 juin 1864 (S., 64, 2, 244), penser que cet arrêt consacre un principe opposé. On se convaincra que non, si on remarque que la contre-lettre et l'acte ostensible auquel elle se réfère avaient été anéantis précédemment par les deux parties intéressées sans aucune pensée de fraude envers leurs créanciers.

Les créanciers sont-ils les ayant cause de leur débiteur? Non. Cela résulte évidemment des décisions que nous venons de citer sur la dernière des deux questions examinées. Cela résulte d'ailleurs manifestement de l'esprit de l'article 1321, qui a eu pour but de créer une législation spéciale sur les contre-lettres et d'en restreindre l'application entre les parties. Aussi la Cour de cassation déclare-t-elle dans plusieurs des arrêts que nous venons de citer que les tiers, en pareille matière, sont ceux qui n'ont pas signé la contre-lettre. Ce sont en effet ceux contre lesquels sont dirigées les combinaisons adoptées.

Plusieurs auteurs se demandent si l'article 1321 devra être appliqué à ceux qui auront eu connaissance de la contre-lettre. M. Flandin (n° 167) estime que celui au profit duquel est donnée une contre-lettre établissant que la vente ostensible n'a rien de sérieux et que le vendeur reste propriétaire, peut faire transcrire cette contre-lettre, et que cette transcription lui donne le droit de se prévaloir vis-à-vis des tiers de la contre-lettre elle-même. Cette doctrine est-elle fondée ?

Posons quelques espèces et nous verrons qu'elle ne peut se concilier avec la loi.

Une vente est faite moyennant 6,000 francs payés comptant. Une contre-lettre constate que le prix réel est de 9,000 francs et que les 3,000 francs restants sont encore dûs. L'immeuble revendu, un ordre s'ouvre ; le vendeur produit pour ses 3,000 francs. Pourra-t-il obtenir une collocation privilégiée ? Il est manifeste que non. La situation est exactement la même que si, la vente n'étant faite que pour 6,000 francs, somme quittancée par l'acte même, la contre-lettre déclarait que les 6,000 francs sont encore dûs.

Dans les deux cas, nous nous trouvons en présence d'un immeuble exempt vis-à-vis des tiers de tout privilége.

A quoi servirait d'invoquer la connaissance des faits que pourrait avoir un créancier ? Un privilége existe ou n'existe pas. S'il résulte d'un acte quelconque ayant autorité vis-à-vis des créanciers, on l'applique. Si au contraire, il n'existe pas, on doit repousser la demande. Le créancier produisant peut avoir contre le saisi un droit se convertissant en une créance personnelle ; son droit ne peut le conduire à l'attribution d'un privilége.

C'est ce qu'a dit avec raison M. Tarrible et ce qu'a jugé la Cour de cassation par l'arrêt du 23 février 1835.

Nous plaçons-nous dans l'espèce d'une contre-lettre par laquelle l'acquéreur a déclaré que la propriété est restée, nonobstant la vente, sur la tête du vendeur, et d'une revente consentie par ce même acquéreur? Si le vendeur primitif invoque contre le sous-acquéreur la contre-lettre qu'il a entre ses mains et la connaissance des faits que peut avoir celui auquel a été vendu l'immeuble par l'auteur de la contre-lettre, le dernier acquéreur répondra au vendeur que la connaissance des faits ne peut les transformer; que la contre-lettre a pu, entre le vendeur et l'acquéreur primitifs, laisser la propriété sur la tête du premier; mais qu'au fond il est dessaisi vis-à-vis des tiers et dépouillé de tout droit sur la chose.

Aussi la Cour de cassation a-t-elle décidé avec raison, savoir : le 16 novembre 1840 : « Que l'article 1321 n'exige pas » que le tiers qui en excipe justifie avoir eu connaissance, » lorsqu'il a traité, que son débiteur possédait la chose dont » la contre-lettre le dessaisit », et, le 23 février 1835, « que » la bonne foi des auteurs de la contre-lettre importe peu ». La Cour de Caen a jugé elle-même le 17 mai 1873 (S., 74, 2, 46), qu'il importe peu que le créancier ait compté, quand il a contracté, sur le bénéfice de l'acte ostensible.

Comment se fait-il que M. Larombière, qui reconnaît qu'une contre-lettre authentique est nulle vis-à-vis des tiers, soutienne en même temps que la connaissance de cette contre-lettre les oblige?

Nous pensons que ces idées s'excluent mutuellement et nous renvoyons le lecteur aux observations dont M. Merlin accompagne l'arrêt de la Cour de cassation du 18 novembre 1810 (q. de d., supplément, t. VII, p. 703).

Et, quant à M. Flandin, qui enseigne que la transcription ne permet pas aux tiers d'exciper de la nullité de la contre-lettre, nous lui répondrons que, si une contre-lettre authentique et par conséquent présumée connue, est nulle vis-à-vis des tiers, une contre-lettre transcrite n'a pas plus de

valeur pour eux. C'est un titre vis-à-vis de celui qui l'a
donnée; ce n'en est pas un vis-à-vis du public; or on aurait
beau transcrire un acte sans force, la transcription ne
pourrait lui en donner. M. Troplong (*Trans.*, n° 190) enseigne que la simple connaissance d'une vente antérieure
non transcrite ne peut être opposée à celui qui a fait transcrire. (*Voy.* n° 260 ci-après.) M. Flandin enseigne la même
doctrine au n° 871. Combien n'est-on pas plus autorisé encore à repousser celui qui excipe de la connaissance de la
transcription par l'infirmité du titre qu'il a fait transcrire?

Nous avons supposé l'aveu par le tiers de la connaissance
de la contre-lettre; mais nous irons plus loin; et nous
dirons qu'il nous semble que la loi a voulu repousser ce
système d'investigations personnelles qui substituerait le
plus souvent l'arbitraire à la véritable justice. Il faudrait
donc dans chaque affaire examiner si le créancier n'a pas eu
connaissance de la contre-lettre et se jeter dans des enquêtes
sans fin. Nous pensons que la contre-lettre est toujours,
quoi qu'on fasse, censée inconnue et par suite non existante vis-à-vis des tiers, et qu'il faut appliquer ici le principe que M. Troplong, au n° 190, et M. Flandin, au n° 871,
ont appliqué en matière de transcription, et celui qui, en
matière de cession de créance, déclare inadmissible l'offre
de preuve de la connaissance d'une cession non signifiée.
(C. de cass., 17 mars 1840, S., 40, 1, 197.)

Si on rapproche les rapports des parties entre elles en
matière de contre-lettre et en matière de vente non transcrite, et ceux des tiers avec les parties dans ces matières
depuis la loi de 1855, on constate que la contre-lettre, non
opposable aux tiers, peut être opposée aux parties; qu'il en
est de même de la vente non transcrite; mais qu'il y a
entre les deux situations cette différence que la vente, qui
avant sa transcription était circonscrite dans les rapports
du vendeur avec l'acquéreur, entre par la transcription
dans le domaine des tiers, tandis que la contre-lettre ne
peut que rester ce qu'elle était.

Ne nous méprenons pas cependant ; la contre-lettre peut être opposée aux héritiers des parties et à leurs successeurs à titre universel. L'héritier représente le défunt. Nous partageons à cet égard l'opinion de M. Larombière sur l'article 1321, et celle de M. Dalloz (v° *Contre-lettre*, n° 3199). C'est ce que nous paraît avoir dit M. le conseiller Hervé dans un rapport à la Cour de cassation. (*Voy.* S., 47, 1, 618.)

**87.** Nous croyons devoir compléter ce que nous venons de dire par les observations suivantes :

La contre-lettre, tant qu'elle reste ce qu'elle est, ne peut être opposée aux tiers ; mais elle peut créer un droit de propriété entre les parties, et dans tous les cas, elle crée un droit de créance personnelle en cas d'inexécution.

Lorsqu'une vente déclarée par une contre-lettre n'a pu aboutir, celui qui se trouve privé de l'immeuble qu'il voulait avoir peut obtenir des dommages-intérêts et produire dans une contribution, comme tout autre créancier. Son droit reconnu dans une contribution lui ouvre la porte à une collocation.

Et, si aucun droit n'est encore établi au profit d'un tiers sur l'immeuble, objet de la contre-lettre, celui au profit duquel elle est faite a deux partis à prendre, celui de faire reconnaître son droit par un acte public et ostensible, et d'obtenir ainsi un titre rentrant dans le droit commun et opposable aux tiers, ou de se faire déclarer propriétaire par un jugement, ce qui conduirait au même résultat.

C'est là le parti que conseillait Denisart et que la prudence nous semble commander.

Nous ajoutons qu'il faut se garder de confondre une contre-lettre avec une rétrocession. Une contre-lettre est une pièce par laquelle on rétablit la vérité d'une situation par laquelle on a voulu donner le change au public. Une rétrocession, au contraire, est un acte non destiné à rectifier un déguisement, mais établissant un changement de volonté de la part des parties. C'est ce qu'a expliqué M. le conseiller

Mestadier dans un rapport à la Cour de cassation, et ce qui résulte de l'arrêt du 15 juin 1843 (S., 43, 1, 470).

Nous ne parlons pas des contre-lettres en matière de contrats de mariage. Celles-ci sont réglementées par une législation spéciale et plus précise. (Article 1397 du Code civil.)

58. Nous avons dit que la contre-lettre est nulle vis-à-vis des tiers ; mais le créancier de celui à qui elle profite peut s'en prévaloir vis-à-vis de l'auteur de la contre-lettre. Toutefois, si les créanciers de ce dernier interviennent à leur tour, comme l'exécution de cette contre-lettre est de nature à leur nuire, ils peuvent paralyser l'action des premiers (DALLOZ, v° Contre-lettre). Nous modifierons, toutefois, cette opinion en ce sens que si la contre-lettre portant que l'acquéreur n'a aucun droit sur l'immeuble acheté est invoqué par les créanciers du vendeur, les créanciers de l'acquéreur peuvent faire maintenir la vente ostensible ; mais que le vendeur, et par suite ses créanciers, peuvent demander des dommages-intérêts et concourir pour cela dans la distribution des biens de l'auteur de la contre-lettre avec ses propres créanciers.

Enfin, si les créanciers de l'auteur de la contre-lettre peuvent en contester l'exécution en tant qu'elle leur nuit, quand ils agissent en vertu de leurs propres droits, ils doivent, quand ils exercent les droits de leur débiteur, respecter la contre-lettre qu'il a souscrite (C. de cass., 23 mai 1870, S., 71, 1, 151). C'est la différence qui existe entre l'action directe et l'action oblique.

§ 23

CESSION DE BIENS

Sommaire

59. Cession volontaire. — Cession judiciaire. — Leurs effets. — Perception des fruits. — Les nouveaux créanciers y ont-ils des droits ?

**59.** La cession de biens est volontaire ou judiciaire (art. 1266 du Code civil).

La cession volontaire n'a d'autre effet que celui qu'ont voulu réaliser les parties. Si le débiteur a transmis à ses créanciers la propriété de ses biens, la transcription est nécessaire. Si, au contraire, il n'a fait que leur donner le droit de vendre à des conditions données pour s'en distribuer le prix, la transcription est inutile.

Nous ne croyons pas devoir entrer dans l'examen des diverses hypothèses qui peuvent se présenter. Il nous semblerait ne pas offrir d'intérêt au point de vue du but que nous poursuivons.

Toutefois, nous devons signaler un incident qui peut se produire.

Le débiteur, après sa cession, consent de nouvelles dettes et donne hypothèque au nouveau créancier. Quel en sera l'effet sur la cession qui l'a précédée? La cession donne habituellement aux créanciers le droit de jouir et de se distribuer les fruits. Pourront-ils se les attribuer exclusivement et éconduire le créancier nouveau? On pourrait, en ce cas, assimiler la cession à l'antichrèse et dire que la transcription ne peut être évitée si on veut se ménager un droit exclusif aux fruits. Mais nous croyons qu'une cession n'est presque jamais faite que dans la pensée de distribuer les fruits, comme le capital, à tous les créanciers quelconques, et que de pareilles questions ne sont pas de nature à se produire dans la pratique.

L'effet de la cession judiciaire est déterminé par l'article 1269. Elle ne transfère pas la propriété; et, comme elle s'adresse à tous les créanciers, il est clair que la transcription est inutile.

Nous ferons observer que la loi du 28 mai 1838 a retiré aux commerçants le droit de demander la cession de biens. (Art. 541 du Code de commerce.)

## § 23

### DATION EN PAYEMENT

#### Sommaire

60. Cession par le mari à sa femme d'un immeuble de la commu-
    nauté non dissoute, ou d'un immeuble à lui propre.
    Transcription nécessaire dans les deux cas.
    Dation en payement à la femme renonçante.
    Dation en payement par un père à son fils pour se libérer d'une
    dot promise.

60. La dation en payement est une vente dont le prix est
compensé avec une créance antérieure de l'acquéreur contre le vendeur.

La femme peut, dans certains cas, acheter du mari.

Si, la communauté non encore dissoute, le mari lui cède
des immeubles de cette communauté, la régie ne perçoit pas
le droit de mutation ordinaire ; mais elle exige le droit de
transcription (C. de cass., 3 juillet 1850, S., 50, 1, 678 ;
18 avril 1853, S., 53, 1, 335 ; 7 juin 1853, S., 53, 1. 505).

Si, au contraire, le mari cède à sa femme un immeuble à
lui propre, le droit de 4 p. 100 est dû ainsi que celui de
transcription (C. de cass., 15 janvier 1867, S., 67, 1, 181).

Dans les deux cas, il y a transmission, et, par suite, lieu
à la transcription.

On a beaucoup discuté la question de savoir si la femme
renonçante a le droit de prendre en payement des immeubles de la communauté à titre de propriétaire. L'arrêt solennel de la Cour de cassation du 10 janvier 1858 (S., 58, 1, 1)
a résolu dans un sens négatif cette question qui nous paraît
devoir être en effet tranchée dans ce sens. Du moment où
la femme renonce, elle devient étrangère à la communauté
et ne peut plus réclamer les immunités de la femme commune. ( *Voy.* le n° 97.)

L'acte par lequel un père cède à son fils un immeuble en
payement de la dot qu'il lui a constituée antérieurement,

8

doit être transcrit. M. Flandin le dit avec raison (n° 179). Nous ne voyons même pas où peut se trouver la difficulté à cet égard. Il y a réellement dation en payement. Si on voulait y voir, contrairement à tous les principes, la constitution elle-même d'un immeuble, elle devrait être transcrite sans difficultés.

## § 24

### DONATION DÉGUISÉE

#### Sommaire

61. Elle doit être transcrite, à quelque point de vue qu'on l'envisage.

61. La donation déguisée doit être transcrite quand elle s'applique à un immeuble, soit comme donation, soit comme vente. L'acte qui la constate est en effet soumis à transcription.

## § 25

### PARTAGES. — CESSIONS DE DROITS

#### Sommaire

**62.** Le droit romain reconnaissait au partage un effet translatif de propriété. Chaque cohéritier était censé prendre, dans l'immeuble à lui advenu, la part qu'y avaient les autres en échange de celle qu'il avait lui-même dans le surplus des biens. Il suivait de là que les créanciers de chaque cohéritier pouvaient inquiéter hypothécairement les détenteurs de tous les lots. Si l'un des successibles avait reçu du défunt des dons équivalents à sa portion, et qu'en définitive il n'eût rien à prendre au-delà, les hypothèques établies de son chef sur la portion qu'il avait dans les immeubles étaient une entrave dont les autres copartageants ne pouvaient se défendre que par le payement de sa dette. La logique conduisait sans doute à ce résultat; mais elle produisait certainement des conséquences regrettables. La gêne qui en résulta dans la pratique eut, on n'en peut douter, une grande part, dans les mobiles de la lutte qui, sous la féodalité, fut engagée par les légistes contre ce principe; mais l'idée principale fut le désir d'échapper aux étreintes d'une fiscalité exorbitante.

**63.** Le sol était entre les mains des seigneurs féodaux qui, pour se décharger de sa culture, en avaient livré à leurs vassaux la plus grande partie à des conditions déterminées. Il n'entre pas dans notre sujet d'examiner en détail les diverses obligations qu'ils avaient imposées aux détenteurs. Nous nous bornerons à signaler celles qui ont quelque rapport avec la discussion dans laquelle nous nous engageons; et, comme il existait à cet égard en France une extrême diversité, nous prendrons pour exemple les règles tracées par la *Coutume de Paris.*

L'article 76 de cette *Coutume* allouait au seigneur, toutes les fois qu'une vente portait sur un héritage censuel, un droit équivalent au douzième du prix. C'était le droit de lods et ventes, ainsi appelé parce qu'il était considéré comme la rémunération de l'approbation donnée à la vente par le seigneur. Mais quand la vente portait sur un fief, le

droit perçu s'élevait, aux termes de l'article 23, à un cinquième du prix.

C'était là le droit des seigneurs. Si on ajoute à cela les
droits de contrôle et de centième denier qui étaient perçus
au profit du Trésor royal, on verra quelles charges écra-
santes étaient imposées aux détenteurs du sol, toutes les
fois qu'une mutation s'opérait ; et on comprendra les efforts
que firent les jurisconsultes pour arriver à des combinaisons qui permissent d'y échapper.

L'un de ses efforts fut une qualification nouvelle du
partage.

Le partage était-il réellement attributif, comme le déci-
dait la législation romaine ? Si tel était son caractère, les
droits de quint et de lods et ventes devenaient exigibles.
Plusieurs jurisconsultes pensèrent que l'héritier n'étant
que la continuation de la personne du défunt, chacun des
copartageants tenait son droit directement du défunt auquel il succédait et qu'il n'acquérait rien de son cohéritier ;
que chacun était dès le jour de l'ouverture de la succession
propriétaire de la part que lui attribuerait le partage, et que
les hypothèques qu'il consentait étaient censées données
sur cette même part ; que, s'il fallait, pour arriver à ce résultat, raisonner par abstraction et ne pas s'arrêter aux
apparences, il était faux de dire que, en partageant, les cohéritiers se transmissent respectivement une partie de
leurs droits.

Dumoulin, appelé en 1538 à en conférer avec quelques
autres jurisconsultes, se souleva d'abord contre une pareille
idée qui s'éloignait des opinions qu'il avait toujours pro-
fessées. Cette doctrine fut cependant acceptée. Les arrêts
se succédèrent en ce sens et on arriva ainsi à simplifier la
pratique des partages, l'effet des hypothèques, et à échapper
aux étreintes de la féodalité.

64. Toutefois, la théorie ne fut complétée qu'après un
temps assez long. Il fallut soumettre à la discussion les
diverses combinaisons qui se produisirent.

Ainsi, s'il était convenu que le partage serait regardé
comme déclaratif, on se demandait cependant si les retours
de lots qu'on était fréquemment obligé de stipuler, ou les
tournes, comme on disait alors, ne seraient pas considérées
comme des prix de ventes et soumises au droit des seigneurs.
Le principe admis sur le partage conduisit rapidement à sa
conséquence naturelle, et le Parlement de Paris jugea, le
27 mai 1569 (LOUET, lettre L, n° 9), que la soulte ne déna-
turait pas le partage.

65. De la soulte, qui n'est autre chose que la représen-
tation de ce qu'un lot comprend au-delà de son étendue
normale, au prix de la licitation, il n'y a qu'un pas. Mais là,
la discussion avait plus de prise; il semblait que les apparences et la réalité fussent d'accord, et qu'il s'agît bien
d'une aliénation véritable. On était cependant en présence
des considérations qui avaient amené les esprits à s'insurger
contre la doctrine translative. Le droit des seigneurs était
inexorable. Si on reconnaissait une vente dans la licitation,
il fallait en subir les conséquences ; et, comme une foule
de circonstances tenant aux personnes et aux choses néces-
sitait fréquemment la licitation, le fossé fut franchi et on
appliqua à la licitation, c'est-à-dire au prix entier de la
part des non adjudicataires, ce qu'on avait dit des retours
de lots. Dumoulin enseigna d'abord qu'il fallait au moins
que les étrangers fussent exclus des enchères. Puis, il subit
lui-même les influences nouvelles et décida que leur admission importait peu, pourvu que l'adjudication fût prononcée
au profit d'un cohéritier, et qu'ils fussent ainsi éconduits.

L'article 80 de la *Nouvelle coutume de Paris* consacra
définitivement ces idées.

66. On se demanda s'il ne fallait pas que la licitation fût
indispensable, qu'elle fût régulièrement ordonnée avec
cortège d'experts et de formalités, si une licitation amiable
aurait le même effet, si, en un mot, les cessions de droits
conduiraient au même résultat. La digue était emportée.

L'idée nouvelle marchait à la conquête de toutes ses conséquences. On décida généralement que la licitation,
quelles que fussent ses causes, était déclarative ; qu'il en
était de même des cessions de droits. (POTHIER. *Vente*,
n⁰ˢ 641 et 644.)

**67.** La théorie était dès lors fixée, l'article 80 de la *Cou-*
*tume de Paris* dispensait du payement des lods et ventes et
était interprété en ce sens qu'il dispensait du droit de quint
(FERRIÈRE, sur cet article). Les articles 15, 16 et 93 de la
*Coutume d'Orléans* consacraient expressément cette interprétation. Les cessions amiables étaient assimilées aux
licitations. (POTHIER, *loco citato*, et t. X, p. 194, note 2. —
MERLIN, R., vᵒ, *Licitation*, § 4.) La jurisprudence restreignait
les hypothèques créées du chef des héritiers aux immeubles
à eux obvenus en partage. (POTHIER, *loco citato*.)

L'immeuble acquis à un cohéritier était propre pour le
tout. (LEBRUN, *Successions*, tit. I, liv. 4, chap. I, nᵒ 35),
arrêts des 9 mars 1722, 3 mars 1743, 20 juin 1761. DEMO-
LOMBE, *Successions*, t. V, nᵒ 259.) Mais, comme cela arrive
toujours quand une doctrine n'est pas ancienne, cela était
contesté par plusieurs auteurs, et notamment par Ferrière
(sur l'article 326 de la *Coutume de Paris*) et par Renusson
(*Traité des propres*, chap. I, sect. 5, nᵒˢ 7 et suiv.).

Enfin, et comme conséquence du principe déclaratif, on
pensait que l'édit de 1771, sur les *Lettres de ratification*, ne
s'appliquait pas au partage. (Cour de cass., 14 brumaire
an IX, S., 1, 1, 360. MERLIN, q. de d., vᵒ *Partage*, nᵒ 7.)

Nous avons parlé des droits perçus par les seigneurs et
auxquels les partages venaient d'échapper par suite de la
transformation du droit. Il n'est peut-être pas hors de
propos de dire quelques mots de la perception des droits de
contrôle, qu'on a remplacés plus tard par ceux d'enregistrement.

**67 *bis*.** Les tarifs du contrôle avaient été fixés par une
ordonnance du 29 septembre 1722. Nous ne voyons pas

que la perception diffère suivant que l'adjudication sur
licitation a été faite au profit d'un colicitant ou d'un étranger. Merlin explique au mot *licitation*, § 5 (*Rép.*), que le
droit était perçu sur la valeur entière des biens licités, lorsque l'indivision cessait; mais que, si l'acte contenait seulement cession de droits d'un cohéritier à tous ses cohéritiers
ou à quelques-uns d'entre eux, le droit ne devait être perçu
que sur le prix de la cession; que c'était alors une cession
simple et non une licitation; que cela avait été ainsi décidé
par arrêt du Conseil du 13 juillet 1737.

Nous lisons dans un commentaire des *Tarifs du contrôle*,
publié à Paris en 1788, que, contrairement à ce que dit
M. Merlin, le droit n'était perçu en matière de licitation
que sur la somme à payer par l'adjudicataire, quand l'adjudication était prononcée au profit d'un cohéritier; qu'on
ne percevait sur le tout que quand il s'agissait d'un adjudicataire étranger. (*Voy.* p. 284.) C'est, en effet, ce qui nous
paraît résulter des articles 3, 4 et 59.

M. Merlin explique que, bien que le droit de contrôle fût
perçu en licitation, l'acte était exempt des droits seigneuriaux; il ne s'explique pas à cet égard sur la simple cession
faisant cesser l'indivision.

Quant au droit de centième denier, établi par un édit de
1703 comme prix d'une formalité à remplir, ce droit était
toujours perçu sur les portions acquises, soit par un cohéritier, soit par un étranger (MERLIN, *loco citato*).

La loi du 5 décembre 1790 supprima, par son article 1er,
tous les droits de contrôle et de centième denier, et les remplaça par des droits d'enregistrement. La section 4 tarife
au droit de 20 sous par 100 livres, n° 3, « les actes, contrats
» et transactions passés devant les officiers publics, qui
» contiendront, entre copropriétaires, partage, licitation,
» cession et transport de biens immeubles réels ou fictifs,
» à raison du prix de ce qui sera transporté aux cession-
» naires. »

Au contraire, la section 8 tarife au droit de 40 sous par 100 livres « les ventes, adjudications, cessions, rétroces- » sions, les licitations, portant adjudication à d'autres que » les copropriétaires de biens immeubles réels et fictifs ».

Ainsi, quand l'adjudication est prononcée entre copro- priétaires, le droit est inférieur de moitié à celui qui est réclamé, quand l'adjudication est prononcée au profit d'un étranger.

Si on rapproche ces dispositions de l'arrêt du Conseil dont parle M. Merlin, on remarque que la loi nouvelle ne fait porter le droit que sur le prix de ce qui est transporté au cessionnaire; et que, ce principe, elle l'applique à la licitation comme à la cession. La disposition est conforme à la solution donnée par le commentaire du tarif que nous avons cité plus haut.

La loi du 11 brumaire an VII soumit à la transcription les actes translatifs de propriété. Le mot de partage ne se trouve dans aucun de ses articles. En résulte-t-il qu'elle ait entendu méconnaître l'effet déclaratif? Le commentaire de M. Hua sur cette loi, publié presque immédiatement après sa promulgation, n'hésite pas à répondre négativement (p. 112). M. Merlin (q. de d., v° *Partage*, § 7) émet la même opinion; et il ajoute que ce qui prouve que c'est dans cet esprit qu'a été faite la loi de brumaire, c'est que, quarante jours seulement après, ses auteurs eux-mêmes ont fait une loi sur l'enregistrement, dans laquelle ils ont (art. 69 de la loi du 22 frimaire an VII) assujetti au droit proportionnel tous les actes translatifs, tandis que, par l'article 68, § 3, n° 2, ils n'ont soumis qu'au droit fixe les actes de partage.

Nous partageons au fond l'opinion de M. Merlin; mais sa démonstration est fautive; car la licitation, quand elle fait entièrement cesser l'indivision, a le caractère incontes- table d'un partage; et cependant elle est soumise au droit proportionnel.

Ce qui est vrai, c'est que la loi de brumaire s'est occupée

des actes translatifs, et n'a pas compris dans ses dispositions les actes dont l'effet est déclaratif.

La loi du 22 frimaire an VII tarifé les partages au droit fixe de 3 francs, par son article 68, § 3, n° 4, et dit que, s'il y a retour, le droit sera perçu à cet égard au taux réglé pour les ventes; et, quant aux cessions, aux licitations et aux retours de lots, le droit est liquidé au même taux par l'article 69, § 7; mais il est à remarquer que, dans ce paragraphe, les cessions ne sont pas portées sous le même numéro que les licitations, et celles-ci elles-mêmes sont portées sous un numéro autre que celui relatif aux soultes de partages.

Ainsi, sous cette législation, les mutations translatives étaient assujetties au même droit que les actes ayant un caractère déclaratif. Ce droit était de 4 p. 100. Seulement, quand on présentait l'acte à la transcription, une perception supplémentaire de 1 fr. 50 c. par 100 francs était faite en vertu d'une loi du 7 vendémiaire an VI.

Tel était l'état des choses quand fut discuté le Code civil. Il ne semble pas qu'il y ait eu de divergences sérieuses sur le caractère qu'on attribuerait au partage. L'effet déclaratif qu'avait proclamé la doctrine française fut maintenu par l'article 883. Seulement une omission commise dans le projet fut réparée, et la licitation, dont il n'y était pas parlé, y fut mentionnée et mise sur le même pied que le partage. (DEMOLOMBE, *Successions*, t. V, n° 271.)

La controverse est alors restée assez longtemps assoupie; mais un élément nouveau, introduit dans la législation fiscale, est venu la rallumer. La loi du 28 avril 1816, pour créer au Trésor des ressources dont nos désastres faisaient une nécessité, fixa, par son article 52, le droit d'enregistrement des ventes à 5 francs 50 centimes par 100 francs, et supprima dès lors le droit proportionnel de transcription. Ce droit de 5 francs 50 centimes se composait des éléments anciens, savoir : du droit proportionnel de 4 francs établi par la loi du 22 frimaire an VII, et du droit de 1 franc

50 centimes établi pour la transcription par la loi du 9 vendémiaire an VI. Mais le tarif nouveau assura la perception de ce dernier droit, qui, autrefois, dépendait de la soumission de l'acte à la transcription. L'article 54 ajouta que, dans tous les cas où les actes seraient de nature à être transcrits, le droit serait augmenté d'un et demi pour cent. Ce fut là le point de départ des efforts de la régie ; et, tandis que, dans le droit ancien, les prétentions des seigneurs avaient amené une transformation des principes dans le sens déclaratif, les réclamations infatigables de l'administration de l'enregistrement créèrent un courant opposé dans la jurisprudence.

Dès l'année 1819, la régie voulut appliquer la loi de 1816 aux soultes de partage. Elle soutint que l'article 68 de la loi du 22 frimaire an VII ayant soumis les soultes au taux réglé pour les ventes, il y avait lieu d'ajouter aux 4 francs prescrits par l'article 69 de cette loi, 1 fr. 50 par 100 francs en vertu de la loi de 1816. Cette prétention fut condamnée par la Cour de cassation le 27 juillet 1819 (S., 20, 1, 105). La Cour jugea avec raison que, en matière d'impôt, on ne peut raisonner par analogie; que la loi de 1816 n'a parlé que des ventes ; qu'il n'y est pas fait mention des soultes de partage et des licitations, et que les actes de partage, étant de nature déclarative, n'étaient pas sujets à transcription. L'arrêt aurait pu ajouter que si l'article 68 de la loi de l'an VII assujettissait les soultes au droit fixé pour les ventes, il entendait parler du droit fixé pour les mutations immobilières par l'article 69, droit qui s'appliquait à la fois aux ventes, aux soultes et aux licitations, mais qu'il n'entendait pas dénaturer les soultes et les licitations.

La même prétention eut le même sort le 27 novembre 1821 (S., 22, 1, 211) et le 10 août 1824 (S., 25, 1, 97).

D'autres arrêts rendus le 14 juillet 1824 proscrivirent encore cette prétention (S., 24, 1, 312).

Mais la régie fut plus heureuse en l'année 1827, dans ses

entreprises à propos de la cession de droits. Elle soutint
devant la Cour de cassation que l'article 883 ne peut être
appliqué que là où l'indivision cesse complètement, et que,
si une cession de droits laisse le cessionnaire dans l'indivision avec une autre personne, l'effet de la cession est
translatif. La Cour, par arrêt de cassation du 16 janvier
1827 (S., 27, 1, 242), admit cette doctrine, qui a été reproduite par la Cour de cassation, le 18 mars 1829 (S., 30, 1,
339), dans une affaire où le débat portait sur le maintien
des hypothèques créées par le cohéritier cédant.

De nombreux arrêts ont donné à cette théorie une consécration nouvelle, et il semble que ce soit aujourd'hui une
jurisprudence inébranlable. Nous éprouvons cependant
plusieurs doutes sur la solidité des principes qui en sont le
fondement; et, bien que nous n'ayons pas la prétention
d'arrêter le courant, nous devons émettre notre propre sentiment.

L'article 883 a énergiquement proclamé le principe de
l'effet déclaratif des partages et adopté les idées de notre
ancien droit français. L'acte de partage est dispensé de la
transcription. Chacun des cohéritiers est censé avoir reçu
directement du défunt, ou avoir pris dans la succession de
ce dernier, l'objet que lui a attribué l'allotissement.

Mais le partage des choses présente fréquemment des
embarras pour l'application des règles absolues du droit. Il
est, comme nous l'avons dit, presque toujours difficile de
composer des lots égaux avec les valeurs héréditaires, et on
se trouve fréquemment obligé de compenser l'inégalité de
l'une des parts au moyen d'une soulte payée par un cohéritier et tirée par lui de son propre avoir.

Nous ne parlons pas d'une répartition des valeurs héréditaires faite de manière que les lots composés différemment
se balancent cependant d'un manière exacte. Il n'y a, dans
ce cas, aucune soulte. Il y a seulement différence dans la
nature des valeurs qui composent les parts.

Nous voulons parler d'une somme d'argent payée par celui qui reçoit un lot supérieur à ses droits pour tenir lieu de l'excédant auquel il n'a pas droit. C'est là ce qu'on appelle soulte ou retour de lot, et ce qu'on appelait autrefois tourne.

La soulte est l'une des combinaisons du partage. Elle est un des éléments légaux que la nécessité y a introduits; et, bien que l'héritier qui la reçoit ne la prenne pas dans les valeurs laissées par le défunt, elle ne modifie pas la théorie et ne change rien à l'effet rétroactif. C'est ce qu'a enseigné Dumoulin dans son langage énergique : « *Non est contrà* » *naturam divisionis quod recompensatio fiat de proprio recom-* » *pensantis, imò de ejus naturâ est.... est enim divisio con-* » *tractus mixtus, participans de dixtractu et contractu, et de* » *permutatione et venditione, et tamen propriam et distinctam* » *habet naturam... et sic, hoc non obstante, totus contractus* » *dicitur divisio, et consequenter nulla jura debentur pro re* » *assignatâ, etiam pro ratâ pecuniæ datæ socio vel sociis, etiam* » *si illa pecunia non sit accepta de communi.* » (*Coutume de Paris*, § 33, gl. 1, n° 74.)

C'est dans cet esprit que la *Coutume d'Orléans* disait dans son article 15 : « Pour partage et subdivision entre toutes » personnes n'y a profit au seigneur féodal, ni aussi pour » également fait entre cohéritiers, encore que audit cas y » eût tournes. »

Il est inutile de multiplier les citations sur ce point. On retrouverait partout des traces de ce principe. Il se trouve implicitement compris dans le mot licitation de l'article 883; il est d'ailleurs littéralement écrit dans les articles 2103 et 2109 du Code civil; et c'est parce que la soulte est un élément souvent nécessaire du partage, que les deux derniers articles que nous venons de citer créent un privilége pour la soulte.

C'est donc par un étrange abus des mots « au taux réglé pour les ventes » écrits dans l'article 68, § 3, n° 2, de la loi du 22 frimaire an VII, que la régie voulait percevoir sur les soultes le droit de transcription.

De la soulte à la licitation il n'y a qu'un pas ; la soulte représente la valeur d'une portion de ce qui ne peut être compris dans un lot ; si, pour quelque cause que ce soit, on juge nécessaire d'attribuer tous les immeubles à un cohéritier, la part des autres est représentée par une somme d'argent que leur paye celui qui reçoit les immeubles. Ce cas est prévu par l'article 883 et par les articles 2103 et 2109. Là encore s'applique l'effet déclaratif.

C'étaient là les anciens principes de notre droit français, et cela paraissait si bien compris dans la simple énonciation de l'effet déclaratif du partage, que le projet du Code ne faisait aucune mention de la licitation.

Nous ne faisons aucune difficulté de reconnaître que le mot de licitation comporte l'idée d'un partage auquel concourent tous les cohéritiers ; mais nous ne croyons pas que ce soit une raison suffisante pour traiter comme de véritables ventes les cessions qui ne font pas cesser l'indivision.

Toute la question est de savoir s'il répugne à la nature du partage que les conventions auxquelles on veut en donner le caractère ne se soient pas produites entre tous les cohéritiers.

Les détails dans lesquels nous sommes entrés nous semblent établir que le Code a voulu reproduire les principes qu'avait inaugurés la jurisprudence au sujet du partage. Voyons donc si elle exigeait la simultanéité de convention de la part des cohéritiers.

Celui de tous nos jurisconsultes qui a fait faire le plus de progrès à la science du droit, celui qui l'a le plus popularisée, Pothier, que les auteurs de notre Code ont si souvent pris pour guide, a parlé du partage dans un grand nombre de ses ouvrages. Nous lisons dans son *Traité des fiefs* (édit. Dupin, t. IX, p. 643 et suiv.) que la licitation tient lieu de partage et qu'elle en a les caractères ; que, par cette raison,

elle ne donne lieu à aucun profit féodal ; « que ce principe
» est fondé sur la nature de l'indivis ; et parce que nous ne
» possédons par indivis qu'à la charge du partage qui peut
» être exigé, et en attendant que le partage déclare ce que
» chacun de nous doit avoir, il s'en suit que le droit d'in-
» divis, que chacun des propriétaires a dans une chose,
» renferme le droit d'avoir le total de cette chose dans le
» cas où elle lui écherrait par le partage, ou la licitation
» qui en tient lieu ; par conséquent, lorsqu'un fief d'une
» succession vient en total par la licitation à l'un de plu-
» sieurs cohéritiers, il est vrai de dire qu'il tient le total à
» titre de succession, puisque l'indivis auquel il a succédé
» renfermait le droit au total, au cas que ce total lui échût
» par le partage. La licitation n'est pas pour lui un titre
» nouveau d'acquisition, mais un acte déclaratif de ce à
» quoi il a succédé ; d'où il suit qu'il ne doit point être dû
» de profit pour cette licitation. »

Il ajoute qu'il en est de la vente faite par un cohéritier à
un autre de sa portion comme de la licitation ; et que, malgré le terme de vente employé par le notaire, on présume
que la principale intention des contractants a été de faire un
acte tenant lieu de partage.

« Cela a, dit-il, passé en maxime, que tout acte entre
» cohéritiers ou copropriétaires, dont l'objet est de dissoudre
» la communauté qui est entre eux, tient lieu de partage
» sous quelque dénomination qu'il soit conçu, et est exempt
» de profit » (p. 644).

..... « Il n'est pas nécessaire, dit-il, que la vente, que
» fait l'un de plusieurs cohéritiers à l'autre, de sa portion
» dans un fief, dissolve toute communauté par rapport à ce
» fief ; il suffit qu'il la dissolve entre eux deux. Par exem-
» ple, si l'un de quatre cohéritiers vend à un autre sa
» portion, quoique celui qui l'acquiert demeure en com-
» munauté avec les deux autres, cet acte n'en tiendra pas
» moins lieu de partage, et n'en sera pas moins exempt de

» profit; car il suffit qu'il dissolve la communauté avec
» celui qui a vendu sa portion. Tout ce que nous avons dit
» à l'égard des cohéritiers reçoit la même application à
» l'égard des copropriétaires » (loco citato).

Il ajoute immédiatement que ce qui est vrai entre les héritiers n'est pas vrai pour l'étranger cessionnaire de l'un des
héritiers. Nous aurons occasion de revenir là-dessus.

Nous avons lu tout ce que Pothier dit dans ses autres
ouvrages au sujet du partage, notamment au volume II,
p. 278, 335 et suiv.; au tome III, p. 524; au tome VI, p. 424;
au tome VII, p. 228, 670 et 671; et au tome X, p. 106, 111,
130 et 192, et nous nous sommes convaincu qu'il se réfère
partout à la doctrine qu'il a développée dans les passages
que nous avons reproduits.

Après avoir transcrit ces passages, M. Flandin (n° 200)
ajoute : « On ne peut rien trouver de plus formel; et il n'y
» a rien dans les procès-verbaux du conseil d'Etat qui in-
» dique que la pensée des auteurs du Code ait été de déro-
» ger sur ce point à l'ancien droit ».

Cependant, un moment après, M. Flandin prend résolu-
ment parti contre la doctrine de Pothier, parce que, dit-il,
la jurisprudence de la Cour de cassation rentre dans le système de publicité établi par la loi de 1855 (n° 205).

Nous devons mettre le lecteur en garde contre une fausse
interprétation qui pourrait être faite d'un passage de Pothier
qu'on trouve au volume X (Coutumes d'Orléans, introduction
au titre Ier, n° 163, p. 111). Pothier y constate que la vente
des droits successifs donne lieu au profit de quint pour les
fiefs qui se trouvent dans la succession; mais que si le
cédant n'est qu'héritier en partie, la vente qu'il fera avant
partage ne donnera lieu au profit que pour raison des fiefs
qui tomberont au lot du cessionnaire.

Si ce passage était appliqué à une cession de droits faite
à un cohéritier, il constituerait, avec ce qu'a dit Pothier au
volume IX, une contradiction choquante; mais il s'applique

à une vente faite à un étranger, ainsi que cela résulte d'ailleurs avec évidence de la note première imprimée à la suite de l'article 15 de la *Coutume* (t. X, p. 193).

Nous constatons d'ailleurs que M. Flandin qui, au n° 197, a cité ce passage, ne s'y est pas mépris sur sa signification.

L'exactitude de Pothier est assez connue pour qu'on ne le soupçonne pas d'avoir créé des principes de fantaisie. Nous avons cru néanmoins devoir consulter les auteurs qui avaient écrit avant lui et surtout ceux qui avaient assisté à la naissance du principe déclaratif.

On trouve dans le *Recueil des arrêts* tiré des *Mémoires* de Louet, conseiller au Parlement, deux dissertations qui se réfèrent à cette question, l'une portée à la lettre H, n° 11, intitulée : « de l'hypothèque créée sur un fonds possédé par » indivis, et si elle change par partage subséquent », l'autre portée à la lettre L, n° 9, et intitulée : « lods et ventes et » droits seigneuriaux de licitation entre cohéritiers, de con-» trats d'échanges, les rentes rachetées ». Dans la première, on trouve toutes les raisons données pour soustraire les héritiers à la gêne qu'occasionnent les hypothèques créées par l'un d'eux; on y retrouve les premières opinions de Dumoulin, et son abandon de ses premières doctrines, en même temps que les raisons théoriques données par Pothier pour dégager la portion cédée de l'hypothèque qui la grevait. Dans la seconde, nous trouvons la mention d'un arrêt du 5 août 1629, jugeant qu'il n'était pas dû de lods et ventes au seigneur à raison de la cession faite par un associé à ses six associés moyennant une somme d'argent.

Nous devons cependant mentionner ce que dit Boucheul sur l'article 23 de la *Coutume du Poitou* (n° 31). D'après cet auteur, qui cite Bacquet en son *Traité des droits des francs fiefs*, il faudrait s'arrêter aux termes employés par les parties; il y aurait vente si on avait employé le mot vente, et il ne pourrait y avoir partage qu'autant que tous les copartageants y auraient figuré; de même que, pour la licitation, il faudrait, aux termes de l'article 80 de la *Coutume de Paris*, que les immeubles eussent été vus par des experts.

Nous avons dit que le principe translatif n'avait pas cédé au principe déclaratif sans lutte; les idées nouvelles avaient gagné du terrain pied à pied. Dumoulin lui-même, qui s'était révolté dès l'abord, avait consenti à accepter l'idée déclarative quand il y avait partage ou licitation; mais il voulait que les étrangers n'y fussent pas admis; puis il s'était raillé de ceux qui excipaient de leur admission, disant que, lorsque le cohéritier était devenu adjudicataire, l'étranger n'avait été admis que pour être exclu; chaque élément du principe nouveau avait été repoussé et admis tour à tour avant de recevoir une consécration définitive.

Ce qui prouve que Pothier était l'organe de l'opinion générale, c'est que Guyot (*Traité des licitations*, chap. III, sect. 3, § 4, nº 4) disait : « Il n'y a point de règle qui oblige » les associés à ne sortir de communauté qu'en la rompant » avec tous. Tous les associés ne faisant qu'un, l'un peut » liciter sa portion soit avec un, soit avec tous; cela ne fait » que diminuer le nombre des copropriétaires; mais il n'y » a point de changement de propriétaire; c'est toujours un » acte qui n'a trait qu'à la dissolution de la communauté » et dans lequel l'esprit des contractants est de partager et » non de vendre ».

S'il en était ainsi, il nous reste à examiner si le Code civil a entendu déroger aux anciens principes.

M. Flandin reconnaît que les discussions au Conseil d'Etat ne signalent rien à cet égard. M. Toullier (t. IV, nº 561) atteste que le Code a maintenu les anciens principes. M. Demolombe rappelle que le projet avait omis de parler de la licitation et que cet oubli a été réparé sans difficultés. Il nous semble résulter de là qu'on entendait ne faire aucune innovation. Et cependant M. Demolombe (*Successions*, t. V, nº 287) n'hésite pas à approuver la jurisprudence qui ne voit que des ventes dans les cessions ne faisant pas ces-

ser l'indivision. Mais, s'il en est ainsi, la législation nouvelle a consacré une innovation considérable, innovation
qui a ramené à cet égard les principes du droit romain. Il
nous est impossible de ne pas rester convaincu qu'un changement pareil n'a pu s'opérer sans qu'il en reste quelque
trace. Or, la seule que signale l'éminent professeur, c'est
que l'article 883 a suffisamment exprimé que l'indivision
devrait cesser à l'égard de chacun des héritiers. Il nous
semble cependant que l'innovation est difficile à saisir. L'article primitif, tel qu'il était dans le projet, ne contenait que
le principe de l'effet déclaratif; on a ajouté un mot : partage,
celui de licitation. M. Demolombe, avec la jurisprudence,
reconnaît que les termes de cet article contiennent les cessions de droits; il y met cette limitation, qu'elles fassent
cesser l'indivision ; mais, comme il résultait nettement de
l'ancienne jurisprudence qu'il y avait partage, même quand
une cession ne faisait pas cesser l'indivision, il serait
étrange, si on avait voulu changer cela, qu'on ne l'eût pas
exprimé clairement.

M. Chabot a été l'un des rapporteurs du projet du Code
relatif au partage; plus tard, il a écrit un livre estimé sur
les successions. Le commentaire qu'il donne de l'article 883,
loin de signaler une innovation, cite à plusieurs reprises
l'opinion de Pothier. S'il avait entendu la répudier sur un
point important, il n'eût certes pas manqué de le dire.

Nous irons plus loin, et nous dirons qu'il résulte des termes mêmes de l'article 889 que cet article et celui qui l'a précédé s'appliquent à des actes qui n'ont pas fait cesser l'indivision. A cela M. Demolombe répond que ces deux articles
se sont inspirés d'idées autres que celles de l'article 883.

Mais, on n'a qu'à comparer les divisions de Pothier au
sujet des principes relatifs au partage (*Traité des successions*,
p. 229 et suiv.) avec l'article 883 et ceux qui le suivent, et
on se convaincra que l'ordre dans lequel sont énoncées les
règles de la matière est absolument le même. Les principes

du Code sur la rescision sont ceux de Pothier. Reste donc toujours l'interprétation à donner à l'article 883.

L'objection à tirer de l'article 889 est si grave, que la Cour de cassation, dans un arrêt du 15 décembre 1832 (S., 33, 1, 394), a cru devoir, pour rejeter une demande en rescision, s'appuyer sur cette circonstance que l'indivision n'avait pas cessé, afin de ne pas contredire elle-même sa nouvelle doctrine; mais c'était se mettre trop directement en contradiction avec les termes de la loi. Aussi, la même Cour a-t-elle jugé depuis que la rescision devait être prononcée quand bien même la cessation de l'indivision n'aurait pas eu lieu entre tous les héritiers (arrêts des 20 mars 1844, S., 44, 1, 307, et 28 juin 1859, S., 59, 1, 754).

M. Flandin reconnaît qu'il y a là un manque d'unité dans la jurisprudence de la Cour de cassation. Il ajoute, pour prouver que cette jurisprudence n'est ni bien ferme ni bien homogène (ce sont les termes par lui employés) que, dans un arrêt du 2 avril 1851 (S., 51, 1, 337), la Cour a dit que « la » fiction de l'article 883 Code civil, d'après laquelle chacun » des cohéritiers est censé avoir succédé seul aux objets » compris dans son lot, peut exister et produire ses effets » alors même que l'indivision n'a pas cessé entièrement » entre les cohéritiers, mais qu'il faut qu'il existe un par- » tage réel ».

Nous ne croyons pas qu'il suffise de s'emparer de quelques termes d'un arrêt. Mais nous signalerons une autre anomalie dans la jurisprudence. On sait qu'aux termes de l'article 1408 du Code civil, la femme a le droit de prendre pour elle l'acquisition d'un immeuble dans lequel elle avait des droits indivis. Quelques auteurs, fidèles à la théorie de la cessation de l'indivision, et notamment M. Troplong, avaient voulu n'appliquer l'article 1408 qu'aux acquisitions faisant cesser l'indivision. Mais la Cour de cassation, par arrêt du 30 janvier 1865 (S., 65, 1, 140), a jugé que l'article 1408 s'applique aussi bien aux acquisitions partielles qu'à celles qui

font cesser l'indivision ; « qu'on allèguerait en vain que l'ar-
» ticle 1408 n'est qu'un corollaire de l'article 883 Code
» Napoléon, et qu'il ne peut s'appliquer que dans le cas où
» ce dernier article s'appliquerait lui-même; qu'en effet,
» l'article 1408, édicté dans l'intérêt de l'unification de la
» propriété, est indépendant de l'article 883 qui, relatif aux
» effets du partage et à la garantie des lots en matière de
» succession, repose sur un ordre d'idées différent ».

Cet arrêt a été implicitement confirmé par un autre arrêt
du 2 décembre 1867 (S., 68, 1, 161).

Ce sont là de bien grands efforts pour justifier des principes qui ne semblent différer que parce qu'on donne à l'article 883 une signification qu'il n'a pas.

Le *Recueil* de Sirey, en reproduisant l'arrêt de 1865, l'accompagne d'une note dans laquelle il dit que Pothier, dans
son *Traité de la communauté* (n⁰ˢ 140, 145, 150), présentait le
retrait d'indivision comme une conséquence des principes
de la licitation ; et que ce dernier acte n'ayant le caractère
du partage qu'à la condition rigoureuse de mettre fin à l'indivision, la jurisprudence en concluait que tout retrait donnait naissance à un conquêt de communauté, quand l'achat
se restreignait à une partie seulement de ce qui n'appartenait pas à l'époux.

Qu'on lise les passages de Pothier qui viennent d'être indiqués, on y verra qu'il rappelle tous les principes qu'il a
professés au tome IX, dont nous avons transcrit plusieurs numéros, qu'il dit que tous les actes qui paraissent avoir pour
fin principale de faire cesser l'indivision entre cohéritiers
sont, de même que les licitations, regardés comme des partages; que le partage, lors même qu'il attribue à un cohéritier plus que sa part moyennant soulte, constitue un
propre de succession, et, quand ce cohéritier est marié, un
propre de communauté.

« Lorsque un cohéritier de ma femme (ajoute-t-il au nu-
» méro 150) me vend la portion indivise d'un héritage qui

» lui est commun avec ma femme, s'il est dit par cet acte
» que j'y parais pour ma femme en qualité de son mari, il
» n'est pas douteux que tant qu'elle ne désavoue pas cet
» acte, il est censé n'être autre chose qu'un acte tenant lieu
» de partage. »

N'est-il pas évident que le principe de l'article 1408 est en
parfaite harmonie avec le principe déclaratif tel qu'il était
entendu par Pothier et que nous l'entendons nous-même.
L'unification de la propriété était le but de ces deux principes, et c'est en trahissant l'esprit de l'article 883 qu'on le
met en contradiction avec l'article 1408.

Nous ajouterons que l'article 1408, loin de se rattacher à
des idées de limitation dans l'étendue de la cession, comporte-
rait plutôt un champ d'action plus étendu que celui de l'article 883, ou au moins aurait ses racines dans le retrait lignager, qui ne se préoccupait d'aucun élément d'indivision,
ainsi que nous le verrons en nous occupant des retraits
(n° 76).

Nous allons maintenant indiquer à quelles complications
conduit la nouvelle jurisprudence.

M. Demolombe (*Successions*, t. V, n° 288) se demande
quel sera l'effet du partage ou de la licitation qui intervien-
dra à la suite d'une cession de droits ne faisant pas cesser
l'indivision consentie par l'un des héritiers à un de ses cohéritiers.

S'il intervient un partage en nature, il lui paraît certain
que l'héritier cessionnaire continuera à être considéré comme
l'ayant cause de son cédant, et d'être tenu des charges constituées par lui sur la partie du lot qui représentera la portion héréditaire du cédant. Il invoque à cet égard l'autorité
de M. Demante (t. III, n° 225 *bis*).

S'il intervient une licitation, et que le cohéritier cessionnaire devienne adjudicataire, M. Demolombe n'admet pas la
même solution ; il dit que la cession première, n'ayant pas
mis fin à l'indivision, le partage est resté à faire ; que le

cessionnaire a eu à y prendre part, et que, la licitation ayant cet effet que l'adjudicataire était censé avoir succédé seul, il a succédé, non comme cessionnaire, mais en vertu de sa propre vocation héréditaire, et que la portion qui, dans le lot adjugé, représente la portion héréditaire du cédant, n'est que la portion du prix correspondante dans le prix de la licitation. Il cite à cet égard un arrêt de la Cour de Caen du 17 novembre 1841.

Et quand la cession a été consentie à un étranger, M. Demolombe applique l'effet déclaratif à l'adjudication prononcée ensuite à son profit, et invoque un arrêt de la Cour de cassation du 27 janvier 1857.

Discutons maintenant la valeur de chacune de ces solutions, et suivons l'ordre dans lequel M. Demolombe les a présentées.

Le cohéritier cessionnaire obtient un lot en nature par le partage qu'il fait avec les autres cohéritiers.

Dans notre opinion, ce lot sera propre tout entier, bien qu'il représente les droits acquis d'un cohéritier en même temps que la portion du cessionnaire lui-même ; et, comme le dit Pothier au tome IX, p. 615, la partie acquise a accédé à la partie propre.

Dans le système de M. Demolombe, au contraire, la logique veut que la partie acquise conserve le caractère qu'on lui a assigné dès l'abord. Le cessionnaire ne la prend qu'avec les hypothèques qui la grèvent. Comment ces hypothèques disparaîtraient-elles quand cette acquisition est consolidée dans les mains de l'acquéreur ?

Si au contraire il intervient une licitation qui rende le cohéritier cessionnaire adjudicataire des immeubles, M. Demolombe admet un résultat opposé.

Le partage, dit-on, était encore à faire ; le cessionnaire a eu à y prendre part ; il a succédé à l'objet licité, non comme cessionnaire, mais à raison de ses propres droits ; et la portion qui, dans son lot, représente les droits à lui cédés, n'est que la part du prix de l'adjudication afférente à la valeur des droits compris dans la cession.

Mais c'est là ce qu'il faut prouver. On le prouve aisément avec notre interprétation de l'article 883. La partie des immeubles que n'avait pas personnellement l'adjudicataire a accédé à l'autre. Dans le système de M. Demolombe, la logique veut qu'il en soit autrement; et, comme nous le disions tout à l'heure, la partie acquise, frappée du caractère translatif, ne peut perdre sa nature par cela seul que son acquéreur n'en peut plus être dépossédé. Après la cession de droits, les hypothèques assises du chef du cédant la grevaient encore; comment cessent-elles de la grever après la consolidation?

M. Demolombe admet le maintien de l'effet translatif quand il y a partage, et la licitation produirait un effet déclaratif! C'est, ce nous semble, une contradiction flagrante. Nous avons expliqué, d'après M. Demolombe, que le projet de l'article 883 avait oublié de parler spécialement de la licitation, et qu'on regardait tout ce qui s'y réfère comme compris dans l'acception du mot : partage.

Si cet oubli avait été maintenu, quelles raisons donnerait-on à l'appui de la solution que nous venons de combattre?

Autrefois on a, par de grands efforts de dialectique, appliqué à la licitation les principes qu'on venait de conquérir pour le partage. Aujourd'hui on la traiterait plus favorablement que le partage lui-même! Tout cela prouve le vice d'un système qui oblige à chercher à chaque instant une justification nouvelle.

Nous n'avons pas besoin de dire que, lorsque l'adjudication est prononcée au profit du cohéritier non cessionnaire, nous admettons que celui-ci reçoive les immeubles exempts de toutes charges hypothécaires du chef de ses cohéritiers.

Nous passons au cas où la cession de droits a été consentie au profit d'un étranger.

Si l'adjudication est prononcée au profit de l'un des héritiers, nous pensons avec M. Demolombe que le principe ancien conserve toute sa force, et que la part qu'avait le cohéritier dans l'immeuble entraîne à elle celle qu'il a achetée. Il ne peut souffrir des cessions qu'ont consenties les autres cohéritiers. C'est là ce qui avait amené la dispense des droits de profits seigneuriaux prononcée par l'article 80 de la *Coutume de Paris*. Nous ne pouvons donc que donner notre adhésion à l'arrêt de la Cour de cassation du 29 mars 1854 (S., 56, 1, 49), rendu dans une espèce où avaient eu lieu des cessions ne faisant pas cesser l'indivision avant l'adjudication sur licitation qui y a mis fin. Aucune des parties n'était, à la vérité, étrangère à la succession; mais avec la jurisprudence qui assimile à l'étranger l'héritier cessionnaire, quand la cession ne termine pas l'indivision, la situation se trouve ne pas différer.

Si, au contraire, l'étranger devient adjudicataire, M. Demolombe admet que les immeubles adjugés sont affranchis des hypothèques assises du chef des héritiers. Il cite d'abord un très grand nombre d'arrêts de la Cour de cassation qui avaient jugé le contraire. Puis il s'arrête à un arrêt du 27 janvier 1857 (S., 57, 1, 605) qui est ainsi conçu :

« Attendu que du rapprochement des articles 883, 1476 » et 1872, il résulte qu'il est de principe général, en ma- » tière de partage, que chaque copartageant est censé avoir » succédé seul et immédiatement à tous les effets compris » dans son lot ou à lui échus sur licitation, et n'avoir » jamais eu la propriété des autres effets; qu'aucune dispo- » sition de la loi n'exige, pour l'application de ce principe, » que les cohéritiers ou associés le soient devenus au même » titre; que, s'il résulte des lois spéciales sur l'enregistre- » ment que les dispositions de l'article 883 ne sont pas » applicables dans les matières que ces lois régissent, elles » reprennent tout leur empire dans les matières de droit

» commun ; attendu que la vente qu'un héritier fait de ses
» droits successifs à un tiers emporte, lorsque le retrait n'a
» pas été exercé, subrogation pleine et entière de l'acqué-
» reur dans les droits de son vendeur ; que l'acquéreur
» peut, comme le vendeur l'aurait pu lui-même, demander
» le partage des biens communs ; que, si le partage s'opère
» en nature, l'acquéreur est censé avoir, du chef de son
» vendeur, succédé seul et immédiatement à tous les effets
» compris dans son lot ; qu'il serait impossible d'admettre,
» sans violer le principe d'égalité qui doit régner dans les
» partages, que les immeubles compris dans le lot du ces-
» sionnaire fussent grevés des hypothèques créées par les
» copartageants durant l'indivision, pendant que les im-
» meubles échus à ces derniers seraient libres de toutes
» hypothèques de même nature ; qu'il n'en peut être autre-
» ment quand il y a licitation, puisque la licitation est
» assimilée au partage ; qu'il suit de là..... »

Ces motifs, dit M. Demolombe, sont péremptoires.

Nous ne pouvons accepter cette opinion.

La vente qu'un cohéritier fait de ses droits successifs à
un tiers emporte, dit-on, subrogation entière aux droits du
vendeur ; l'acquéreur peut demander le partage et il doit,
pour être traité comme les autres copartageants, être libéré
des hypothèques de toute nature créées pendant l'indivision.

Il faut au moins faire à cela une restriction. La vente
première faite à l'étranger lui transmet une portion grevée
d'hypothèques dont il ne peut se dégager qu'en les purgeant,
comment serait-il possible d'admettre que l'adjudication de
l'immeuble tout entier l'en exonérât ? M. Demolombe, qui
enseigne que le cohéritier cessionnaire reste grevé s'il y
a partage en nature, ne peut admettre que les hypothèques
qui grèvent le cédant disparaissent par suite d'une adjudication prononcée au profit de l'étranger cessionnaire. Il
faudrait donc au moins restreindre l'affirmation aux hypo-

thèques créées par les héritiers autres que le cédant. Mais celles-là même doivent-elles disparaître? Il nous semble manifeste que non. La situation prononcée au profit de l'étranger est la même que celle qui résulterait d'une vente que lui feraient tous les cohéritiers; et dans ce cas, on no saurait soutenir qu'il échappe aux hypothèques créées pendant l'indivision. L'inégalité dont parle l'arrêt a été établie par la loi si on entend par là la différence qu'elle a mise entre l'étranger et le cohéritier, et nous ne croyons pasqu'on puisse répondre à l'objection que nous venons de déduire de l'assimilation que nous avons faite.

C'est pour cela que l'article 80 de la *Coutume de Paris* admettait en pareil cas les profits seigneuriaux, et que Pothier n'en exemptait pas l'acquéreur.

M. Flandin (nᵒˢ 208 et 209) s'élève, de même que M. Demolombe, contre la doctrine du titre commun qu'exige la Cour de cassation en matière d'enregistrement, pour dispenser de la perception du droit de transcription. Mais il s'est trop hâté en disant qu'il a été répudié par l'arrêt de 1857. D'abord, la Chambre des requêtes l'a maintenu, comme le dit M. Flandin lui-même, par arrêt du 26 juillet 1858 (S., 58, 1, 767). Puis enfin il a été consacré de nouveau par un arrêt de la Chambre civile, au rapport de M. Larombière, du 15 mars 1870 (S., 70, 1, 270), portant cassation d'une décision opposée. Ce dernier arrêt ne se borne pas à discuter les principes relatifs aux droits d'enregistrement. Il se fonde sur les principes mêmes relatifs aux partages. C'est que, en effet, le titre commun est la base du principe déclaratif, qui n'a été créé que pour ceux qui puisent leurs droits dans une même hérédité, dans une société ou dans une acquisition commune.

Si un partage en nature est fait entre l'étranger cessionnaire et les cohéritiers qui n'ont pas cédé, M. Demolombe applique encore l'effet déclaratif.

Sans doute, il doit être reconnu en faveur des cohéritiers

copartageants; mais par les motifs que nous avons déduits, il faut décider que la part de l'étranger reste grevée des hypothèques qui grevaient le cédant.

Ces principes sont ceux qu'a enseignés Pothier (t. IX, p. 644). Et nous constatons ce résultat singulier que plusieurs des auteurs qui admettent la jurisprudence actuelle répudient l'effet déclaratif là où le voyait Pothier, et le trouvent là où il ne trouvait que l'effet translatif.

Nous n'avons rien dit jusque là des termes dont se sert la loi de 1855 (art. 1er, no 4). Elle excepte de la transcription tout jugement d'adjudication autre que celui rendu au profit d'un cohéritier ou d'un copartageant.

On pourrait en induire qu'elle a voulu trancher la difficulté. Mais ce serait là une erreur. D'abord le rapport de M. Debelleyme prend soin d'expliquer que cette loi n'a pas touché au droit commun; puis, si on eût voulu trancher la difficulté, on eût dit: un seul cohéritier, ou un seul copartageant, ou on eût ajouté que l'adjudication ferait cesser l'indivision. Le projet de loi soumettait les partages à la transcription. La loi l'en a dispensé. C'est tout ce qu'elle a voulu dire.

Nous n'avons rien dit non plus du partage partiel. M. Demolombe y voit avec raison la puissance du partage total (no 276). Il invoque l'exemple de la licitation qui ne s'applique qu'à des immeubles déterminés. Il aurait pu citer l'article 887, qui dit textuellement que la simple omission d'un objet ne donne pas ouverture à l'action en rescision, mais seulement à un supplément de partage

M. Demolombe enseigne, en conséquence, que l'acte par lequel l'un des cohéritiers reçoit de tous les autres qui restent dans l'indivision un immeuble pour former son lot doit avoir un effet déclaratif (nos 279 et 285). Cette opinion nous semble parfaitement fondée. L'arrêt Béliard du 2 avril 1851 (S., 51, 1, 337) en reconnaît la justesse, bien qu'il n'en fasse pas l'application dans l'espèce engagée; mais un arrêt de la Cour de cassation, du 25 avril 1864 (S., 64, 1, 237), a de nouveau reconnu ce principe et l'a appliqué.

On s'est demandé si la qualification donnée à un acte par les parties pouvait avoir une influence décisive sur le caractère qu'on devait lui attribuer.

Plusieurs arrêts de la Cour de cassation, se fondant sur la réserve du privilége fait en faveur du cédant, sur la convention que l'acte serait transcrit, qu'il serait résolu en cas d'inexécution, ont adopté cette opinion. On cite en ce sens un arrêt du 25 juin 1845 (S., 45, 1, 806). On cite encore un arrêt du 10 du même mois (S., 45, 1, 809) et un arrêt du 20 juillet 1857 (S., 58, 1, 312). Mais dans l'espèce de ces derniers arrêts, l'indivision n'avait pas cessé. On peut donc les rattacher à la jurisprudence que nous avons discutée.

Cette théorie est combattue avec raison par M. Demolombe qui invoque l'article 883, aux termes duquel la qualification donnée à l'acte ne peut rien changer à sa nature.

C'est ce qu'avait enseigné Pothier (t. X, p. 144). Les termes employés par les notaires sont, dit-il, de peu d'importance. On doit présumer que la convention, quelle que soit sa forme, a eu pour but de dissoudre la communauté.

Il y a à cela une raison supérieure que M. Demolombe n'a pas négligé de donner. La nature d'un acte ne peut dépendre de la dénomination que lui ont donnée les parties. Le partage donne lieu à un privilége spécial. La vente donne lieu à un autre privilége. L'un doit être inscrit dans les soixante jours (art. 2109). L'autre n'est pas soumis au même laps de temps. Donner aux tribunaux la faculté de voir l'une ou l'autre des conventions suivant l'intention présumée des contractants, ce serait, à la présomption de la loi, à l'unité d'interprétation qu'elle a voulu établir, substituer toute l'incertitude des jugements humains. C'est là ce qu'enseignent M. Dutruc (*Partages de successions*, n° 39) et M. Pont (*Priv. et Hyp.*, n° 291). Peut-être pourrait-on dire, avec eux que le partage est susceptible d'une clause résolutoire, en

cas d'inexécution. Nous disons peut-être, parce que la résolution n'est pas admise en matière de partage quand les
parties ne s'en sont pas expliquées. Mais nous reconnaissons
que rien n'établit que le principe résolutoire y soit antipathi-
que. (Voy. n° 335.)

Le principe déclaratif s'applique, non-seulement aux cohéritiers, mais à tous les copropriétaires. C'est ce qu'enseignaient, sous l'ancien droit, tous les jurisconsultes (LOUET
lettre L, n° 9), POTHIER (t. IX, p. 645). M. Demolombe dit
avec raison qu'il résulte des articles 1476 et 1872 qu'il en
est ainsi dans notre droit actuel. C'est ce qu'a jugé la Cour
de cassation par les arrêts du 27 novembre 1821 (S., 22, 1,
211) et 14 juillet 1824 (S., 24, 1, 343).

Quant à la jurisprudence qui ne voit l'effet déclaratif que
là où cesse l'indivision, elle résulte d'un très grand nombre
d'arrêts, parmi lesquels on peut citer ceux de la Cour de
cassation des 16 janvier 1827 (S., 27, 1, 242), 22 février
1827 (S., 27, 1, 147), 24 août 1829 (S., 29, 1, 421), 18 mars
1829 (S., 30, 1, 339), 16 mai 1832 (S., 32, 1, 603), 6 novembre 1832 (S., 33, 1, 67), 13 août 1838 (S., 38, 1, 702),
3 décembre 1839 (S., 39, 1, 903), 19 juillet 1841 (S., 41, 1,
375), 28 décembre 1840 (S., 41, 1, 204), 24 janvier 1844
(S., 44, 1, 116), 7 août 1855 (S., 56, 1, 349), 26 février 1851
(S., 51, 1, 416), 12 novembre 1855 (S., 56, 1, 49), 18 mai
1858 (S., 58, 1, 657), 21 janvier 1840 (S., 40, 1, 309),
10 juin 1845 (S., 45, 1, 808).

Un pareil ensemble de décisions est de nature à causer
bien des hésitations. Mais quand on se remet sous les yeux
les déclarations de Pothier, quand on se rappelle que la discussion du Code civil au Conseil d'Etat ne révèle la trace
d'aucune pensée d'innovation, on ne peut se défendre de
cette idée, que le droit romain, après sa défaite, a tenté un
retour offensif et refoulé ceux mêmes qui l'avaient autrefois
vaincu.

La doctrine, d'ailleurs, est loin de suivre aussi docilement le torrent. MM. Rolland de Villargues (*Rép. du notarial*, v° *Licitation*, n° 9), Vazeille (sur l'article 883), Duvergier (*Vente*, t. II, n° 147), Mourlon (*Revue pratique*, t. VIII, p. 213, n° 179), Dalloz (*Jur. gén.*, v° *Enregistrement*, n° 2655), adoptent l'opinion que nous venons d'émettre, opinion qu'avaient aussi enseignée MM. Championnière et Rigaud, dont les savantes recherches ont jeté tant de jour sur cette partie de notre droit. (*Voy. Droits d'enregistrement*, t. III, n° 2735.)

Nous devons, d'ailleurs, signaler une véritable inconséquence dans les doctrines de la régie de l'enregistrement, qui a tant contribué à l'établissement de la jurisprudence actuelle. Si un partage attribue les immeubles à plusieurs cohéritiers indivisément moyennant une soulte pour un ou plusieurs autres, elle ne voit qu'un partage avec effet déclaratif et ne perçoit pas le droit de transcription. Elle maintient donc pour ce cas le principe de l'arrêt de 1819. (Délibérations des 19 novembre 1832, 28 juin 1833, 22 décembre 1855, *Journal des notaires*, n° 15981.) Si, au contraire, dans ce même cas, on a dit qu'il y avait cession de la part de celui qui a reçu la soulte, elle applique le droit de transcription et trouve un effet translatif à la convention. C'est cependant la même idée dans les deux cas, les mots seuls sont différents. Nous serions désolés de donner une arme à la fiscalité ; mais, bien que nous sachions que la logique ne gouverne pas toujours ce monde, nous ne nous croyons pas obligé de nous exécuter sans signaler l'infraction aux lois du raisonnement.

69. On s'est demandé si l'héritier bénéficiaire pouvait invoquer le bénéfice de l'article 883.

M. Mourlon (*Revue pratique*, t. IV, p. 360, n° 83) semble lui contester la propriété des biens de la succession, qu'il place encore par abstraction dans le domaine du défunt. Il invoque l'opinion de Pothier (*Successions*, chap. III, sect. 3, art. 2, § 6) et celle de Lebrun (*Successions*, chap. IV, liv. III, n° 1). Mais, ainsi que le dit avec raison M. Flandin, au n° 584, Pothier est loin d'avoir l'opinion que lui prête M. Mourlon. Dans le passage même qu'invoque M. Mourlon, Pothier dit nettement que l'héritier bénéficiaire est un vrai héritier. Il le dit tout aussi nettement au § 1 de l'article 2 et au n° 159 de son *Traité des retraits;* il ajoute dans son Introduction au *Traité des fiefs* (*Coutume d'Orléans,* n° 126), que l'adjudication à l'héritier bénéficiaire sur la saisie des créanciers ne donne pas lieu au profit de vente, parce que l'adjudication ne lui transfère pas la propriété qu'il avait déjà comme héritier; qu'elle ne fait que confirmer son droit. Et, quant à Lebrun, il dit aussi les mêmes choses. M. Merlin (q. de d., v° *Propriétaire,* § 2, n° 5) établit nettement que l'héritier sous bénéfice d'inventaire est propriétaire comme l'héritier pur et simple; il confirme ce principe dans les conclusions données devant la Cour de cassation et reproduites au répertoire. (V° *Bénéfice d'inventaire,* n° 25.)

Seulement l'héritier bénéficiaire, qui n'est tenu des dettes que jusqu'à concurrence de son émolument, est obligé de réaliser l'actif et de faire procéder judiciairement à une vente dans une forme tracée par le Code de procédure.

De là trois questions : d'abord, celle que nous avons posée ci-dessus, puis celle de savoir si le droit de transcription est dû, puis encore celle de savoir si la transcription elle-même est nécessaire.

L'article 883 est-il applicable ? Pourquoi non ? Le texte ne distingue pas Même après la déclaration d'acceptation bénéficiaire, l'héritier est libre de renoncer à l'immunité qui en résulte, sauf à se soumettre au payement des dettes. Lors donc qu'un partage lui attribue des immeubles ou qu'ils lui sont attribués par licitation, on ne saurait lui contester l'effet déclaratif.

Nous croyons même qu'il n'aurait jamais été contesté, si la loi de 1816, en assujettissant au droit de transcription tous les actes de nature à être transcrits, n'était venue jeter dans une question simple en elle-même, le trouble résultant d'un élément fiscal qu'on n'aurait pas dû y mêler.

Lorsqu'une licitation attribue à un héritier bénéficiaire un immeuble de la succession, le droit proportionnel de 4 p. 100, celui qui résulte de la loi du 22 frimaire an VII, ne doit être perçu que sur la portion du prix qui excède la part de l'héritier adjudicataire. (FLANDIN, n° 583, C. de cass., 12 août 1839, S., 39, 1, 782.) Mais alors la régie soutient que le droit de transcription est dû parce que la purge est nécessaire pour que le prix soit fixé vis-à-vis des créanciers de la succession.

Un arrêt de la Cour de cassation du 27 mai 1835 (S., 35, 1, 341) avait semblé contester l'effet déclaratif; mais des arrêts postérieurs ont rectifié ce qu'il y avait d'inexact à cet égard et déclaré l'article 883 applicable à ce cas comme aux autres. (C., 12 août 1839, S., 39, 1, 781.) C'est aussi ce que pensent MM. Flandin (*loco citato*) et Demolombe (*Successions*, t. V, n° 276).

**70.** Reste la question fiscale. Le droit de 1 fr. 50 p. 100 est-il dû?

La transcription elle-même est-elle nécessaire?

MM. Flandin et Demolombe (*loco citato*) semblent le contester. Nous croyons, non-seulement que le droit est dû, mais encore que la transcription est nécessaire pour mettre l'héritier bénéficiaire à l'abri de l'action des créanciers hypothécaires.

Toute la question est de savoir s'il a besoin de purger. M. Valette a pensé que non et a donné, dans une consultation reproduite au *Journal* de Sirey (73, 1, 87), les raisons de son opinion.

Il constate d'abord que l'héritier pur et simple ou sous bénéfice d'inventaire ne peut, en transcrivant un jugement d'adjudication, paralyser l'effet d'une aliénation faite par le défunt. Il ajoute qu'aucun héritier n'est admis à purger et que les acquisitions soumises à transcription peuvent seules

arrêter le cours des inscriptions. Il compare l'héritier bénéficiaire à l'héritier pur et simple qui a payé sa part des
dettes, et dit que la régie ne réclame pas à ce dernier le droit
de transcription.

Cette théorie, développée avec la science profonde que
personne ne conteste à l'éminent auteur de la consultation,
a cependant été repoussée par deux arrêts, l'un au rapport
de M. Pont du 27 novembre 1872, et l'autre au rapport de
M. Massé du 12 du même mois (S., 73, 1, 86). La Cour de
cassation a jugé que, si la loi de 1855 a dispensé le cohéritier de transcription, c'est au point de vue du dessaisissement et par application de l'article 883 ; la Cour a ainsi persisté à cet égard dans les idées émises par les arrêts de 1839 ;
elle a jugé de plus que, à la différence de l'héritier pur et
simple, l'héritier bénéficiaire, majeur ou mineur, a la faculté
de purger et que, la purge ne pouvant se faire sans transcription, le droit établi à cet effet ne peut-être perçu.

Ces arrêts ne font que reproduire à ce point de vue les
arrêts de 1835 et de 1839 que nous avons déjà cités et un
arrêt du 26 février 1862 (S., 62, 1, 609).

A l'appui de la doctrine adoptée par la Cour de cassation,
on peut dire que si l'héritier pur et simple est personnellement libéré quand il a payé sa part de dettes, son obligation
primitive n'est pas effacée pour cela et qu'il n'a pas l'exception de discussion et le droit de purge (Demolombe, Successions, t. V, n° 75 ; Pothier, introduction au titre 20 de la
Coutume d'Orléans, n° 35) ; qu'au contraire l'héritier bénéficiaire n'a aucune obligation personnelle ; qu'il peut s'approprier les valeurs héréditaires en les faisant vendre et en
les acquérant dans la forme tracée par la loi, et que lui refuser le droit de purger, c'est nuire aux créanciers, ou placer
l'héritier lui même dans une situation intolérable. On nuit
aux créanciers si on admet que le prix est fixé par l'adjudication à laquelle ils n'ont pas été appelés. On nuit à l'héritier en l'obligeant à subir une revente poursuivie par le

créancier hypothécaire. C'est, ce nous semble, prendre le parti indiqué par la raison que de regarder l'adjudication comme tenant lieu de la vente amiable consentie dans les cas ordinaires, et d'obliger l'héritier bénéficiaire à notifier aux créanciers cette adjudication, comme l'acquéreur ordinaire notifie à ces mêmes créanciers. Les lois n'ont point prévu tous les cas qui surgissent, et on doit prononcer suivant l'analogie que les espèces présentent avec les éventualités prévues.

**71.** Nous n'avons pas mentionné la solution donnée par M. Demolombe (*Successions*, t. V, n° 283) sur la donation faite par un cohéritier à son cohéritier de droits héréditaires par un acte faisant cesser l'indivision. M. Demolombe estime qu'il n'y a pas là partage. Nous le pensons aussi parce qu'il n'y a pas règlement de parts. Il cite à l'appui de son opinion un arrêt de la Cour de cassation du 5 mai 1841 (S., 41, 1, 434). Il en cite un autre du 26 janvier 1848 (S., 48, 1, 245), mais qui s'applique, à notre sens, à une question différente. Il aurait pu invoquer l'opinion de Pothier (*Traité des propres*, p. 671).

**72.** Lorsque la nue-propriété et l'usufruit appartiennent à des personnes différentes, il n'y a pas indivision entre elles ; ce sont deux natures distinctes de propriété, ainsi que le décide la loi 6, *dig. de reb. cor. qui sub tut.* FLANDIN, n° 213, Cour de cass., 27 juillet et 4 août 1869 (S., 69, 1, 469 et 476.)

**73.** Au contraire, quand il intervient une convention entre les personnes auxquelles appartient l'usufruit, il peut y avoir partage (C. de cass., 24 juin 1863, S., 63, 1, 339).

### § 26

### RETRAITS

#### Sommaire

74. Loi *de jure dotium*. — Son principe avait été accepté en France dans les provinces coutumières, mais avec des modifications. — Retrait lignager.

75. Actes sujets aux retraits. — Ventes. — Echanges dans certains cas.
La famille du vendeur avait seule droit au retrait lignager. — Délai. — Retrait de mi-denier. — En cas de revente par le mari, le retrait lignager reprenait son empire, même sous le régime de la communauté.
76. Article 1408. — Le paragraphe 1er s'applique au cas où l'époux intéressé comparaît dans l'acte, et le 3e, au cas où la femme n'a pas comparu.
En attendant le retrait, l'immeuble est acquêt. — Jurisprudence divisée sur ce point.
77. Le retrait peut-il être exercé avant la dissolution de la communauté ?
78. Peut-il être exercé sous le régime dotal ?
79. Quel en est alors le délai ?
Quid si le mari et la femme ont acheté pour la communauté ?
Le retrait s'applique-t-il aux cessions de droits ?
80. Le mari ne peut exercer le retrait ; la cession qui lui est consentie de droits indivis avec les siens lui est personnelle.
81. L'article 1408 ne constitue pas un droit personnel.
82. Quels sont les actes atteints par l'article 1408 qui sont soumis à la transcription ?

74. La matière des retraits a été dans tous les temps le siège de difficultés nombreuses. Il semblait que notre législation actuelle dût simplifier cette partie du droit. La suppression de plusieurs des anciens retraits paraissait devoir tarir la source des nombreuses contestations qui avaient surgi autrefois. Malheureusement il n'en a pas été ainsi. L'article 1408 surtout a donné lieu à bien des débats. Pour saisir le sens de sa disposition, nous croyons qu'il faut remonter à la législation des coutumes et à celle du droit romain lui-même.

La loi 78, *de jure dotium, au digeste,* contient la disposition suivante :

« *Si fundus communis in dotem datus erit, et socius egerit*
» *cum marito communi dividendo, adjudicatus que fundus*
» *socio fuerit, in dote erit quantitas, quod socius marito damna-*
» *tus fuerit, aut si admissâ licitatione extraneo addictus hic*
» *fundus fuerit : prœtii portio quæ distracta est; sed ità ut vice*
» *corporis habeatur; nec divortio secuto præsenti die quod in*
» *numerato est restituatur; sed statuto tempore solvi debeat.*

» *Quod si marito fundus adjudicatus fuerit; pars utique data*

» *in dotem dotalis manebit, divortio autem facto sequetur resti-*
» *tutionem, propter quam ad maritum pervenerit, etiam altera*
» *portio: scilicet, ut recipiat tantum pretii nomine à muliere,*
» *quantùm dedit ex condemnatione socio, nec audiri debebit*
» *alteruter eam æquitatem recusans: aut mulier in susci-*
» *piendâ parte alterâ quoque, aut vir in restituendâ. Sed ad*
» *constante matrimonio non sola pars dotalis. Sit quæ data*
» *fuerit in dotem, sed etiam altera portio videamus. Julianus*
» *de parte tantius dotali loquitur, et ego dixi in auditorio illam*
» *solam dotalem esse.* »

Résumons ce qui, de ces solutions, se réfère à notre sujet.

La part qu'a une femme dans un immeuble indivis lui est constituée en dot. Le copropriétaire demande la licitation. Le mari devient adjudicataire; la portion constituée en dot reste dotale; et, quant à l'autre portion, le divorce accompli, la femme sera obligée de la prendre en remboursant au mari ses déboursés. Le mari ne pourra refuser de livrer l'immeuble; la femme ne pourra non plus se refuser à accepter la partie non constituée en dot. Mais pendant le mariage, il n'y a de dotal que la partie constituée en dot.

Voilà une solution précise. Le principe de cette loi avait été accepté dans nos provinces coutumières; mais il y avait subi des modifications importantes. Dans ces provinces, la conservation des immeubles dans les familles était considérée comme un besoin social. Aussi la législation en avait-elle poursuivi la réalisation par un système savamment organisé. Le droit de retrait lignager était le levier principal qu'elle avait employé pour arriver à son but. Examinons donc en peu de mots en quoi consistait ce retrait.

Et d'abord, ce droit ne s'appliquait qu'aux immeubles, et, parmi les immeubles, qu'à ceux qui avaient la qualité de propres. (POTHIER, *Retraits*, partie 1re, chap. III, n° 27, *Coutume de Paris*, art. 129, *Coutume d'Orléans*, art. 369.)

Les actes qui donnaient lieu au retrait étaient ceux qui

se trouvaient empreints de la nature du contrat de vente. (POTHIER, *Retraits*, partie 1re, chap. IV, n° 73.)

L'échange ne donnait pas lieu au retrait, parce qu'il subrogeait à l'héritage cédé celui qui était reçu en échange; mais, si l'échange était consenti moyennant soulte, les coutumes différaient dans leurs dispositions. Les unes, comme celle de Paris (art. 145), admettaient le retrait pour la partie qui représentait la soulte, quand elle excédait la moitié de la valeur de l'héritage. Les autres, comme celle d'Orléans (art. 384), admettaient dans ce cas le retrait pour le tout. D'autres coutumes se contentaient d'une soulte moindre pour l'admission du retrait. (POTHIER, *ibid*, n° 91.)

Pour exercer le retrait, il fallait appartenir à la famille du vendeur. Les coutumes différaient encore sur ce point. Les unes exigeaient que le retrait fût alloué au parent le plus rapproché, en cas de concurrence entre plusieurs parents. D'autres en attribuaient le bénéfice à celui qui avait agi le premier. (*Paris*, art. 141, *Orléans*, art. 378.)

Il existait encore une grande divergence sur le délai du retrait. La *Coutume de Paris* (art. 130) le faisait courir du jour de l'inféodation ou de la saisine; celle d'Orléans (art. 363) le faisait courir du jour de la vente. Mais un édit de 1703, enregistré le 8 février 1704, avait exigé l'insinuation des ventes et ne faisait courir le délai du retrait que du jour de l'accomplissement de cette formalité.

Dans cette direction d'idées, on avait dû prévoir et régler dans leurs conséquences les ventes qui seraient consenties à l'un des époux mariés en communauté pendant la durée de cette communauté. C'est ce qu'on avait fait au moyen du retrait appelé de mi-denier qui n'était qu'un retrait lignager modifié. La *Coutume de Paris*, par son article 155, et celle d'Orléans, par son article 381, avaient, pour ce cas, suspendu le délai du retrait; et, après la mort de l'un des conjoints, le survivant, quand l'immeuble acheté provenait de sa propre famille, avait le droit de le retirer; il usait en

ce cas d'un droit procédant du droit lignager ordinaire,
mais pour lequel il était préféré à tous autres parents du
vendeur. (POTHIER, *Retraits*, n° 106.) On l'appelait retrait de
mi-denier parce qu'il faisait rentrer dans la main du conjoint attaché à la famille de laquelle provenait l'immeuble
la moitié, qui, sans lui, en aurait appartenu au conjoint
étranger, et qu'il obligeait le conjoint retrayant à faire
compte à l'autre d'une moitié du prix.

Le retrait lignager ordinaire pouvait être exercé soit contre l'acheteur lui-même, soit contre ceux auxquels il avait
revendu. (POTHIER, *ibid*, n° 189.) Le retrait de mi-denier,
en cas de revente, donnait lieu à l'application de principes
qui ne s'accordaient pas avec ceux que nous avons indiqués
pour cette variété du retrait lignager. La suspension du
délai prescrit pour le retrait lignager n'était accordée en
matière de retrait de mi-denier que parce que la communauté existant entre le mari acquéreur et une femme ligna-
gère donnait l'espoir que l'immeuble serait retiré par celle-
ci et resterait ainsi dans la famille. Mais quand le mari, la
communauté non encore dissoute, revendait l'immeuble,
l'espérance de son maintien dans la famille cessant ainsi,
la suspension cessait d'exister avec la disparition de ce qui
l'avait fait naître; et alors le droit normal du retrait lignager reprenait son empire; il était ouvert à toute la famille
sans préférence pour l'époux lignager. (POTHIER, *ibid*,
n° 498.)

Par les mêmes raisons, le retrait lignager ordinaire était
ouvert à la famille entière contre la revente faite par un
époux non lignager du vendeur, lorsque cet époux n'était
engagé avec son conjoint dans aucune communauté; il n'y
avait alors ni préférence pour l'époux lignager, ni suspension de délai pendant le mariage. (POTHIER, *ibid*, n° 494.)

Telles étaient les règles principales appliquées à ces retraits. Nous n'entrerons pas dans plus de détails afin de ne
pas nous égarer dans des données étrangères à notre sujet.

Seulement, constatons ceci : l'article 381 de la *Coutume d'Orléans* admettait le retrait de mi-denier dans le cas où la vente était faite au mari et à la femme, et Pothier (*Coutume d'Orléans*, note 3 sur cet article) éprouvait le besoin d'expliquer qu'il en serait de même de l'acquisition faite par le mari seul. Dans son *Traité des retraits* (n[os] 489 et 495), il semble ne pas douter qu'il y ait lieu au retrait de mi-denier quand les deux époux achètent ensemble; et il cite l'article 155 de la *Coutume de Paris* qui ne parle que d'une acquisition sans dire par qui elle est faite. Nous croyons bien à l'exactitude de son opinion. Cependant, dans son *Traité de la communauté*, il se demande aux numéros 150 et suivants à qui on doit attribuer le bénéfice d'une vente faite, soit au mari, soit à la femme, de la portion indivise d'un héritage dans lequel la femme a des droits. Il résout généralement la question en faveur de la femme ; mais il la résout avec quelque embarras, et dans tous les cas, sa solution semble ne pas s'accorder avec les principes du retrait de mi-denier, d'après lesquels l'époux lignager a seulement droit au retrait, retrait dont le délai est suspendu pendant le mariage, mais court en cas de revente par le mari.

Et cependant le retrait lignager, et, par suite, le retrait de mi-denier s'appliquait, de l'aveu de Pothier, à la cession de droits successifs, moyennant le remboursement au prorata de ce qu'avaient coûté les immeubles compris dans la cession. (*Retraits*, n° 43.)

Comment donc expliquer le peu de concordance entre ce que dit Pothier, ordinairement si exact et si logique, dans son *Traité de la communauté*, et ce qu'il dit au *Traité des retraits?* On ne pourrait en donner qu'une explication plausible, c'est que, dans le *Traité de la communauté*, il n'est pas question des immeubles propres; mais cette explication elle-même n'est guère admissible si on remarque que, le plus ordinairement, les cessions auxquelles il faisait allusion se

référaient à des immeubles propres. On ne peut donc se
défendre de l'idée que les deux traités ne présentent pas une
grande conformité. On se confirmera dans cette idée, si on
remarque que, d'après le texte même de l'artice 382 de la
*Coutume d'Orléans*, lorsque le mari exerce, à cause de sa
femme, le retrait sur un héritage propre à la famille de
celle-ci, cet héritage devient immédiatement propre à la
femme, et Pothier, dans la note cinquième sur cet article,
en donne l'explication théorique, c'est que le droit de retrait
était personnel à la femme et par suite incommunicable; et
il renvoie à ce qu'il a dit sur son incessibilité au n° 5 de
l'introduction du titre VIII et au n° 12 de l'introduction au
titre X.

M. Merlin (*Rép.*, v° *Retrait de mi-denier*, n° 2) explique,
d'après Dumoulin, que si un immeuble était acquis par retrait lignager, il était immédiatement propre à l'époux
lignager; que si, au contraire, il était acquis « *simpliciter* »,
il y avait lieu au retrait de mi-denier.

Il existait même quelques coutumes qui exigeaient l'emploi des formalités du mi-denier pour que l'époux lignager
reprît l'immeuble retiré lignagèrement à raison de la qualité d'acquêt qu'il avait prise en entrant dans la communauté. « C'est (au témoignage de M. Merlin) ce que Du-
» moulin lui-même reconnaît dans son apostille sur l'article
» 66 de la *Coutume d'Angoumois*. Cet article porte que si le
» mari ou la femme retire aucune chose vendue par leur
» lignager, ou la prenne par puissance de leur fief respec-
» tivement, c'est acquêt commun entre eux; et Dumoulin
» ajoute : « sauf le retrait de mi-denier ».

En dehors de ces coutumes, l'immeuble pour lequel le
retrait avait été exercé était propre à l'époux lignager qui
l'avait retiré ou à cause duquel le retrait avait été exercé.
Si au contraire l'immeuble avait été simplement acquis
(*simpliciter*), il était acquêt, lors même qu'il aurait été
acquis par les deux époux; et l'époux lignager, malgré sa

participation au contrat, était obligé de remplir les formalités du mi-denier; la *Coutume d'Orléans* avait une disposition précise, l'article 381, dont nous avons parlé. L'article 155 de la *Coutume de Paris* n'était pas aussi formel; mais Ferrière l'interprétait en ce sens qu'il régissait même l'acquisition faite par les deux époux.

De là il suit que le droit coutumier exigeait les formalités du mi-denier même dans les acquisitions faites par les deux époux; et que Pothier aurait dû restreindre ce qu'il a dit dans son *Traité de la communauté* aux retraits exercés par l'époux lignager ou au nom de cet époux.

La législation des retraits a été abolie par un décret de l'Assemblée constituante des 19 et 23 juillet 1790, confirmé par un décret du 13 mai 1792. Ces décrets visent spécialement le retrait de mi-denier.

Revenons un peu sur nos pas et rendons-nous compte du chemin parcouru.

La loi 78, *de jure dotium*, que nous avons citée, était évidemment fondée sur l'intention présumée du mari ou sur celle qu'il avait dû avoir. Elle ne s'appliquait qu'au cas où la femme avait des droits indivis dans l'immeuble acheté.

Nos coutumes avaient repoussé l'obligation pour la femme de prendre une acquisition qu'elle n'avait pas faite elle-même; mais elles avaient donné au principe une étendue que le droit romain n'avait pas songé à lui attribuer. Le droit de retrait, appliqué à tout parent dans le cas de vente d'un propre faite par un membre de son lignage, sans même qu'il existât aucun lien d'indivision, avait été mis à la disposition de l'époux dont le conjoint avait fait une acquisition de ce genre. Dans ce cas, les doctrines du retrait lignager avaient été quelque peu modifiées, mais en gardant au fond leur caractère. On n'exigeait pas dans ce cas, pas plus que dans les autres, que la femme eût des droits indivis dans l'immeuble acheté. Il suffisait qu'il fût propre à l'un des membres de sa famille.

Si l'époux liguager avait exercé le retrait par lui-même ou par son conjoint, l'immeuble lui était propre. Si, au contraire, il avait été simplement acquis par les conjoints sans l'emploi des formalités du retrait, il était acquêt jusqu'au moment du retrait, dont l'effet était de lui rendre la qualité de propre.

Tel était l'état des choses au moment de la suppression des retraits.

76. Le Code civil contient sur cette matière une disposition que nous avons à expliquer, celle de l'article 1408. Elle est ainsi conçue :

« L'acquisition faite pendant le mariage à titre de lici-
» tation ou autrement, de portion d'un immeuble dont l'un
» des époux était propriétaire par indivis, ne forme point
» un conquêt : sauf à indemniser la communauté de la
» somme qu'elle a fournie pour cette acquisition.

» Dans le cas où le mari deviendrait seul et en son nom
» personnel acquéreur ou adjudicataire de portion ou de la
» totalité d'un immeuble appartenant par indivis à la femme,
» celle-ci, lors de la dissolution de la communauté, a le
» choix d'abandonner l'effet à la communauté, laquelle
» devient alors débitrice envers la femme de la portion
» appartenant à celle-ci dans le prix, ou de retirer l'im-
» meuble en remboursant à la communauté le prix de l'ac-
» quisition. »

Quelle est la portée de la division de cet article en deux paragraphes ? Ses deux parties ont-elles entendu régler la même situation ? ou s'appliquent-elles à des situations différentes ? Posons une espèce pour que notre pensée soit mieux comprise.

Le mari devient cessionnaire des droits du cohéritier de la femme dans un immeuble. Ce cas est nettement prévu par le deuxième paragraphe. Est-il régi aussi par le premier ? S'il en était ainsi, le commencement de l'article serait une pure déclaration de principes destinée à éclairer les situations diverses qui peuvent surgir, et, dans la dernière partie, destinée à contenir l'énumération des espèces, nous n'en trouverions qu'une, celle relative à l'acquisition par le mari de droits indivis avec ceux de sa femme.

Entendre ainsi l'article 1408, c'est, ce nous semble, en saisir mal la pensée.

Pothier avait écrit timidement, au *Traité de la communauté*, que lorsqu'une cession était faite à la femme, ou au mari à cause de sa femme, elle serait propre à celle-ci. Cela, nous l'avons expliqué, ne s'accordait pas avec les doctrines du retrait qui exigeaient l'exercice du retrait de mi-denier. Le Code a voulu, pour ce cas, lever l'incertitude. Il l'a levée aussi pour le cas où le mari achète pour lui-même. Le droit des retraits n'existe plus comme législation; il n'existe que comme législation morte pouvant servir à expliquer le sens des dispositions actuelles; mais il n'est plus un obstacle à l'admission des conséquences de la pensée dans laquelle a été fait un acte. C'est là la disposition du paragraphe premier. Cette partie de l'article ne mentionne pas, à la vérité, la comparution de la femme; mais on a qu'à jeter les yeux sur le deuxième paragraphe pour se convaincre que la première partie règle les conséquences d'une acquisition faite par le copropriétaire intéressé, et que, dans le deuxième, on a en vue de prévoir le cas où le mari intervient seul dans une affaire où la femme est intéressée.

Le premier paragraphe qualifie, détermine la nature de l'acte auquel il s'applique. La portion acquise est propre parce qu'elle complète le propre de l'un des époux, parce que, comme nous le disions à propos des partages, la part acquise accède à celle que l'époux avait déjà. A quoi bon faire tant d'efforts pour interpréter l'acte ? L'acquisition est tout naturellement faite pour celui qu'elle regarde, et, du moment où il y est intervenu, il ne peut la répudier ensuite.

Dans notre pensée, la première partie de l'article fixe donc la situation que Pothier avait en vue aux numéros

150 et suivants de la *Communauté*, et fait triompher la volonté présumée des parties en la débarrassant des obstacles que lui opposait autrefois la législation des retraits.

Quant à la deuxième partie, elle s'applique à l'acquisition faite par le mari seul de droits indivis avec ceux de sa femme. La femme sera-t-elle obligée de les accepter ? Non ; elle aura un droit d'option parce qu'elle n'a pas comparu dans l'acte et qu'elle n'a pas agréé l'acquisition.

Mais faut-il mêler les deux situations, confondre les deux paragraphes ? et, pour résoudre, par exemple, la question de savoir si, en attendant l'option, la portion acquise est propre, ou si elle est acquêt, s'emparer du premier paragraphe, et dire qu'elle ne forme point un conquêt ? Nous croyons que ce serait méconnaître la pensée de la loi et porter la confusion là où la loi a une clarté suffisante.

Examinons donc, en nous mettant en garde contre cette erreur, la nature qu'a, en ce cas, l'acquisition jusqu'à l'option de la femme.

Nous avons dit que les décrets de l'Assemblée constituante avaient supprimé les retraits lignager et de mi-denier. On supprime aisément le principe fondamental d'une institution ; mais, à côté, sont venus se grouper différentes idées qui ne disparaissent pas avec l'idée principale. Notre législation nouvelle n'a point accepté ce principe que la conservation des biens dans les familles fût un besoin essentiel des générations nouvelles ; mais elle n'a pas pensé non plus qu'une société pût vivre de morcellements perpétués, et que la propriété ne dût pas être reconstituée le plus promptement possible. C'est pour cela qu'elle a accueilli le retrait successoral et qu'elle a pris du retrait de mi-denier ce qu'il avait de compatible avec l'état de choses actuel.

Les idées anciennes à cet égard puisées dans le droit romain, fécondées par le droit coutumier, ont passé dans le droit constitué par le Code civil. (TROPLONG, *C. de mariage*, n° 610.)

Quel était donc autrefois le caractère attribué au droit
acquis par le mari sur un immeuble dont la femme avait
une part?

Si nous consultons la loi 78, *de jure dotium*, que nous
avons transcrite, nous trouvons une réponse précise. La
portion acquise n'est pas dotale; mais elle appartient à la
femme qui n'a pas le droit de la répudier.

Cette nécessité imposée à la femme d'accepter une acquisition qu'elle n'a pas faite, notre jurisprudence coutumière
l'a repoussée en adoptant le principe du retrait.

Le principe général du retrait, c'est qu'il devait être
exercé dans un délai assez court, généralement dans le
délai d'un an. Mais quand l'acquisition était faite par un
mari commun en biens, le délai était prolongé jusqu'aux
opérations du partage de la communauté. Cette prorogation
était accordée parce que l'acquisition était faite pour la
communauté, et que dès lors la dissolution seule pouvait y
donner ouverture. (POTHIER, *Retraits*, n° 496.)

L'immeuble, tant que le retrait n'était pas exercé, était
si peu propre, que le mari pouvait le vendre et que sa revente donnait lieu au retrait lignager ordinaire, lequel
devait alors être intenté dans le bref délai qui lui était
assigné. (POTHIER, *ib.*, n° 498.) La préférence accordée à la
femme dans le retrait de mi-denier n'existait plus; mais il
nous semble découler des principes mêmes que la femme,
comme tous les autres lignagers, pouvait user du droit de
retrait lignager. (POTHIER, *ibid.*, n° 521.)

Lorsque la femme acceptait la communauté, elle ne pouvait exercer contre son mari le retrait de mi-denier qu'en
respectant les droits concédés par le mari sur l'immeuble
au profit des tiers (POTHIER, *ib.*, n° 520); si elle eut cherché
à inquiéter les tiers, on lui eût répondu par l'exception de
garantie; mais quand elle renonçait à la communauté, les
droits concédés aux tiers disparaissaient. (POTHIER, n° 521.)
Ils disparaissaient, non point parce que l'immeuble n'était

pas acquêt, mais parce qu'il cessait de l'être au moyen du retrait et par la puissance rétroactive du retrait. Ce qui le prouve invinciblement, c'est que la revente faite par le mari avant la dissolution de la communauté était consolidée par le non accomplissement des formalités du retrait lignager, qui devenait alors la loi des parties, et que les tiers ne pouvaient plus être inquiétés.

Ce qui le prouve encore, c'est que lorsque le mariage n'avait pas été soumis au régime de la communauté, le retrait devait, par les mêmes raisons, être intenté pendant le mariage et dans le délai qui lui était assigné, sans quoi le droit des tiers ou celui du mari, quand il n'avait pas revendu, étaient consolidés. (POTHIER, *ib.*, n° 494.)

Ce qu'il y a de vrai, c'est que, dans l'ancienne jurisprudence française, le mari achetait des droits sur l'immeuble dont sa femme avait une part, ou, ce qui était la même chose, qui étaient propres au lignage de celle-ci, sous une condition résolutoire, qui, l'évènement se produisant, faisait passer l'acquisition sur la tête de la femme. La femme, au contraire, devenait propriétaire, mais sous la condition suspensive de l'exercice du retrait dans les délais et les cas où il était admissible.

Ces principes, vrais autrefois, nous paraissent vrais encore aujourd'hui. On n'a besoin de retirer des mains d'autrui que ce qui s'y trouve. L'article 1408 le dit nettement, comme le disaient les articles de la *Coutume de Paris* et de la *Coutume d'Orléans* que nous avons cités, quand la femme ne veut pas de l'acquisition, elle l'abandonne à la communauté. Quand, au contraire, elle veut la prendre, elle retire l'immeuble. C'est ce que dit la loi. Les combinaisons juridiques sont d'accord avec le bon sens.

Et, quand aux effets rétroactifs qu'avait autrefois l'exercice du retrait, il nous suffit de faire remarquer que les décrets de l'Assemblée constituante qui ont supprimé les retraits, en ont supprimé en même temps les effets juridi-

ques. Le retrait n'existe plus comme institution. L'article
1408 n'a qu'un but, celui d'empêcher un morcellement
préjudiciable; il a voulu aussi, sans doute, que le mari ne
pût abuser de sa situation, et que la femme pût se faire
attribuer une acquisition qui n'a pu être faite que pour
compléter son avoir. Mais la loi qui supprimait les retraits,
en tant qu'ils avaient pour but de substituer un acquéreur
à un autre, qui effaçait la rétroactivité propre à ce genre
d'acquisitions, eût été bien imprévoyante si elle eût permis
à la femme de renouer, comme au temps des retraits, la
chaîne des temps, d'effacer ce qui se serait accompli dans
un intervalle assez long et de frapper la propriété d'une incertitude qui devait la paralyser. Nous croyons donc que,
quand la femme accepte, elle ne peut pas effacer les aliénations faites par le mari, pas plus qu'elle ne le peut quand
elle accepte un remploi. La législation ancienne admettait
la rétroactivité en matière de retraits. Mais elle limitait
l'effet du retrait à un temps assez court. Vouloir aujour-
d'hui faire revivre la rétroactivité, c'est reprendre une institution sans admettre les dispositions qui lui servaient de
correctif.

Nous avons dit (n° 69) que l'article 1408 doit être appliqué même dans les cas où la cession ne fait pas cesser l'indivision. Les détails dans lesquels nous venons d'entrer
nous semblent confirmer cette opinion.

Quelques mots maintenant sur l'application faite autrefois dans les provinces de droit écrit de la loi 78, *de jure
dotium*.

M. Troplong, qui professe l'idée opposée à celle que nous
venons d'émettre, explique au n° 650 de son *Traité du contrat de mariage*, que le mari ne pouvait, sous le droit écrit,
revendre au préjudice de sa femme. Il cite un arrêt de la
Cour de Grenoble du 26 juillet 1825, qui l'a ainsi jugé
(S., 26, 2, 63). Nous sommes complètement de cet avis;
mais c'est uniquement parce que la loi romaine a un texte

précis qui déclare que la part achetée, bien que non dotale, est la propriété de la femme.

Comment ne pas voir la différence profonde qui sépare une législation imposant dès l'abord la propriété à la femme, de celle qui exige un retrait pour que la femme puisse revendiquer le bénéfice de l'acquisition ?

Nous savons bien que la jurisprudence est profondément divisée sur la question que nous avons examinée au sujet du caractère qu'il faut attribuer à l'acquisition avant le retrait. Un arrêt de la Cour de cassation du 30 juillet 1816 (S., 17, 1, 68) et un autre arrêt de la même Cour du 2 décembre 1867 (S., 68, 1, 161) se prononcent en faveur de l'idée qui attribue à l'immeuble le caractère de propre ; mais le contraire a été jugé par la même Cour le 31 mars 1835 (S., 35, 1, 516), dans une affaire relative à des droits d'enregistrement et par un autre arrêt du 25 juillet 1844 (S., 44, 1, 614).

Ce n'est pas que nous adoptions entièrement les doctrines de ce dernier arrêt, sur lequel nous aurons à revenir ; mais nous croyons que chaque question veut être traitée avec ses doctrines et avec ses règles, et qu'il faut en tout se soumettre à celles que la loi a posées.

Quant aux auteurs, M. Troplong cite comme ayant adopté son opinion MM. Toullier (t. XII, n° 170), Duranton (t. XIV, n° 209), Zachariæ (t. III, p. 488), Rodière et Pont (t. I, n° 196).

On peut citer encore sur la question un arrêt de la Cour de Caen du 31 juillet 1858 (S., 59, 2, 97), qui juge que l'acquisition faite par le mari, en cas de communauté, constitue un acquêt, mais produit un effet rétroactif en cas de retrait ; un jugement du tribunal de Largentière du 6 février 1872 (S., 73, 2, 23), qui juge que, en cas de décès du mari, les droits de mutation sont dus par ses héritiers, et un arrêt de la Cour de cassation du 14 novembre 1854 (S., 55, 1, 718), qui juge que la femme qui prend l'immeuble n'est pas personnellement tenue des engagements que le mari a assumés par l'adjudication, ce qui, à notre sens, aboutit à ne pas reconnaître l'effet rétroactif.

**77.** Nous avons dit que nous ne partagions pas d'une manière absolue les idées émises par l'arrêt du 25 juillet 1844. Cet arrêt repousse en effet l'option faite avant la dissolution de la communauté.

Le résultat consacré a tous les inconvénients des propriétés non établies sur des bases inébranlables. Il nous paraît d'ailleurs outrepasser la loi. L'article 1408 ne dit pas que l'option ne pourra être faite avant la dissolution de la communauté. Rien n'empêche la femme d'acheter elle-même, pourvu qu'elle y soit autorisée par son mari ou par la justice. Alors il n'y a pas lieu à option. L'article 1435, loin de prohiber les remplois, les déclare parfaitement valables. Nous ne voyons pas pourquoi on n'irait pas, par une option anticipée, au-devant des complications que peut susciter une revente.

Cette opinion est professée par M. Troplong (*C. de mariage*, n° 679). Elle a été adoptée par la Cour de Lyon par arrêt du 20 juillet 1843 (S., 44, 2, 319) et par la Cour de Grenoble, du 18 août 1854 (S., 55, 2, 93).

Mais l'opinion opposée est enseignée par MM. Rodière et Pont (t. I, n°ˢ 495 et 496).

Nous devons ajouter que, sous l'ancien droit, les règles du retrait obligeaient souvent la femme à agir avant la séparation de biens. C'est ce qui arrivait notamment en cas de revente par le mari.

Nous avons discuté la question de savoir si l'acceptation de la femme est rétroactive. Si on la résolvait en ce sens que la femme pût attaquer les acquéreurs auxquels le mari aurait transmis l'immeuble, il est clair qu'elle serait arrêtée par l'exception de garantie, au cas où elle aurait accepté la communauté, comme elle l'était sous l'ancien droit.

**78.** L'article 1408 peut-il être appliqué lorsque les époux sont mariés sous le régime dotal ?

11

On n'en saurait douter. Un principe puisé autrefois dans
la législation romaine, transplanté dans les pays coutumiers,
ne pourrait être aujourd'hui repoussé en ce cas parce qu'il
n'a été consacré qu'au titre de la communauté. (TROPLONG,
*C. de Mariage*, n°° 640, 687; RODIÈRE et PONT, t. I, n° 487 et
t. II, n° 643. Limoges, 12 mars 1828, S., 29, 2, 78. RIOM,
20 mai 1839, S., 39, 2, 513. Lyon, 20 juillet 1843, S., 44, 2,
319 et 28 mars 1837, S., 37, 1, 331.)

Les mêmes principes doivent être appliqués dans les régimes qui s'éloignent à la fois du régime de la communauté et du régime dotal.

Nous avons fait remarquer déjà que sous l'ancien droit
le retrait était accordé à la femme contre le mari en dehors
du régime de la communauté.

79. Seulement, on se demande si le retrait doit être alors
fait immédiatement après la cession. Si on consulte les anciens principes tels que Pothier les pose, on arrive à décider
que oui. C'est, en effet, ce que décident MM. Rodière et Pont.
Mais ils reconnaissent eux-mêmes que, l'article 1408 ne
fixant pas de délai fatal, le retrait peut être exercé tant que
les choses sont encore entières. Nous croyons que, pour
appliquer sainement cet article, il faut prendre comme époque
dernière de l'exercice du retrait le moment où se règlent
les droits respectifs des époux, après le mariage ou après
la séparation, si elle se produit, et que, dans aucun cas, on
ne peut repousser un retrait demandé auparavant par la
femme.

Nous pensons que le retrait peut être demandé tant que les
choses sont encore entières. Sans doute, ainsi que nous l'avons
dit, dans nos provinces coutumières, quand les époux n'a-
vaient pas établi entre eux de communauté, il fallait appliquer aux retraits entre époux les règles du retrait lignager
ordinaire. Mais les règles du retrait, telles que les posait
l'ancienne législation, ont été abolies. La règle de l'article
1408 est seule vivante et on ne peut s'empêcher de l'appli-

quer quand son application n'est pas rigoureusement contraire aux règles du droit commun. La Cour de cassation, dans son arrêt de 1814, a qualifié de privilège le droit de retrait. M. Troplong (*C. de Mariage*, n° 686) lui donne la même qualification. Nous croyons qu'il y a là une inexactitude et que cet article se fonde sur la volonté présumée des parties. Ce n'est pas cependant que nous pensions qu'on puisse à cet égard dépasser certaines limites. Nous n'irions pas, par exemple, jusqu'à déclarer, comme l'a fait la Cour de cassation dans son arrêt du 2 décembre 1867 (S., 68, 1, 161), qu'on puisse imposer à la femme, malgré sa résistance, une cession dans laquelle son mari a agi pour elle sans aucun mandat. Nous savons bien que M. Troplong a émis la même idée au n° 672 ; mais nous ne pouvons y donner notre assentiment. On avait autrefois, en empruntant au régime dotal la loi 78, *de jure dotium*, modifié son principe par l'option accordée à la femme. Les coutumes avaient maintenu avec soin ce droit d'option. La *Coutume d'Orléans* l'étendait même au cas où la femme avait acheté avec le mari. Nous estimons que, dans ce cas, la femme doit, dans notre droit actuel, être regardée comme ayant définitivement acheté pour elle ; mais nous croyons aussi que les raisons que donne M. Troplong au n° 646 sont décisives, et qu'il ne suffirait pas de dire, comme il le fait au n° 672, qu'il serait nécessaire à la femme de repousser une acquisition faite en son nom sans mandat de sa part.

On pourrait objecter les termes de l'article 382 de la *Coutume d'Orléans*, ainsi conçu : « Si le mari, à cause de sa » femme, retrait quelque héritage, il est propre d'icelle » femme. »

Nous répondrions à cela que, même dans ce cas, la femme pouvait abandonner le retrait. (POTHIER, t. X, note 6 sur l'art. 382 de la *Coutume*.)

Nous devons ajouter que, si le mari et la femme ont acheté pour la communauté et qu'on ne reconnaisse pas là

une clause de style, il faut accorder à la femme le droit d'option, comme le font MM. Troplong (n° 673), Rodière et
Pont (t. I, n° 493).

L'article 1408 s'applique-t-il à de simples cessions de
droits successifs? On a soutenu qu'il ne pouvait être appliqué qu'à l'acquisition d'une part dans un immeuble. On a
invoqué à cet égard l'objection déduite de ce que l'article
1408 constitue un privilège. L'arrêt du 25 juillet 1844 a
fait un mélange de toutes ces raisons et a ajouté que la
cession d'une part de droits successifs constitue toujours
quelque chose d'aléatoire. M. Troplong (*C. de mariage*,
n° 676) a combattu avec raison cette argumentation ; il a
répondu que l'option n'a été accordée à la femme que pour
repousser les cessions désavantageuses. Il aurait pu répondre encore que, sous l'ancien droit, Pothier (*Retraits*, n° 43)
enseignait que le retrait lignager s'appliquait aux cessions
de droits, et que la disposition de l'article 1408, appliquée
à ce cas, ne serait pas inexécutable. On n'a qu'à faire une
ventilation pour établir le prix de la partie immobilière
des droits cédés. C'est là ce qu'a jugé la Cour d'Amiens par
arrêts des 3 juin 1847 et 22 juin 1848 (S., 48, 2, 673 et 675).

80. On demande aussi si le mari a le droit d'option aussi
bien que la femme, c'est-à-dire s'il peut rejeter l'acquisition
sur la communauté. Le retrait de mi-denier était autrefois
accordé à l'un comme à l'autre des deux époux. (Art. 155
de la *Coutume de Paris* et 381 de la *Coutume d'Orléans*.
POTHIER, *Retraits*, n° 409.) Il était nécessaire au mari aussi
bien qu'à la femme. Mais avec l'article 1408, comme nous
l'interprétons, aucune difficulté ne peut surgir. Si l'immeuble est indivis avec le mari, l'acquisition qu'il fait ne
peut être répudiée par lui aux termes du paragraphe 1er ;
elle devient immédiatement propre ; et, quant au deuxième
paragraphe, il constitue une immunité accordée à la femme
seule. Telle est au surplus l'opinion de M. Troplong (*C. de
mariage*, n° 671) et de M. Toullier (t. XII, n° 163).

81. Deux arrêts de la Cour de cassation, l'un du 14 juillet 1834 (S., 34, 1, 534), l'autre du 4 avril 1837 (S., 37, 1, 333), jugent que le droit accordé à la femme par l'article 1408 est un droit personnel et ne peut être exercé par ses créanciers ; MM. Troplong (*C. de mariage*, nos 677 et 678) et Larombière (sur l'art. 1166, n° 14) estiment que ce droit est transmissible aux héritiers de la femme ; mais qu'il ne peut être mis en mouvement par ses créanciers. MM. Zachariæ (t. II, n° 339, note 34), Rodière et Pont (n° 491), et Demolombe (*Obligations*, n° 88) estiment au contraire que les créanciers peuvent l'exercer, de même que l'article 788 leur donne le droit de se faire autoriser à accepter une succession à laquelle leur débiteur a renoncé.

Nous avons scrupuleusement examiné les motifs donnés à l'appui de l'opinion adoptée par la Cour de cassation. Ils se résument dans l'idée de privilège que nous avons déjà combattue, et cette autre affirmation que la personnalité du droit de la femme résulte des articles 1408 et 1166. Mais c'est là la question à juger.

Sans doute, le droit de retrait lignager était un droit personnel ; mais cela tenait à ce qu'il était établi dans des vues de prépondérance politique, d'organisation sociale, tandis que l'article 1408 est loin d'avoir de pareils mobiles. Sans doute encore, l'article 841 relatif au retrait successoral ne peut être mis à la disposition des créanciers, puisqu'il a pour but d'écarter les étrangers du partage ; encore, peut-on dire qu'on n'écarte pas les étrangers en écartant le créancier d'un cohéritier. Mais toutes ces objections sont étrangères à la matière qui nous occupe. L'article 1408 a pour but d'empêcher un morcellement. Pourquoi le créancier ne serait-il pas admis à s'en aider. L'argument déduit de l'article 788 nous paraît décisif. Nous admettrions donc le créancier à exercer le retrait à la place de l'époux.

Il nous paraît dans tous les cas sans difficultés d'admettre l'héritier. Il était autrefois admis à exercer le retrait de mi-denier à la place du défunt; mais nous n'en ferions pas la raison déterminante à l'appui de notre opinion, puisqu'il fallait qu'il fût lui-même lignager. (POTHIER, *Retraits*, n° 507, *Coutume d'Orléans*, art. 381.) Les raisons que nous avons données dans le paragraphe précédent nous semblent celles qui doivent commander la décision. Il ne serait même pas nécessaire de les faire valoir toutes en faveur de l'héritier, qui est la continuation de la personne du défunt, sauf des circonstances exceptionnelles.

82. Quels sont, parmi les actes régis par l'article 1408, ceux qui sont soumis à la transcription?

Nous estimons d'abord que ceux dans lesquels le mari a agi pour lui-même, c'est-à-dire ceux par lesquels il a acheté des droits dans un immeuble qui lui appartenait déjà en partie, ne sont pas soumis à la transcription, par les raisons que nous avons données au titre du partage; qu'il en est de même de ceux dans lesquels la femme achète pour elle-même dans les mêmes conditions. Dans notre opinion, que ces actes fassent ou ne fassent pas cesser l'indivision, ce sont des partages dispensés de la transcription. Mais si on adoptait l'opinion consacrée par la jurisprudence que nous avons combattue, il faudrait faire transcrire les cessions qui ne feraient pas cesser l'indivision.

Dans notre opinion donc, tous les actes régis par la première partie de l'article 1408 ne donneraient pas lieu à transcription.

Quant aux actes régis par le paragraphe deuxième, on peut dire que, lorsque le mari s'est rendu cessionnaire de simples droits successifs, le retrait exercé par la femme est, dans les idées que nous avons développées au titre du partage, purement déclaratif, même quand il ne fait pas cesser l'indivision; que, lorsque le mari s'est rendu adjudicataire sur licitation, la femme n'a été dépossédée qu'en apparence, et qu'au fond elle a gardé son droit.

Nous croyons cependant que le retrait est sujet à transcription dans ce cas, parce que la femme se substitue sans rétroactivité au mari ; qu'elle prend l'acquisition grevée des charges que le mari y a imposées. La transcription est indispensable au moins pour la purge des hypothèques qui grèvent du chef du mari, comme elle est indispensable pour cela à l'héritier bénéficiaire (n° 70, v. c. 17 juillet 1855, S., 55, 1, 718).

Elle l'est même pour empêcher qu'après le retrait le mari ne consente de nouvelles hypothèques. Du moment où on admet que le mari a été propriétaire, il faut logiquement admettre que sa dépossession est soumise à la transcription, bien qu'elle procède d'un droit auquel il n'a pu se soustraire et qu'elle ne soit pas purement volontaire.

Nous ne ferions exception que pour le retrait exercé après la dissolution de la communauté, parce qu'il constitue l'une des opérations du partage de cette communauté.

La cession elle-même, consentie au mari, nous semble devoir être soumise à la transcription. Elle l'est évidemment si la femme ne doit pas exercer le retrait. Elle l'est encore quand bien même on serait sûr d'avance qu'elle l'exercera, parce que, jusqu'à ce retrait, la propriété repose sur la tête du mari.

## § 37

### RETRAIT SUCCESSORAL.

#### Sommaire

83. Le retrait successoral produit un effet rétroactif.
La cession doit être transcrite ; mais le retrait, dont le caractère est déclaratif, ne doit pas l'être.

83. Aux termes de l'article 841 du Code civil, tout cohéritier peut écarter un cessionnaire non successible du partage de la succession. Le retrait ne délie pas le cessionnaire vis-à-vis du cédant (C. de cass., 7 janvier 1857. S., 57, 1,

360). Mais il oblige le retrayant à subir toutes les charges de la cession. Il est manifestement rétroactif, puisque le cessionnaire est écarté du partage. (TROPLONG, *Trans.*, n° 246.)

Faut-il que la cession et le retrait soient transcrits ?

Occupons-nous d'abord de la cession. Elle doit, ce nous semble, être transcrite dans tous les cas, et ne perdons pas de vue qu'elle est consentie au profit d'un étranger.

Elle doit l'être évidemment si aucun retrait ne doit se produire dans l'avenir.

Elle doit l'être même en supposant le retrait, parce que le retrait s'opère en dehors du cédant, et que, tant qu'il n'est pas légalement présumé connaître le retrait, il est dans les conditions d'un vendeur ordinaire qui n'est dessaisi vis-à-vis des tiers que par la transcription.

Quant au retrait, comme il a pour effet de substituer *ab initio* le retrayant au cessionnaire et de résoudre toutes aliénations et toutes hypothèques consenties par ce dernier, nous ne croyons pas qu'il faille en soumettre l'acte à la transcription. Le retrayant est un cohéritier. Dès lors, l'acte produit à son égard un effet déclaratif.

M. Troplong admet ce système (*Trans.*, n° 248) en expliquant qu'il doit se produire dans tous les cas déclaratifs, c'est-à-dire, si on admet les idées que nous avons développées sur l'effet du partage, dans les retraits opérés par un cohéritier, et, si on adopte les idées que nous avons combattues, là seulement où cesse l'indivision. Et cependant, au numéro 247, qui ne peut, par suite, s'appliquer qu'aux cas non déclaratifs, c'est-à-dire, pour ceux qui n'adoptent pas nos idées sur le partage, pour les cas où ne cesse pas l'indivision, il exige la transcription, tout en convenant que le contrat, objet du retrait, subsiste pour le retrayant quoiqu'il soit résolu pour le cessionnaire. Il en donne pour raison que le registre des transcriptions ne serait pas complet s'il ne mentionnait que le nom de l'acheteur primitif.

Mais, qu'on le remarque bien, la législation actuelle n'a pas pour but de signaler dans les registres hypothécaires toutes les transformations de la propriété. La mutation héréditaire, celle qui résulte d'un testament, les traités équivalents à partage échappent à la nécessité de la transcription. Les articles 1 et 2 de la loi de 1855 n'y soumettent que les actes translatifs, c'est à-dire ceux qui font passer la propriété d'une tête sur une autre, en laissant sur la première l'empreinte de ce droit. Il suit de là que les actes qui ne font que résoudre ne sont pas soumis à la transcription. C'est en ce sens que doit s'entendre l'article 3 de cette loi.

Il y a pour le retrait une autre raison, c'est que, en pareil cas, l'acquisition est censée faite avec l'obligation pour le cessionnaire de laisser la place aux cohéritiers, s'ils veulent prendre le bénéfice de la cession.

Pour combattre les raisons données par M. Troplong, on n'a d'ailleurs qu'à se reporter aux numéros de son livre qui précèdent ceux que nous avons cités. Au numéro 246, il constate que le retrait constitue, pour l'acheteur éliminé, une résolution, et au n° 245, il enseigne que la reprise par le vendeur à réméré n'est point soumise à la transcription, parce qu'il n'y a de transcriptibles que les actes translatifs, et que la reprise par le vendeur est résolutive et non translative.

Nous n'avons pas besoin de signaler la différence entre notre cas et celui que présente le deuxième paragraphe de l'article 1408. Dans cet article, nous ne voyons pas d'effet rétroactif. Dans l'article 841, au contraire, nous voyons une résolution portant sur tout le passé. De là la différence de nos solutions.

## § 28

### AMEUBLISSEMENT

#### Sommaire

**84.** La communauté légale ne comprend dans son actif que les objets mobiliers des époux; leurs valeurs immobilières en sont exclues et leur restent propres. Mais les époux peuvent les faire entrer dans la communauté. Parmi les moyens qui peuvent être employés pour cela, se trouve l'ameublissement qui consiste dans la déclaration que font à cet effet les futurs dans leur contrat de mariage. La dénomination donnée à ce genre de convention tient à ce qu'elle assimile à cet égard les immeubles aux meubles.

**85.** Le Code civil distingue l'ameublissement déterminé de l'ameublissement indéterminé (art. 1506). L'ameublissement est déterminé, d'après les dispositions de cet article, quand il met en communauté un immeuble en tout ou jusqu'à concurrence d'une certaine somme. Il est indéterminé quand il met en communauté les immeubles jusqu'à concurrence d'une certaine somme.

**86.** Faut-il transcrire le contrat de mariage qui contient un ameublissement?

Il nous semble difficile que cette transcription présente quelque utilité. D'une part, un mariage ne se fait généralement qu'après renseignements pris. De l'autre, l'article 1509 donne à l'époux qui a fait l'ameublissement le droit de reprendre, dans le partage, l'immeuble ameubli. Nous nous trouvons donc en présence d'une propriété constituée sur des principes tels, qu'il ne peut guère se consommer un préjudice contre l'un des époux. Si donc nous examinons la question de la transcription, c'est plutôt pour l'honneur des principes que pour son utilité pratique.

**87.** Nous croyons cependant ne pouvoir nous dispenser

de l'examiner; et là, nous trouvons, comme dans presque toutes les autres parties du droit, plus d'un nuage à dissiper.

Pothier a traité cette matière dans son livre sur la communauté et dans celui relatif à la *Coutume d'Orléans*. Il résume les divers ameublissements en deux espèces, l'ameublissement déterminé et l'ameublissement indéterminé. L'ameublissement déterminé est, d'après lui, celui par lequel on met en communauté un immeuble ou des immeubles nettement désignés. Il regarde, au contraire, comme un ameublissement indéterminé, celui par lequel on met en communauté les immeubles de l'un des conjoints jusqu'à concurrence d'une certaine somme. (*Communauté*, n° 305.) Pothier ne parle pas spécialement de l'ameublissement qui ne s'applique qu'à un immeuble ou à des immeubles individuellement désignés et qui est en même temps restreint à une somme indiquée. Mais il ne paraît pas douteux que, dans son système, cet ameublissement ne soit indéterminé. Telle était aussi, d'après M. Troplong lui-même que nous aurons à combattre tout-à-l'heure, l'opinion professée par le nouveau Denisart (v° *Ameublissement*, n° 3) et par Renusson (p. 617, n° 17).

L'article 1506 a évidemment modifié la classification de Pothier, de Denisart et de Renusson, puisqu'il qualifie de déterminé l'ameublissement qui s'applique à un immeuble individuel quand cet ameublissement n'est fait que jusqu'à une certaine somme.

Mais il nous reste à examiner si, en changeant sur ce point la dénomination, il a changé quelque chose aux principes qui doivent être appliqués dans ce cas.

L'ameublissement déterminé, d'après Pothier (*Communauté*, n° 307), attribue immédiatement à la communauté la propriété de l'objet auquel il s'applique. Les articles 1506 et 1507 posent le même principe quand l'ameublissement déterminé est fait sans restriction.

Au contraire, quand il s'agissait de l'ameublissement indéterminé, Pothier expliquait (n° 313) que l'immeuble restait la propriété du futur époux auquel il appartenait. Seulement, il ajoutait que la convention renfermait tacitement le pouvoir donné au mari d'aliéner ceux des immeubles de sa femme compris dans l'ameublissement qu'il jugerait à propos de vendre jusqu'à concurrence de la somme portée au contrat, à moins toutefois que la femme voulût spécifier celui des immeubles auquel s'appliquerait l'ameublissement. Il constatait, d'ailleurs, que la clause d'ameublissement donnait à la communauté le droit d'obliger l'époux, auteur de l'ameublissement, à verser dans la masse et lors de la dissolution un immeuble jusqu'à concurrence de la somme convenue.

La convention tacite, dont parle Pothier, a été proscrite par l'article 1507 et par l'article 1508, c'est-à-dire que le mari ne peut vendre ni l'immeuble unique, objet de l'ameublissement fait jusqu'à une certaine somme, ni aucun des immeubles ameublis aussi dans une mesure déterminée.

Mais M. Troplong (Communauté, n° 2000) estime que, dans le premier cas, la communauté devient propriétaire proportionnellement à la somme écrite au contrat, tandis que dans le deuxième cas (n° 2007 et 2009), il ne reconnaît à la communauté aucun droit de propriété immédiate.

MM. Rodière et Pont (C. de Mariage, t. II, n°° 163 et 164) adoptent son opinion, que combat M. Toullier (t. XII, n° 329).

Quelles sont donc les raisons sur lesquelles on appuie ces différentes appréciations ?

L'article 1500 déclare déterminé l'ameublissement qui, ne s'appliquant qu'à un immeuble, n'est cependant consenti que jusqu'à une certaine somme. Cette disposition existe ; on ne peut l'effacer. Il y a d'ailleurs, dans ce cas, cette circonstance que l'immeuble sur lequel doit porter l'ameublissement est déterminé.

Mais, ainsi que le fait justement observer M. Toullier, la

portion de cet immeuble sur laquelle porte la propriété de la communauté n'est pas déterminée. Nous rentrons donc toujours dans les voies de l'indétermination..

La grande objection de M. Troplong porte sur les termes qui terminent le dernier paragraphe de l'article 1507. Cet article est ainsi conçu :

« L'effet de l'ameublissement déterminé est de rendre
» l'immeuble ou les immeubles qui en sont frappés biens de
» la communauté comme les meubles mêmes.

» Lorsque l'immeuble ou les immeubles de la femme sont
» ameublis en totalité, le mari en peut disposer comme des
» autres effets de la communauté et les aliéner en totalité.

» Si l'immeuble n'est ameubli que pour une certaine
» somme, le mari ne peut l'aliéner qu'avec le consentement
» de la femme; mais il peut l'hypothéquer sans son con-
» sentement, jusqu'à concurrence seulement de la portion
» ameublie. »

Si cette objection est fondée, nous devons rencontrer, dans l'article 1508 qui fixe le caractère de l'ameublissement indéterminé, des éléments différents

Voici la rédaction de cet article : « L'ameublissement in-
» déterminé ne rend point la communauté propriétaire des
» immeubles qui en sont frappés ; son effet se réduit à
» obliger l'époux qui l'a consenti à comprendre dans la
» masse, lors de la dissolution de la communauté, quelques-
» uns de ses immeubles jusqu'à concurrence de la somme
» par lui promise.

» Le mari ne peut, comme en l'article précédent, aliéner,
» en tout ou en partie, sans le consentement de sa femme,
» les immeubles sur lesquels est établi l'ameublissement
» indéterminé; mais il peut les hypothéquer jusqu'à con-
» currence de cet ameublissement. »

Le premier paragraphe de l'article 1507, disent MM. Rodière et Pont, déclare que l'effet de l'ameublissement déter·
miné est de rendre l'immeuble qui en est l'objet propriété de

la communauté. Cette première disposition domine les deux paragraphes suivants et s'applique aux deux espèces d'ameublissements déterminés.

Le principe qui les caractérise est, d'après ces auteurs, écrit en tête de l'article qui s'y applique, de même que le principe qui s'applique à l'ameublissement indéterminé est écrit en tête de l'article 1508.

Mais comment ne pas remarquer que les termes du dernier paragraphe de l'article 1507 sont, sauf quelques variantes, les mêmes que ceux du dernier paragraphe de l'article 1508 ? Si le dernier paragraphe de l'article 1507 constitue pour la communauté une propriété immédiate, proportionnelle au chiffre écrit dans le contrat de mariage, pourquoi dit-on, dans l'article 1508, que le mari ne peut « comme en l'article précédent » aliéner, en tout ou en partie, sans le consentement de sa femme ? Si la dernière partie de l'article 1507 crée une propriété immédiate, comment expliquer que cette propriété soit assimilée, à ce qui, d'après l'article suivant, n'est pas une propriété immédiate ?

Quelle différence de rédaction peut-on signaler ? Il n'en existe que deux. Dans l'article 1507, on dit que le mari ne peut aliéner qu'avec le consentement de sa femme, tandis que dans l'article suivant, on dit qu'il ne peut aliéner sans le consentement de cette dernière. Dans le premier, on dit qu'il peut hypothéquer sans le consentement de sa femme jusqu'à concurrence seulement de la portion ameublie, et dans le second, qu'il peut hypothéquer jusqu'à concurrence de l'ameublissement.

Ne sont-ce pas les mêmes idées dans des termes différents ?

Que serait donc une propriété qu'on ne pourrait pas vendre ? Qu'une propriété indivise ne puisse être vendue en entier sans la participation de tous les copropriétaires, nous le comprenons ; mais qu'un copropriétaire ne puisse vendre même sa part, c'est ce qu'on ne peut comprendre. C'est cependant le résultat auquel arrive M. Troplong (n° 2003). C'est, dit-il, parce qu'on a craint qu'il donnât à sa femme un copropriétaire étranger incommode. C'est bien de la sollicitude !

MM. Rodière et Pont (t. II, n°° 163 et 164) donnent une raison plus sérieuse et disent que l'interdiction d'aliéner a eu pour but d'empêcher qu'un acquéreur demande la licitation et mette la femme dans l'impossibilité d'user plus tard du droit de reprise que lui donne l'article 1509. Mais ils ne donnent cette explication que d'une manière conjecturale, tout en reconnaissant que l'hypothèque conduit au résulat qu'on aurait voulu empêcher, et tout en convenant, au n° 167, que l'ameublissement peut porter sur une portion aliquote, cas auquel la licitation est évidemment possible. On pourrait d'ailleurs leur objecter que, quand l'ameublissement est fait sans restriction, le mari peut aliéner et empêcher par conséquent la reprise.

Un pareil système constitue une copropriété que le propriétaire ne peut aliéner, mais qu'il peut hypothéquer. Or, qu'on relise l'article 1507, on verra qu'il permet d'hypothéquer, non la part que M. Troplong déclare convertie en une propriété immédiate, mais l'immeuble entier jusqu'à concurrence seulement du chiffre de l'ameublissement, et que ce même droit est écrit dans l'article 1508.

Qu'on ne perde pas de vue, d'ailleurs, qu'en outre de la similitude des termes, il y a une signification indiquée dans l'article 1508. Le mari ne peut, « comme en l'article » précédent », aliéner en tout ou en partie. N'est-ce pas dire énergiquement qu'on donne en ce cas au mari les mêmes droits que dans le cas du dernier paragraphe de l'article 1507, et que par conséquent, il n'y a de propriété immédiate ni dans l'un ni dans l'autre cas.

Il nous semble résulter de là que le premier paragraphe de l'article 1507 ne peut s'appliquer et ne s'applique réellement qu'à l'ameublissement fait sans restriction. Et s'il eût eu la signification que lui attribuent MM. Rodière et

Pont, il eût eu le soin, pour le cas prévu par son dernier paragraphe, d'exiger une évaluation totale de l'immeuble, afin que les proportions des deux copropriétés fussent déterminées. La valeur des immeubles est en effet très variable. Elle augmente généralement et, à la dissolution de la communauté, la part proportionnelle à prendre par la communauté n'est certes plus la même qu'elle eût été si on eût partagé au jour du contrat de mariage. Comment, d'ailleurs, ne pas être frappé de cette idée, que consacrer un droit de propriété dans de pareilles conditions, c'est se mettre en dehors de tous les principes et s'exposer à des contradictions choquantes ? C'est, à notre sens, ce qui est arrivé à M. Troplong. Ainsi, au n° 2000, il explique que, si l'immeuble ameubli jusqu'à concurrence d'une certaine somme périt en totalité, il périt pour la communauté jusqu'à concurrence de la portion ameublie, et que, s'il ne périt qu'en partie, la communauté sera fondée à prendre la partie restée pour se remplir de ce qui lui a été promis. C'est là, ce nous semble, une solution peu logique. Si l'immeuble appartient immédiatement à la communauté, il périt en partie pour elle, si petit que soit le dépérissement. La solution donnée quant à la perte est bonne, mais seulement avec nos idées. La communauté, suivant nous, n'a aucune propriété immédiate sur l'immeuble ; on ne lui a promis qu'une chose, c'est de lui allouer, lors de la dissolution, une partie des immeubles ameublis d'une valeur équivalente à la somme indiquée. Il ne peut donc y avoir perte pour elle. Si, au contraire, il y avait des droits de propriété proportionnelle, il y aurait aussi part proportionnelle dans la perte.

Ce qu'il y a de vrai, c'est qu'il n'y a pas de droit de propriété immédiate établi au profit de la communauté, même sur un immeuble unique, proportionnellement à la somme qui fait l'objet de l'ameublissement. Pour qu'il en fût ainsi, il aurait fallu, comme nous l'avons dit, qu'il y eût eu, lors du contrat, une évaluation totale de l'immeuble. Alors, ou eût pu constituer une copropriété suivant des quotités déterminées, ce que nous croyons, avec M. Troplong (n° 200), très possible et très légal. Sans ces conditions, au contraire, le droit de réalisation de la communauté ne peut s'opérer que lors de la dissolution. Alors elle a le droit d'exiger qu'on lui alloue une portion de l'immeuble, suivant estimation, pour la payer de la somme portée dans le contrat. Le choix en appartient à l'époux qui a fait l'ameublissement. Il a de plus le droit (art. 1509) de retenir, s'il le veut, cette même portion en donnant la somme elle-même. Nous croyons même, avec MM. Rodière et Pont (t. II, n° 180), qu'il a ce droit lors même que sa part dans la communauté serait insuffisante pour satisfaire aux conditions de cet article. Nous ajoutons que ce droit ne peut être exercé par la femme en cas de renonciation à la communauté. (TROPLONG, C. de mariage, n° 2010 ; FLANDIN, n° 277 ; RIVIÈRE et HUGUET, Questions, n° 38 ; RODIÈRE et PONT, t. II, n° 182.) Ces deux derniers auteurs font remarquer à cet égard que l'article 1509, qui parle de partage et de part, ne peut s'appliquer à la renonciation qui ne comporte ni partage ni parts.

Il résulte d'ailleurs, du but même de l'ameublissement, que la femme qui a stipulé le droit de reprise en cas de renonciation, ne peut l'exercer qu'en respectant les droits conférés aux tiers par le mari. (POTHIER, Communauté, n° 410 ; RODIÈRE et PONT, t. II, n° 179 et 272.)

88. Nous avons jusqu'ici parlé de propriété immédiate et appliqué ces expressions aux cas qui surgissent du dernier paragraphe de l'article 1507 et à ceux qui résultent de l'article 1508. Nous avons pensé que ce genre d'ameublissement ne donnait à la communauté aucune propriété immédiate. Il importe que notre idée soit bien comprise. Nous n'entendons pas contester que la communauté ait, par suite de l'ameublissement, un droit immobilier. Elle a certes bien autre chose qu'une simple créance pour laquelle elle

11

viendrait en concours avec les autres créanciers et pour laquelle elle pourrait être primée par les créanciers hypothécaires. Nous reconnaissons que, lors de la dissolution, elle a le droit de prendre une portion de l'immeuble ameubli jusqu'à concurrence de la somme indiquée. Son droit, à cet égard, résulte indubitablement de l'article 1508. Il était reconnu par Pothier (*Communauté*, n° 314.) Il est reconnu aussi par M. Merlin (*R.*, v° *Ameublissement*, p. 237.) C'est ce qui résulte de même de ce qu'enseigne M. Toullier, t. XII, n°° 331 et 334. Ce droit ne peut être paralysé que par la retenue qu'autorise l'article 1509, retenue soumise à des conditions sur lesquelles nous nous sommes expliqué.

Si donc on ne satisfait pas à ces conditions, la communauté a le droit de comprendre dans sa masse une portion de l'immeuble au choix de l'époux auquel appartient cet immeuble.

Nous ne saurions mieux assimiler le résultat que produit ce genre d'ameublissement qu'à celui qui résulte de la vente d'une portion d'un immeuble à prendre au choix du vendeur, jusqu'à concurrence d'une somme déterminée et moyennant expertise. Il y a, dans les deux cas, un droit quelconque établi *ab initio*, avec cette différence que, dans le cas d'ameublissement, les experts doivent être nommés au besoin par la justice, et que l'époux peut, en retirant l'immeuble, rendre la convention sans efficacité.

**89.** Pour garantir l'exécution de ce droit consenti *ab initio*, nous croyons qu'il y a lieu à transcription, de même que nous avons pensé (n° 34) qu'il y avait lieu à transcription de la vente dont nous venons de parler, au moins quand l'ameublissement émane de la femme. Il faut, en effet, quand il émane du mari, se pénétrer des idées que nous allons développer en parlant de la communauté à titre universel.

Il semblerait qu'avec les doctrines émises par M. Troplong, il dût insister pour la transcription de l'ameublis-

sement, au moins de l'ameublissement déterminé. Il n'en
est cependant pas ainsi, et, dans son *Traité de la transcription* (nᵒˢ 65 et 66), il pense que si l'immeuble amoubli est
grevé, même avant le mariage, d'une cause d'éviction, elle
constitue une dette qui incombe à la communauté, et que
dès lors la transcription ne pourrait être opposée aux tiers.
Il arrive même à soutenir que la transcription serait alors
préjudiciable à la communauté. MM. Flandin (*Trans.*,
nᵒ 275) et Mourlon (*Revue pratique*, t. II, p. 373, nᵒ 49), re-
lèvent avec raison cette assertion La transcription ne peut
alors être préjudiciable. L'époux, auteur de l'ameublissement, doit garantie à la communauté de toute éviction,
ainsi que le reconnaît M. Troplong lui-même dans son
*Traité du contrat de mariage* (nᵒ 1998). On peut ajouter d'ailleurs que le numéro premier de l'article 1409 donne ré-
compense à la communauté pour les dettes relatives aux
immeubles propres à l'un des époux. Or, comme l'époux a
entendu livrer à la communauté un immeuble non sujet à
éviction, il suit qu'il doit garantie quand cette éviction se
produit.

Le raisonnement fait par M. Troplong pour établir l'inutilité de la transcription ne peut d'ailleurs s'appliquer au
temps postérieur à la dissolution de la communauté. La
transcription devient alors manifestement utile à celui des
époux duquel l'ameublissement n'émane pas.

Dans aucun cas, au surplus, ce raisonnement ne peut
s'appliquer à la communauté conventionnelle, toutes les
fois du moins que chaque époux reste chargé de ses dettes.

M. Troplong, au numéro 67 de son *Traité de la transcription*, parle de l'ameublissement d'un ou de plusieurs immeubles; mais jusqu'à concurrence d'une certaine somme.
Il dit qu'alors la communauté ne devient propriétaire d'aucune portion précise de l'immeuble; cette doctrine, que
nous approuvons, se trouve pour le cas où il y a un ameublissement de ce genre s'appliquant à un seul immeuble en

contradiction avec ce qu'a dit M. Troplong dans son *Traité de la communauté*. Il ajoute, dans son *Traité de la transcription*, qu'alors le mari n'a qu'un droit d'hypothèque ne donnant pas lieu à transcription. M. Flandin (n° 281) répond avec raison que si la communauté n'a pas en ce cas de propriété déterminée, elle a le principe du droit de propriété pour le faire valoir lors de la dissolution de la communauté.

## § 29

### COMMUNAUTÉ A TITRE UNIVERSEL

#### Sommaire

90. Au cas où la communauté comprend tous les immeubles des époux, faut-il procéder à la transcription ?
91. Oui, pour les immeubles de la femme.
92. Quant à ceux du mari, il faut examiner si la communauté peut être assimilée à la société.
93. La société commerciale constitue une personne civile.
94. Il en est de même de la société civile.
95. Il n'en est pas de même de la communauté conjugale; elle ne se confond pas avec les époux, mais, tant qu'elle existe, elle ne peut être distinguée du mari.
96. Conclusion.

90. Lorsque les conventions matrimoniales mettent en commun tous les immeubles des époux, faut-il faire transcrire le contrat de mariage ?

91. Ou l'immeuble apporté appartenait à la femme, ou il appartenait au mari.

Si l'immeuble appartenait à la femme, la mise en communauté a emporté translation de propriété d'une personne à une autre. Il y a donc lieu à transcription.

92. Si, au contraire, l'immeuble était la propriété du mari, on peut soutenir que la propriété n'a pas changé d'assiette, puisque le mari est le chef de la communauté, et que, à ce titre, il peut aliéner les valeurs qui la composent; que si, lors du partage, l'immeuble est attribué à la femme, il sera temps alors de procéder à la transcription.

Pour résoudre cette question, il importe de se fixer d'abord sur celle de savoir si la communauté conjugale peut être assimilée aux autres natures de sociétés.

93. On sait que les sociétés de commerce constituent une personne civile distincte de celles des associés ; que les créanciers de la société sont préférés à ceux des sociétaires, quand bien même ces derniers serait pourvus d'hypothèques générales (C. 29 mai 1865, S., 65, 1, 325; 10 mai 1831, S., 31, 1, 202), et que ce principe se maintient jusqu'à la liquidation définitive de la société, ainsi que l'explique avec beaucoup de netteté l'arrêt de 1865 rendu au rapport de M. de Peyramont.

94. Il en est de même des sociétés civiles, ainsi que le décident un arrêt de la Cour de cassation du 3 février 1868 (S., 68, 1, 185), bien que quelques expressions de cet arrêt semblent en restreindre la portée aux sociétés civiles qui fonctionnent sous une forme commerciale, un arrêt de la même Cour, du 18 avril 1860 (S., 60, 1, 305), sur lequel nous reviendrons tout-à-l'heure et que nous ne citons ici que parce que ses motifs reconnaissent le principe que nous venons de poser, tout en refusant de l'appliquer à la communauté conjugale, et un arrêt, de la même Cour encore, du 8 mars 1836 (S., 36, 1, 811).

Rien n'est d'ailleurs plus rationnel que ce principe. Les tiers qui contractent avec le gérant d'une société savent en effet avec qui ils traitent ; quand il s'agit d'une société commerciale, la raison sociale personnifie l'être moral qu'elle représente ; quand il s'agit d'une société civile, les sociétaires, ou au moins ceux d'entre eux qui sont chargés d'agir en son nom, expliquent qu'ils traitent au nom de la société. On ne peut donc soutenir qu'on ait été trompé.

Et, si on admettait que les intérêts de la société pussent être traversés par les droits individuels des créanciers de chaque sociétaire, le fonctionnement des sociétés deviendrait impossible.

95. La communauté, dit Pothier (t. X, p. 288), est une espèce de société de biens que contractent un homme et une femme lorsqu'ils se marient. « J'ai dit, ajoute-t-il, une es-
» pèce de société ; car elle est très exorbitante des sociétés
» ordinaires. L'homme, qui en est le chef, est, en cette qua-
» lité, réputé, pendant qu'elle dure, le seul seigneur et maî-
» tre de tout ce qui la compose : la femme n'y a, pendant ce
» temps, qu'un droit informe, qui n'est proprement autre
» chose que le droit de partager un jour ce qui composera
» cette communauté lors de sa dissolution. »

Lorsque le mari traite avec les tiers, il agit en son propre nom, et non comme représentant de la société conjugale. (POTHIER, t. X, n° 135.)

Lorsque la communauté est purement légale, les dettes des deux époux deviennent dettes de la communauté, à l'ex- ception de celles relatives aux immeubles propres (art. 1409, n° 1). Il semble même que cet article ait aggravé à cet égard la situation de la communauté en l'obligeant vis-à-vis des créanciers pour les dettes relatives aux immeubles propres, sauf recours contre le conjoint propriétaire de ces immeubles, tandis que dans l'ancienne jurisprudence il semblait que la dette ne grevât point la communauté (POTHIER, Commu- nauté, n° 239).

Lorsque, au contraire, la communauté est purement con- ventionnelle et que les époux sont convenus de rester char- gés de leurs dettes personnelles, les dettes de la femme anté- rieures au mariage ne peuvent grever que les meubles qu'elle a apportés à la communauté quand il y a eu inven- taire (art. 1510 du Code civil). La disposition de cet article est conforme à cet égard aux principes posés par l'article 222 de la *Coutume de Paris* et par l'article 222 de la *Coutume d'Or- léans*.

Quant aux dettes du mari, antérieures ou non au maria- ge, les créanciers peuvent s'en faire payer, tant que dure le mariage, sur les biens de la communauté. M. Troplong en

convient (*C. de Mariage*, n° 1763). C'était l'avis de Pothier
(t. X, p. 373 et 374), et de Ferrières (sur la *Coutume de
Paris*, art. 222, t. II, p. 17 et 18). Cela est d'ailleurs conforme au principe posé par Pothier, qui enseigne (*Communauté*, n° 471) que le mari peut aliéner les biens de la
communauté et les charger d'hypothèques, même pour ses
propres dettes. M. Troplong (*C. de Mariage*, n° 1676) reconnaît que les hypothèques générales, créées par le mari avant
son mariage pour dettes personnelles, grèvent les immeubles
de la communauté pendant qu'elle dure, tout en restreignant
leur effet après la dissolution aux immeubles tombés dans
le lot du mari.

Malgré ces premières données, posées par M. Troplong
lui-même, il enseigne au n° 1765 de son *Traité du contrat de
mariage* que les créanciers de la communauté, en concours
avec ceux des époux, doivent obtenir la préférence sur ces
derniers.

Mais, comment motiver une pareille opinion ? On ne peut,
pour la justifier, qu'invoquer les règles spéciales aux sociétés. Ce serait là une assimilation trompeuse. Nous avons dit
que les principes de la communauté diffèrent de ceux des
sociétés. Les créanciers du mari, antérieurs au mariage, ont
action sur les biens de la communauté, même avec la clause
de séparation de dettes. Rien de pareil ne se rencontre dans
la sphère des sociétés, où on se trouve au contraire en présence d'un patrimoine spécial. Où trouver une disposition
qui permette à un créancier de la communauté de primer
un créancier antérieur du mari, et de déclarer sans efficacité l'hypothèque qui aurait été acquise à celui-ci ?

Et, quant aux créanciers des époux postérieurs à la dissolution de la communauté, comment les exclure de la distribution des biens de la communauté tant que les créanciers
de la communauté ne sont pas satisfaits ?

Aussi, cette question soumise à la Cour de cassation a-t-
elle été résolue le 18 avril 1860 (S., 60, 1, 305) dans un sens

opposé à l'opinion de M. Troplong. La Cour a décidé avec raison qu'il résulte des articles 1474, 1476, 1482, 1483 et 1484 du Code civil, que les dettes et les biens de la communauté se divisent par moitié lors de sa dissolution; sauf le droit concédé à la femme par l'article 1483; que la moitié de chacun dans l'actif se confond avec ses biens personnels; que la personnalité du mari, seule apparente devant la loi, exclut la supposition que les tiers ont traité en vue de l'actif de la communauté, tandis que dans les sociétés civiles ou commerciales, le gérant agit comme représentant de la société; que tout le système de notre législation répugne à constituer au profit des créanciers de la communauté un privilége occulte qui serait en contradiction avec toutes les règles de la publicité des charges prescrite pour la propriété immobilière.

Cet arrêt est accompagné, au *Journal* de Sirey, d'une excellente note de M. G. Massé, dans laquelle on fait remarquer que M. Troplong, bien qu'il admette un droit de préférence en faveur des créanciers de la communauté, leur refuse le droit de séparation des patrimoines(t. III, n° 1681). M. Massé explique, au surplus, que l'opinion adoptée par l'arrêt de la Cour de cassation est celle de Duparc-Poullain (t. II, n° 268), de Lebrun (*Communauté*, p. 343), de Toullier (t. XIII, n° 211), de Bellot des Minières (*C. de mariage*, t. II, p. 461, 476), de Battur (*Communauté*, t. II, n° 802), de Odier(*C. de mariage*, t. I, n° 524), de Marcadé (sur l'article 1476), de Zacharie (édition MASSÉ et VERGÉ (t. IV, § 650, note 49).

96. Nous concluons de tout cela que, s'il est vrai de dire avec un arrêt de la Cour de cassation du 20 novembre 1827 (S., 28, 1, 169), que la communauté ne se confond pas avec les époux, elle ne peut cependant pas, au point de vue de ses droits actifs, être distinguée d'avec le mari, tant qu'elle n'est pas arrivée à sa dissolution.

La conséquence pratique, c'est que, au point de vue de la

transcription du contrat de mariage, la nécessité ne peut s'en faire sentir pour les immeubles entrés du chef du mari, qu'au point de vue de leur attribution possible à la femme par le partage.

Nous nous occuperons plus tard (n° 104) de la question de savoir si l'usufruit des biens de la femme, qui, pendant le mariage, peut appartenir au mari, à raison de leurs conventions matrimoniales, doit être soumis à la transcription.

### § 30

### PARTAGE DE LA COMMUNAUTÉ

#### Sommaire

97. Prélèvements exercés. — Leur nature. — Cas de renonciation. — Arrêt des chambres réunies de la Cour de cassation. — Cas d'acceptation.
98. Époque à laquelle remonte la rétroactivité du partage.
99. La transcription est toujours inutile.

**97.** Une grave question avait surgi à ce point de vue. On s'était demandé si la femme prenait, à titre de propriété ou à titre de créance, les prélèvements qu'elle avait à exercer contre la communauté à raison des créances propres qui y étaient entrées de son chef. La même question se présentait pour les reprises du mari; mais le résultat en était moins sensible, puisque le mari était déjà propriétaire des biens de la communauté. La jurisprudence de la Cour de cassation semblait fixée en faveur de l'idée du prélèvement à titre de propriété. Mais, ce résultat acquis, on a tenté d'appliquer le même principe au cas de renonciation à la communauté. C'était demander à une idée plus qu'elle ne comportait ; et, au lieu d'obtenir plus encore que l'on n'avait acquis jusque là, on a compromis les conquêtes déjà faites. La question présentée devant les Chambres réunies de la Cour de cassation, un arrêt du 16 janvier 1858, rendu sur les conclusions de M. le Procureur général Dupin, a jugé que les reprises de la femme, soit qu'elle accepte, soit qu'elle

renonce, doivent s'exercer à titre de créance et non à titre
de propriété (S., 58, 1, 1).

Nous avons lu, avec la plus profonde attention, le compte-rendu de cette affaire jugée sous la présidence de M. le
premier président Troplong. Nous ne songeons point à contester la justesse de la décision en tant qu'elle est restreinte
à l'affaire à laquelle elle s'applique. Il s'agissait d'une femme
mariée sous le régime dotal avec société d'acquêts et qui,
après renonciation, voulait se faire attribuer à titre de propriété des valeurs de cette société d'acquêts en payement de
ses reprises. Nous croyons qu'on l'a repoussée avec raison.
Seulement, il nous semble qu'on a dépassé les limites du
débat en jugeant que le principe du prélèvement à titre de
créance doit s'appliquer au cas d'acceptation comme au cas
de renonciation. Nous ne pouvons à cet égard que soumettre
les doutes qui ont surgi dans notre esprit. Quand une solution émane de magistrats aussi éminents que ceux qui ont
participé à cet arrêt, on sent la nécessité d'émettre même de
simples scrupules avec la plus extrême réserve. Mais nous
ne pouvons nous défendre de l'idée que la pensée du partage
domine, au cas d'acceptation, toutes les dispositions que
nous trouvons dans le Code civil au titre du *Partage de la
communauté*. Sans doute, quand il existe des créanciers opposants, il faut avant tout réaliser les valeurs de la communauté, et alors il s'établit entre eux et la femme une contribution, quand la femme n'est pas engagée vis-à-vis d'eux.
M. Dupin a semblé ne s'occuper que de ce dernier cas, et
reconnaître qu'il peut en être autrement si aucun créancier
n'intervient; il ne l'a cependant pas reconnu d'une manière
formelle, puisqu'il termine le passage de ses conclusions où
il s'occupe de ce cas en disant: « Tout passe s'il n'est contredit. » L'arrêt semble rédigé sous l'empire des mêmes idées.

Quoiqu'il en soit, l'opinion vers laquelle nous inclinons
nous semble avoir dicté les arrêts rendus depuis par la Cour
de cassation. Ainsi, le 3 août 1858 (S., 58, 1, 711), un arrêt

décide qu'aucun droit de mutation ne doit être perçu lorsque la femme acceptante reçoit des valeurs de la communauté en payement de ses reprises. La même Cour est allée
plus loin, et par un arrêt du 13 décembre 1864 (S., 65, 1,
84), rendu après un rapport remarquable de M. Laborie,
elle a jugé qu'il n'était pas dû de droit de soulte dans une
affaire où les héritiers du mari avaient gardé l'actif de la
communauté et avaient payé à la femme acceptante le montant de ses reprises. Bien qu'on pût voir dans cette affaire
un abandon fait par la femme de sa portion au moins de cet
actif qu'elle aurait eu le droit de prélever en entier, on a admis que la pensée du partage était prédominante et devait
triompher de tous les doutes.

La Cour a, au surplus, par deux arrêts, l'un du 3 mars
1862 (S., 62, 1, 829), l'autre du 6 juillet 1870 (S., 70, 1,
348), consacré l'idée que le prélèvement n'existe pour la
femme que *in facultate solutionis* et n'altère pas la nature
mobilière de la créance. Cette idée est celle qui forme le
principe fondamental de l'arrêt solennel.

Nous avons déjà dit que par l'arrêt du 18 avril 1860, la
Cour avait refusé d'assimiler la communauté conjugale aux
sociétés et de la considérer comme une personne civile.
(S., 60, 1, 305.)

**98.** On discute beaucoup une autre question, celle de
savoir si la rétroactivité du partage de la communauté,
comme du partage des sociétés, remonte seulement au jour
de la dissolution, ou si elle remonte au jour de l'acquisition faite par la communauté. Plusieurs jurisconsultes esti-
n ..t que la rétroactivité remonte jusqu'à l'acquisition.
C'est l'opinion de Pothier (*Société*, n° 179), de M. Delvincourt (*Usufruit*, t. I, n° 279), de M. Duranton (t. XIV, n° 96).
M. Bertauld (*Appendice sur l'hypothèque des femmes mariées*, n° 41) cite M. Valette comme inclinant vers la rétroactivité la plus étendue.

Au contraire, M. Duvergier (*Société*, n°° 476-478),

M. Championnière (*Supplément au Traité de l'enregistrement*, n° 2743), M. Delangle (*Société*, t. II, p. 380) soutiennent que la rétroactivité ne remonte qu'au jour de la dissolution.

M. Troplong, qui, comme nous l'avons dit, voit une personne civile dans la communauté, et qui admet la rétroactivité la plus étendue (*Pres.*, t. II, n° 886, *Sociétés*, t. II, n° 1063, 1066, *C. de mariage*, n° 1673), admet cependant (*C. de mariage*, n° 1674) que, lorsqu'un conquêt entre par le partage dans le lot de la femme, celle-ci n'est pas fondée à dire que l'effet rétroactif efface les hypothèques consenties par le mari pendant l'indivision. Il professe l'opinion opposée, ainsi que nous l'avons dit (n° 96), quand il s'agit de l'hypothèque relative à une dette personnelle au mari, mais résultant d'un titre antérieur au mariage. Pothier avait sur ce dernier point professé la même opinion. (*Communauté*, n° 753.)

La Cour de cassation semble avoir incliné vers la rétroactivité la plus étendue par son arrêt du 1er août 1848 (S., 48, 1, 727), mais sans adopter à cet égard une opinion bien dessinée.

Quant à nous, si nous avions à émettre une opinion sur l'étendue de cette rétroactivité qui ne rentre pas directement dans notre sujet, nous aurions des tendances à adopter l'opinion professée par MM. Duvergier, Delvincourt et Delangle. En matière de succession, la rétroactivité ne peut remonter qu'au décès, parce qu'auparavant on se heurterait contre une propriété unique constituée sur la tête du défunt. En matière de société, nous ne ferions remonter la rétroactivité qu'à la dissolution, parce que la société constitue une personne civile propriétaire au même titre qu'une personne vivante; c'est pour cela que l'hypothèque légale de la femme d'un des sociétaires ne porte pas sur les biens sociaux. (*C. de cass.*, 19 mai 1831, S., 31, 1, 202; 29 mai 1865, S., 65, 1, 325; 3 février 1868, S., 68, 1, 185.)

Il nous semble qu'il doit en être ainsi en matière de communauté conjugale. Pendant le mariage, le mari est propriétaire. Sans doute, l'existence de la communauté donne à la femme, suivant l'expression de Pothier, le droit de prendre une part de ce qui existera à la dissolution. Sans doute, la communauté peut, à la rigueur, constituer une personne morale quelconque ; mais, ainsi que nous l'avons dit au numéro 96, aux yeux des tiers, elle ne se distingue pas du mari. Dès lors, la rétroactivité ne doit pas dépasser le temps où elle se heurterait contre la propriété constituée sur la tête du mari.

Sans quoi il faudrait se placer, comme M. Troplong, dans une situation voisine des situations contradictoires. D'après lui, la propriété de la femme remonte par le partage au temps de l'acquisition ; et cependant il se trouve obligé de reconnaître que l'hypothèque donnée par le mari pendant la communauté grève définitivement l'immeuble acquis, parce qu'elle est censée donnée par le mari pour lui-même sur une moitié de l'immeuble et, comme représentant de la femme, sur l'autre moitié. Et, en même temps, quand une hypothèque générale a grevé le mari avant le mariage, M. Troplong exonère, après le partage, l'immeuble obvenu à la femme. Et cependant le mari, maître de la communauté, doit, pour ne pas démentir la logique, agir souverainement sur tout ce que la communauté embrasse dans son actif. Le jugement rendu avant le mariage comporte un contrat judiciaire qui a grevé d'hypothèque tout ce que le mari a pu hypothéquer ; l'hypothèque doit donc grever tout ce qui est entré dans la communauté, même ce qui, par le partage, doit passer sur la tête de la femme.

**99.** Au surplus, quelque opinion qu'on adopte sur ces questions, la solution, au point de vue de la transcription relative au partage doit être la même.

La femme prend-elle, pour se payer de ses reprises, un immeuble de la communauté, même à titre de créancière, dans le sens de l'arrêt solennel, elle prend toujours un immeuble indivis entre elle et son mari, et elle compense la valeur de la part du mari avec ses reprises. Il n'y a là qu'une licitation ou un partage avec soulte non sujet à transcription.

### § 31

#### TRANSACTION

#### Sommaire

100. La transaction reconnaît un droit préexistant et ne le crée pas.
101. Mais cela n'est vrai qu'entre les parties ; ce principe n'est pas appliqué en matière d'enregistrement.
102 Quant aux parties et à leurs ayants cause, la transaction a l'effet de la chose jugée. Le créancier chirographaire est ayant cause ; le créancier hypothécaire l'est-il aussi?

**100.** On a beaucoup discuté sur la nature de la transaction. A-t-elle un caractère déclaratif ou au contraire est-elle empreinte d'éléments essentiellement translatifs? On comprend qu'à une époque où le droit romain était imparfaitement connu en France et où on éprouvait le besoin d'en modifier les principes pour lutter contre les réclamations féodales, on ait laborieusement scruté la nature de certains contrats et, en particulier, de la transaction. Aujourd'hui, il nous semble que beaucoup de doutes sont dissipés et que M. Troplong a pu dire avec raison, dans son *Traité des transactions* (n° 1), que la difficulté du sujet est loin d'être aujourd'hui ce qu'elle était autrefois.

Quand deux parties vident une contestation, chacune d'elles reconnaît la plénitude du droit de l'autre sur ce qu'elle lui abandonne. Sans doute, on peut dire avec M. Troplong (n° 130) que chacun des contractants tempère ses prétentions afin de ne pas s'exposer aux incertitudes d'un procès ; mais au fond, il faut reconnaître, avec le même auteur (n° 7), que la transaction constate un droit préexistant et ne crée pas un droit nouveau.

C'était ce qu'on enseignait généralement autrefois:

M. Flandin (n° 330) cite en ce sens Dumoulin, D'argentré ;
il cite encore Pothier (*Fiefs, part.*, 1, chap. III, sect. 1, § 3;
*Communauté*, n° 164 ; *Vente*, n° 646 ; *Retraits*, n° 110).

C'est aussi ce que professent actuellement presque tous
les auteurs. (TROPLONG, *Transactions*, n° 7, *Trans.*, n° 70,
71 ; CHAMPIONNIÈRE et RIGAUD, *Traité des droits d'enregistrement*, t. I, n° 597; RODIÈRE et PONT, *C. de mariage*, t. II,
n° 758; AUBRY et RAU, sur Zachariæ, t. III, § 421 ; VALETTE,
*Revue du droit français et étranger*, année 1843, t. X, p. 216;
DALLOZ, *Jur. gén.*, v° *Enregistrement*, n° 1058 et suiv.)

Nous croyons que c'est là en effet le caractère qui se dégage du titre des transactions au Code civil (art. 2044 et
suiv).

**101.** Cependant, la loi du 22 frimaire an VII (art. 68,
§ 1, n° 45) ne tarife ce genre de contrat au droit fixe qu'autant qu'il ne contient aucune stipulation de sommes et valeurs, ni dispositions soumises à un plus fort droit d'enregistrement; et l'article 69, § 3, n° 3, tarife au droit
proportionnel de 1 pour 100 les contrats, transactions et
autres actes qu'il énumère. La Cour de cassation, par un
arrêt des Chambres réunies du 12 décembre 1865 (S., 66, 1,
73) a, sur les conclusions de M. Delangle, procureur général, décidé que le droit proportionnel est dû toutes les fois
que la transaction par laquelle un immeuble est abandonné
par l'une des parties contient une mutation de propriété.

Il résulte de là que, en matière de transaction, le principe général cède devant une législation spéciale, et que,
comme en matière de licitation, le droit proportionnel doit
être appliqué malgré l'idée déclarative.

Qu'au fond, la transaction soit déclarative, c'est ce qui
nous paraît résulter manifestement de l'article 2052 qui
l'assimile à la chose jugée, et qui ne permet de l'attaquer ni
pour erreur de droit ni pour lésion.

**102.** Nous pensons donc que la transcription n'est pas
nécessaire en pareil cas.

Et où n'irait-on pas avec un système opposé?

Un acte porte reconnaissance du droit d'un individu sur un immeuble. Ce n'est pas là une véritable transaction, puisqu'il n'y a pas concessions mutuelles; mais c'est l'aveu du droit d'autrui. Faudra-t-il qu'on transcrive? Et pourquoi? Les tiers n'ont pas à être avertis d'un changement qui ne s'opère pas; ils ne sauraient prendre une inscription sur un immeuble qui n'appartient pas à leur débiteur, ni exiger aucune notification. (*Voy.* n° 149.)

Il en est de même, quand, par une transaction, on fixe des limites respectives, et même quand, pour éviter un procès, l'une des parties consent à payer une somme à l'autre pendant que celle-ci renonce à toute prétention sur un immeuble.

Il y a, dans ce cas, l'équivalent de la chose jugée; et la chose jugée ne comporte aucune transcription. A la vérité, l'article 2052 dit que la transaction a, entre les parties, l'autorité de la chose jugée; mais cette limitation se réfère à ce que dit l'article 2051 pour les co-intéressés, et ne peut s'appliquer aux créanciers de ceux qui transigent, lesquels sont en ce cas les ayants cause des transigeants.

La Cour de cassation, après avoir, par plusieurs arrêts, refusé aux créanciers hypothécaires le droit de tierce opposition contre les décisions rendues au préjudice de leurs débiteurs, avait paru passer à des idées opposées. Mais elle les a définitivement répudiées par des décisions dont la dernière est à la date du 15 juillet 1869 (S., 69, 1, 455).

Dans tous les cas, le droit de tierce opposition ne peut jamais appartenir au créancier chirographaire. (C. de cass., 16 novembre 1874, S., 75, 1, 65.)

Il est bien entendu que, si le jugement ou la transaction avaient pour effet de donner un privilége à un créancier, le droit de le contester appartiendrait aux autres créanciers.

M. Mourlon (*Revue pratique,* t. III, n° 75, p. 321) conteste tous les principes que nous venons de développer; il restreint l'assimilation de la transaction à la chose jugée aux deux causes de rescision mentionnées à l'article 2052, et, dans tous les cas, il dit qu'il y a renonciation, dans la transaction, à une partie de la chose, et que dès lors, aux termes de l'article 1er de la loi de 1855, il y a lieu à transcription.

Et d'abord, la restriction faite par M. Mourlon n'existe pas dans l'article 2052; et, quant à sa renonciation, MM. Troplong(*Trans.*, nº 71) et Flandin (nº 3) ont répondu avec raison qu'on n'a à faire transcrire que l'acte par lequel on renonce à un droit acquis; mais qu'on ne peut obliger à faire transcrire un acte par lequel on renonce à élever des prétentions sur un immeuble auquel on reconnaît n'avoir pas de droits.

Quant à l'objection tirée par quelques jurisconsultes de l'article 2045, elle nous semble n'avoir pas de portée, puisque, pour intenter une action immobilière, il faut avoir la disposition de ses droits et que cependant le jugement qui intervient n'est pas susceptible de transcription.

Nous n'avons pas besoin d'insister pour établir que, s'il y a une mutation réelle voilée sous les apparences d'une transaction, la transcription sera nécessaire. (TROPLONG, *Trans.*, nº 7.)

## § 32

### SOCIÉTÉS

#### Sommaire

103. Renvoi.

103. Les idées que nous avons émises aux numéros 93 et 94 nous dispensent de revenir sur le caractère des sociétés soit civiles, soit commerciales. Du moment où un immeuble est mis en société, il y a lieu à transcription. (FLANDIN, nº 266.)

## § 33

### USUFRUIT

#### Sommaire

**104.** L'usufruit constitue un démembrement de la propriété.
L'usufruit du mari sur les biens de la femme n'est susceptible
de transcription que sous le régime dotal et quand la constitution est faite à titre particulier.

**104.** L'usufruit est un véritable démembrement de la
propriété; il est susceptible de transmission et d'hypothèque
(art. 595 et 2118 du Code civil.)

Nous avons réservé, au numéro 96, l'examen de la question de savoir si la nécessité de la transcription s'applique à
l'usufruit des biens de la femme, quand il passe entre les
mains du mari par suite de leurs conventions matrimoniales.

MM. Rivière et Huguet (*Questions*, n°ˢ 143 et suiv.) pensent que, sous le régime exclusif de la communauté, sous le
régime dotal et même sous le régime de la communauté, la
transcription est nécessaire parce que le droit de percevoir
les fruits change de maître.

Cette doctrine est combattue par M. Troplong (*Transcription*, n°ˢ 84 et suiv.), par M. Mourlon (*Revue pratique*, t. II,
p. 77, n°ˢ 50 et 51), par M. Flandin (*Transcription*, n° 354).

Nous croyons, avant d'aborder les divers régimes matrimoniaux, devoir faire quelques observations.

La loi de 1855 a entendu régir les transmissions de propriétés. Quelle est la limite précise de son application?
L'œuvre du légiste serait facile si le législateur pouvait à
l'avance indiquer avec précision l'étendue des règles qu'il
établit. Malheureusement cette détermination est presque
toujours impossible. La loi pose des principes généraux dont
elle abandonne l'application à la doctrine et à la jurisprudence.

La transcription a-t-elle été imposée aux conventions matrimoniales? Nous ne le croyons pas; au moins nous

croyons qu'en général ces conventions en sont dispensées.

Et, d'abord, quand les époux ne font pas dresser de contrat de mariage, que pourrait-on transcrire ? La loi de 1855 a exigé la transcription des conventions écrites quand elles se réfèrent aux matières qu'elle a réglées. Mais, M. Flandin l'a dit avec raison, il résulte clairement du numéro 3 de son article 1er qu'elle ne s'est pas occupée des conventions verbales.

Il y a, d'ailleurs, en matière de communauté légale, une circonstance qui ne permet pas d'appliquer les doctrines de la transcription.

Qu'on suppose que la femme ait aliéné un immeuble avant son mariage par un acte non soumis à la transcription, si l'efficacité de la vente était contestée, la communauté serait tenue de la dette relative à la garantie ; elle ne pourrait donc opposer le défaut de transcription, d'une part, parce qu'elle serait tenue d'abandonner à l'acquéreur les fruits de l'immeuble pour l'indemniser du préjudice qu'il éprouverait de leur privation ; de l'autre, parce que le vendeur ni ceux qui s'associent à sa situation ne peuvent opposer le défaut de transcription (argument de la loi de 1855 et de l'article 941 du Code civil); enfin et plus généralement, parce que celui qui doit garantir ne peut évincer.

Nous croyons que le même résultat doit s'appliquer à la communauté conventionnelle, et, par suite, au régime de séparation des dettes.

Sans doute, dans ce cas, l'obligation de garantie n'incombe qu'à la femme; mais la communauté est tenue des intérêts et arrérages (art. 1512 du Code civil), et il ne peut y être satisfait que par l'abandon des produits.

D'ailleurs, ainsi que le disent avec raison MM. Flandin et Troplong, la femme n'a entendu abandonner à la communauté que ses biens, déduction faite de ses dettes, et ce serait appliquer à tort la loi de 1855 que de l'appliquer au mari, qui n'est pas un tiers.

Sans doute, la communauté présente en ce cas un mélange des doctrines de la société ; mais c'est une société dans laquelle n'entre pas la propriété et qui ne comprend que l'usufruit. Le mari ne jouit que temporairement, tant que dure le mariage, et même tant que la séparation de biens n'a pas fait cesser sa jouissance. La loi de 1855 n'a pas été faite pour ce cas. Le mari n'est pas un tiers ; la femme n'est pas dépouillée vis-à-vis des tiers par son mariage, même en ce qui concerne la jouissance qui s'exerce pour elle par les mains du mari et à la condition de satisfaire aux charges du mariage. L'article 1510 nous semble le prouver péremptoirement. En effet, dans le cas prévu par cet article, les meubles de la femme entrent dans la communauté ; et cependant, malgré les droits ainsi acquis par la communauté, les créanciers de la femme conservent leurs propres droits sur ces meubles.

Lorsque la dotalité comprend tous les biens de la femme, cette dotalité ne peut être appliquée qu'aux biens, retranchement fait du passif ; dès lors, le mari doit subir le retranchement des biens aliénés. Toutefois, M. Troplong (*Transcription*, n° 88) pense que si la constitution est faite à titre particulier, le mari est obligé de faire transcrire. Dans son *Traité du contrat de mariage* (n°s 3460 et 3461), il enseigne que les créanciers non hypothécaires de la femme ne peuvent empêcher le mari de percevoir les fruits. MM. Rodière et Pont (*C. de mariage*, t. II, n°s 578) estiment que tel est en effet le droit du mari, quand il n'a pas connu la dette en se mariant. Ils citent l'opinion de M. Duranton (t. XV, n° 512) et de M. Dalloz aîné (t. X, p. 34).

En adoptant cette doctrine spéciale au régime dotal, on est conduit à exiger pour ce cas la transcription, quoique telle ne soit pas l'opinion de M. Flandin (*Transcription*, n° 354).

Mais dans tous les autres cas, nous croyons que la transcription est inutile.

## § 34.

### EMPHYTÉOSE.

#### Sommaire.

105. L'emphytéose tient du droit réel.
106. Elle n'a pas été supprimée par le Code civil.
107. Elle doit être transcrite.

**105.** Il n'est guère de contrat qui ait donné lieu à plus de controverses que l'emphytéose.

L'emphytéose tenait-elle du bail ou de la vente? Donnait-elle au preneur le domaine utile ou seulement un quasi domaine?

Des discussions sans fin s'éternisaient sur sa nature; et cependant on continuait à créer des emphytéoses.

Une constitution de l'empereur Zénon, (titre I, *de jure emph.*) avait décidé que ce contrat n'était ni une vente ni un louage, mais constituait un contrat différent de l'un et de l'autre.

L'emphytéose pouvait être perpétuelle; elle pouvait aussi être temporaire. Suivant que sa durée était indéfinie ou qu'elle était limitée, les jurisconsultes du moyen-âge lui reconnaissaient la puissance de créer ce qu'on appelait le domaine utile ou seulement un quasi domaine. M. Troplong (*Louage*, t. I, n° 31 et suiv.) expose dans les plus grands détails l'état de la controverse dans l'ancien droit.

Toutes ces discussions dépassent les limites de notre sujet. Il nous suffit de rappeler que ceux-mêmes qui aujourd'hui pensent que le Code civil a entendu supprimer pour l'avenir l'emphytéose, et notamment M. Demolombe, reconnaissent que l'emphytéote peut exercer les actions possessoires, les actions pétitoires, qu'il peut aliéner, en un mot, que son droit procède du *jus in re,* et dépasse de beaucoup celui du fermier. (DEMOLOMBE, t. IX, n° 486.)

**106.** La question qu'il importe de vider est celle de savoir si le Code civil a entendu supprimer pour l'avenir l'emphytéose ou s'il l'a maintenue.

La loi du 29 décembre 1790, titre I, article 1ᵉʳ, déclarait rachetables toutes les rentes foncières perpétuelles ; elle ajoutait : « Il est défendu de ne plus à l'avenir créer au-» cune redevance foncière non remboursable, sans préju-» dice des baux à vie ou emphytéoses, et non perpétuelles, » qui seront exécutées pour toute leur durée et pourront » être faites à l'avenir pour quatre-vingt-dix-neuf ans et » au-dessous, ainsi que les baux à vie même sur plusieurs » têtes, à la charge qu'elles n'excèdent pas le nombre de » trois ».

La loi du 11 brumaire an VII, article 6, déclarait l'em-phytéose susceptible d'hypothèque ; celle du 9 messidor an III, article 5, donnait à l'emphytéose le même carac-tère.

Le Code civil est muet sur l'emphythéose, d'où beaucoup d'auteurs concluent que l'emphytéose n'est pas entrée dans les combinaisons de la législation actuelle. M. Demolombe émet cette opinion et invoque quelques paroles prononcées par M. Tronchet au Conseil d'Etat. Il reconnaît toutefois que la jurisprudence semble irrévocablement fixée dans un sens opposé ; il ajoute du reste que l'article 543 du Code civil n'est pas restrictif, et il reconnaît que le droit de su-perficie, qui n'est pas nommé spécialement dans le Code, est un droit véritablement réel.

Quant à nous, il nous semble que des monuments légis-latifs reconnaissent d'une manière précise l'existence, dans notre droit, de l'emphytéose.

Nous ne nous bornerons pas à citer l'avis du Conseil d'Etat du 2 février 1809, approuvé par l'Empereur.

Il constate que la charge de l'impôt incombe à celui qui a la propriété utile, et, par conséquent, à l'emphytéote ; mais que celui-ci a, aux termes de la loi de 1790, le droit de retenir le cinquième du canon emphytéotique, pour s'in-demniser du payement qu'il a à faire à cet égard.

On peut dire que cet avis trouve son application, même

avec les données de M. Demolombe, et qu'il a eu vue les emphytéoses antérieures à la loi du 29 décembre 1790.

Nous pourrions répondre que, si l'application d'une décision aussi importante avait dû être restreinte dans ces limites, nous en trouverions la preuve dans sa rédaction.

Mais nous croyons que les lois que nous allons citer, et qui statuent sur des emphytéoses concédées et relatives au domaine de l'Etat, ou qui autorisent à en concéder, ne permettent plus le doute. Nous invoquons à cet égard le sénatusconsulte du 30 janvier 1810, article 14, la loi du 8 novembre 1814, article 15, celle du 21-28 avril 1832, celle du 8 juin, celle du 4 juillet 1829, celle du 21 juin 1826.

Ces monuments législatifs cités par M. Troplong n'ont pas échappé à M. Demolombe ; mais il en décline l'importance en interprétant le mot emphytéose employé dans ces actes législatifs dans le sens d'un bail de longue durée. Il suffit de jeter les yeux sur les différents textes que nous avons cités pour se convaincre que plusieurs d'entre eux, ceux surtout qui homologuent des actes déjà consommés, s'appliquaient à de véritables emphytéoses.

La jurisprudence, au surplus, est fixée par de nombreux arrêts. Nous citerons les arrêts de la Cour de cassation du 26 juin 1822 (S., 22, 1, 362), du 19 juillet 1832 (S., 32, 1, 531), du 1er avril 1840 (S., 40, 1, 434), du 24 juillet 1843 (S., 43, 1, 830), du 12 mars 1845 (S., 45, 1, 382), du 6 mars 1850 (S., 50, 1, 210), du 23 février 1853 (S., 53, 1, 206), du 11 novembre 1861 (S., 61, 1, 91), du 6 mars 1861 (S., 62, 1, 714), du 26 janvier 1864 (S., 64, 1, 91).

Quant à la doctrine, M. Flandin, qui partage notre opinion (n° 358), cite, comme professant la même opinion, MM. Merlin (R., v° Emphytéose, n° 4, et q. de d., même mot, § 5, n° 8), Proudhon, du *Domaine de propriété* (t. II, n° 710), Persil (*Régime hyp.*, art. 2218, n° 15), Favard de Langlade (*Nouveau rép.*, v° Hyp., p. 714, n° 2), Duranton (t. IV, n° 80 et t. I, n° 268), Troplong (*Hyp.*, t. II, n° 405),

Duvergier (*Louage*, n° 159), Championnière et Rigaud (*Droits d'enregistrement*, t. IV, n° 3071), Rolland de Villarlargues (*Rép. du not.*, v° *Bail emphytéotique*, n° 820, et v° *Enregistrement*, n° 3031).

Il cite comme ayant une opinion opposée MM. Grenier (*Hyp.*, t. I, n° 143), Toullier (t. III, n° 101), Delvincourt (t. III, p. 185, note 1), Valette (*Priv. et hyp.*, t. I, p. 191), Rodière et Pont (*C. de mariage*, t. I, n° 328), Pont (*Priv. et Hyp.*, n° 388), Zachariæ (t. I, § 198, note 10, édit. AUBRY et RAU), Demolombe (t. IX, n° 491), observations de la faculté de droit de Strasbourg sur le projet de réforme hypothécaire. (*Documents relatifs au régime hyp.*, t. I, p. 469). Mourlon (*Revue pratique*, t. I, p. 105, n° 21).

107. Du moment où un droit réel existe au profit de l'emphytéote, il y a lieu à transcription. Si sa nature était celle d'un simple bail, elle serait régie par la disposition de l'article 2, n° 4, de la loi de 1855.

### § 35

#### DROIT DE SUPERFICIE

#### Sommaire

108. Sa nature et sa durée.
109. Il est soumis à la transcription.

108. La propriété d'un héritage n'est pas toujours concentrée dans une même main. Les articles 553 et 664 du Code civil nous fournissent des exemples de sa division entre des propriétaires différents ; mais ce n'est pas là, ce nous semble, ce qu'on entend généralement par ces mots : droit de superficie La séparation qu'opère une concession de mine entre la propriété de la surface et celle du fonds pourrait elle-même donner une idée inexacte de ce droit. Le propriétaire de la mine n'a en effet que le droit de prendre les matières minérales qui se trouvent dans les entrailles de la terre ; sous tous les autres rapports, le propriétaire

garde non-seulement la propriété de la surface, mais même celle du fonds.

Le droit de superficie est défini par M. Flandin (n° 363) : « Le droit de jouir et de disposer à temps ou à toujours de » tout ou partie des édifices existants sur le fonds d'autrui, » comme de tout ou partie des arbres ou des plantes qui y » croissent, que ce droit résulte d'un bail, d'une vente, d'un » legs ou d'une donation. »

Il peut donc être perpétuel ou temporaire. Il est perpétuel quand il est constitué par un contrat autre que le bail et que ce contrat ne limite pas sa durée. Il est temporaire quand il est établi par un bail ; mais il faut alors que le superficiaire soit investi de la libre disposition de la superficie, du droit, par exemple, de donner à antichrèse, de constituer des servitudes, d'aliéner. (TROPLONG, *Louage*, sur l'art. 1709, n° 30.) Autrement le superficiaire n'aurait que les droits du locataire.

MM. Troplong (*Louage*, n° 33, sur l'art. 1709) et Demolombe (*Distinction des biens*, t. 1, n° 483) distinguent l'emphytéose du droit de superficie, en expliquant que l'emphytéose s'étend au fond et à la superficie, *in universo prædio*, tandis que la superficie ne donne droit qu'aux produits de la surface. Ils signalent ce résultat que la superficie s'éteint par les changements survenus au sol, tandis que l'emphytéose leur survit.

Il résulte de là que la perpétuité du droit de superficie peut disparaître elle-même, quand ce changement se produit.

A part cette circonstance, M. Demolombe (n° 483) maintient le caractère de perpétuité que la loi belge a proscrit ; elle a, en effet, réduit la durée de la superficie à cinquante ans. Nous inclinerions vers l'opinion de M. Demolombe, qui nous paraît d'accord avec la doctrine établie par l'article 553, pour la propriété d'un souterrain.

On peut se demander cependant pourquoi le droit de

superficie peut être perpétuel pendant que l'usufruit ne peut être que temporaire. M. Labbé a fait à cet égard des observations fort judicieuses, en appréciant, dans le *Recueil* de Sirey, un arrêt de la Cour de cassation du 16 décembre 1873, dont nous parlerons plus bas.

Les législations sont loin de la perfection ; il y aura toujours quelques points obscurs que la jurisprudence aura la mission d'éclairer.

**109.** Du moment où on reconnaît à la superficie un caractère réel, caractère que lui a nettement assigné la Cour de cassation par arrêt du 16 mars 1861 (S., 61, 1, 714), et que reconnaît l'arrêt du 15 décembre 1873 (S., 1, 457), elle devra être soumise à la transcription.

## § 36

### BAIL A RENTE

#### Sommaire

**110.** Le bail à rente, fréquent dans l'ancien droit, constituait une véritable aliénation. (POTHIER, *Contrat de bail à rente*, nᵒˢ 1, 4.)

Il différait de la vente sur plusieurs points. Ainsi, dans la vente, le prix doit consister en une somme d'argent une fois payée, mais dont les échéances peuvent être fractionnées ; dans le bail à rente au contraire, le prix, divisé en annuités, pouvait consister en argent, en fruits ou en denrées. (*Ib.*, nᵒˢ 12, 13.)

Dans la vente, l'acquéreur s'oblige personnellement et oblige ses héritiers. Dans le bail à rente, au contraire, l'acquéreur devait sans doute les annuités qui avaient couru pendant sa détention de l'héritage ; mais il avait le droit de déguerpissement qui lui permettait d'échapper pour l'avenir aux échéances de la rente. (*Ib.*, n°ˢ 19,38,87,90, 122 et suiv.)

**111.** La rente foncière, en principe, n'était pas rachetable, mais on pouvait stipuler que le preneur aurait le droit d'opérer le rachat. (*Ib.*, n°ˢ 23 et 67.)

La loi du 18-29 décembre 1790, art. 1 du livre Iᵉʳ, a déclaré ces rentes rachetables. L'article 530 du Code civil a maintenu cette disposition.

**112.** M. Troplong fait observer que le contrat de bail à rente ne serait plus aujourd'hui qu'une vente ayant pour prix le capital nécessaire pour racheter la rente (*Louage*, t. II, art. 1709, n° 52). Cette observation nous paraît parfaitement fondée ; mais nous devons signaler un passage de son *Traité des hypothèques* (t. II, n° 418) qui nous paraît contenir une inexactitude, résidant plutôt peut-être dans les termes employés que dans la pensée de l'auteur.

Il y explique que, sous l'ancien droit, les rentes foncières étaient immeubles et susceptibles d'hypothèques ; que, quant aux rentes constituées, les coutumes s'étaient divisées, de même que sur la nature des rentes viagères. C'est en effet ce que constate Pothier (*Introduction générale aux coutumes*, n°ˢ 51 et 55). Il ajoute que la loi de brumaire an VII avait mobilisé toutes les rentes et décidé qu'elles ne seraient pas susceptibles d'hypothèques ; mais qu'elle n'avait pas touché aux rentes établies antérieurement, et qu'elle leur avait conservé le caractère d'immeubles et l'affectation hypothécaire qu'elles avaient auparavant, caractère que la loi du 29 décembre 1790 leur avait reconnu, tout en les déclarant rachetables.

Que la loi du 11 brumaire an VII ait déclaré mobilières les rentes soit constituées, soit foncières, c'est ce qui ne résulte pas, au moins littéralement, de son article 7. Cette disposition ne permet plus que les rentes servent d'assiette à une hypothèque ; mais elle ne statue pas, comme le fait l'article 530 du Code civil, sur leur caractère mobilier ou immobilier. La Cour de cassation, par arrêts des 14 janvier

1824 (S., 25, 1, 3) et 29 juillet 1828 (S., 28, 1, 317), a jugé
que la mobilisation résultait de la loi de l'an VII; mais,
par des arrêts postérieurs des 9 août 1831 (S., 31, 1, 3) et
11 février 1833 (S., 33, 1, 183), arrêts qui, comme les précédents, avaient pour objet des baux à comptant, elle n'a
plus fait remonter leur mobilisation qu'à l'article 530 du
Code civil. Le doute est donc permis. Les servitudes sont
immeubles et cependant ne sont pas susceptibles d'hypothèques, si on ne les hypothèque pas avec l'immeuble. Il
ne faut pas perdre de vue, d'ailleurs, que l'article 3, titre V,
de la loi du 29 décembre 1790, avait maintenu le caractère
immobilier des rentes foncières. Si, de l'article 6 de la loi
du 11 brumaire an VII, on devait être autorisé à conclure
que les rentes sont devenues meubles, on pourrait, dans le
même ordre d'idées, dire que la loi du 9 messidor an III a
mobilisé l'usufruit des immeubles, puisqu'elle ne permet
d'hypothèques que l'usufruit qui résulte des baux emphytéotiques.

Nous avons dit que l'article 7 de la loi du 11 brumaire
an VII ne permet plus d'asseoir une hypothèque sur une
rente antérieure à cette loi. Nous nous écartons en cela de
l'opinion de M. Troplong. Les articles 45 et 46 de cette loi
ne laissent aucun doute à cet égard. Les hypothèques anciennes, celles qui existaient avant la loi, ont été certainement maintenues, à la condition d'être portées à la connaissance du public par une inscription prise dans les trois
mois de la transcription que les nouveaux possesseurs
devaient faire de leurs titres. A défaut de cette inscription,
les immeubles étaient purgés du droit hypothécaire. Mais
ces articles ne s'appliquent qu'aux hypothèques anciennes.
Quant aux hypothèques postérieures à la loi, l'article 7 ne
permet plus d'en établir. Son texte ne se prête à aucune
ambiguïté. Aussi, un arrêt de la Cour de cassation du
3 août 1807 (S., 7, 1, 495), qui statue sur une hypothèque
ancienne, ne semble-t-il, en quoi que ce soit, admettre la

possibilité d'une hypothèque nouvelle. C'est au surplus ce qui résulte nettement de l'article 654 du Code de procédure civile. M. Flandin (n° 682) paraît partager les opinions que nous venons d'émettre.

## § 37

### BAUX A COMPTANT

#### Sommaire

113. Parmi les baux à comptant, les uns transféraient la propriété ; les autres ne la transféraient pas.
114. Il faut consulter l'esprit de la convention.

**113.** Le bail à comptant a surtout eu pour but de développer la plantation et la culture de la vigne. Il était tantôt perpétuel et tantôt temporaire. MM. Demolombe (*Distinction des biens*, t. I, n° 510) et Troplong (*Louage*, t. II, sur l'art. 1709, n° 60 et 61) estiment avec raison que quelques-uns de ces baux avaient un caractère translatif et participaient de la nature du bail à rente. Ceux-là seraient frappés du droit de rachat par la loi du 29 décembre 1790. M. Dupin, dans ses conclusions devant la Cour de cassation relatives au droit de métairie héréditaire dont nous parlerons tout à l'heure (S., 37, 1, 955), a cité le droit de comptant comme l'un des démembrements de la propriété. Des arrêts de la même Cour, des 26 janvier 1826 (S., 27, 1, 229), 29 juillet 1828 (S., 28, 1, 317), 9 août 1831 (S., 31, 1, 387), 11 février 1833 (S., 33, 1, 183), ont réduit le droit du propriétaire ancien à un simple droit d'hypothèque privilégiée. Mais beaucoup de baux à comptant laissaient la propriété entre les mains du bailleur. Un avis du conseil d'Etat du 4 thermidor an VIII, auquel M. Merlin (*R.*, mot *Vignes*) donne la date du 2, et qui a été approuvé le 4, dit que le bail à comptant ne confère aucun droit de propriété dans le département de la Loire-Inférieure. M. Troplong cite un autre avis du 21 ventôse an X, approuvé le 22 fructidor, qui éten-

drait cette décision aux départements de la Vendée et de
Maine-et-Loire. Cet avis qui est indiqué au *Recueil* de Sirey
(t. III, 2, 152), dit au contraire qu'il n'y a pas lieu d'étendre le premier avis à ces deux départements, « qu'il suffit
» que les principes y soient rétablis pour recevoir leur ap-
» plication partout où les clauses des actes caractérisent la
» réserve de la propriété au bailleur ».

**114.** Ce sont là les vrais principes ; l'esprit des conventions doit être consulté. Mais, comme l'avis du 4 thermidor
an VIII avait statué sur les baux faits dans la Loire-Inférieure, la Cour de cassation a jugé, le 7 août 1837 (S., 37,
1, 865), que, dans ce département, les baux à comptant ne
sont pas translatifs de propriété, et que la loi du 29 décembre 1790 ne s'y applique pas.

### § 33

#### DROIT DE CHAMPART

#### Sommaire

**115.** Le droit de champart (*campi pars*), appelé quelquefois terrage, était seigneurial ou simplement foncier. (Po-
THIER, *Coutume d'Orléans*, introduction au titre IV, n° 2.) Il
consistait en une portion des fruits d'un champ à laquelle
avait droit celui qui en était titulaire.

Le droit de champart n'arrérageait pas, c'est-à-dire,
qu'après l'année, il était présumé payé. (DENIZART, v°
*Champart.*)

M. Troplong (*Louage*, t. II, sur l'art. 1709, n° 57) dit
qu'il se gouvernait par les mêmes règles que les rentes foncières ; et dans son *Traité des hypothèques* (t. II, n° 409), il
dit qu'il était immeuble et il en conclut qu'il était suscep-

tible d'hypothèque. Il se fonde sur l'opinion de Pothier (*Introduction générale aux Coutumes*, n° 49). Pothier y dit en effet que les droits réels, tels que la rente foncière, le champart, l'usufruit, sont réputés immeubles comme l'héritage. Mais il ne dit pas que le champart soit susceptible d'hypothèque.

La loi du 29 décembre 1790 (titre I<sup>er</sup>, art. 1<sup>er</sup>) a déclaré remboursables les champarts. Celle du 17 juillet 1793 a aboli les droits féodaux. Il ne restait donc de champarts que ceux qui n'avaient pas une origine féodale.

**116.** La loi du 11 brumaire an VII, article 7, ne permet plus de soutenir qu'après sa promulgation ils aient été susceptibles d'hypothèque, à supposer qu'ils l'aient été auparavant.

**117.** S'il en existait encore, ce seraient certainement des droits immobiliers assimilables, sauf la durée, à l'usage, sauf aussi la personnalité. Il faudrait donc faire transcrire les actes qui s'y appliqueraient en exécution de la loi de 1855.

### § 39

### BAIL A DOMAINE CONGÉABLE

#### Sommaire

118. Son but.

**118.** Le contrat usité dans les départements formés aux dépens de l'ancienne province de Bretagne avait pour effet d'aliéner la superficie sous la réserve du droit de racheter quand le vendeur le voudrait et de retirer cette superficie des mains de l'acheteur. (TROPLONG, *Louage*, t. II, art. 1709, n° 61.) Après des dispositions législatives contraires, la loi du 9 brumaire an VI a maintenu le droit des vendeurs. Cette loi est rappelée dans l'avis du conseil d'Etat du 4 thermidor an VIII.

Il résulte de là que, jusqu'au rachat, le propriétaire, en

outre de son droit au fonds non aliéné, a le droit de racheter la surface ; mais que le preneur peut aliéner et hypothéquer son propre droit, sauf à le voir résolu, si le cas de rachat se réalise. (Troplong, *ibid*, n° 61.)

## § 40

### BAIL A LOCATAIRIE PERPÉTUELLE

#### Sommaire

119. Suivant Boutaric, le bailleur ne se dépouillait que de la possession utile.

Aujourd'hui, si on en consentait, ce serait une constitution de rente rachetable.

119. M. Troplong (*Louage*, art. 1709, n° 53) explique que, par ce contrat, tel que l'entendait Boutaric, le bailleur ne se dépouillait que de la possession utile. M. Dupin, dans les conclusions que nous avons rappelées, a expliqué que la redevance consistait dans le payement d'un canon uniforme.

La loi du 18 décembre 1790, titre I$^{er}$, a, par les articles 1 et 2, déclaré le bail rachetable et statué qu'il ne pourrait plus être stipulé pour une durée de plus de quatre-vingt-dix-neuf ans.

M. Troplong (*ibid.*, n° 55) ajoute que si un contrat de ce genre avait été consenti depuis le Code civil, ce serait une vraie constitution de rente foncière rachetable.

Enfin, il résulte d'un arrêt de la Cour de cassation du 5 octobre 1808 que le droit de celui qui détient à titre de locatairie perpétuelle est passible du droit de mutation par décès. (Merlin, *Rép.*, v° *Locatairie perpétuelle*.)

## § 41.

### BAIL A CULTURE PERPÉTUELLE

#### Sommaire

120. Il a été déclaré rachetable par le décret du 2 prairial an II.

120. Le bail de ce nom a été déclaré rachetable par le décret du 2 prairial an II.

## § 12

## BAIL A COLONAGE PERPÉTUEL.

### Sommaire

121. Le bail à colonage perpétuel, désigné quelquefois sous le nom de bail à métairie perpétuelle était très usité dans les anciennes provinces de la Marche et du Limousin. Cependant on ne trouve sur ce point de disposition législative que dans l'article 329 de la *Coutume de la Marche*, ainsi conçu : « Si aucun a donné aucune terre à droit de terrage, » ou agrier à perpétuel, et celui à qui elle est baillée laisse » ladite terre en friche sans la labourer par trois cueillettes, » telles que les semblables terres ont accoutumé porter, » celui qui a baillé ladite terre peut la reprendre et la » mettre en son domaine, ou bailler à autre, déclaration » sur ce faite par juge compétent, et néanmoins peut con- » clure les dommages-intérêts pour les années passées et » semblablement des métairies perpétuelles »

M. Duvergier (*Louage*, n° 200) explique que ce contrat ne transférait au preneur aucun domaine utile; que le bailleur et le preneur partageaient tous les produits; que

la voix du bailleur était prépondérante dans l'exploitation ;
que le preneur ne pouvait ni faire des charrois, ni couper
des arbres ; qu'il avait seulement le droit de se servir, pour
son chauffage, du mort bois et du bois mort ; qu'il pouvait
employer les branches à la clôture des héritages ; que les
réparations des bâtiments étaient à la charge du bailleur ;
que le droit du colon n'était pas cessible ; que toutes les
actions, soit possessoires, soit pétitoires, appartenaient au
maître ; que les droits du colon passaient à ses descendants ;
mais que la descendance masculine n'y avait pas un droit
exclusif ; que lorsque la famille du colon devenait trop considérable, ceux qui sortaient recevaient une indemnité de
la partie qui restait dans le domaine ; qu'il n'était pas permis d'augmenter le nombre des habitation‑ et qu'on ne
pouvait expulser le colon qu'en lui abandonnant un tiers
du fonds ; mais que le défaut de cultu re pendant trois ans,
ou des dégradations considérables autorisaient le propriétaire à demander la résiliation du contrat ; qu'au surplus le
colon ne pouvait se retirer sans cause légitime, et que s'il
ne laissait en mourant que des femmes ou des enfants en
bas âge, ceux-ci n'étaient pas obligés de continuer l'exploitation.

Sur ce dernier point, M. Duvergier cite l'article 339 de
la *Coutume de la Marche*. Ce doit être une citation inexacte :
car cet article est étranger à ce sujet.

M. Troplong (*Louage*, sur l'article 1709, n° 56) confirme
les indications de M. Duvergier.

Le caractère du bail à colonage perpétuel semblait énergiquement déterminé par tous les éléments que nous venons
de signaler. Il ne pouvait être douteux si on lit, sans parti
pris, l'article 329 de la *Coutume de la Marche*. Les traditions
locales des deux provinces que nous avons citées étaient si
bien établies que, après les lois révolutionnaires, il s'est
écoulé bien des années avant qu'aucune difficulté ait été
soulevée. C'est en l'année 1811 que nous trouvons le pre-

mier arrêt de la Cour de Limoges. Il s'agissait dans la cause
d'un bail relatif à une propriété située dans la province du
Limousin. L'arrêt, qui porte la date du 24 juillet et qui est
rapporté au volume quatrième des arrêts de cette Cour
(page 70, volume publié en 1840), constate que le bail à
colonage perpétuel ne conférait au preneur ni la propriété
ni le domaine utile.

Cet arrêt semble établir une distinction entre les baux du
Limousin et ceux de la Marche et dit que, dans les pays de
droit écrit, on n'avait jamais appliqué les principes d'après
lesquels Raynaud, autour d'un commentaire manuscrit
sur la *Coutume de la Marche*, reconnaissait au preneur le
droit à un tiers du domaine « dans le cas où l'exigué aurait
lieu pour juste cause. »

Nous reviendrons plus tard sur ce droit au tiers.

En 1829, un procès du même genre surgit devant le
tribunal de Guéret, il était relatif à des immeubles situés
dans la Marche. Le tribunal jugea, le 28 janvier, que le
bailleur avait gardé la propriété exclusive et que le preneur
ne pouvait invoquer la loi du 29 décembre 1790. La Cour
de Limoges, par arrêt du 1er juillet 1831, adopta les mêmes
principes. Mais la Cour de cassation, par arrêt du 2 mars
1835, confondit les baux à culture perpétuelle sur lesquels
avait statué le décret du 2 prairial an II avec le bail à colonage perpétuel, et cassa la décision de la Cour de Limoges.
Le jugement, l'arrêt de Limoges et celui de la Cour de
cassation sont rapportés au volume de Sirey de l'année
1835, première partie, page 402.

M. Duvergier (*loco citato*) s'élève contre l'arrêt de la Cour
suprême et dit que cet arrêt tient à une confusion regret-
table entre deux natures de locations entièrement différentes.

La décision de la Cour de cassation était en contradiction
directe avec toutes les traditions du pays dans lequel
s'étaient produites les locations à colonage perpétuel. Aussi

la question n'a-t-elle pas tardé à se reproduire devant la
Cour de Limoges ; et, le 20 juin 1832, un arrêt a reproduit
la doctrine de celui du 1er juillet 1831, en y ajoutant toutefois, relativement au droit invoqué par les colons sur un
tiers du domaine, des détails que nous allons retrouver
dans un arrêt du 27 août 1836, rendu sous la présidence de
M. Tixier-Lachassagne. Cet arrêt pose les principes qui
régissent ce genre de convention avec la plus grande netteté ; il constate que, d'après « la jurisprudence suivie par
» les tribunaux de l'ancienne province de la Marche, et
» qui tenait lieu de loi sur la matière dont il s'agit au pro-
« cès, le bail à métairie perpétuelle, tel qu'il était en usage
» dans cette province, était une espèce de société, ayant
» pour objet l'exploitation d'un domaine, dans laquelle le
» bailleur fournissait le fonds à exploiter, et le preneur,
» son industrie et ses labeurs, où le partage des fruits se
» faisait par moitié lorsqu'il n'était pas réglé par les clauses
» du bail dans une autre proportion.

« Que la société, n'ayant pas de terme limité, pouvait
» toujours être dissoute par la volonté du bailleur, à la
» charge par lui de délaisser au preneur un tiers du do-
» maine, ou de lui payer une indemnité égale à la valeur
» de ce tiers. »

« Que les principes sur lesquels cette jurisprudence était
» établie sont enseignés par Raynaud dans son commen-
» taire manuscrit sur ce statut, et celui dont les annotations
» sont regardées par les tribunaux et les jurisconsultes
» comme le guide le plus sûr dans les questions qui doi-
» vent être régies par l'ancien droit coutumier de cette
» province.

« Que ces principes ont été en partie méconnus par les
» premiers juges qui semblent avoir admis que, advenant
» la dissolution de la société par une cause quelconque, le
» preneur avait toujours le droit d'obtenir le délaissement
» du tiers du domaine, tandis qu'il est constant que, sui-

» vant l'ancienne jurisprudence, le preneur n'avait droit à
» être indemnisé que dans le cas où la société était dissoute
» par la volonté ou la faute du bailleur ; et que, même dans
» ce cas, le bailleur, au lieu de délaisser en nature le tiers
» du fonds, pouvait convertir l'indemnité en une somme
» équivalente à ce tiers. »

L'arrêt ajoute que le preneur n'avait aucun des éléments
de la possession civile et qu'il ne pouvait se prévaloir de la
loi de 1790.

Le 11 août 1840 (S., 40, 1, 677), la Cour de cassation,
Chambre civile, appelée à statuer sur l'arrêt de la Cour de
Limoges du 20 juin 1832, répudie sa propre jurisprudence
et justifie, à cet égard, les prévisions de MM. Duvergier et
Troplong. M. Demolombe (*Distinction des biens*, t. I, n° 507)
approuve cet arrêt dont la doctrine a été confirmée par un
arrêt de la même Cour du 23 décembre 1862 (S., 63, 1, 97).

Nous ne voyons pas que l'arrêt de Limoges du 27 août
1836 ait été l'objet d'un pourvoi ; mais la question n'était pas
près de s'assoupir. Les appétits étaient éveillés, et le 9 février 1839, la Cour de Limoges fut appelée à rendre une
nouvelle décision qui confirma celle de 1836 et spécialement le droit pour le bailleur de renvoyer le preneur en
lui abandonnant le tiers du domaine en nature ou en espèces. Cet arrêt constate d'ailleurs que le colon perpétuel
n'a jamais eu le droit de vendre ni d'hypothéquer.

Cet arrêt a été publié dans le *Recueil* des arrêts de Limoges
(t. IV, p. 70), et celui de 1836, au t. II, p. 56.

Le 22 avril 1839 (S., 39, 2, 405), la Cour de Limoges a
jugé que le droit de colonage perpétuel est un droit réel,
susceptible de partage entre les preneurs ; mais que l'intérêt
du bailleur, qui avait le droit d'empêcher la multiplication
des feux, exigeait une licitation.

Le 16 février 1841 (*Recueil* des arrêts de Limoges, t. V,
p. 229), la Cour a admis un propriétaire à éconduire son
colon moyennant l'abandon d'un tiers de la propriété.

La discussion s'est reproduite devant cette Cour en 1844. Nous n'avons à signaler à cet égard que ceci : le tribunal d'Aubusson avait, dans son jugement, établi qu'il résultait de l'arrêt de 1836, que nous avons cité, que la propriété tout entière était restée au bailleur, puisque cet arrêt statuait qu'il suffisait au bailleur de payer, en argent, une indemnité équivalente au tiers. La Cour, par arrêt du 8 février 1844, a maintenu le jugement en adoptant ses motifs. Cet arrêt est au t. VII du *Recueil*, p. 275.

122. En 1843, le *Recueil* des arrêts de la Cour de Limoges a publié (p. 1 et suiv.) un travail assez étendu sur le sujet qui nous occupe, émané de M. Grellet du Mazeau, conseiller à cette Cour et originaire de la Marche, magistrat très éclairé, de grande expérience et dont les opinions avaient une juste autorité. Il explique d'abord que les documents principaux relatifs au colonage perpétuel consistent dans une note du manuscrit de Raynaud et dans un article entier inséré dans la *Nouvelle édition de la jurisprudence du parlement de Bordeaux*, par Salviat, édition publiée par M. Ballet, avocat général à Limoges, jurisconsulte de grande réputation.

Il constate que les affirmations de l'arrêt du 24 juillet 1811, qui restreignent à la Marche le droit du colon au tiers de la propriété en cas d'expulsion, ont été abandonnées par M. Ballet lui-même qui, cependant, avait conclu dans le sens de l'arrêt devant la Cour.

Puis il discute la question de savoir si le colonage perpétuel tenait du bail ou de la société; il conclut dans ce dernier sens et dit qu'une convention ne peut, pour ce qu'elle a d'essentiel, tenir de deux contrats à la fois; il ajoute que la société finit par la mort des sociétaires; qu'en conséquence, tous les anciens baux perpétuels sont aujourd'hui expirés.

Quant au droit du colon, il semble ne pas contester la jurisprudence actuelle de la Cour de cassation qui refuse

de leur appliquer la loi de 1790. Mais il dit que, quelle que
soit l'origine du bail, que le métayer ait apporté primitivement une partie de l'immeuble, qu'il n'ait porté que son
industrie, ou que, propriétaire originaire du domaine, il
l'ait vendu au maître à la condition d'en rester colon perpétuel, il doit avoir un tiers de la propriété et que ce tiers
doit lui appartenir dans tous les cas, hors cependant le cas
d'infraction de sa part aux règles de la métairie perpétuelle.

Il dit qu'on ne saurait comprendre que le colon n'eût
aucune part à exercer dans les actions relatives au domaine ;
et, quant à la vente, il en refuse le droit au colon pendant
que dure le contrat originaire ; il le lui concède, au contraire, après l'expiration de la société primitive. Il semble,
au surplus, ne concéder qu'aux héritiers mâles le droit de
continuer le colonage perpétuel et le refuser aux mineurs.

Quelle est l'opinion que nous devons adopter ?

123. Expliquons-nous d'abord sur les théories de M. Grellet
du Mazeau.

Nous estimons, comme lui, que le droit du colon était le
même dans le Limousin et dans la Marche. L'arrêt du
9 février 1839 le constate formellement ; et les arrêts des
22 avril 1839 et 16 février 1841 s'appliquaient à des immeubles situés en Limousin.

Que tous les contrats à colonage perpétuels soient aujourd'hui des sociétés éteintes par l'expiration de leur
durée, c'est ce que nous ne pouvons comprendre. Nous
savons bien que beaucoup de jurisconsultes veulent que le
bail à colonage partiaire ne soit qu'une société ; et nous
ferons remarquer à ce propos que l'administration de l'enregistrement, pour percevoir des droits plus élevés, veut
faire interpréter en ce sens la loi du 23 août 1871 ; mais,
pour nous restreindre dans notre sujet, nous demanderons
s'il est possible de soutenir sérieusement que l'article 1774
du Code civil ne s'applique pas aux baux à colonage ; et,

s'il s'y applique, comment soutenir, en présence des articles 1775 et 1776, qu'il n'y ait pas tacite reconduction quand le preneur reste en possession après l'expiration du premier bail?

Le fondement de la doctrine de M. Grellet du Mazeau tombe donc de lui-même ; et, d'ailleurs, ne voit-on pas qu'avec sa théorie on attaquerait le contrat dans sa base? Sans doute, il ne faut pas toujours attribuer une influence absolue aux dénominations ; mais il est manifeste qu'on n'a appelé colonage perpétuel celui dont nous nous occupons, que pour l'opposer au colonage ordinaire, et que M. du Mazeau en ferait un colonage purement viager. Sa doctrine serait donc la contradiction de toutes les traditions.

**124.** Et quant au droit qu'il reconnaît aux héritiers du colon primitif de céder leur tiers, pendant qu'il ne le reconnaît pas à ce colon, on conviendra que c'est un contraste au moins étonnant.

**125.** Les actions qu'il accorde au colon, nous avons vu qu'elles lui sont refusées par Raynaud ; Salviat les lui refuse aussi. La Cour de Limoges constate, dans tous ses arrêts, que le colon ne les avait dans aucun cas. MM. Troplong et Duvergier partagent cette opinion, qui est celle de la Cour de cassation, au moins d'après sa jurisprudence actuelle. Acceptons-la donc comme vraie et ne nous écartons pas légèrement de traditions sans lesquelles il ne serait pas possible d'apprécier justement un contrat si ancien.

**126.** Nous avons vu que la Cour de Limoges reconnaissait au colon perpétuel le droit de réclamer un tiers du domaine ; mais remarquons-le bien : elle ne le lui reconnaît que dans le cas où le maître le renvoie sans raison ; c'est encore un point essentiel sur lequel nous nous séparons de la doctrine de M. Grellet du Mazeau. L'article 329 de la *Coutume de la Marche* confirme l'exactitude de cette jurisprudence, puisqu'il permet d'expulser le colon qui ne cultive pas bien, et de le faire condamner à des dommages-intérêts. Mais, dit M. Grellet du Mazeau, le colon avait, dans certains cas, fait un apport en immeubles. La réponse, c'est que, dans ce cas, le bail devait indiquer ce point, constater le droit de reprise, ou au moins la proportion du partage.

Nous devons, toutefois, faire remarquer que Jabely, dans son *Commentaire de la coutume de la Marche*, article 329, enseigne que le tenancier a le tiers qui est sujet à retrait par ses parents, s'il le vend; mais cette opinion, isolée dans l'ancienne jurisprudence, est restée sans autorité. C'est sans doute pour cela que M. du Mazeau ne la cite pas.

Ne perdons pas de vue que la Cour de Limoges, dans le cas de renvoi du colon par le maître, sans reproche à faire au colon, reconnaît au maître le droit d'indemniser ce dernier au moyen d'une somme équivalente au tiers, et de retenir ce même tiers en nature.

**127.** Donc le colon, même pour ce cas, n'avait pas un droit absolu à ce tiers.

Il n'avait au tiers qu'un droit éventuel.

**128.** Comment le qualifier?

Nous avons dit que l'arrêt de Limoges, du 22 avril 1839, lui donnait la qualification de droit réel. M. Demolombe (*Distinction des biens*, t. I, n° 507) semble contester l'exactitude de ces termes. M. Troplong, au contraire (*Louage*, sur l'article 1709, n° 56), paraît y donner son adhésion; mais il la rattache à la théorie sur la réalité du droit du preneur par lui adoptée et que condamne la jurisprudence. (C. de cass., 21 février 1865, S., 65, 1, 113.)

Nous ne pouvons croire que l'arrêt du 22 avril ait employé légèrement les expressions que nous venons de rappeler. Cette décision a été rendue sous la présidence de M. Tixier-Lachassagne, magistrat éminent, qui n'eût certes pas laissé se glisser une expression contestable dans une matière sur laquelle la controverse était loin d'être close. Il n'est besoin, pour l'expliquer, que de rappeler les faits soumis à la Cour :

Les héritiers des colons perpétuels primitifs se disputaient la possession du colonage ; ils en demandaient le partage entre eux ; le propriétaire, au contraire, soutenait qu'on ne pouvait multiplier les feux à son détriment ; il demandait donc que le droit au colonage fût l'objet d'une mise aux enchères entre les colons. C'est en cet état que la Cour a jugé que ce dernier système seul pouvait être accepté ; mais elle a dû se demander quelle serait la forme de cette mise aux enchères. Serait-ce la forme des ventes mobilières ? Serait-ce, au contraire, celle des ventes immobilières ? Nous ne trouvons pas la trace de cette partie du débat dans l'arrêt. Nous y lisons qu'il s'agit d'un droit réel, mais dont le partage ne pouvait être opéré au mépris des droits du propriétaire ; qu'en conséquence, il serait licite.

Que le droit de colonage soit déclaré réel ; nous ne voyons pas ce qu'il y a de contestable au point de vue de la correction du langage, lors même qu'on ne voudrait pas y voir un droit immobilier. Le droit du colon consiste dans la perception des fruits. Examiné sous ce rapport, il peut être déclaré réel ; les droits réels peuvent être mobiliers, comme ils peuvent être immobiliers. (DEMOLOMBE, *ibid*, n° 465.)

Mais poussons plus loin notre examen : le droit du colon partiaire impliquait, dans un cas donné, celui où il serait renvoyé sans torts de sa part, le droit à un tiers en immeubles ou en argent. Donc le colon avait un droit immobilier éventuel. (BALLET-SALVIAT, v° *Bail à métairie perpétuelle, Jurisprudence du parlement de Bordeaux*; DEMOLOMBE, *ibid*, n° 507; DUVERGIER, *Louage*, t. I, n° 200 ; arrêts de Limoges des 24 juillet 1811, 1er juillet 1831, 27 août 1836, 16 février 1841.)

Le preneur avait le droit de garder la possession jusqu'à l'indemnité qui devait lui être allouée. Ce droit de possession ne pouvait lui conférer de droit immobilier ; mais il lui restait l'éventualité du tiers en nature.

Cette éventualité ne constituait certes pas un droit immobilier actuel, pas plus que la vente d'un immeuble ou d'un meuble au choix du vendeur ne constitue un droit de propriété déterminé et immédiat au profit de l'acquéreur; mais elle en donnait l'expectative.

De là, il faut conclure que l'expression de droit réel n'a aucun caractère d'irrégularité.

**129.** Quant aux conséquences qui peuvent en résulter au point de vue de la transcription, elles nous semblent absolument nulles, puisqu'il s'agit d'un droit incessible et qui s'évanouirait par la vente qui en serait faite.

Nous ne parlons ici que de la cession à consentir par le colon. Quant à la transcription du bail lui-même, nous en parlerons au numéro 172.

## § 43

### BAIL A MÉTAIRIE HÉRÉDITAIRE

#### Sommaire

**130.** Donne-t-il un droit de propriété au preneur ?

**130.** La Cour de cassation, Chambres réunies, a jugé le 24 novembre 1837 (S., 37, 1, 954), que ce bail, usité en Alsace, ne donne au preneur aucun droit de propriété.

## § 44

### BAIL A VIE

#### Sommaire

**131.** Quels sont ses caractères ?

**131.** Dans l'ancienne jurisprudence, ce bail prenait, suivant plusieurs auteurs, un caractère immobilier quand sa durée dépassait neuf ans. On allait jusqu'à le soumettre aux lods et ventes. M. Troplong (*Louage*, sur l'art. 1709, n° 25) cite en ce sens la *Coutume* de Vermandois (art. 191), celle de Reims (art. 90), celle de Châlons (art. 192), celle de Vitry (art. 33).

Aujourd'hui, il ne pourrait en être ainsi. Mais pourrait-on, si un bail à vie était convenu, l'assimiler à un usufruit ? On sait que l'un diffère de l'autre ; l'usufruitier prend la chose en l'état où elle se trouve ; le fermier a le droit de demander qu'elle soit mise en bon état (art. 1720). L'usufruitier paye l'impôt foncier ; le fermier ne le paye pas.

Dans le doute, il faudrait y voir un simple bail. Une aliénation ne saurait être présumée. (TROPLONG, *loco citato*, DEMOLOMBE, *Distinction des biens*, t. II, n° 510, C. de cass., 18 janvier 1825, S., 25, 1, 231.)

### § 15

#### ACTES ADMINISTRATIFS

#### Sommaire

132. Les transmissions ordinaires faites par actes administratifs doivent-elles être transcrites ?
133. En matière d'expropriation, la transcription n'a pour but que de provoquer les inscriptions.
134. La loi du 3 mai 1841 a-t-elle été modifiée par la loi de 1855 ?

132. L'État, les communes, les départements acquièrent et aliènent comme les simples particuliers, sauf à se soumettre aux conditions de la tutelle administrative.

M. Troplong (*Trans.*, n° 80) estime que toutes les conventions qu'ils font constater en la forme administrative, même celles qui ne sortent pas du domaine des conventions particulières, ne sont pas régies par la loi de 1855. Il invoque l'absence de toute méfiance possible vis-à-vis de l'État et les déclarations faites par les auteurs de la loi.

M. de Casabianca, au nom de la commission du Sénat, s'est en effet exprimé de la manière suivante :

« D'après les articles 1 et 2 du projet, sont transcrits tous
» actes translatifs de propriété immobilière, ou constitutifs
» d'antichrèse, de servitude, d'habitation ou d'usage. Ces
» articles doivent-ils recevoir leur application lorsque ces
» droits sont transférés ou constitués par des actes adminis-

» tratifs, soit qu'il s'agisse de l'aliénation au profit des
» particuliers d'une portion du domaine de l'Etat, ou de
» concessions de mines, minières, soit que l'acte émané de
» l'autorité administrative ait pour objet des droits d'irri-
» gation, ou bien de pâturage ou d'affouage dans les forêts
» domaniales ? — La transcription n'est qu'une formalité
» judiciaire ; l'attacher à des actes administratifs, n'est-ce
» pas méconnaître l'un des axiômes les plus essentiels de
» notre droit public, la séparation absolue du pouvoir ad-
» ministratif et du pouvoir judiciaire?

» MM. les commissaires du gouvernement nous ont
» déclaré que le projet de loi concerne uniquement les con-
» trats privés. Lorsque l'administration concède à des par-
» ticuliers des droits de propriété ou de servitude, elle ne
» refuse point aux tiers communication des actes qu'elle
» garde dans ses archives. Il n'est donc pas nécessaire de
» les transcrire sur les registres du conservateur des hypo-
» thèques. Mais, ces droits une fois constitués, si le conces-
» sionnaire primitif les cède à d'autres particuliers, ce n'est
» plus qu'un acte civil entre parties privées, assujetti aux
» règles ordinaires, et par conséquent aux prescriptions
» projetées. Cette distinction est basée sur les vrais prin-
» cipes. Nous ne doutons pas qu'on ne s'y conforme dans
» l'exécution. »

(*Impressions du Sénat*, n° 27, session de 1855, rapport,
p. 11.)

MM. Bressolles (n° 26), Lesenne (n° 1), Mourlou (*Revue
pratique*, t. IV, p. 112 et suiv., n° 76) ne partagent pas cette
opinion, que combat aussi M. Flandin (n° 340).

M. Flandin rappelle certaines espèces d'actes citées par
M. Merlin (*R.*, v° *Nantissement*, § 1, n° 6) qui, dans les pays
de nantissement, réalisaient de plein droit, et notamment
les actes que fait un souverain relativement aux terres qu'il
possède dans ses états; il rappelle encore l'article 30 du
décret des 13-20 avril 1791, qui dispense de transcription

les actes transmettant la propriété des biens nationaux.

Mais il explique que la réalisation des pays de nantissement ne peut être absolument assimilée à la transcription; et que, quant aux biens nationaux, on avait voulu en faciliter la vente par toute espèce de moyens; que même l'article 94 de la constitution de l'an VIII avait validé la vente de la chose d'autrui faite nationalement, sauf recours contre l'Etat.

Il estime que les actes qui émanent directement de l'autorité administrative, tels que les concessions de mines, de chemins de fer, ne sont pas assujettis à la transcription, parce qu'il n'y a pas de droits préexistants, et que la concession constitue une création de droits nouveaux.

Quant aux transmissions ordinaires dans lesquelles l'Etat, les communes ou les départements sont mêlés, il estime qu'elles doivent être assimilées à celles qui regardent exclusivement les simples particuliers; il pense que telle a été la pensée des commissaires du gouvernement.

C'est là aussi notre opinion; il faut prendre une loi dans le sens suivant lequel elle a été préparée. L'Etat achète ou vend comme les particuliers. Quand il achète, on ne voit pas pourquoi les précautions ordinaires ne seraient pas prises. Sans doute les propriétés que créent les concessions que donne l'Etat ne sont pas assujetties à la transcription; il n'y a pas là en effet transmission d'un immeuble préexistant. Il y a concession d'une propriété révocable si le concessionnaire ne se soumet pas aux conditions qui lui sont imposées. On ne voit pas ce qu'aurait à faire à cet égard la transcription. Quant aux transmissions ordinaires qui regardent l'Etat, on n'a pas dû songer à les soustraire à l'empire de la loi commune.

133. Toutefois, il existe une exception pour les cas où une cession de terrain est faite par voie d'expropriation pour cause d'utilité publique, ou même par voie de cession amiable après enquête, en exécution de la loi du 3 mai 1841.

Le jugement ou la cession transmettent alors la propriété, et la transcription qui est faite en vertu de l'article 16 n'a qu'un objet, c'est de provoquer les inscriptions de la part de ceux qui peuvent avoir des droits sur le prix. L'article 17 accorde pour cela un délai de quinzaine; mais il ajoute que les créanciers inscrits n'ont, dans aucun cas, le droit de surenchérir; les actions en résolution et en revendication ne peuvent non plus altérer le droit de propriété résultant du jugement ou de la cession. Les créanciers n'ont qu'à se disputer le prix; la propriété reste fixée. Cela tient à ce que la procédure commence par une déclaration d'utilité publique qui donne l'éveil à tous les intéressés et les met en demeure de faire valoir leurs droits. Il était donc inutile de toucher à la loi de 1811.

Aussi, lit-on dans le rapport fait au Sénat par M. de Casabianca : « La suppression des articles 834 et 835 du Code » de procédure civile, moyennant ces précautions (les qua- » rante-cinq jours accordés au vendeur et au copartageant), » nous semble pleinement justifiée. Messieurs les commis- » saires du gouvernement ont déclaré qu'il n'était nulle- » ment dérogé à la loi du 3 mai 1841 sur l'expropriation » pour cause d'utilité publique; qu'ainsi les délais accordés » par cette loi aux parties intéressées étaient intégralement » maintenus. »

134. M. Flandin (n° 601) estime avec M. Troplong (*Trans.*, n° 103) que le jugement qui prononce l'expropriation empêche l'obtention ultérieure par un particulier d'un droit nouveau sur l'immeuble; mais il pense que l'abrogation des articles 834 et 835 s'applique même aux cas d'expropriation pour utilité publique. Au contraire, M. Cabantous, professeur de droit administratif à Aix (*Revue critique de législation et de jurisprudence*, t. VII, p. 92), MM. Rivière et Huguet (n° 353), Ducruet (n° 8), Bressolles (n° 87) estiment que la loi de 1841 est maintenue dans toutes ses parties. M. Mourlon avait d'abord, dans son examen

critique du *Traité* de M. Troplong sur les priviléges et
hypothèques (*Appendice*, n° 35), adopté cette dernière opinion ; mais plus tard (*Revue pratique*, t. IV, p. 379) il l'a
répudiée pour passer à la première. Il soutient même que,
tant que le jugement d'expropriation n'est pas transcrit, les
tiers peuvent acquérir sur l'immeuble des hypothèques et
autres droits réels, qui, à la vérité, ne pourront nuire à
l'administration, mais qui porteront sur le prix.

La raison principale invoquée en faveur de l'abrogation
des articles 834 et 835, c'est que l'article 17 de la loi de 1841,
qui accordait quinze jours pour s'inscrire, n'était que l'application du droit commun alors en vigueur. La question
reste toujours, celle de savoir dans quel esprit a été faite la
loi de 1855. Or il résulte des déclarations des commissaires
du gouvernement que, en présentant la loi nouvelle, on
n'avait entendu déroger en rien à la loi du 3 mai 1841. En
vain fait-on observer que les déclarations faites dans ce
sens ne se sont produites que devant le Sénat. Elles n'en
existent pas moins et ne précisent pas d'une manière moins
positive le sens véritable de la loi. Certes, si elle avait entendu déroger à la loi spéciale relative aux expropriations
pour utilité publique, elle n'aurait pas manqué de le dire
d'une manière formelle.

On peut invoquer en ce sens une décision du ministre de
l'intérieur publiée au *Bulletin officiel* de ce ministère (1868,
n° 13, p. 155) et reproduite au *Recueil* de Sirey (1868, 2, 91).
Cette décision, qui en rappelle une précédente, du 4 mars
1864, n'est pas absolument relative à la difficulté que nous
examinons ; mais elle dit formellement qu'il est de principe
qu'une loi générale postérieure à une loi spéciale sur la
même matière, ne déroge pas à celle-ci, à moins qu'elle ne
l'explique d'une manière formelle, ou que les deux lois ne
soient inconciliables.

Quant à l'opinion de M. Mourlon, relative à la possibilité
pour le propriétaire exproprié de créer des hypothèques et

autres droits réels, sans que l'administration puisse en être atteinte, elle nous paraît l'exagération d'une théorie absolue qui veut que la loi de 1855 ait remplacé de tous points, sur le terrain hypothécaire, celle de 1841. Que répondre à l'article 17, qui veut que les créanciers inscrits ne puissent surenchérir, et à celle de l'article 18, qui veut que les actions en résolution et en revendication se reportent sur le prix ? N'en résulte-t-il pas nécessairement que la dépossession est complète et qu'il ne peut rester que des droits de préférence sur le prix ? Et si l'ancien propriétaire a perdu son droit de propriété, comment comprendre qu'il puisse le grever d'une manière quelconque ?

## § 16

### CHEMINS DE FER

#### Sommaire

**135**. Aux termes de la loi des 1er-11 juin 1842 (art. 3), les indemnités dues pour les terrains et bâtiments dont l'occupation pouvait devenir nécessaire à l'établissement des chemins de fer, devaient être avancés par l'Etat avec droit de s'en faire rembourser deux tiers par les départements et les communes intéressés. D'après l'article 6, la voie de fer, le sable, le matériel, les frais d'exploitation, ceux d'entretien et de réparation de la voie de fer, de ses dépendances et de son matériel, restaient à la charge des compagnies auxquelles il en serait fait bail. Mais à l'expiration de ce bail, et aux termes de l'article 7, la valeur de la voie de fer et du matériel devait être remboursée par l'Etat aux compagnies.

Depuis, un autre système a été adopté ; les compagnies restent chargées de l'acquisition des terrains, aussi bien que de la pose de la voie. L'article 21 de la convention faite avec la compagnie d'Orléans et approuvée par le décret du 28 juillet 1857, peut être indiquée comme le type de ce système.

**136.** On s'est demandé si le droit d'hypothèque appartenait aux compagnies. M. Flandin (nos 369 et 370) n'en doute pas. Il invoque le rapport fait, en 1850, par M. Bethmont au conseil d'État sur le projet de réforme hypothécaire, rapport dans lequel les droits concédés par l'État aux compagnies sont assimilés à des droits emphytéotiques. M. Flandin indique dans le sens de son opinion celle de M. Dalloz (*Jurisprudence générale*, v° *Priviléges et hypothèques*, n° 837).

A cette opinion, on peut opposer : 1° un jugement du tribunal de la Seine, du 27 juillet 1850 (S., 50, 2, 599), qui décide que les chemins de fer ne peuvent être l'objet d'une expropriation forcée de la part des créanciers de la compagnie concessionnaire.

Il s'agissait, dans l'affaire, du chemin de fer de Paris à Sceaux, séquestré par arrêté du 29 décembre 1848. Le jugement déclare que la concession n'a attribué aucun droit de propriété à la compagnie, qui n'a reçu que le droit de percevoir les droits de péage et de transport établis par les tarifs; que la loi de 1841, sur l'expropriation pour utilité publique, ne laisse aux créanciers hypothécaires d'un immeuble exproprié aucun droit de suite; que le mot de propriété, qui s'est glissé dans le cahier des charges, est un mot impropre et qui ne rend pas la véritable pensée de la concession.

2° Un arrêt de la Cour de Douai, du 9 mars 1857 (S., 57, 2, 569), qui juge que les compagnies n'ont pas le droit d'action devant les tribunaux au sujet des questions de propriété; que ce droit n'appartient qu'à l'État;

3° Un arrêt de la Cour de cassation, du 15 mai 1861 (S., 61, 1, 888) qui, par voie de cassation, déclare que les chemins de fer construits ou concédés font partie de la grande voirie ; qu'ils sont une dépendance du domaine public et que l'exploitation seule en appartient aux compagnies ; que les chemins construits par l'État lui appartiennent incontestablement. Qu'il n'en est pas autrement de ceux construits par les compagnies ; que le droit des compagnies ne participe en rien de la nature immobilière du chemin et n'a aucun des caractères de l'usufruit, de l'emphytéose, ou de tout autre droit analogue emportant démembrement de la propriété ; que les énonciations erronées des cahiers des charges ne peuvent changer le droit ; en conséquence, la Cour déclare purement mobilier le droit cédé par une compagnie.

Ces décisions n'ont pu nous convaincre.

Dans le système établi par la loi de 1842, les compagnies avaient à transformer le sol que leur livrait l'État, à y établir une voie, et à la pourvoir de tout ce qui constitue le fondement de la circulation. Qu'on n'y trouve pas tous les éléments constitutifs de l'emphytéose, nous le voulons bien ; mais on ne peut s'empêcher de reconnaître que ces caractères ne sont nulle part irrévocablement tracés. Il existe, entre la propriété immobilière pure et la propriété mobilière, plusieurs natures de propriétés se rapprochant plus ou moins de l'une d'elles et présentant des caractères se prêtant au doute et à la controverse. Ces doutes, la jurisprudence les a dans tous les temps fixés. Nous croyons que les monuments juridiques que nous venons de citer rompent avec les traditions.

Si cela est vrai pour les chemins construits dans le système de la loi de 1842, combien cela n'est-il pas plus vrai dans le système nouveau ? Les compagnies ont à acheter elles-mêmes les terrains. Le moyen qu'on ne les arme pas d'un droit d'action devant les tribunaux ! Aussi l'article 22 du cahier des charges, annexé au décret que nous avons cité, dit-il que la compagnie est investie, pour l'exécution des travaux, de tous les droits que les lois et règlements confèrent à l'administration, soit pour l'acquisition des terrains, soit pour l'extraction, le transport et le dépôt des terres, matériaux, etc.

L'article 30 oblige la compagnie à entretenir en bon état le chemin et ses dépendances.

L'article 35 fixe la durée de la concession à quatre-vingt-dix-neuf ans; et l'article 36 dit que, à l'expiration de ce temps, l'État sera subrogé à tous les droits de la compagnie sur le chemin et ses dépendances. L'article 37 ajoute que, après l'expiration des quinze premières années, l'État aura le droit de racheter la concession.

Nous reconnaissons que quelques expressions inexactes ne pourraient altérer le droit de l'État, ni celui des compagnies; mais on reconnaîtra aussi que les termes employés peuvent servir à indiquer la pensée qui a présidé à la concession.

Or, qu'on ne le perde pas de vue, il est impossible de méconnaître le droit des compagnies à poursuivre l'expropriation des terrains qui doivent leur être abandonnés. Si elles n'avaient que cette nature d'actions, on n'aurait pas manqué d'expliquer que, malgré leur droit de jouissance, droit s'élevant pour plusieurs compagnies à quatre-vingt-dix-neuf ans, malgré leur droit de surveillance et leur obligation de surveiller, elles ne pourraient pour cela aborder elles-mêmes les tribunaux.

Quelle que soit la gravité des précédents judiciaires intervenus, nous croyons que l'opinion opposée est seule vraie, et que les compagnies ont un droit réel qu'on peut assimiler à l'emphytéose; nous irions par suite jusqu'à leur concéder le droit d'hypothèque.

Nous n'avons pas cru devoir répondre aux arguments invoqués par le jugement du tribunal de la Seine, parce qu'il nous paraît par trop manifeste que le créancier d'une compagnie ne peut jamais songer à attaquer directement le droit de l'État.

Nous pouvons, à l'appui des idées que nous venons d'émettre, citer un arrêt de la Cour de cassation, du 5 novembre 1867 (S., 67, 1, 417), qui dit nettement qu'il existe des différences radicales entre le droit qui résulte du louage pour le preneur et celui que les compagnies tiennent de leurs concessions, et qui leur reconnaît le droit d'intenter les actions possessoires.

## § 17

### CANAUX

#### Sommaire

137. Les principes sont les mêmes que pour les chemins de fer.

**137.** Ce que nous venons de dire des chemins de fer s'applique en même temps et par les mêmes raisons aux canaux.

## § 18

### ANTICHRÈSE. — SERVITUDE. — USAGE. — HABITATION

#### Sommaire

138. L'article 2 de la loi de 1855 ne s'applique qu'aux actes entre vifs.
139. Faut-il faire transcrire la cession de créance accompagnée d'antichrèse ?
140. La servitude légale ne comporte pas de transcription.
141. Il en est de même de celle qui résulte de la destination du père de famille.
   On n'a pas besoin de détailler dans les partages les servitudes et de les révéler aux tiers par un acte transcrit.
142. Il faut faire transcrire les acquisitions de mitoyennetés, du droit de faire passer des eaux sur le terrain d'autrui, d'appuyer un barrage.
143. Et celles faites en cas d'enclave.

**138.** L'article 2 de la loi de 1855 prescrit la transcription de tout acte constitutif d'antichrèse, de servitude, d'usage, d'habitation, et de toute renonciation à ces mêmes droits. Il ne reproduit pas l'expression « entre vifs » de l'article 1er, d'où on pourrait induire que l'article 2 a plus d'étendue que l'article 1er, et qu'il s'applique aux transmissions testamentaires. Mais M. Debelleyme, rapporteur de la loi, a déclaré dans la séance du 13 janvier 1855, en réponse à une observation de M. Duclos, que les deux articles avaient une même portée et ne s'appliquaient qu'aux transmissions entre vifs. Il suffit d'ailleurs de lire l'article 2 qui commence par ces mots : « Sont également transcrits » pour se convaincre qu'il a été dicté par la pensée qui a inspiré l'article 1er. (*Voy.* le n° 145.)

La rédaction de l'article 2 diffère encore de celle de l'article 1er, en ce que l'article 2 parle de tout acte constitutif, au lieu de parler de tout acte translatif. On peut s'expliquer cette différence en ce qui concerne l'usage et l'habitation, qui ne peuvent pas être cédés (art. 631 et 634 du Code civil). Quant aux servitudes, elles ne peuvent être séparées de l'immeuble auquel elles sont attachées ; la transmission de l'héritage dominant emporte transmission du droit de servitude. La transcription de l'acte qui la contient suffit donc pour la propriété de l'immeuble et pour celle de la servitude. (*Voy.* n° 140.)

Quant à l'antichrèse, qui n'est autre chose qu'un droit de perception de fruits ajouté comme garantie à une créance, elle est aussi comprise dans la transmission de la créance. Mais comme la transmission d'une créance est régie par la disposition de l'article 1690 du Code civil et des articles suivants, que cette transmission s'opère sans qu'il soit besoin de transcription, on peut se demander si l'article 2 de la loi de 1855 n'est pas venu modifier cet état de choses.

Nous avons déjà parlé de l'antichrèse au numéro 23. Nous renvoyons à ce que nous y avons dit ; et, quant à la question spéciale que nous venons de poser, nous ferons remarquer qu'il existe une étroite analogie entre la cession d'une créance assortie d'un droit d'antichrèse et la cession d'un prix de vente. Nous avons dit au numéro 38 qu'il ne saurait y avoir de danger pour le cessionnaire à ne pas transcrire sa cession quand il l'a régulièrement notifiée au débiteur, parce que la résolution de la vente ne peut être prononcée qu'au profit de celui à qui appartient la créance et que, le jugement de résolution une fois prononcé et mentionné en marge de la transcription de la vente, en exécution de l'article 4 de la loi de 1855, il ne peut plus surgir de dangers.

De même, la cession de l'antichrèse, séparée de la créance, ne donnerait qu'un droit stérile. Nous croyons donc, avec M. Mourlon (*Revue pratique*, t. V, p. 440, n° 104), avec M. Bressolles (n° 18), avec M. Fons (*Précis sur la transcription*, n° 29), et avec M. Sellier (n°ˢ 145 et 146), que la transcription de l'acte par lequel on transmet une créance soutenue par un antichrèse, est inutile. Ce n'est pas que nous adoptions toutes les raisons de M. Mourlon, qui se prévaut beaucoup de ce que, avant d'acheter la créance, on ne manque pas de se renseigner auprès du débiteur. M. Flandin (n°ˢ 406 et 407) nous paraît avoir signalé avec raison la fragilité de ce motif; mais M. Flandin lui-même nous semble n'avoir pas senti toute la portée des explications que nous avons données plus haut; et il revient constamment à étayer sa propre opinion sur le danger que présente, pour le cessionnaire, la possibilité qu'a le propriétaire de l'immeuble antichrésé, de créer des hypothèques et de nuire à l'antichrésiste. Cette objection n'a de portée qu'entre le propriétaire, le créancier auquel il donne hypothèque et le créancier antichrésiste, et ne se réfère qu'à la création de l'antichrèse, qui, d'après l'article 2 de la loi de 1855, ne se complète que par la transcription. Mais, la transcription de cet acte une fois faite, si le créancier antichrésiste cède sa créance à un tiers, c'est alors que surgit la question que nous avons posée et qui n'a rien à faire avec les raisons données par M. Flandin.

Que l'article 2 exige, en principe, la transcription de la cession par l'antichrésiste, nous nous garderions de le con-

.tester, puisqu'il veut que la renonciation à l'antichrèse soit
transcrite; mais nous croyons que c'est une précaution sans
portée, puisque, comme nous le dirons plus tard, les tiers
qui ont acquis des droits sur l'immeuble sont seuls habiles
à se prévaloir du défaut de transcription, et que personne
ne peut acquérir de droits réels ou hypothécaires sur une
créance assortie d'une antichrèse. Le cessionnaire d'une
créance peut seul se plaindre d'une autre cession; or, le
moyen de consolider une cession de créance est réglé par
l'article 1690 du Code civil.

140. Nous avons dit (n° 138) quelques mots des servitudes. Il importe de compléter ce qui se réfère à cette
matière.

Nous avons expliqué que la transmission d'un immeuble
emportait avec elle la transmission des servitudes qui y
sont attachées. Il a cependant été soulevé des difficultés à
cet égard.

On sait que les servitudes sont l'œuvre de la loi ou de la
volonté de l'homme. Que les servitudes légales n'aient
besoin, pour exister, d'aucune transcription, c'est ce qui
paraît manifeste. Les terrains inférieurs sont assujettis à
recevoir les eaux qui coulent naturellement des héritages
supérieurs. Si l'acquéreur d'un terrain inférieur se refusait
à se soumettre à cette servitude, sous prétexte qu'elle ne
lui a été révélée par aucune transcription, on lui répondrait
que d'abord elle est antérieure à toute loi sur la transcription, qu'ensuite la loi elle-même, par l'article 640, oblige
tous les propriétaires, présents ou futurs, à recevoir les
eaux du champ supérieur.

141. Mais il est des servitudes qui procèdent à la fois de
la loi et de la volonté de l'homme. Telles sont celles qui
résultent de la destination du père de famille aux termes
des articles 692 et 694 du Code civil. M. Mourlon (*Revue
pratique*, t. VI, p. 153, n° 115) estime qu'elles doivent être
révélées aux tiers par une mention spéciale dans les actes

qui se réfèrent à la propriété à laquelle elles sont attachées.

M. Flandin (n° 413 et suiv.) combat avec raison cette opinion qui nous paraît tout à fait en dehors des prévisions du législateur. Quand on constitue une servitude au profit d'un tiers, la loi exige une transcription; mais elle n'a pu songer à obliger un propriétaire à indiquer au public les dispositions qu'il prend au sujet de ses propres champs; et si, dans la vente de l'un d'eux, il a omis d'indiquer les servitudes, soit actives, soit passives qu'il maintient, vouloir que ce silence devienne, en cas de nouvelle vente, une cause de difficultés, c'est créer à plaisir de véritables embarras. Il faudrait donc, quand la vente première est muette, que l'acquéreur obligeât son vendeur à faire un état détaillé des servitudes? Nous ne craignons pas de dire que jamais une pareille idée ne s'est présentée à l'esprit des auteurs de la loi nouvelle, pas plus qu'elle n'avait jamais été émise dans les pays de nantissement.

Que dire après cela de l'opinion de M..Mourlon, qui pousse sa théorie jusqu'à soutenir que les servitudes qui résultent des partages (article 692 du Code civil) doivent être détaillées dans ces actes et révélées aux tiers acquéreurs pour leur être opposables? Mais, qu'on le remarque bien, le partage est lui-même dispensé de transcription. Quand le propriétaire du lot assujetti le vend, il le transmet avec toutes ses charges; si cette vente est muette au sujet des servitudes, ce silence ne peut éteindre les droits existants, à moins qu'on aille jusqu'à soutenir que le partage, bien que non assujetti à la transcription, l'est cependant en ce qui touche les servitudes. Ce serait alors créer la loi et non en faire l'application.

Concluons donc que, si la transcription est nécessaire pour la création des servitudes vis-à-vis des tiers, elle ne l'est pas pour tout ce qui touche aux servitudes légales et à celles qui résultent de la destination du père de famille.

112. M. Flandin (n° 117 et suiv.) explique qu'il est ce-

pendant des servitudes fondées sur la volonté de la loi pour lesquelles la transcription est nécessaire. Ce sont celles qui résultent des textes qui permettent à un particulier d'obtenir, moyennant indemnité, un droit sur la propriété d'autrui. Il cite le droit d'acquérir la mitoyenneté (art. 661 du Code civil), celui de faire passer sur le terrain d'autrui les eaux qu'un propriétaire veut conduire d'un héritage dans un autre (loi du 29 avril 1845), celui d'y faire passer des eaux de drainage (loi du 10 juin 1854), celui d'appuyer, pour une irrigation faite au moyen d'un barrage, sur la rive opposée (loi du 11 juillet 1847). M. Mourlon (*Revue pratique*, t. VI, n°ˢ 117 et 118) enseigne que la transcription est inutile quand il s'agit d'appliquer la loi de 1854, parce qu'elle confère elle-même le droit de passage et que le juge n'a qu'à fixer l'indemnité. Nous pensons, comme M. Flandin, que cette distinction ne repose sur aucun fondement solide. Il existe, à la vérité, une légère différence entre la loi de 1854 et les lois de 1845 et de 1847; celles-ci disent que le propriétaire qui a besoin du passage ou du point d'appui pourra l'obtenir, tandis que la loi de 1854 dit que le propriétaire qui veut drainer peut conduire ses eaux au travers du terrain d'autrui. Mais il est manifeste que la pensée de ces trois lois est la même, nonobstant la différence du langage employé. Dans les trois cas, le juge a à déterminer le terrain à céder et la valeur qui doit lui être attribuée. Le propriétaire qui use de ces lois acquiert, moyennant un prix, un droit que ces lois qualifient de servitude, et il y a lieu à transcription.

**143.** De même, il faudrait par les mêmes raisons transcrire le jugement qui accorde un passage en cas d'enclave. (FLANDIN, n°ˢ 421 et 422.)

L'article 683 du Code civil décide, à la vérité, que le passage doit être pris du côté le plus court; mais la jurisprudence est fixée en ce sens que cette disposition n'a rien d'absolu. (C. de cass., 1ᵉʳ mai 1811, S., 11, 1, 325; 29 décembre 1847, S., 49, 1, 431; Bourges, 9 mars 1858, S., 58, 2, 670; TOULLIER, t. III, n° 548; DURANTON, t. V, n° 423; AUBRY et RAU sur Zachariæ, § 246, note 7, 1re édition; DEMANTE, *Cours analytique*, t. II, n° 538 *bis*; DEMOLOMBE, *Servitudes*, t. II, n° 624; MASSÉ et VERGÉ sur Zachariæ, t. II, § 331, note 9.)

Le mot « régulièrement » employé non sans intention par cet article suffirait pour en préciser le sens, ainsi que l'a fort judicieusement dit M. le conseiller Mesnard, chargé du rapport dans l'affaire jugée par l'arrêt du 29 décembre 1847.

D'ailleurs l'article 684 dit que le passage doit être fixé au point le moins dommageable; il y aurait donc, quand bien même on adopterait une opinion opposée à celle que consacre la jurisprudence, lieu à fixation de la ligne à suivre; et, par suite, on ne pourrait soutenir que tout est réglé sur ce point par la loi.

L'article 2 de la loi de 1855, qui assujettit les servitudes à la transcription, ne distingue pas comme le faisait le projet de loi de la commission nommée par l'assemblée législative entre les servitudes apparentes et celles qui ne le sont pas. La distinction ne doit donc pas être faite. (FLANDIN, n° 424.)

## § 40

### RENONCIATIONS

#### Sommaire

141. L'article 1er de la loi du 23 mars 1855, après avoir, par le numéro 1er, assujetti à la transcription tout acte entre

vifs translatif de propriété immobilière ou de droits réels susceptibles d'hypothèque, y soumet par le numéro 2 tout acte portant renonciation à ces mêmes droits.

L'article 2 dit qu'on doit transcrire également : 1° tout acte constitutif d'antichrèse, de servitude, d'usage et d'habitation ; 2° tout acte portant renonciation à ces mêmes droits.

Nous avons dit (n° 10) que cette loi n'avait pas entendu obliger à la transcription les transmissions de successions, soit *ab intestat,* soit testamentaires.

Dans la discussion, M. Duclos a reproché au travail de la commission le peu de précision de ses articles ; il craignait notamment qu'on eût la pensée d'appliquer la loi nouvelle aux renonciations à succession. Il a d'ailleurs signalé l'absence du mot « entre vifs » dans l'article 2 et dans les paragraphes de l'article 1er autres que celui qui se trouve sous le numéro 1er, d'où il induisait qu'on pourrait avoir la tentation de soumettre les actes autres que ceux entre vifs au régime qu'on allait inaugurer, pendant que la commission et le conseil d'Etat entendaient le réserver à ces derniers actes.

On peut remarquer en effet, comme nous l'avons dit (n° 138), que ni le numéro 2 de l'article 1er, ni l'article 2, ne reproduisent le mot « entre vifs » ; mais la construction même de ces deux articles indique, comme nous l'avons expliqué, qu'ils ont été l'expression d'une même pensée.

Aussi M. Debelleyme, rapporteur, a-t-il déclaré d'une manière formelle que le projet n'entendait réglementer que les transmissions entre vifs, c'est-à-dire qu'il ne s'appliquait pas aux transmissions héréditaires ni testamentaires, pas plus qu'il ne pouvait s'appliquer aux renonciations s'y référant.

Nous reconnaissons cependant que le langage de M. Debelleyme n'a pas été aussi précis sur les renonciations à succession que sur les autres renonciations ; mais il ne nous

semble pas possible de l'interpréter autrement que nous
venons de le faire. Les raisons qui ont empêché de prescrire la transcription des acceptations de successions et des
testaments s'appliquent aux renonciations qui s'y réfèrent.
Comment aurait-on songé à obliger un successible à faire
transcrire sa renonciation ? N'est héritier qui ne veut. Et
quelle aurait été la situation du successible appelé après le
renonçant dans l'intervalle de la renonciation à la transcription ?

Aussi ne voit-on pas que M. Duclos ait trouvé la réponse
insuffisante sur ce point, et les auteurs reconnaissent-ils
que les renonciations à succession, aux legs et aux commu-
nautés, sont dispensées de transcription. (DUVERGIER, sur
la loi de 1855, p. 62, note ; TROPLONG, *Trans.*, nᵒˢ 92, 93 ;
FLANDIN, nᵒˢ 441, 412, 413 ; RIVIÈRE et FRAMOIS, nᵒ 13 ;
RIVIÈRE et HUGUET, nᵒ 74 ; MOURLON, nᵒ 125 ; GAUTHIER,
nᵒ 105 ; BRESSOLLES, nᵒ 17 ; LESENNE, nᵒˢ 27, 28 ; FONS,
nᵒ 18 ; HERVIEU, nᵒ 335.)

113. Il y a, pour écarter la transcription en ce qui regarde ce genre de renonciations, une autre raison ; c'est
que les droits auxquels s'applique en pareil cas la renonciation n'ont point encore été acceptés par le renonçant.
Or la renonciation dont la loi de 1855 a entendu parler est
la renonciation translative, c'est-à-dire celle par laquelle
on abandonne à autrui un droit dont on est déjà investi, et
non celle par laquelle on refuse d'accepter un droit qu'on
pouvait agréer ; en d'autres termes, c'est que la renonciation
n'est pas translative. MM. Rivière et Huguet ont fait judicieusement remarquer que le projet soumis au Corps législatif soumettait à la transcription les actes translatifs de
propriété et les actes déclaratifs ; mais que la loi n'a pas
admis cette extension ; « que le changement apporté dans
» la disposition principale et, pour ainsi dire, fondamen-
» tale de la loi, aurait peut être nécessité un remaniement
» dans quelques autres dispositions, et notamment dans

» celle qui a trait aux renonciations. Et en effet, peu im-
» portait, dans la pensée des auteurs du projet primitif,
» que la renonciation fût ou non translative, dès que les
» actes déclaratifs eux-mêmes devaient être transcrits.
» Mais lorsqu'on eut retranché les actes déclaratifs de
» l'énumération de ceux qui étaient soumis à la formalité,
» la disposition du deuxième alinéa de l'article 1er devenait
» trop générale ».

**146.** Il est bien entendu que si le renonçant avait auparavant accepté le droit par lui répudié, la loi de 1855 deviendrait applicable. Ainsi, un héritier qui aurait appré-
hendé la succession ne pourrait faire qu'une renonciation
translative, et par suite susceptible de transcription. Toutefois, M. Flandin fait observer avec raison que, s'il n'existait que deux héritiers, ayant accepté tous deux, la renonciation de l'un équivaudrait à partage et ne serait pas
susceptible de transcription (n° 446). M. Flandin, en limi-
tant à ce cas la dispense de transcription, est conséquent
avec ses doctrines sur le partage. Quant à nous, nous estimons que, quel que soit le nombre des héritiers ayant
accepté, la renonciation de l'un d'eux profitant à ses cohéritiers appelés au même degré, équivaut à partage, et qu'on
n'a pas à la faire transcrire. Nous renvoyons sur ce point
à ce que nous avons dit aux numéros 62 et suivants.

Mais nous devons faire remarquer qu'une renonciation
de ce genre n'est autre chose qu'une cession ou une donation (art. 780 du Code civil), et qu'il appartient aux autres
héritiers de la repousser.

**147.** On aurait pu se demander, en présence des termes
des articles 1 et 2 de la loi de 1855, si les cas de renonciation
qu'elle prévoit sont ceux qui résultent de conventions faites
par le renonçant et par celui qui en bénéficie, ou de renonciations purement unilatérales; la loi emploie le mot « acte »,
et M. Debelleyme a parlé d'actes entre vifs, d'où il semblerait résulter que la renonciation pure et simple, faite

isolément par le titulaire d'un usufruit, d'un droit d'habitation, ne serait pas soumise à la transcription. Ce serait là
une erreur, une fausse application de la loi; le mot acte
qu'elle a employé s'applique à tout mode d'abdication.
Lorsque la renonciation est faite moyennant un prix, c'est
une cession régie par le numéro 1 de chacun des articles
1 et 2; si au contraire elle est faite sans prix, c'est une abdication toujours loisible à celui qui veut se soustraire aux
charges attachées à son droit.

Les raisons qui ont motivé la loi s'appliquent à l'abdication de l'usufruitier, de celui qui a un droit d'usage,
d'habitation, de servitude. D'une part, on peut dire que
celui-ci diminue son avoir, et, de l'autre, qu'il augmente
celui du propriétaire. C'est ce qu'explique M. Flandin, qui
cite quelques paroles du rapport fait en 1850 par M. de
Vatismenil (n° 453).

Et, quant à la régularité de la renonciation unilatérale
par un usufruitier, ou le titulaire d'un autre droit, elle ne
nous semble pas contestable (articles 621 et 2180 du Code
civil, TOULLIER, t. III, n°° 445 et 462 bis, DEMOLOMBE,
Usufruit, t. V, n°° 2211 à 2221, C. de cass., 20 février 1855,
S., 55, 1, 174; 16 mars 1870, S., 70, 1, 281).

148. Les idées que nous venons d'émettre, conduisent à
décider qu'il y a lieu de faire transcrire l'abandon de
mitoyenneté (art. 656 du Code civil), l'abandon du fonds
assujetti à une servitude (art. 699). Nous ne faisons cette
indication qu'à titre d'exemple. Le texte des articles 1 et 2
de la loi de 1855, éclairé par les principes que nous venons
de développer, nous semble suffire pour la solution des
difficultés qui pourront surgir.

149. Nous devons cependant faire observer que l'acte par
lequel on reconnaît le droit d'autrui, n'est pas soumis à la
transcription (Voy. n° 101). La loi de 1855 n'oblige à faire
transcrire que les actes translatifs de propriété. Elle ne
peut donc atteindre en rien la déclaration par laquelle un

droit préexistant est reconnu. C'est ce qu'enseignent
MM. Troplong (*Transcr.*, n° 96), Flandin (n° 459), Rivière
et Huguet (n° 83), Mourlon (*Revue pratique*, t. VI, p. 393,
n° 125), Gauthier (n° 108).

## § 50

### PRESCRIPTION

### Sommaire

**150.** La loi de 1855 ne s'applique pas aux droits qui
peuvent résulter de la possession trentenaire. Aucun de ses
textes ne s'y réfère. Que pourrait-on d'ailleurs transcrire,
puisque le possesseur est dénué de titre? C'est ce que pense
M. Troplong (*Transcr.*, n°s 96 et 182) et ce qui était pratiqué dans les provinces de nantissement au témoignage de
M. Merlin (*R*, v° *Nantissement*, p. 459).

**151.** M. Merlin y examine la question suivante : un
acheteur s'est mis en possession et n'a pas rempli les formalités du vest et du dévest; l'expiration d'un certain laps de
temps, de dix ans, par exemple, suffira-t-elle pour en tenir
lieu en sa faveur? Il cite la *Coutume de Liège*, chapitre VI,
article 6, celle de *Vermandois*, article 130, celle de *Reims*,
article 168, celle de *Chaumy*, article 35, celle de *Péronne*,
article 205, comme reconnaissant, après ce délai, la pleine
régularité de l'acquisition ; mais il estime que, dans les
coutumes muettes, l'acquéreur n'est couvert, quand il n'a
pas régularisé son titre au moyen des formalités du nantissement, que par le laps de temps ordinaire de la prescription.

**152.** Ceci nous conduit à examiner si l'acquéreur de bonne foi qui achète d'un tiers non propriétaire peut, avec dix années de possession, invoquer l'article 2265 du Code civil, s'il n'a pas transcrit.

Et d'abord, celui qui achète du véritable propriétaire et ne fait pas transcrire, peut-il, après dix années de possession, résister à la demande d'un second acquéreur qui a transcrit?

Non ; car l'article 2265 ne vient au secours que de celui qui achète de bonne foi du non propriétaire et invoque dix années de possession utile. La loi vient au secours de sa loyauté trompée. Il s'est soumis aux lois autant que cela a été en lui. (Art. 3 de la loi de 1855.)

Mais celui qui achète du véritable propriétaire et ne transcrit pas, ne s'est pas conformé à la loi (art. 3 de la même loi). Il ne peut, comme le disait M. Merlin, que s'appuyer sur la prescription ordinaire, celle de trente ans.

Revenons à l'acquéreur de bonne foi qui a besoin de la prescription de dix ans. Les dix ans ne peuvent-ils courir que du jour de la transcription de son titre? M. Troplong cite Ricard sur Amiens (titre II, art. 34, p. 46), comme décidant l'affirmative.

La loi du 11 brumaire an VII sur l'expropriation, article 25, se prononce en ce sens :

L'article 3 de la loi de 1855 nous semble conduire à la même solution.

La loi du 11 brumaire an VII sur la transcription avait, par son article 26, statué que, jusqu'à la transcription, les actes ne pourraient être opposés aux tiers qui auraient contracté avec le vendeur et qui se seraient conformés aux dispositions qu'elle contenait.

Le sens de cette disposition ne pouvait, au point de vue de la prescription décennale, être méconnu, puisqu'il résultait d'une manière éclatante de l'article 25 de la loi du même jour sur l'expropriation.

Quant à l'étendue du mot « tiers », la pensée inspiratrice se révélait en même temps par le même texte et ne permettait pas de restreindre le droit d'opposer le défaut de transcription à ceux qui avaient contracté avec le vendeur, à ce point qu'on dût le refuser au propriétaire véritable.

L'article 3 de la loi nouvelle nous débarrasse même de cette objection littérale, ainsi que le fait observer M. Demolombe, puisqu'il statue que, « jusqu'à la transcription, les » droits résultant des actes et jugements...., ne peuvent » être opposés aux tiers qui ont des droits sur l'immeuble, » et qui les ont conservés en se soumettant aux lois ».

Cette disposition est certainement générale et ne permet aucune restriction au point de vue de la recevabilité du moyen de non transcription.

Et, quant à la nécessité de la transcription pour que la prescription décennale puisse naître, ce texte nous paraît décisif aussi. En effet, cette prescription ne peut commencer qu'en s'étayant sur une vente opposable aux tiers ; or elle ne peut l'être qu'autant qu'elle a été transcrite.

Sans doute, il n'en était pas ainsi sous le Code civil; la vente suffisait parce que la transcription n'était pas nécessaire pour que la transmission fût complète, même vis-à-vis des tiers; mais aujourd'hui la vente, bien que entière entre les parties, n'existe, au point de vue des tiers, que par la publicité, qui résulte de la transcription. Il faut donc, pour que la prescription s'accomplisse, que la vente ait été transcrite. Si elle ne l'a pas été, la durée de la prescription doit être de trente ans.

L'erreur de ceux qui professent une opinion opposée tient à ce que, quand on s'occupe des conditions de la vente, ils ne portent leur attention que sur l'usucapion qu'ils considèrent comme un élément dominant, et que, quand on s'occupe de l'usucapion même, ils ne songent pas que sa naissance dépend de la régularité de la vente vis-à-vis des tiers.

L'opinion que nous combattons a été adoptée par MM. Aubry et Rau sur Zachariæ (t. II, p. 288), par MM. Rivière et François (n° 39), par M. Lesenne (n° 49), par MM. Rivière et Huguet (n°ˢ 238 et suiv.), par M. Mourlon (t. II, n° 512), par un arrêt d'Agen statuant en matière de donation du 24 novembre 1842 (S., 43, 2, 177), par un arrêt de Montpellier statuant aussi en matière de donation du 18 février 1866 (S., 70, 1, 163).

Mais celle que nous adoptons est professée par M Demolombe (*Obligations*, t. I, n° 462), par M. Troplong (*Trans.*, n° 177), par M. Flandin (n° 905), par M. Colmet de Santerre (t. II, n° 56 *bis*), par un arrêt de Lyon du 17 février 1834 (S., 35, 2, 18), par un arrêt de Bordeaux statuant en matière de donation du 26 février 1851 (S., 51, 2, 245) et par un arrêt statuant dans les mêmes conditions du 20 juillet 1874 (S., 74, 2, 305).

153. C'est peut-être le moment de parler de la renonciation à la prescription.

Cette renonciation doit-elle être transcrite ?

Elle peut être donnée avant tout débat; elle peut l'être pendant le débat, après un premier jugement, et après un arrêt.

Avant et pendant le débat, ce n'est que la reconnaissance du droit d'autrui. (*Voy.* n° 149.) Il serait étrange qu'on obligeât celui qui fait un acte de conscience, ou celui au profit duquel il est fait, à remplir les formalités de la transcription. D'ailleurs, dans cette phase de la procédure, le droit du prescrivant n'est pas encore consacré. Qu'on ne perde pas de vue, au surplus, qu'aux termes de l'article 2223 du Code civil, le juge ne peut suppléer le moyen de prescription, d'où il faut conclure que le droit qui serait atteint par la prescription reste debout tant que la prescription n'est pas accueillie.

Si le jugement est rendu et que le moyen ait été accepté, on peut encore renoncer à la prescription sans que la trans-

cription soit nécessaire, tant qu'il n'y a pas décision souveraine. Un jugement peut être réformé et il ne peut être
mis aucune entrave aux scrupules de celui qui, ayant gagné
un mauvais procès, renonce au bénéfice du jugement qu'il
a obtenu.

**151.** Si au contraire, l'arrêt est rendu, il y a décision
souveraine. (Règlement de 1738, décret du 27 novembre
1790, art. 16, Code de pr., art. 497.) Mais on peut transiger
sur le moyen de cassation.

S'il y a simple abandon du bénéfice de l'arrêt, nous
croyons qu'il y a lieu à transcription, parce qu'il y a renonciation à un droit acquis.

Si au contraire, il y a transaction sérieuse sur des moyens
de cassation, nous rentrons alors dans le domaine de la
transaction dont nous avons parlé aux numéros 100 et 101.

On objecterait vainement aux idées que nous venons
d'émettre le droit qu'ont les créanciers du renonçant de
faire annuler la renonciation. Ce cas est le même que celui
de la renonciation à une succession ; dans celui-ci, la transcription n'en est pas moins inutile et la renonciation à un
moyen de prescription est certainement plus favorable.

Ces principes sont admis par MM. Flandin (n°ˢ 459 et
suiv.), Rivière et Huguet (n° 83), Troplong (*Trans.*, n° 96),
Gauthier (n° 108).

## § 51

### BAUX ORDINAIRES

#### Sommaire

155. Sous l'ancien droit, le bail n'engendrait qu'un *jus ad rem.*
156. L'article 1743 peut être invoqué même par le fermier qui n'est
pas en possession.
157. Entre deux fermiers, dont le bail est inférieur à dix-huit ans,
le premier, quoique non en possession, doit être préféré.
158. Le bail n'engendre qu'un droit mobilier dans la législation actuelle.
159. Incohérence du système opposé.

160. Le bail de plus de dix-huit ans non transcrit vaut pour dix-huit ans.

161. En cas de renouvellement et de stipulation d'un bail de dix-huit ans, faut-il ajouter à ces dix-huit ans la partie non expirée du premier bail ?

162. *Quid* si le bail est consenti au profit d'un fermier nouveau ?

163. Les articles 2 et 3 de la loi de 1855 ne s'appliquent qu'aux baux supérieurs à dix-huit ans.

164. *Quid* si deux baux successifs sont consentis le même jour ?

165. Les baux de plus de dix-huit ans, postérieurs à une vente transcrite ou à une inscription, sont-ils opposables par cela seul qu'ils sont transcrits ?

166. Quel est le point de départ des dix-huit ans ?

167. *Quid* quand le preneur est en présence des créanciers hypothécaires ?

168. Le fermier par bail transcrit est-il préférable à l'acquéreur qui a acheté avant le bail, mais qui n'a fait transcrire qu'après la transcription du bail ?

169. Entre deux locataires dont le bail est supérieur à dix-huit ans, lequel doit être préféré ?

170. La cession de bail est-elle transcriptible ?

171. *Quid* de la sous-location ?

172. *Quid* du bail à colonage partiaire ?

173. La quittance de trois ans de loyers non échus, non transcrite, doit-elle être annulée pour le tout ?

174. La quittance donnée par le vendeur après la transcription de la vente est-elle valable ?

175. Quand les quittances de loyers sont-elles valables vis-à-vis des créanciers hypothécaires ?

176. La remise gratuite doit-elle être assimilée à la quittance de loyers ?

177. La cession des sommes dues par un sous-locataire doit-elle être transcrite ?

155. Le bail engendre-t-il un droit immobilier ?

Dans notre ancien droit, la vente elle-même avait besoin, pour se compléter, du secours de la tradition. Il en était ainsi même entre les parties contractantes. (POTHIER, *Obligations*, n°ˢ 151 et 152.)

Le bail ne conférait au preneur que le droit de jouir de la chose; et ce droit ne lui appartenait, pour la durée du bail, que vis-à-vis du locateur, de ses héritiers ou successeurs universels, (POTHIER, *Louage*, n° 277.)

Ce droit, simple *jus ad rem* (*ibid.*, n° 285), était distingué avec soin de celui de l'emphytéote et de celui de l'usufruitier qui portaient sur la chose elle-même en quelque main qu'elle passât. La vente, le legs même de la chose louée faisaient cesser le bail, à moins qu'il en fût fait réserve expresse. (POTHIER, *ibid.*, n° 288.)

**156.** L'article 1743 du Code civil contient une disposition opposée. L'acquéreur ne peut expulser le locataire lorsque celui-ci est en possession d'un bail ayant date certaine.

Des termes de cet article quelques auteurs (MM. DEL-VINCOURT, t. III, p. 428; DURANTON, t. XVII, n° 139; DU-VERGIER, *Louage*, t. I, n°° 281 et 511), ont induit que le fermier peut être expulsé s'il n'est pas en possession de la chose louée. Cette opinion ne nous paraît pas fondée. La Cour de Chambéry a jugé avec raison, le 28 novembre 1862 (S., 63, 2, 87), que la loi du 28 septembre, 6 octobre 1791, qui avait, par son article 2, section 2 du titre I°, fait le premier pas dans la voie de la consolidation du bail, ne distinguait pas; et que si le Code avait entendu distinguer le fermier en possession de celui qui ne possédait pas, il l'aurait expliqué. C'est aussi ce qu'a jugé la Cour de Dijon le 21 avril 1827, et ce qu'enseignent MM. Troplong (*Louage*, n° 493), Marcadé (sur l'article 1743), Massé et Vergé sur Zachariæ (t. III, § 704, p. 388), Aubry et Rau d'après Zachariæ (t. III, § 369, p. 361). Cette opinion a été consacrée par un arrêt de la Cour de Rouen du 15 mars 1869 (S., 70, 2, 216).

**157.** Nous croyons d'ailleurs que la disposition de l'article 1743 est l'application des principes de la législation inaugurée par le Code civil, et qui donnaient à la Convention seule une puissance qu'elle n'avait pas auparavant. Le propriétaire, après avoir traité avec un fermier, ne pouvait pas transmettre à un acquéreur un droit qu'il n'avait plus.

Par la même raison, et quand il ne s'agit pas de baux de plus de dix-huit ans, un fermier, quoique non en possession, doit être préféré à un second locataire auquel l'immeuble aurait été livré. On pourrait peut-être objecter que le bail est consenti pour conduire à une perception de fruits, perception mobilière, invoquer l'article 2279 du Code civil et le principe ancien qui, au témoignage de Pothier (*Louage*, n° 63), préférait le deuxième fermier mis en possession à celui qui, premier en date, ne se trouvait pas en jouissance.

On répondrait avec raison que, bien que le fermier perçoive les fruits, chose mobilière, il n'a pas moins droit à la jouissance de l'immeuble, et que l'ancien principe de la tradition a été abandonné pour céder le pas à la puissance de la convention. C'est ce qu'a jugé la Cour de Rouen, le 15 mars 1869 (S., 70, 2, 216). C'est ce qu'enseignent M. Troplong (*Louage*, t. II, n° 500), M. Marcadé (sur l'article 1743), MM. Massé et Vergé sur Zacharie, t. IV, § 701, p. 360, note 1, et § 704, p. 388, note 33). Le contraire est toutefois enseigné par M. Duvergier (*Louage*, t. I, n° 46 et 243). Mais si M. Duvergier est conséquent en cela avec l'opinion qu'il émet au cas de vente de la chose non jouie encore par le fermier, nous estimons que la doctrine que nous avons adoptée pour ce cas a pour conséquence logique la solution que nous venons de donner pour le cas de deux baux successifs.

M. Troplong (*Transc.*, n° 207), conséquent avec sa doctrine du droit réel du preneur, dit qu'entre deux locataires, pour un laps de plus de dix-huit ans, la préférence sera établie par la transcription, à cause de la réalité du bail. Nous reviendrons sur ce point dans le commentaire de l'article 3. Nous croyons devoir faire remarquer, dès à présent, que la transcription imposée par la loi nouvelle aux baux de plus de dix-huit ans n'accuse en rien dans le bail un caractère de réalité.

158. De l'article 1743, M. Troplong conclut que le bail constitue, pour le preneur, un droit réel (*Louage*, t. I, n° 4 et suiv.); il s'empresse de reconnaître que ce droit n'est pas un démembrement de la propriété (n° 6); mais il soutient que la nécessité où se trouve l'acquéreur de respecter

le bail constitue la réalité. Il ajoute au n° 15 que le droit
du fermier est un droit immobilier. Dans son *Traité du
contrat de mariage* (t. I, n° 402), il maintient les opinions
précédemment émises, et il les reproduit dans son *Traité de
la transcription* où il enseigne que le bail, quand il est fait
pour plus de dix-huit ans, devient un démembrement de la
chose. Mais cette théorie est combattue par M. Demolombe
*Distinction des biens*, t. I, n° 492 et suiv.), par MM. Delvincourt (t. III, p. 198), Toullier (t. III, n° 388), Proudhon
(*Usufruit*, t. I, n° 102), Duranton (t. IV, n° 73), Duvergier
(t. III, n° 280), Marcadé (sur l'art. 1743), Championnière
et Rigaud (t. IV, n° 3033), Mourlon (*Revue pratique*, t. VII,
p. 158, n° 147), Pont (*Revue critique de législation*, t. X,
p. 402), Flandin (n° 496).

La Cour de cassation ne voit dans le droit du preneur
qu'un droit personnel et mobilier. (Arrêts des 6 mars 1861,
S., 61, 1, 715; 21 février 1865, S., 65, 1, 113 ; 17 décembre
1867, S., 68, 1, 27.)

Qu'y a-t-il de vrai dans ces différentes solutions?

On peut soutenir que quand le preneur lutte, soit contre
le tiers acquéreur, soit contre le locateur pour retenir ou
obtenir l'immeuble loué, il est difficile de ne pas voir un
caractère de réalité dans ses réclamations; que, quand il
est en présence du tiers acquéreur seul, ses conclusions
sont purement réelles; que, quand au contraire il lutte
contre le locateur, il y a action mixte, c'est-à-dire demande
de l'exécution d'une convention et de remise de la chose
elle-même; que sans doute le preneur ne peut prétendre à
la propriété même ; mais qu'il a droit à la livraison de
l'immeuble pendant la durée du bail ; qu'il y a, par cela
même, *actio ad immobile;* que c'est là ce qui a été jugé par
la Cour de Paris, les 12 mars 1858 (S., 58, 2, 266), 24 juin
1858 (S., 59, 2, 146), 29 mars 1860 (S., 60, 2, 122), 8 juillet
1861 (S., 62, 2, 274), et par la Cour de Rouen, le 13 juillet
1855 (S., 56, 2, 565).

On peut ajouter que sous l'ancien droit, le vendeur pouvait être contraint, par la force, à remettre à l'acheteur la chose vendue (POTHIER, *Vente*, n° 68); que le locateur pouvait de même être obligé de livrer l'immeuble loué (POTHIER, *Louage*, n° 66).

On répondrait avec raison que Pothier, qui reconnaissait au locataire le droit de contraindre le locateur à lui remettre la chose louée, ne voyait dans le bail qu'un droit personnel, un droit *ad rem* (n° 285 et suiv.), tandis qu'il voyait un droit immobilier dans l'usufruit et dans l'emphytéose (n° 288); que dans son *Traité de la communauté* (n° 71) il explique que ce droit tend, non à faire acquérir l'héritage affermé, mais à en faire percevoir les fruits; qu'il ne tend donc qu'à un objet mobilier, *ad mobile;* que dans son *Introduction générale aux coutumes* (n° 53) il reproduit cette opinion et ajoute que lorsqu'il s'agit d'une maison, la créance a pour objet un fait, « *ut præstetur ipsi habitare* » *licere* ».

On peut ajouter que l'article 526 du Code civil ne déclare immeubles que les actions qui tendent à la revendication d'un immeuble; que l'article 3 du Code de procédure, n° 3 et 4, ne défère au juge du lieu la connaissance que des réparations locatives et des indemnités dont il est question au n° 4.

Nous croyons ces raisons déterminantes et nous estimons qu'il faut préférer la jurisprudence de la Cour de cassation à celle des Cours de Paris et de Rouen.

**159.** Nous ajouterons que, si on adoptait l'opinion qui déclare immobilière l'action du locataire, le droit qui résulte pour le preneur serait immobilier ou mobilier, suivant le point de vue sous lequel il serait examiné, même quand il s'applique à un immeuble et que la législation y perdrait en unité.

Nous disons que ce droit serait dans certains cas mobilier; et ici nous arrivons, au point de vue spécial, à la loi de 1855. En effet, le locataire ne peut hypothéquer l'immeuble, comme peut le faire l'emphytéote. Il ne peut exercer d'actions que celles qui le conduisent à faire respecter la jouissance que lui donne le bail. S'il meurt et qu'il lègue les immeubles séparément des meubles, le légataire du mobilier aura droit au bénéfice du bail. Sous tous ces rapports, le droit du locataire est un simple droit personnel et mobilier. Nous croyons inutile de reproduire ici les discussions si complètes, auxquelles se sont livrés les jurisconsultes si éminents que nous avons cités au point de vue de l'interprétation des textes du Code. Cette discussion nous paraîtrait aujourd'hui oiseuse. En effet, la question a été tranchée par la loi de 1855. M. Debelleyme, rapporteur, a déclaré nettement que la commission ne s'est pas dissimulé que, par l'article 3, elle pénétrait dans le domaine des droits personnels. Ces termes du rapport sont bien importants; mais les textes de la loi suffisent pour vider la question. L'article 1er, et l'article 2, par ses trois premiers paragraphes soumettent à la transcription tous les actes portant transmission de droits réels susceptibles ou non d'hypothèque. Et, quant aux baux, le n° 4 n'y assujettit que ceux qui sont faits pour plus de dix-huit ans. Quant à ceux qui sont faits pour moins de dix-huit ans, ils restent affranchis de la transcription. Le doute pour ceux-ci n'est plus permis ; il ne l'est pas davantage pour les autres, puisque le rapport explique qu'on les y a soumis, bien qu'ils soient compris parmi les droits personnels.

160. Un bail consenti pour plus de dix-huit ans et non transcrit vaut, malgré cette absence de transcription, pour une période de dix-huit ans; l'article 3 de la loi de 1855 a à cet égard une disposition dont le sens ne peut être douteux. (FLANDIN, n° 500.) Nous reviendrons sur ce point dans l'explication que nous donnerons de l'article 3.

161. Un bail renouvelé, avec ou sans modifications, avant la fin de sa durée, et pour dix-huit années, doit-il être transcrit pour être opposé aux tiers ?

Faut-il ajouter à ces dix-huit ans le laps à écouler jusqu'à l'expiration du premier bail ?

M. Troplong (*Trans.*, n° 117) estime que non. Il rappelle qu'aux termes de l'article 1430 du Code civil, les baux des biens de la femme peuvent être consentis par le mari trois ans avant l'expiration du bail courant s'il s'agit de biens ruraux, et deux ans s'il s'agit de maisons ; que l'article 595 donne la même latitude à l'usufruitier ; il ajoute que la fraude peut toujours être réprimée quand elle est prouvée.

M. Flandin (n° 502) professe la même opinion et cite dans ce sens celle de M. Martou, émise au sujet de la loi belge. Dans le sens opposé, il cite deux auteurs belges, MM. Cloes et Casier, et, pour le droit français, MM. Gauthier (*Revue de doctrine et de jurisprudence*, n° 98), et Mourlon (*Revue pratique*, t. VII, p 150).

Nous partageons l'opinion de MM. Troplong et Flandin. Un propriétaire soigneux n'attend pas la dernière heure pour renouveler un bail. Il est donc contraire à la raison de ne s'arrêter qu'au fait et de compter comme compris dans un bail ce qui ne s'y trouve réellement pas et ce que comprend au contraire un bail antérieur. Les articles 595 et 1430 ne s'appliquent, à la vérité, qu'à l'usufruitier et au mari, et la loi de 1855 n'a aucun texte analogue ; mais, de ce que on a cru avoir besoin d'autoriser formellement l'usufruitier et le mari à affermer à l'avance des biens qui ne leur appartiennent pas et à enchaîner ainsi le nu-propriétaire, est-ce une raison pour que le propriétaire lui-même n'ait pas le droit de faire sans texte spécial ce qu'on permet à un étranger ? Ici la raison seule conduit à décider qu'il doit en être ainsi. Le propriétaire n'a qu'un intérêt, celui de bien gérer ses propriétés ; et, si par malveillance ou par collusion, il faisait un acte contraire aux droits de ses créanciers, les tribunaux auraient le droit de l'annuler.

Le délai dans lequel les articles 595 et 1430 permettent de consentir les baux à l'avance pourra être appliqué ici comme raison écrite, mais non comme règle souveraine. Si le bail a été consenti de bonne foi un peu auparavant, rien n'empêcherait de le maintenir.

**162.** Ce que nous disons d'un bail renouvelé, nous le dirions à plus forte raison d'un bail consenti au profit d'un nouveau fermier avant l'expiration du bail courant.

**163.** Nous ajoutons que les articles 2 et 3 ne réglementent que les baux d'une durée supérieure à dix-huit ans ; et que, par suite, ceux qui ne dépassent pas ce laps de temps restent soumis à la législation ordinaire.

On peut cependant faire l'objection suivante :

Si on examine les articles 2 et 3, en se plaçant surtout au point de vue du fermier, on arrive à ne les appliquer que lorsque le bail nouveau ne dépasse pas dix-huit ans et à ne pas se préoccuper du temps à courir jusqu'à l'expiration du bail courant.

Si au contraire on se place au point de vue des créanciers hypothécaires ou de l'acquéreur, des tiers en un mot, on se sent disposé à ne concéder en tout qu'une durée de dix-huit ans. Nous reviendrons sur ce point en analysant l'article 3 ; mais dès à présent, nous devons faire remarquer que, si on voulait restreindre à dix-huit années sans un jour de plus, on arriverait à conclure que le bail ne peut être renouvelé que le jour même de son expiration, ce qui est contraire à la pensée qui a dû inspirer la loi. Une législation nouvelle, quel que soit son texte, est faite pour se plier aux nécessités de la pratique et ne rompt pas, sans le dire, avec les traditions antérieures.

**164.** Si deux baux successifs sont faits le même jour, ou presque en même temps, au profit soit de la même personne, soit de personnes différentes, et chacun pour une durée de dix-huit ans, ou pour des durées qui réunies excèdent dix-huit ans, il nous semble qu'il y a en ce cas abus et fraude au moins à la loi, et que l'article 3 doit faire restreindre la jouissance résultant de ces baux à une durée de dix-huit ans.

Nous croyons, pour ne pas scinder cette discussion, devoir passer immédiatement à l'article 3, et devoir ajourner ce que nous avons à dire des quittances de loyers.

**165.** L'article 3 est ainsi conçu : « Jusqu'à la transcrip-» tion, les droits résultant des actes et jugements énoncés » aux articles précédents, ne peuvent être opposés aux tiers » qui ont des droits sur l'immeuble et qui les ont conservés » en se conformant aux lois. Les baux qui n'ont point été » transcrits ne peuvent jamais leur être opposés pour une » durée de plus de dix-huit ans. »

.Nous nous occupons en ce moment de la dernière partie de cet article.

Et d'abord, les baux de plus de dix-huit ans postérieurs à une vente transcrite ou à une hypothèque suivie d'inscription peuvent-ils être opposés à l'acheteur ou au créancier par cela seul qu'ils ont été transcrits ?

Non. L'article 3 signifie que, si le bail n'a pas été transcrit avant la vente ou avant la date de l'inscription, il ne peut valoir que comme bail de dix-huit ans; mais il ne peut signifier que, transcrit après, il vaudra pour tout le temps de sa durée. M. Duclos s'était, dans la discussion, élevé contre le peu de précision à cet égard de l'article présenté par la commission; mais ses craintes, chimériques suivant M. Allart, qui lui répondit que l'évidence s'élevait contre l'interprétation qu'il redoutait, ne reposaient en effet sur aucun fondement. On ne peut raisonnablement soutenir qu'un bail transcrit après une vente ait plus de puissance que celui qui n'est pas transcrit du tout. Ce bail est comme tous les baux non transcrits, vis-à-vis de l'acquéreur et du créancier qui se sont conformés à la loi, du moment où la naissance de leurs droits n'a trouvé aucune trace de bail sur les registres hypothécaires.

M. Allart a ajouté que le bail, dans ce cas, ne pouvait avoir aucun effet. Il a certainement voulu dire que, dans sa lutte contre les droits antérieurs de l'acquéreur ou du

créancier, ce bail ne vaudrait que comme bail de dix-huit
ans ; la dernière partie de l'article 3 a sur ce point une disposition précise.

MM. Rivière et Huguet professent cependant, d'après
M. Flandin, une opinion opposée. (*Questions*, nᵒˢ 219 et
suiv.) Ils ajoutent qu'on doit rester dans les termes de
l'article 684 du Code de procédure. Mais leur sentiment
nous paraît directement contraire à la loi, ainsi que le disent
avec raison MM. Troplong (*Trans.*, nᵒ 202); Flandin
(nᵒˢ 1259 et 1260); Duvergier (*Coll. de lois*, 1855, p. 65,
note 1).

166. A dater de quelle époque doit-on compter ces dix-
huit ans ?

M. Mourlon (*Examen critique*, etc., *Appendice*, nᵒ 348)
les fait courir du jour de la transcription de la vente que
fait le propriétaire.

MM. Rivière et Huguet (*Questions*, nᵒˢ 232 et suiv.) et
M. Lemarcis (*Commentaire*, p. 25, nᵒ 9) donnent la vente
elle-même comme point de départ.

MM. Troplong (*Trans.*, nᵒˢ 203 et 204), Flandin (nᵒˢ 1267
et 1268) ne donnent au preneur que le droit d'achever la
première période de dix-huit ans en cours au moment de la
transcription de la vente.

Cette dernière opinion nous paraît devoir être acceptée.

La durée de dix-huit ans est celle que la loi de 1855 a
choisie comme compatible avec les pouvoirs de l'administrateur. Le bail non transcrit, ou non transcrit à temps,
doit être ramené à celui que l'administrateur peut consentir, c'est-à-dire au bail de dix-huit ans. Si on retranche
d'une durée plus grande tout ce qui excède cette période,
il reste dix-huit années commençant au jour où le bail a
commencé. C'est là du reste ce que comporte la lettre de
l'article 3 qui dit que le bail ne peut être opposé que pour
une durée de dix-huit ans. Si on le faisait durer dix-huit
ans au-delà de la transcription de la vente, il aurait duré

dix-huit ans, plus le temps antérieur à cette transcription.

Cette opinion est en parfait accord avec l'article 1429 du Code civil, qui, au cas de dissolution de la communauté, ne rend les baux que le mari a consentis obligatoires pour la femme que dans la mesure du temps qui reste à courir de la période de neuf ans dans laquelle on se trouve. MM. Troplong et Flandin invoquent sur cette question la solution de la loi belge du 16 décembre 1851 qui renvoie pour ce cas à l'article 1429 du Code civil.

167. Quand le preneur est en présence, non d'un acquéreur, mais de créanciers hypothécaires, M. Troplong enseigne, au numéro 205, que le principe est le même ; mais qu'il reste à fixer le point de départ des dix-huit ans ; il dit que le propriétaire, malgré les hypothèques, conserve le droit de louer et de renouveler les baux, celui de retirer les revenus ; que le moment décisif est le jour du commandement ; que, si alors le propriétaire n'a plus la liberté de consentir un nouveau bail, les anciens baux peuvent se continuer pour finir après l'expiration de la période alors commencée.

Ces derniers mots nous indiquent que M. Troplong signale le jour du commandement comme devant fixer celle des périodes qui doit être continuée ; mais que cette période commence, comme quand il s'agit de vente, au jour même du bail, bien qu'en lisant le commencement du numéro 205, on soit tenté de croire que le point de départ indiqué pour la période de dix-huit ans soit le jour du commandement.

M. Flandin (n° 1270) paraît partager les idées de M. Troplong. Nous faisons toutefois les mêmes réserves sur l'expression de son opinion.

Les raisons que nous avons données au numéro précédent nous semblent déterminer le point de départ. Le bail non transcrit ne peut être opposé au créancier porteur d'un droit réel dans le sens de la loi de 1855 que pour une durée

de dix-huit ans. Ces dix-huit ans s'appliquent, ce nous
semble, au bail lui-même. Seulement, comme le propriétaire grevé a encore la jouissance de ses biens et que les
baux doivent être maintenus jusqu'au moment où ils peuvent être nuisibles au créancier, celui-ci peut, quand il met
en mouvement son hypothèque, demander que le bail cesse
à l'expiration de la période commencée.

168. M. Lesenne (*Commentaire*, n° 79) enseigne que,
lorsque le propriétaire d'un immeuble l'aliène, puis le loue
par bail transcrit avant la transcription de l'aliénation, ce
bail devient obligatoire pour l'acquéreur.

M. Mourlon conteste cette opinion. (*Examen critique*,
app., n° 347.) Point de difficulté, dit-il, si la transcription
de la vente précède celle du bail; mais l'acheteur le devra-
t-il subir au contraire s'il n'a fait transcrire son titre qu'après
que le preneur avait fait transcrire le sien ?

Il motive sa solution sur ce principe que le preneur n'a
aucun droit réel et que la vente produit tout son effet vis-à-
vis des créanciers chirographaires du vendeur.

M. Flandin (n°⁵ 1262 et 1263) dit que la loi de 1855, bien
qu'elle maintienne la personnalité du droit du preneur, a
assimilé ce droit aux droits réels au point de vue de la nécessité de la transcription quand le bail dépasse dix-huit
ans. Il estime que, par réciprocité, elle a dû lui permettre
de se prévaloir de la non transcription des droits réels. Il
ajoute que le projet du conseil d'État était ainsi rédigé :
« jusqu'à la transcription les droits résultant des actes et
» jugements, énoncés aux articles précédents, ne peuvent
» être opposés aux tiers qui ont des droits réels et qui les
» ont conservés, en se conformant aux lois ; » que M. Rouher
proposa de dire plus généralement aux tiers qui ont des
droits sur l'immeuble, afin de comprendre les baux qui
ne constituent que des droits personnels.

Ces détails que M. Flandin extrait d'une note jointe par
M. Bayle-Mouillard à son rapport devant la Cour de cassa-

tion (affaire Lavauzelle, S., 60, 1, 602), prouvent en effet la
vérité de l'opinion de M. Lesenne, opinion que professent
d'ailleurs MM. Rivière et Huguet (*Questions*, n° 216). Du
moment où le mot tiers comprend celui qui, saisi d'un
droit de bail, a fait transcrire, la question nous semble
n'être plus douteuse.

169. Cela admis, il faut en conclure qu'entre deux locataires pour une période de plus de dix-huit ans, la préférence doit être donnée à celui qui a transcrit le premier.
C'est aussi l'opinion de M. Troplong (*Trans.*, n° 206), de
M. Flandin (n° 1273), de M. Sellier (*Commentaire*, n° 301
*bis*). Mais M. Bressolles enseigne le contraire (*Exposé*,
n° 51). L'opinion que nous adoptons était suivie dans les
pays où il était autrefois d'usage de nantir le bail. (MERLIN,
*Rép.*, v° *Mise de fait*, § 4, n° 3.)

Mais, ainsi que nous l'avons dit au n° 157, quand le bail
ne doit pas durer plus de dix-huit ans, il n'est pas assujetti
à la transcription; dès lors la préférence entre deux
baux de cette durée, et même entre un bail de moins de
dix-huit ans et un bail de plus de dix-huit ans, doit être
réglée par la date de l'acte. (FLANDIN, n° 1273.)

Les solutions que nous venons de donner reposent sur
cette idée que la loi de 1855, bien que reconnaissant la
personnalité du droit du preneur, lui a attribué les immunités et les obligations attachées au droit réel. M. Troplong,
au contraire (*Transcription*, n° 207 et 208) arrive aux
mêmes conséquences, mais en les fondant sur sa doctrine
du droit réel en matière de baux; doctrine qu'il dit être
devenue évidente depuis la loi de 1855 et par l'effet de cette
loi; et cependant il constate lui-même qu'au-dessous de la
durée de dix-huit ans, le bail est dispensé de transcription.
Si cependant il comporte un droit réel, il devrait, aux
termes de l'article 1er de cette loi, et de l'article 2e, le numéro 4 excepté, être soumis à la transcription.

170. L'article 2 ne parle pas des cessions de baux. Il

17

n'assujettit à la transcription que les cessions d'une somme
équivalente à trois années de fermages. Cette cession émane
du propriétaire et intéresse par suite son crédit. La cession
de bail émane, au contraire, du locataire et ne présente
aucun intérêt pour les créanciers du propriétaire. Par cette
raison, M. Troplong (*Transcription*, n° 118) la dispense de
transcription.

Cette opinion nous paraît peu logique avec les idées
émises par M. Troplong dans tous ses écrits. Il voit dans le
bail un droit réel; ce droit est dispensé de transcription
quand il ne s'applique pas à plus de dix-huit ans; mais
quand il dépasse cette durée, l'article 2 oblige à le soumettre à la transcription. Dès lors, et avec ces données, il
eût été conséquent de déclarer le bail atteint par les articles
1 et 2, et, par suite, les cessions de ce bail, au moins quand
il est fait pour plus de dix-huit ans.

M. Flandin, qui condamne les idées de M. Troplong, au
sujet du caractère réel attribué au bail, arriva à la même
conclusion au sujet des cessions de baux (n°s 513, 514).
Soit, dit-il, qu'on considère le droit de bail comme réel,
soit qu'on le considère comme purement personnel, la
transcription de la cession de bail est inutile, dans le premier cas, parce que la loi n'assujettit à la transcription que
ceux-là seulement des actes translatifs qui sont susceptibles d'hypothèque; dans le deuxième, parce que la transmission ne s'applique qu'à un droit personnel.

Si le droit était réel, nous ne serions pas convaincu par
les raisons données par M. Flandin. D'une part, l'article
premier ne fait pas la restriction qu'il invoque. Sont transcrits, dit-il, tout acte entre vifs translatif de propriétés
immobilières ou de droits réels susceptibles d'hypothèques;
à supposer qu'on veuille rattacher ces derniers mots aux
deux paragraphes du numéro premier, nous ne craignons
pas de dire qu'il a été dans la pensée de la loi de comprendre, dans l'article 2, tous les droits réels qui n'auraient

pas été contenus dans l'article premier. C'est ce qui se trouve implicitement dans l'exposé des motifs. « La loi de » brumaire an VII, y est-il dit, n'avait pas ordonné la » transcription des actes énumérés dans l'article 2 du projet ; » mais toutes les raisons qui commandent avec tant de » puissance la transcription du contrat de vente se repro- » duisent avec la même force pour faire ordonner la publi- » cité de tous les démembrements et de toutes les charges » qui altèrent la valeur vénale... »

Nous trouvons les mêmes idées à peu près dans les mêmes termes dans le rapport de M. de Belleyme.

Si, au contraire, on regarde comme personnel le droit du preneur, et c'est évidemment le caractère que lui a assigné la loi de 1855, il suit de ce que nous avons dit en opposant l'un à l'autre deux locataires (n° 169) que la cession de bail doit être transcrite quand le bail a une durée de plus de dix-huit ans. Nous avons vu, en effet, que, sur la demande de M. Rouher, le mot réel avait été supprimé de l'article 3, afin que tous ceux qui ont des droits sur l'immeuble, y compris les droits de bail, pussent opposer la non trans- cription. La conséquence nécessaire, c'est que le cession- naire d'un bail de plus de dix-huit ans qui a transcrit, peut opposer à un premier cessionnaire qui n'a pas transcrit ce défaut de transcription.

171. Tout ce que nous venons de dire s'applique à la sous-location. Nous trouvons naturellement un enseigne- ment opposé de la part des auteurs qui estiment que le cessionnaire d'un bail est toujours dispensé de trans- cription, notamment de MM. Rivière et Huguet (n° 154), Troplong (*Transcription*, n° 120), Gauthier (n° 101), Mour- lon (*Revue pratique*, t. VII, n° 150).

172. Le colon partiaire a un droit qui tient de celui du locataire, et, bien que plusieurs auteurs l'assimilent au sociétaire, nous croyons que la transcription lui est impo- sée dans les cas où elle l'est au locataire. Son droit gêne

celui de l'acquéreur et celui des créanciers. Il est d'ailleurs réglé par le Code civil au titre des baux. Il doit donc être soumis à la loi de 1855. C'est l'opinion de M. Troplong (*Transcription*, n° 173) et de M. Flandin (n° 510). (*Voy.* d'ailleurs ce que nous avons dit au numéro 129.)

**173.** Le numéro 5 de l'article 2 soumet à la transcription toute quittance ou cession d'une somme équivalente à trois années de loyers non échus.

M. Troplong enseigne (*Transcription*, n° 209) qu'une quittance de loyers non échus, équivalente à trois années ou supérieure à cette durée, doit être annulée pour le tout si elle n'est pas transcrite. M. Flandin, au contraire (n° 1279), estime qu'il faut la réduire dans les termes de cet article.

Il nous semble que cette dernière opinion est seule vraie.

M. Troplong veut qu'on annule pour le tout la quittance, parce qu'elle est suspecte. M. Flandin répond avec raison, en s'étayant sur les termes du rapport de M. de Belleyme, que c'est dans l'intérêt du crédit qu'on a restreint la validité des quittances. La question de fraude est une question de fait qui doit toujours être réservée et résolue suivant les éléments de chaque affaire.

La dernière partie de l'article 3 maintient, pour une durée de dix-huit ans, les baux d'une durée supérieure qui n'ont pas été transcrits. Par analogie, il faut maintenir, pour le temps permis, les quittances qui s'appliquent à un temps supérieur, quand elles n'ont pas été transcrites.

**174.** Lorsqu'un acquéreur entre immédiatement en jouissance, les quittances de fermages qui seraient données par le vendeur après la transcription de la vente seraient manifestement sans valeur à l'égard de l'acheteur, pourvu que ce dernier eût fait transcrire.

On peut se demander s'il ne faudrait pas avertir le locataire par une notification de la vente. Il nous semble que la transcription constitue la publicité que la loi exige de l'acquéreur.

**175.** Quand les quittances sont-elles valables à l'égard des créanciers hypothécaires?

MM. Rivière et Huguet, qui maintiennent à l'égard des créanciers les baux transcrits postérieurement aux inscriptions, maintiennent, par la même raison, les quittances de trois ans et au-dessus, qui ont été soumises à la transcription.

Nous n'admettons pas plus leur opinion sur ce second point que sur le premier. M. Flandin explique fort judicieusement (n° 1281) que la perception de loyers à échoir devient, d'après la loi de 1855, une atteinte au droit des créanciers hypothécaires inscrits du moment qu'elle s'élève à trois années; qu'elle nuit à la vente qu'ils pourraient provoquer de l'immeuble. La quittance de trois années de loyers doit être assimilée à un bail de plus de dix-huit ans. Ni l'un ni l'autre ne sont permis quand il existe des inscriptions. Nous croyons, comme M. Flandin, que M. Troplong a été infidèle à l'opinion par lui exprimée au sujet du bail à long terme, postérieur à une inscription, lorsqu'il enseigne, au sujet de la quittance de trois années et plus de loyers à échoir, qu'on ne doit tenir compte que de celles transcrites avant le commandement. A notre sens, les quittances de trois ans et celles supérieures à trois années, même lorsqu'elles sont antérieures au commandement, doivent être réduites dans la mesure du numéro 5 de l'article 2.

**176.** Une remise gratuite aurait le même effet qu'une perception véritable de loyers et devrait être traitée de la même façon. (FLANDIN, n° 1283.)

**177.** Si un locataire cède le bénéfice de son bail et transmet ensuite à un tiers les sommes annuelles qu'aura à lui payer le sous-locataire, l'article 2, numéro 5, doit, à notre sens, être appliqué à cette cession par les raisons qui nous ont décidé à appliquer le numéro 4 aux cessions de baux. La note émanée de M. Bayle-Mouillard dit avec raison que la modification faite à l'article 3 sur la demande de M. Rouher s'entendait évidemment des baux de plus de dix-huit ans et des cessions de loyers s'étendant à trois années. M. Bayle-Mouillard dit « plus de trois ans ». Ce doit être à cet égard une erreur. Nous renvoyons au surplus à ce que nous avons dit au numéro 170.

## § 52

### VENTES DE RÉCOLTES

#### Sommaire

178. La vente de récoltes doit-elle être transcrite ?

178. Les détails dans lesquels nous sommes entré aux nᵒˢ 22 et 23 nous dispensent d'explications étendues sur la question que nous venons de poser.

La vente de récoltes ne peut être assimilée au bail. Aux témoignages que nous avons cités nous pouvons ajouter celui de M. Demolombe. (*Distinction des biens*, nᵒˢ 184, 518, 519.)

De là il suit que les dispositions de la loi de 1855, qui s'appliquent au bail, ne régissent pas les cessions de fruits.

Reste la disposition générale qui prescrit la transcription de tous les actes translatifs de propriétés immobilières. S'applique-t-elle aux ventes de récoltes ? M. Troplong enseigne la négative au nᵒ 83 de son *Traité de la transcription* et cite l'arrêt du 19 vendémiaire an IV qui nous paraît peu favorable à sa thèse. Le serait-il, que nous répondrions par les principes nouveaux consacrés par la loi de 1855. Sa disposition relative à l'antichrèse ne permet pas de douter qu'elle ait entendu protéger les tiers contre une cession de fruits non publiée.

Nous estimons donc que, si une cession de fruits n'a pas été mise à exécution par la coupe avant la vente de l'immeuble régulièrement transcrite, la cession ne peut plus avoir effet contre l'acquéreur du fonds ;

Et que, du moment de la transcription de la saisie-immobilière, que cette saisie émane d'un créancier hypothécaire
ou d'un créancier chirographaire, les fruits non coupés ne
peuvent être revendiqués par celui auxquels ils ont été
cédés. La disposition de l'article 685 du Code de procédure
nous paraît décisive, et nous ne pouvons nous rendre à
l'opinion émise par M. Demolombe (*Distinction des biens*,
no 187). Le propriétaire d'un immeuble hypothéqué a le
droit de percevoir les fruits; mais il ne peut les vendre à
l'avance au préjudice de ses créanciers hypothécaires. C'est
ce qu'a jugé avec raison la Cour de cassation par l'arrêt du
10 juin 1841. La loi ne distingue pas entre la cession d'une
annuité et celle de plusieurs annuités. Elle n'assimile pas
le cessionnaire de fruits au fermier. Cela suffit pour la solution.

Nous devons ajouter toutefois que les fruits coupés restent au cessionnaire parce que la coupe a porté sur un produit destiné à être séparé du sol après sa maturité.

Si la cession de fruits avait été transcrite, nous croyons
que cette aliénation portant sur un immeuble (art. 520 du
Code civil) pourrait être opposée à l'acquéreur auquel le
fonds serait transmis postérieurement et au créancier hypothécaire postérieur.

## § 53

### JUGEMENTS PRÉVUS PAR L'ARTICLE 1er, No 3,

### ET PAR L'ARTICLE 2, No 3

#### Sommaire

179. Indication de quelques-uns de ces jugements.
180. Faut-il faire transcrire un jugement frappé d'appel ?
181. La transcription peut être faite avant la signification.
182. Que faut-il faire si le jugement est réformé ?
183. *Quid* des sentences arbitrales ?

179. Nous allons indiquer, sans avoir la prétention d'en
faire une énumération complète, les principaux de ces jugements.

Une vente n'est pas constatée par écrit; un jugement en reconnaît l'existence; la transcription de ce jugement devient nécessaire.

Nous en dirons autant du jugement qui constaterait les transmissions ou les renonciations sujettes à transcription.

Si la reconnaissance se produit en conciliation devant le juge de paix, il n'y a pas jugement, mais acte judiciaire, procès-verbal, qui n'a force que d'acte sous signatures privées. (Art. 54 du Code de procédure.) Qu'on le considère comme acte judiciaire ou comme convention privée, la transcription en est exigée par la loi.

M. Bressolles fait remarquer (*Exposé des règles sur la transcription*, n° 32) que l'article 2 n'exige pas littéralement la transcription du jugement qui constate une location verbale de plus de dix-huit ans, puisque la transcription des jugements est proscrite par le numéro 3 et qu'il n'est question des baux qu'au numéro 4; mais il dit que la pensée de la loi n'est pas douteuse; que la règle s'applique aux jugements qui reconnaissent la convention relative à un bail, comme elle s'applique aux transmissions ordinaires. M. Flandin partage cette opinion (n° 546).

Nous ne croyons pas que ce puisse être l'objet d'un doute. Ce qui le prouve, c'est que le numéro 5 de l'article 2 est ainsi conçu : « Tout acte ou jugement constatant même » pour un bail de moindre durée quittance ou cession » d'une somme équivalente à trois années de loyers ou » fermages non échus. »

Cette rédaction suppose manifestement que le mot jugement, qui, dans ce paragraphe, s'applique à un bail de dix-huit ans ou de moindre durée, se trouve dans le paragraphe précédent, relatif aux baux de plus de dix-huit ans. L'omission n'existe que dans la lettre. La pensée n'est pas douteuse.

180. Si un jugement est frappé d'appel, pourra-t-on le faire transcrire ?

Un grand intérêt peut s'attacher à l'accomplissement de cette formalité. Quand une vente verbale est reconnue par un jugement, il importe de la porter le plus tôt possible à la connaissance des tiers. Nous estimons qu'on peut faire procéder à la transcription. Sans doute l'appel est suspensif; mais la transcription peut être assimilée à une mesure conservatoire, à une inscription, par exemple, qui peut toujours être prise nonobstant un appel, ainsi que l'enseignent MM. Troplong (*Hypothèques*, t. II, n° 443 *ter*), Pont (*Hypothèques*, t. II, n° 596), et que le juge un arrêt de Bordeaux du 22 août 1854 (D., 55, 2, 123).

Ce que nous disons d'un jugement frappé d'appel, nous le disons par les mêmes raisons d'un jugement frappé d'opposition.

181. Rien n'empêche non plus qu'une transcription de jugement soit faite avant même que le jugement ait été signifié. L'ordonnance de 1667, titre XXXV, article 11, reconnaissait qu'une hypothèque naissait d'un jugement non signifié le jour même de la prononciation quand le jugement était contradictoire, et à dater de la signification aux procureurs quand le jugement était par défaut dans les procès par écrit. L'hypothèque existait alors sans inscription. On a examiné, lors de la discussion du Code, si on établirait pour la naissance de l'hypothèque une différence entre les jugements contradictoires et les jugements par défaut. (TROPLONG, *Hypothèques*, t. II, n° 444.) Les uns et les autres ont été assujettis à cet égard aux mêmes règles. Une inscription peut être prise immédiatement et la signification n'est pas indispensable pour cela. (TROPLONG, *Hypothèques*, t. II, n° 443 *bis*, 444; PONT, *Hypothèques*, t. II, n° 596; Cour de cass., 29 novembre 1824, S., 25, 1, 132.) La même règle doit être appliquée à la transcription.

182 Si le jugement en vertu duquel a été faite la transcription vient à être réformé ou modifié, comment remédier à ce que la transcription présente a d'inexact? On ne

peut matériellement toucher au registre du conservateur. M. Mourlon (*Revue pratique*, t. VII, n° 156) propose de faire en marge une mention à cet égard, suivant le mode indiqué par l'article 4. Nous croyons, avec M. Flandin (n° 552), que rien ne s'oppose à l'adoption de ce moyen.

183. MM. Troplong (*Hypothèques*, t. II, n° 449) et Flandin (n° 555, 556 et 557) enseignent qu'une sentence arbitrale n'emporte hypothèque que du jour où un juge l'a rendue exécutoire, conformément aux articles 1020 et 1021 du Code de procédure ; que jusque-là, elle n'a que la valeur d'un acte privé. Nous croyons à l'exactitude de cette solution qui exige, avec raison, l'intervention de la puissance publique. Cette doctrine doit être appliquée aux sentences qui rentreraient dans le cadre des articles 1 et 2 de la loi de 1855.

§ 51

JUGEMENTS PRÉVUS PAR LE NUMÉRO 4 DE L'ARTICLE 1ᵉʳ

**Sommaire**

184. Nous nous sommes expliqué aux numéros 61 et suivants sur l'effet du partage et de la licitation. Tout ce que nous y avons dit s'applique à la licitation judiciaire.

**185.** Lorsque, après une surenchère, l'acquéreur ou le donataire conservent l'immeuble mis aux enchères, faut-il qu'ils fassent transcrire ?

L'article 2189 les en dispensait. On peut, à la vérité, dire que, dans le système du Code civil, la transcription n'était qu'un élément de la purge. Mais, qu'on ne le perde pas de vue, avant de faire les notifications qui ont amené la surenchère, l'acquéreur ou le donataire a fait transcrire ; cette transcription a satisfait à la loi de 1855 en même temps qu'aux nécessités de la purge. L'adjudication ne fait, dans ce cas, que confirmer la première transmission que rien n'a encore détruite. Dès lors, il nous semble qu'il n'y a pas lieu à transcription nouvelle. C'est l'opinion de M. Troplong (*Transcription*, n° 101), et de M. Flandin (n°° 562 et 563). C'a été devant le Sénat l'opinion du rapporteur. Le rapport a émis le regret que la lettre de la loi nouvelle ne fût pas à cet égard entièrement satisfaisante. M. Mourlon, après avoir dit (*Examen critique*,... *Appendice*..., n° 335) qu'il faut se soumettre à la loi nouvelle qui exigerait la transcription, est revenu là dessus au tome IV de la *Revue critique* (p. 336, n° 78) et a adopté l'opinion que nous proposons et qu'adoptent aussi MM. Rivière et Huguet (n° 117), Bressolles (n° 33), Ducruet (*Etude sur la transcription*, n° 7), Gauthier (n°° 113 et 114), Fons (n° 23), Grosse (*Commentaire*, n° 62).

**186.** Si l'acquéreur poursuivi par un créancier hypothécaire se laisse exproprier, il nous semble ne pouvoir valablement se rendre adjudicataire (art. 711 du Code de procédure). Mais il peut, après avoir subi un commencement de poursuites, délaisser l'immeuble (art. 2172 du Code civil); et alors la vente est poursuivie contre un curateur à l'immeuble (art. 2174). Ce délaissement n'empêche pas le délaissant de reprendre l'immeuble tant que l'adjudication n'a pas été prononcée (art. 2173).

Le délaissement ni la reprise ne sont alors susceptibles de transcription. « Le délais, dit Pothier (*Introduction au*

» *titre XX de la Coutume d'Orléans*, n° 51) n'est que de la
» possession et n'exproprie pas celui qui l'a fait jusqu'à l'ad-
» judication. Il est toujours jusqu'à ce temps en son pouvoir
» de conserver l'héritage qu'il a délaissé en payant les
» dettes pour lesquelles il est hypothéqué et tous les frais. »

C'était là ce qu'enseignaient Loyseau (*Déguerpissement*,
liv. VI, chap. VII, n° 5), Brodeau (sur l'article 79 de la
*Coutume de Paris*), *le nouveau* Denisart (v° *Déguerpissement*,
§ 4, n° 4).

C'est ce qu'enseignent sous le droit nouveau M. Merlin
(*Rép.*, v° *Délaissement par hypothèque*, n° 2 et 10), M. Grenier (*Hyp.*, t. II, n° 330), M. Persil (*Régime hypothécaire*,
sur l'article 2173, n° 3), M. Duranton (t. XX, n° 263 et
264), M. Troplong (*Hyp.*, t. III, n° 786), M. Dalloz (*Jurisprudence générale*, v° *Priv. et hyp.*, n° 1829).

Ce que nous venons de dire s'applique au donataire aussi
bien qu'à l'acquéreur. Il importe peu que l'un ou l'autre
ait eu à payer les créanciers hypothécaires. Leur titre reste
le même; et, par suite, une nouvelle transcription est
inutile.

**187.** M. Flandin (n° 567) se demande s'il en serait ainsi
d'un légataire devenu adjudicataire. Il cite l'opinion de
M. Mourlon (*Revue pratique*, t. IV, n° 480) et dit avec lui
que la transcription de l'adjudication est inutile, bien que
le legs, dispensé de transcription, n'ait été soumis à aucune
condition de publicité.

Nous ne savons si nous nous méprenons; mais il nous
semble que cette question ne saurait surgir dans ces termes.

En effet, ou le légataire a été poursuivi en saisie immobilière; et alors il ne peut devenir adjudicataire. (Art. 711
du Code de procédure.)

Ou il a purgé; et alors il a dû commencer par faire
transcrire. (Art. 2181 du Code civil. — TROPLONG, *Hyp.*,
t. IV, n° 303.)

Si les deux auteurs dont j'examine l'opinion ont entendu

parler du légataire universel, ou à titre universel, obligés en tout aux dettes, nous ferons remarquer que ces légataires n'ont pu purger, et que, poursuivis, ils n'ont pu devenir adjudicataires.

Si au contraire le légataire universel ou à titre universel a accepté sous bénéfice d'inventaire, alors s'appliquent les idées que nous avons émises au numéro 70.

188. Lorsqu'un étranger devient adjudicataire soit après surenchère, soit après une poursuite en expropriation dirigée contre le tiers détenteur, la transcription de cette adjudication devient indispensable.

189. L'article 2177 du Code civil statue par son deuxième paragraphe que les créanciers personnels du tiers détenteur qui a délaissé exercent leur hypothèque à leur rang après tous ceux qui sont inscrits sur les précédents propriétaires.

L'article 2188 au contraire, placé au titre de la purge, dit que l'adjudicataire est tenu au-delà du prix de son adjudication de restituer à l'acquéreur ou au donataire dépossédé les frais et loyaux coûts de son contrat, ceux de la transcription, de notification, et les frais faits pour la revente.

M. Troplong (*Hyp.*, t. IV, n° 962) en conclut que le contrat de l'acquéreur est résolu et que les hypothèques qu'il a constituées demeurent éteintes. Il lui concède une action en garantie contre le vendeur et reconnaît que le principe de l'article 2178 doit s'appliquer à ce cas; mais, pendant qu'au numéro 967 il lui donne le droit de réclamer l'excédant de valeur qu'a pu prendre le terrain acheté, il semble, au numéro 968, au moins si nous en comprenons bien le sens, enseigner que l'acquéreur dépossédé, en cas de surenchère, ne peut réclamer, à raison de la garantie, le supplément ajouté au prix par les enchères.

M. Flandin au contraire (n°ˢ 574, 575) et M. Mourlon qu'il cite (*Revue pratique*, t. IV, p. 373, n° 85), estiment que l'acquéreur dépossédé par une adjudication sur surenchère n'en a pas moins été propriétaire.

M. Flandin mentionne un arrêt de la Cour de cassation du 12 novembre 1834 (S., 35, 1, 811), qui dit que l'acquéreur évincé par une adjudication sur surenchère est un simple créancier chirographaire du vendeur, et ne peut être reçu à contredire une collocation faite dans un ordre et un arrêt de la même Cour, jugeant par voie de cassation, à la date du 28 mars 1843 (S., 43, 1, 298), qui lui refuse le droit de prendre ce qui reste du prix de la dernière adjudication après le payement des créanciers hypothécaires.

M. Flandin ne voit pas là la question même; il n'y trouve que des solutions pouvant y conduire.

Nous ne pouvons être aussi optimiste; nous ajouterons que la question est encore plus compromise par un arrêt de la même Cour du 15 décembre 1862 (S., 63, 1, 57), qui distingue entre le résultat d'une poursuite en expropriation dirigée contre le tiers détenteur et celui de la poursuite qui s'exerce sous la forme d'une surenchère. Cet arrêt voit dans la surenchère une protestation contre la vente et ses effets par suite de laquelle l'acquéreur, s'il est évincé par l'adjudication qui intervient, n'a aucun droit de propriété sur le prix et ne peut qu'exercer une action en garantie contre le vendeur.

Les mêmes idées ont été reproduites par un arrêt de Montpellier du 21 novembre 1864 (S., 65, 2, 30).

Ce sont là de bien graves autorités; et pourtant nous ne pouvons taire les doutes qu'elles laissent dans notre esprit.

**190.** Autrefois, quand un acquéreur voulait mettre son acquisition à l'abri des poursuites des créanciers hypothécaires du vendeur, il remplissait les formalités du décret volontaire. (POTHIER, *Procédure*, t. IX, p. 274, t. X, p. 918.) On observait dans cette procédure les mêmes formalités que celles usitées pour les saisies ordinaires. (T. X, p. 918.) Mais comme cette marche n'était suivie que dans le but de confirmer la vente déjà faite, on permettait à l'acquéreur d'enchérir, tandis que les saisis ordinaires ne le pouvaient pas (t. IX, p. 276). On s'était demandé si l'acquéreur frappé de surenchère, ou obligé de délaisser, devait perdre le bénéfice des droits qu'il avait payés. Lors de la réformation de la *Coutume d'Orléans*, et par les articles 115 et 116, on déclara qu'il serait subrogé indistinctement pour ce cas au droit du seigneur, de manière qu'il n'eût, en réalité, à débourser qu'un seul droit s'il achetait de nouveau (t. X, p. 94 et 95, 246 et 247).

191. Plus tard, l'édit de juin 1771 substitua, pour arriver à la purge, une procédure nouvelle à celle du décret volontaire. L'acquéreur déposait au greffe son contrat de vente (art. 8). L'article 9 contenait la disposition suivante : « Pourra, pendant les deux mois, tout créancier légitime » du vendeur se présenter au greffe pour y faire une sou- » mission d'augmenter le prix de ladite vente au moins » d'un dixième du prix principal, dans le cas de surenchères » par un autre créancier du vendeur, d'un vingtième en » sus dudit prix principal par chaque surenchérisseur, en- » semble de restituer à l'acquéreur les frais et loyaux coûts » et du tout, donner bonne et suffisante caution, qui seront » reçus par le lieutenant-général ou autres officiers du » siége suivant l'ordre du tableau en la manière accoutu- » mée. Il sera loisible à l'acquéreur de conserver l'objet » vendu en parfournissant le plus haut prix auquel il aura » été porté ».

Il n'est pas difficile de retrouver là l'origine de l'article 2188 du Code civil. Nous avons parlé des préoccupations relatives aux droits des seigneurs.

Ici on voulait venir au secours d'un acquéreur dépossédé et le rendre indemne de tous frais.

L'article 19 prescrivait l'ordre dans lequel les créanciers seraient colloqués. Les premiers rangs appartenaient aux créanciers privilégiés ; puis venaient les créanciers hypo-thécaires, et ensuite les chirographaires.

Nous avons vu que l'article 9 de l'Edit permettait la

surenchère à tout créancier légitime. Par suite de l'emploi
de ces termes, on s'était demandé si les créanciers chirographaires ne pouvaient pas exercer ce droit aussi bien que les
créanciers hypothécaires. En 1791, cette difficulté surgit; des
créanciers chirographaires surenchérirent sur une vente
consentie par leur débiteur. L'acquéreur de son côté déclara
user de son droit de surélévation et garda les immeubles;
mais un débat s'éleva sur la question de savoir si la partie
du prix non absorbée par les hypothèques devait être prise
par les créanciers chirographaires, ou si elle appartenait à
l'acquéreur qui, comme eux, avait fait opposition sur le
prix. Cette affaire fut portée à la Cour de cassation. C'était
au temps où M. Merlin en dirigeait le parquet, et où, du
haut de son siége, il attendait au passage toutes les questions de quelque importance pour les soumettre au creuset
de la logique la plus inexorable. On sait que sous la législation alors existante, l'hypothèque résultait de plein droit
de tout acte authentique. M. Merlin se demanda d'abord si
les créanciers chirographaires avaient réellement le droit
de surenchère. Il constata que c'était une question au moins
douteuse; puis il passa en revue les deux cas qui pouvaient
surgir. Il examina ce qui devait résulter de ces deux situations en supposant aux créanciers chirographaires le droit
de surenchère. L'acquéreur pouvait garder l'immeuble en
le portant au prix le plus élevé, comme aussi un tiers pouvait faire l'offre la plus considérable et obtenir l'immeuble.
Mais dans ces deux cas M. Merlin estima que l'acquéreur
devait prendre la somme non absorbée par les hypothèques;
que le droit hypothécaire qui résultait pour lui de l'acte
par lequel il avait surélevé son prix ne permettait pas le
doute; et ce fut là ce que jugea la Cour de cassation le
20 germinal an XII, après avoir jugé le contraire le 2 ventôse an X. L'arrêt de l'an XII et les conclusions de M. Merlin sont rapportés au tome VII du *Répertoire de Jurispru-*
*dence*, v° *Lettres de ratification*, p. 421 et suivantes, et au
tome IV de Sirey, 1re partie, p. 352.

Le système de la loi de l'an VII, au point de vue des poursuites hypothécaires et de la purge, n'était pas sensiblement différent de celui qu'a adopté le Code civil. Seulement, il était réglementé par un moins grand nombre d'articles. L'article 30 et les articles suivants en fixaient les traits principaux. L'acquéreur était tenu de notifier dans le mois de la transcription. Une surenchère pouvait être faite, et, si l'acquéreur était dépossédé, l'article 34 qu'a remplacé depuis l'article 2188 lui assurait le remboursement de ses frais.

Cet article, qu'on le remarque bien, s'appliquait aux cas de poursuites hypothécaires et à celui de surenchère. La loi de l'an VII ne contenait pas de chapitres spéciaux pour ces deux procédures. On ne trouvait pas de texte pour le délaissement comme l'article 2177, et de texte pour l'acquéreur devenu adjudicataire sur surenchère, comme l'article 2191. Aussi n'avait-on pas eu l'idée de soutenir que la surenchère, si l'acheteur ne devenait pas adjudicataire, détruisait rétroactivement l'effet de la vente. Les conséquences de l'hypothèque, résultant pour l'acquéreur du payement par lui fait en sus de son prix, ne permettaient pas de songer à la théorie qui a surgi depuis, pour lui enlever le droit de le reprendre, si les créanciers hypothécaires ne l'absorbent pas.

C'est en cet état qu'a été fait le Code civil. Nous y lisons que, en cas de délaissement, les hypothèques données par l'acquéreur survivent au délaissement (art. 2177), que le détenteur qui a subi l'expropriation ou payé les créanciers a son recours (art. 2178); que l'acquéreur qui devient adjudicataire a son recours aussi (art. 2191), recours qui est pleinement reconnu par l'arrêt de 1863 et les arrêts antérieurs, même pour le cas où un tiers devient adjudicataire. Nous remarquons que le chapitre relatif au droit des créanciers contre le détenteur est lié à celui de la purge par l'article 2179. Comment soutenir que l'acquéreur dépossédé

par la surenchère est censé n'avoir jamais été propriétaire?
A ce compte, irait-on jusqu'à lui refuser la subrogation
légale qui résulte de l'article 1250, pour les payements
qu'il a faits aux créanciers? Ne voit-on pas que la théorie
que nous combattons est, d'une part, contraire à l'article
2189 pour le cas où l'acquéreur devient adjudicataire, et
que, pour le cas où un tiers porte l'enchère la plus élevée,
l'article 2188 ne peut plus se concilier logiquement avec le
principe de la rétroactivité, de la suppression de la propriété intermédiaire? Sans doute, on peut dire que l'article
2188 est un hommage à l'idée que la vente première est la
première assise de l'adjudication sur surenchère; mais on
ne peut méconnaître que l'acheteur qui n'a pas purgé et
qui est poursuivi hypothécairement, ne trouve nulle part
le bénéfice d'une pareille disposition. Il faut donc que la
loi associe la vente première à l'adjudication définitive,
loin de l'en séparer, comme le fait la thèse que nous combattons.

Comment, d'ailleurs, ne pas se rendre à la considération
suivante?

L'acquéreur, lors des enchères, fait une mise; il est encore en pleine possession de son caractère d'acheteur. La
mise d'un étranger le dépossède. Le caractère qu'il a eu
incontestablement aura disparu par une parole et par l'expiration d'un temps qui échappe à la pensée.

Qu'on nous explique alors pourquoi l'acquéreur qui a
notifié son contrat aux créanciers et affirmé ainsi son droit
d'acquéreur plus énergiquement que celui qui délaisse ou
subit l'expropriation est traité plus défavorablement. Une
pareille inconséquence révolte la pensée, et ne permet pas
de supposer que ceux qui objectent à notre thèse l'article
2188 ne fassent autre chose que l'employer à une cause
opposée à celle qu'il a eu pour but de servir.

Il y a, d'ailleurs, une raison qui semble péremptoire. Le
vendeur a transmis à l'acquéreur tous ses droits sur la

chose. De là le droit que M. Troplong (*Hypothèques*, t. IV,
n° 971) reconnaît à l'acquéreur de retenir tout ce qui excède
la somme nécessaire pour solder les hypothèques au cas où
il devient adjudicataire. La vente nous semble lui transmettre aussi le droit de prendre l'excédant que donnera la
surenchère, si elle se produit, et que les créanciers hypothécaires soient désintéressés. Il y a, à notre avis, transport
véritable et connu de l'adjudicataire. Il y a donc tout ce qui
constitue un transport complet et devant faire loi vis-à-vis
des tiers.

Enfin on reconnaîtra, sans doute, que depuis le décret
volontaire jusqu'à ce jour, on a changé les formes de la
purge sans en changer les principes essentiels. Or, quand,
sur le décret volontaire, un tiers devenait adjudicataire, on
ne pouvait pas soutenir que celui qui, dans la procédure,
était le saisi n'eût jamais été propriétaire. Il nous semble
qu'aujourd'hui, pas plus qu'alors, on ne peut le soutenir.

Nous ajouterons que, par arrêts des 19 juillet 1858 et
21 mai 1860 (S., 59, 1, 23 et 60, 1, 507), la Cour de cassation a jugé, d'une part, que la notification dispense de renouveler les inscriptions, même quand la surenchère est
suivie d'une adjudication à un nouvel acquéreur et, de
de l'autre, qu'elle entraîne la déchéance du droit de prendre
inscription.

Tout cela nous semble ne pas concorder entièrement avec
l'idée d'un effacement absolu de la première vente.

Telles sont les raisons qui nous font croire à une erreur
de la jurisprudence. Nous avons montré que les anciens
principes conduisaient à notre solution. Sans doute le moyen
qui résultait de l'hypothèque existant par cela seul qu'un
acte authentique était consenti nous manque aujourd'hui.
Mais quand une idée est bien d'accord avec les éléments du
droit, il est rare qu'on ne trouve pas à l'asseoir solidement,
lors même qu'un moyen vient à échapper par suite
d'un changement accessoire dans la législation. Nous

avons cru, dans tous les cas, devoir signaler les raisons qui nous ont paru déterminantes.

L'avenir nous apprendra si nous nous sommes mépris.

C'est au surplus l'opinion de MM. Dalloz (*Jur. gén.*, v° *Priv. et hyp.*, n°ˢ 425, 2302, 2366) et Grenier (t. II, n° 469).

**192.** Si ces idées sont justes, combien les raisons que nous venons de développer ne sont-elles pas plus puissantes encore quand elles sont émises pour maintenir les hypothèques concédées par l'acquéreur?

**193.** Le jugement d'adjudication sur saisie doit évidemment être transcrit. Il est, sans contestation possible, compris dans les termes du numéro 4 de l'article 1ᵉʳ. Quelques auteurs se demandent cependant quelle peut être l'utilité de cette transcription en présence de l'article 686 qui ne permet plus au saisi d'aliéner, après la transcription de la saisie, et en présence de l'article 717, qui dit que l'adjudication ne transmet d'autres droits que ceux qu'avait le saisi et ne permet pas de troubler l'adjudicataire par les demandes en résolution non notifiées en temps utile. (FLANDIN, n°ˢ 577, 578; LEMARCIS, *Commentaire*, section 1, n° 14, 4°.)

On pourrait répondre que, bien que les saisies soient mentionnées au bureau des hypothèques sur les mêmes tables que les mutations, si on n'a demandé qu'un état des mutations, le conservateur pourrait ne pas donner une copie de la saisie.

Quoiqu'il en soit de la valeur de cette observation, l'article 1ᵉʳ de la loi de 1855, conforme en cela à l'article 22 de la loi sur l'expropriation du 11 brumaire an VII, et confirmé par la loi sur les ordres du 21 mai 1858, exige cette transcription. Telle est l'opinion de MM. Rivière et François, Rivière et Huguet (n°ˢ 124, 351, 352), Mourlon (*Revue pratique*, t. IV, p. 314, n° 79), Gauthier (n° 111).

**194.** Faut-il considérer comme abrogé par la loi de 1855 l'article 710 du Code de procédure, qui veut qu'on mentionne l'adjudication en marge de la transcription de la saisie. MM. Mourlon (*Revue pratique, loco citato*), Flandon (n° 580) le pensent. Nous ne le croyons pas par la raison que nous venons de donner. Si on demande au conservateur un état des saisies sans demander un état des mutations et que l'adjudication ne soit pas mentionnée en marge de la saisie, le conservateur pourra ne pas donner copie de l'adjudication.

Et nous estimons avec M. Flandin (n° 581) et avec M. Mourlon (*loco citato*), que la mention ne pourrait remplacer la transcription de l'adjudication.

195. Doit-on transcrire le jugement d'adjudication sur folle enchère? Oui. (FLANDIN, n° 582, TROPLONG, *Trans.*, n° 221, GAUTHIER, n° 111, BRESSOLLES, n°³ 33, 66, MOURLON, *Revue pratique*, t. IV, p. 378, n° 86.)

On se divise, à la vérité, sur le caractère de l'adjudication première. Le payement du prix forme-t-il une condition suspensive ou une condition résolutoire? Cette question a été résolue dans le sens de la condition suspensive par un arrêt du 24 juin 1846 rendu au rapport de M. Troplong (S., 47, 1, 503) et par un arrêt du 8 août 1851 (S., 54, 1, 609). Tous deux rendus par la Cour de cassation. La même Cour a jugé le 21 juillet 1863 (63, 1, 489) que, malgré le caractère suspensif, la purge faite par l'adjudicataire doit être maintenue. Quoiqu'il en soit de cette difficulté, il suffit que l'adjudication crée un nouveau propriétaire pour qu'elle doive être transcrite.

Nous nous sommes expliqué, en ce qui concerne l'héritier bénéficiaire, au sujet de l'adjudication prononcée à son profit, au n° 70.

196. L'article 802 du Code civil permet à l'héritier bénéficiaire de se décharger du payement des dettes en abandonnant tous les biens de la succession aux créanciers et aux légataires. Un arrêt de la Cour de cassation du 6 juin 1815 (S., 15, 1, 319) avait assimilé cet abandon à la renon-

ciation. Mais M. Merlin s'était élevé contre cette décision, qu'il considérait comme contraire à tous les principes de la matière. (Q. de dr., § 5, art. 5.) Il explique, dans les paragraphes précédents, que cet abandon n'a de valeur que vis-à-vis des créanciers et des légataires; mais qu'il ne peut équivaloir à une renonciation; que, si les dettes payées, il y a un excédant, l'héritier qui a fait l'abandon peut profiter de cet excédant; que dans aucun cas cet abandon ne peut avoir aucun effet vis-à-vis des cohéritiers de celui qui le fait et le dispenser du rapport. La Cour de cassation s'est rangée depuis à l'opinion de M. Merlin et a décidé que la règle « *semel heres, simper heres* » s'applique à l'héritier bénéficiaire comme à l'héritier pur et simple, par arrêts des 29 décembre 1829 (S., 30, 1, 1), 1er février 1830 (S., 30, 1, 137) et 25 mars 1840 (S., 40, 1, 456).

Quelle que soit l'opinion qu'on adopte à cet égard, la transcription de l'abandon n'est pas nécessaire. Au point de vue des créanciers, il ne leur transporte pas la propriété; et, au point de vue des autres héritiers, la renonciation n'a pas été soumise à la transcription. Elle ne peut donc être exigée sous aucun rapport. C'est aussi l'opinion de M. Flandin (n° 593).

M. Flandin fait observer avec raison que, si la renonciation était faite au profit d'un créancier seulement, elle devrait être transcrite. Ce serait ou une vente ayant pour prix le payement des dettes, ou une donation. Il en serait de même de la renonciation faite par un héritier au profit d'un de ses cohéritiers (n° 595).

**197.** L'envoi en possession provisoire des biens d'un absent ne constitue qu'un dépôt et ne donne aucun droit de propriété (art. 120 et 125 du Code civil). Il est prononcé au profit des héritiers présomptifs. Lorsqu'il s'est écoulé trente ans à dater de cet envoi en possession, ou cent ans depuis la naissance de l'absent, l'envoi en possession devient définitif; le dépôt se convertit en propriété, résoluble à la vérité, mais avec cette circonstance que si l'absent reparait, il ne peut reprendre les biens qu'en l'état où ils sont et qu'il est obligé de respecter les aliénations consenties (art. 129 et 132). Les jugements qui prononcent ces envois ne sont pas assujettis à la transcription, parce que l'héritier seul a droit à cet envoi en possession et que le jugement n'est rendu que pour vérifier les deux faits de l'absence et de la parenté. Il s'agit donc, dans ce cas, d'une dévolution héréditaire à laquelle ne s'applique pas la loi de 1855. Quant à l'envoi en possession provisoire, le caractère provisoire et la nature du droit conféré suffiraient pour qu'il ne tombât pas sous le coup de cette loi. C'est ce qu'enseigne M. Flandin (nᵒˢ 596 et 597).

## § 83

### JUGEMENTS PRONONÇANT UNE RÉSOLUTION

#### Sommaire

198. L'article 4 prescrit la mention du jugement qui prononce une résolution en marge de la transcription de ce jugement ; et il l'impose, non à la partie qui a obtenu le jugement, mais à son avoué, sous peine d'une amende de 100 francs.

Cette disposition n'est point en désaccord avec le principe fondamental de la loi. Toute vente est soumise à la condition que le payement du prix sera effectué ; s'il ne l'est pas, le vendeur a le droit de la faire résoudre. Cette résolution a un effet rétroactif et fait disparaître le droit de l'acquéreur et les droits qu'il a conférés sur la chose (art. 1183, 1184, 1179, 1654, 1655 et 2125 du Code civil). Le principe de la résolution est dans la vente même ; et sa transcription apprend aux tiers que, la condition du non payement se réalisant, la transmission de la propriété pourra se trouver effacée par la résolution. Le jugement qui prononce la résolution ne fait que déclarer la réalisation de la condition. Ce caractère déclaratif, reconnu par la loi, lui a paru suffisant pour qu'elle n'exigeât pas la transcription du jugement. Nous avons déjà dit (n° 32) que la loi n'avait pu songer à prescrire de porter à la connaissance des tiers, par le mode qu'elle adoptait, un élément de dissolution de convention qui souvent se traduisait par de simples faits. Et, quant aux causes de nullité qui vicient le consentement lui-même, elle n'a pu penser, ainsi que nous l'expliquerons un peu plus tard, qu'il fût besoin de publier le jugement qui les constate autrement que par les formalités de l'article 4. Le sens de cet article ne paraît pas douteux. Son esprit résulte nettement de l'exposé des motifs.

« La mesure imposée par cet article est, dit-il, un aver-
» tissement utile à donner aux tiers que la transcription
» d'un acte pourra tromper sur son existence apparente.
» Cependant, comme aucun péril ne menace le bénéficiaire
» du jugement, il fallait assurer l'exécution de la mesure
» par une pénalité contre l'officier ministériel qui négli-
» gerait cette publicité d'autant plus nécessaire qu'elle doit
» détruire et effacer une publicité contraire précédemment
» donnée. »

Le rapport de M. Debelleyme dit à son tour : « Les juge-
» ments prononçant la nullité ou la rescision d'actes trans-
» crits ne sont pas soumis à l'obligation absolue d'une
» nouvelle transcription, parce qu'ils ne sont pas translatifs
» de propriété. Il y avait d'ailleurs des difficultés pratiques
» qui s'opposaient à ce que la validité des jugements fût
» directement ou indirectement subordonnée à la trans-
» cription. »

Malgré ces autorités, un jurisconsulte considérable, M. Duvergier, dans ses notes sur la loi (*Collection des lois*, 1855, p. 67), estime que le bénéficiaire du jugement ne peut l'opposer aux tiers s'il n'a pas fait la mention. Il dit qu'il est inexact en droit que les jugements de résolution dont parle l'article soient déclaratifs et que cela est indifférent en fait.

Nous croyons que M. Duvergier se trompe. On assujettit à la transcription les transmissions de propriété volontaires parce qu'elles ne dépendent que de la volonté des contractants et qu'on peut les rendre publiques quand elles se produisent. Au contraire, une résolution de vente est prononcée,

non parce que l'acheteur l'a voulu, mais parce qu'il n'a
pas rempli ses engagements. Si on eût voulu faire dépendre,
vis-à-vis des tiers, l'effet du jugement de la formalité à
remplir, ce n'est pas le jugement seul qu'on eût songé à
transcrire. On y eût certainement soumis la demande; et
cela eût été encore insuffisant, puisque le jugement doit
effacer tout le passé. Mais comme la transcription de la
vente elle-même apprenait aux tiers que le prix non payé,
pouvait amener une résolution, on a pensé avec raison
qu'on ne pouvait exiger davantage. Le texte est précis; il
est expliqué avec précision par l'exposé des motifs et par le
rapport que M. Duvergier, au surplus, n'a pas ignorés
puisqu'il les reproduit. Nous ne pensons pas qu'il puisse y
avoir doute; et cette opinion est partagée par MM. Rivière
et Huguet (n°ˢ 303 et suiv.), Rivière (*Revue critique de législation*, t. VI, p. 524, année 1855), Bressolles (n° 53),
Troplong (*Trans.*, n°ˢ 213 et 232), Fons (n° 33), Mourlon
(*Examen, Appendice*, n° 367, et *Revue pratique*, t. II, p. 322).

199. Nous avons réservé, au numéro 32, l'examen de la
question de savoir si la résolution amiable pour défaut de
payement est dispensée de transcription. C'est le moment
d'arrêter sur ce point notre attention.

Nous avons dit que le jugement, quand il intervient, ne
fait que vérifier les faits et déclarer qu'en effet le payement n'a pas été effectué comme le voulait la vente. Généralement, un jugement n'est nécessaire que pour vaincre la
résistance de l'une des parties. Mais quand les deux parties
sont d'accord, est-il donc indispensable de subir les frais si
considérables d'un jugement que, dans cet ordre d'idées, il
faudra faire passer en force de chose jugée? Dira-t-on qu'il
le faut à cause de l'intérêt des tiers qui s'y trouve mêlé, et
invoquera-t-on l'article 1181 qui dit que la résolution doit
être demandée en justice?

Nous croyons que ce serait une opinion trop absolue. Si
l'article 1184 avait entendu proscrire une résolution amia-

ble, il l'aurait dit. Quand l'article 2127 a voulu empêcher que les hypothèques fussent consenties par actes privés, il a dit qu'elles ne pourraient l'être que par actes authentiques. De même, l'article 931 a dit que la donation devrait être authentique sous peine de nullité. Quand la loi entend que le contrat de mariage ne puisse résulter d'un acte sous signatures privées, elle adopte une formule affirmative (art. 1394). Nous ne sommes pas ici dans une matière où l'ordre public soit directement intéressé. Qu'un mariage ne puisse être dissous volontairement, nous le comprenons. Mais, de là à une résolution de vente, il y a loin. Aussi estime-t-on généralement que la résolution amiable a les mêmes effets que la résolution judiciaire. (TROPLONG, *Vente*, nº 691, et *Transcription*, nº 241; DALLOZ, *Jurispr. génér.*, vº *Priv. et Hyp.*, nº 1743, et *Vente*, nºˢ 1230 et 1231; FLANDIN, nº 610.) C'est ce qu'a jugé la Cour de cassation par arrêt du 10 mars 1836 (S., 36, 1, 46). C'est ce qu'ont jugé aussi les Cours de Bourges, le 12 février 1853 (S., 53, 2, 441), et de Riom, le 11 décembre 1865 (S., 66, 2, 362).

**200.** La Cour de cassation a même appliqué ce principe à une résolution amiable faite par le vendeur primitif et le dernier sous-acquéreur, sans l'intervention de l'acquéreur primitif (Arrêts des 30 août 1827, S., 27, 1, 200, et 12 mai 1829, S., 29, 1, 243). L'arrêt de 1827 s'applique à un bail emphytéotique; mais le principe engagé à cet égard est le même.

Nous avouons que, quand on franchit ainsi les degrés de l'échelle, nous éprouvons des scrupules. Nous ne croyons pas qu'on puisse effacer l'effet de la vente primitive, sans faire un appel à l'acquéreur et sans faire reconnaître par lui qu'il n'a pas rempli ses engagements.

Mais nous estimons que, non exagéré, le principe est vrai, et que les parties qui ont traité ensemble peuvent reconnaître amiablement qu'il y a défaut de payement et lieu à résolution. Par suite l'acte serait dispensé de transcription.

Au surplus, nous répétons ce que nous avons dit au numéro 32 ; il s'agit d'un cas délicat. On traite sur un point qui intéresse de près les tiers ; et, si peu que l'acte prête le flanc, et ressemble à une rétrocession, il en prendra le caractère. (*Voy.* C. de cass., 17 juillet 1848, S., 48, 1, 470.)

201. L'avoué qui a omis de faire la mention exigée, est-il responsable vis-à-vis des tiers ?

MM. Rivière et Huguet (*Questions*, nº 310) disent que non. Il n'a été, disent-ils, l'agent que de la partie qui bénéficie du jugement. D'autre part, la loi ne punit que d'une amende.

Nous croyons que, bien que chargé des intérêts d'une seule partie, l'avoué pourrait être considéré comme investi d'une mission publique et obligé, sous peine de dommages-intérêts, à l'accomplissement de certains devoirs. Mais, si l'avoué est en faute quand il a omis la mention, la partie ne peut-elle pas se reprocher d'avoir perdu de vue, en traitant avec un acquéreur, qu'il peut ne pas payer et perdre par suite tout droit à l'immeuble ? Ne peut-elle pas avoir connu le jugement, ou, si elle ne l'a pas connu, avoir réellement traité la veille du jour où le délai imposé à l'avoué est expiré, pendant que l'acte porte une date postérieure ?

Aussi la responsabilité de l'avoué est-elle généralement repoussée. (TROPLONG, *Transcription*, nºˢ 213, 232, FONS, nº 33, MOURLON, *Examen critique*, *App.*, nº 367, FLANDIN, nº 611.)

202. Il importe peu, à notre sens, que la résolution ait lieu de plein droit et soit la conséquence nécessaire de la loi, comme la révocation de donation pour survenance d'enfant (art. 960). La loi de 1855 ne distingue pas, et la mention doit être faite dans ce cas comme dans les autres. (FLANDIN, nº 613, TROPLONG, *Transcription*, nº 214. BRESSOLLES, nº 64, MOURLON, *Examen...*, *App.*, nº 363 — *Contrà*, RIVIÈRE et HUGUET, *Questions*, nº 260.)

203. M. Flandin (nº 617) exige la transcription du juge-

ment de résolution quand il n'anéantit le droit que
pour l'avenir. Il applique à ce cas les doctrines de l'article 1er
sur les jugements translatifs. Il soumet donc à la transcription le jugement qui prononce l'extinction de l'usufruit
(art. 618 du Code civil), celui qui résout une donation
pour ingratitude (art. 958). M. Mourlon (*Examen...*, *app.*,
n° 339) pense qu'on peut voir, dans la cessation de l'usufruit pour cause de malversations, une inexécution des
conditions sous lesquelles il a été conféré. Nous croyons
qu'il y a du vrai dans cette idée. Quant à la révocation pour
ingratitude, nous pensons qu'on peut y trouver le principe
de la même objection. Mais nous croyons surtout que la loi
a vu, dans tous les jugements qui ne font que résoudre, un
élément de publicité suffisant. Il n'en est pas de ceux-là
comme d'un jugement d'adjudication, comme d'une vente.
On peut acheter ou vendre sans que les tiers aient toujours
pu le prévoir à l'avance. Au contraire, le tiers qui voit
dans un usufruit, dans le bénéfice d'une donation, une
garantie pour sa créance a les yeux ouverts, et la publicité
d'un procès l'avertit assez. Nous ne voyons pas de raisons
pour distinguer là où la loi ne distingue pas et pour rompre
l'unité de la loi sous prétexte de se conformer à son esprit.

204. Par cette raison, nous croyons que, nonobstant
l'inscription de l'extrait de la demande en révocation pour
ingratitude (art. 958), l'avoué doit faire opérer la mention
du jugement. M. Flandin (n° 622) émet la même idée que
combat M. Troplong (*Transcription*, n° 218).

205. La distinction entre les nullités radicales, les nullités
relatives et les rescisions est, par les raisons que nous
avons données, sans importance au point de vue de l'article 4. Toutes donnent lieu, quand elles sont prononcées
par jugement, à une mention que l'avoué doit faire opérer.
Le mot « prononçant » employé par l'article 4 ne peut avoir
le sens restreint qu'on pourrait vouloir lui prêter à cet
égard (TROPLONG, *Transcription*, n° 214); et, comme le dit

fort bien l'éminent jurisconsulte, les tiers ont intérêt à connaître l'annulation d'un acte fondé sur ce qu'il contient un élément qui le vicie, comme ils ont intérêt à connaître l'annulation pour inexécution.

**206.** La réduction de la donation pour excès sur la quotité disponible (art. 920 du Code civil) est-elle sujette à la mention ?

On peut se demander d'abord si l'article 11 de la loi de 1855 ne s'oppose pas à l'application aux donations de l'article 4. Mais le Code n'a aucune disposition qui s'applique à la publicité des jugements portant révocation de donation. Il ne s'occupe, à ce point de vue, que de l'avertissement à donner aux tiers en ce qui concerne la demande en révocation pour cause d'ingratitude. Sous tous les autres rapports, il est muet. Nous verrons plus tard que la loi de 1855 doit, sauf les exceptions que nous indiquerons, être appliquée aux donations. De là il suit qu'il faut examiner si les donations qui sont réduites comme excédant la quotité disponible, sont comprises dans le texte de l'article 4.

Pour nous, nous n'en doutons pas. La réduction d'une donation n'est en effet qu'une résolution partielle. (TROPLONG, *Trans.*, n° 216; FLANDIN, n° 629.— *Contrà*, RIVIÈRE et HUGUET, n°ˢ 267 et 268.)

**207.** Si un acte portant sur un immeuble est annulé sur la demande d'un créancier pour cause de fraude (art. 1167 du Code civil), faudra-t-il faire la mention ?

MM. Flandin (n° 630) et Troplong (*Trans.*, n° 220) estiment que oui. MM. Rivière et Huguet (n°ˢ 269 et 270) professent l'opinion opposée.

Nous partagerions l'opinion de MM. Troplong et Flandin. Mais nous devons faire ici une réserve.

Si le jugement est rendu de manière à lier le débiteur, si, par exemple, il a été mis en cause, nous n'y voyons pas de difficultés. Mais ne peut-il pas se faire que le débiteur n'ait pas été appelé, que le litige se soit produit entre le tiers et le créancier? Dans ce cas, no pourrait-on pas dire que le jugement ne profite qu'au créancier et que les autres créanciers ne peuvent s'en prévaloir, que, par suite, il n'y aurait pas mutation vis-à-vis du débiteur?

On pourrait invoquer à cet égard la jurisprudence relative à la question de savoir si le débiteur jugé héritier sur la demande d'un créancier l'est aussi pour tous. (C. de cassation, 10 avril 1865, S., 65, 1, 270; 23 décembre 1870, S., 70, 1, 289) et celle relative à la question de savoir si le bénéfice de l'action Paulienne appartient au créancier demandeur seul. (C. de cass., 5 février 1856, S., 56, 1, 354 et 13 février 1865, S., 65, 1, 117.)

**208.** MM. Rivière et Huguet (n° 165) posent l'espèce suivante :

Pierre a donné à Paul une procuration pour acheter un immeuble. Paul l'achète en son nom. Sur une action de Pierre, l'immeuble est déclaré appartenir à celui-ci. L'article 4 est-il applicable?

MM. Rivière et Huguet le pensent. Ils voient là, non une mutation, mais une résolution.

M. Flandin, au contraire, n'y voit qu'une action en revendication accueillie et ne croit pas l'article 4 applicable.

Nous croyons que tous deux ont tort. Le jugement condamne Paul à rendre l'immeuble parce qu'il a dû acheter au nom de Pierre. Il déclare donc que Paul a pris l'engagement d'en rendre ou d'en faire rendre Pierre propriétaire. Dès lors, il rentre dans les termes du numéro 3 de l'article 1er. Mais il ne peut être considéré comme une résolution. D'une part, Pierre n'a jamais été propriétaire avant le jugement et ne reprend pas une propriété qu'il avait transmise. De l'autre, toutes les hypothèques qui grèvent l'immeuble du chef de Paul, suivent cet immeuble dans les mains de Pierre, et le vendeur garde indubitablement tous ses droits de créance contre Paul. Nous croyons donc qu'il y a mutation susceptible de transcription et non résolution.

La propriété, après avoir passé de la tête du vendeur sur celle de Paul, passe de celle-ci sur la tête de Pierre. M. Flandin est obligé, par la force des choses, d'admettre au n° 634 qu'il faut transcrire.

**209.** Lorsqu'une vente suivie de reventes a été résolue, faut-il faire la mention en marge de la transcription des reventes aussi bien qu'en marge de la transcription de la vente?

M. Troplong (*Trans.*, n° 222) et M. Flandin (n° 636) enseignent qu'il suffit de faire la mention en marge de la transcription de la première vente. La loi en effet n'exige pas autre chose. M. Lesenne (*Commentaire*, n° 91) semblerait enseigner le contraire; mais cela tient à ce qu'il se place dans l'hypothèse d'une résolution de la vente et des reventes prononcées par le même jugement.

**210.** Le jugement qui donne acte d'un acquiescement à une demande en résolution, ou qui prononce la résolution en présence de l'accord des parties doit être suivi de mention. (FLANDIN, n° 638, BRESSOLLES, n° 66.)

**211.** Si l'acte annulé n'a pas été transcrit, l'article 4 ne trouve plus son application. (TROPLONG, *Trans.*, n° 223 et FLANDIN, n° 639.)

**212.** Si l'inscription prévue par l'article 958 du Code civil et relative à la demande en révocation de donation pour ingratitude, ne peut se produire en l'état où cet article suppose qu'elle doit être opérée parce que la transcription elle-même n'a pas été faite, à quel parti faudra-t-il s'arrêter?

M. Troplong (*Trans.*, n° 224) en cite trois; le premier consiste à faire transcrire la donation et à faire en marge la mention. C'est placer les choses en l'état où elles doivent être; le second consiste à ne pas faire de mention en marge d'une transcription non existante; le troisième consiste à inscrire la demande sur le registre des transcriptions, sauf au conservateur à l'annoter plus tard en marge de la transcription, si on la fait faire.

Nous croyons, comme M. Troplong, qu'on peut prendre soit le premier, soit le dernier parti. Le dernier est prescrit par une circulaire du Garde des sceaux de Belgique. Il importe au donateur de prendre, soit l'une, soit l'autre détermination, pour qu'il soit à l'abri des actes du donataire.

Mais nous pensons, comme M. Troplong, que la mention, qui n'est prescrite par l'article 4 que quand l'acte résolu a été transcrit, n'est pas exigée de l'avoué sous peine d'amende quand la transcription de la donation n'a pas été faite.

**213.** L'article 4 dit que la mention doit être opérée dans le mois du jour où le jugement est passé en force de chose jugée.

Quand se produit ce moment ?

M. Troplong (*Trans.*, n° 230) traite à ce sujet l'opinion émise par M. Marcadé sur l'article 1351 avec une sévérité qui nous paraît imméritée et dans tous les cas excessive. M. Flandin (n° 644) paraît s'associer à ses critiques. Et cependant M. Marcadé traite un sujet entièrement étranger à la question soulevée par l'article 4. Il se borne à dire que, entre les parties, un jugement, même attaquable, doit être obéi tant qu'il n'est pas attaqué. Cette thèse, si on ne l'applique pas aux huit jours pendant lesquels un jugement ne peut être mis à exécution (art. 450 du Code de procédure), n'est pas dénuée de raison. C'est celle de Pothier (*Obligations*, n°ˢ 853 et suiv.) et elle a été reproduite par M. Massé dans une note insérée au *Journal* de Sirey (61, 1, 270).

Quant à l'époque où doit être faite la mention, elle ne semble pas douteuse, et tout le monde paraît d'accord. L'article veut que la mention soit opérée dans le mois du jour où le jugement n'est plus attaquable par les voies ordinaires, c'est-à-dire par l'opposition et l'appel. Entre les parties, un jugement en premier ressort peut donner lieu à des poursuites tant qu'il n'est pas attaqué ; mais la mention doit être faite par l'entremise d'un tiers, et il faut pour cela que le jugement soit inattaquable par les voies ordinaires. C'est là

19

ce que prescrit l'article 2157 en matière de radiation ; c'est au surplus ce que prescrit plus généralement l'article 548 du Code de procédure. On peut consulter en ce sens un arrêt de la Cour de cassation du 20 novembre 1860 (S., 61, 1, 270).

Est-ce à dire que le conservateur doive exiger les certificats prescrits par cet article ? Sans doute il a le droit de les demander, puisqu'il ne s'agit de rien moins que d'affaiblir, ou plutôt de ruiner vis-à-vis des tiers l'autorité d'une transcription. Mais nous ne pensons pas qu'il soit dans la nécessité de les exiger.

Les voies extraordinaires de réformation sont la tierce opposition, la requête civile, le recours en cassation ; mais elles ne suspendent pas l'exécution. (Art. 478 et 497 du Code de procédure et loi du 27 décembre 1790, art. 16.) L'article 4 n'a certainement pas entendu qu'un jugement ne pût être considéré comme passé en force de chose jugée qu'autant qu'il ne pourrait être attaqué par les voies extraordinaires.

214. La disposition de l'article 4 emporte une peine relativement rigoureuse pour l'avoué poursuivant. Si le jugement obtenu est contradictoire, il n'est passé en force de chose jugée que lorsque deux mois se sont écoulés depuis sa signification. Si des mineurs sont intéressés, il faut une signification au tuteur et au subrogé tuteur. (Art. 444 du Code de procédure.) Les délais de l'appel peuvent être suspendus par la mort de la partie condamnée (art. 447). Si le jugement est par défaut, le délai de l'appel ne court que du jour où l'opposition n'est plus recevable (art. 443) ; et alors on se trouve aux prises avec les difficultés si considérables des articles 158 et 159 du Code de procédure. L'avoué éprouvera donc dans quelques cas de véritables doutes sur la question de savoir si la mention est admissible. Il ne faut pas perdre de vue d'ailleurs que les significations qui font courir les délais sont adressées à la partie et qu'elles peuvent n'être pas connues de l'avoué. Nous ne craignons pas

de dire que l'application de l'amende sera souvent arrêtée par quelqu'une des difficultés que nous venons d'indiquer.

**215.** Si un jugement est réformé par une voie extraordinaire, faudrait-il faire une mention nouvelle pour détruire la première ?

M. Mourlon distingue le cas de requête civile de celui de cassation. Il exige la mention dans le premier et non dans le second, parce qu'il n'y a pas d'avoué à la Cour de cassation. (*Examen critique...*, app., n° 366.) M. Flandin le reprend avec raison (n° 616) en ce sens que, après la cassation, l'affaire est renvoyée, et que la Cour de renvoi est pourvue d'un avoué. Mais il estime avec M. Troplong (*Trans.*, n° 231) que l'article ne comprend pas ce cas et qu'on ne peut étendre une pénalité. Nous partageons cette opinion.

**216.** Si après un jugement par lequel une demande en nullité a été rejetée, la Cour réforme, la mention doit être faite par les soins de l'avoué près la Cour. (FLANDIN, n° 648, TROPLONG, *Trans.*, n° 336, RIVIÈRE et FRANÇOIS, n° 73, ITVIÈRE et HUGUET, n° 278, FONS, n° 32, BRESSOLLES, n° 65. — *Contrà*, MOURLON, *Examen...*, app., n° 368 *bis*.)

**217.** Il semble que, dans ce dernier cas, quand l'arrêt est contradictoire, la mention doit être faite dans le mois de sa date, sans attendre sa signification. La Cour de cassation a en effet jugé, par l'arrêt du 20 novembre 1860, que nous avons déjà cité (S., 61, 1, 270), que les arrêts contradictoires ont toute leur force du jour où ils sont rendus. C'est l'avis de Pothier. (*Obligations*, n° 854.)

**218.** M. Troplong (*Trans.*, n° 236) et M. Bressolles (n° 65), estiment que, en cas de confirmation, il faut mentionner le jugement et l'arrêt. Que l'extrait fasse mention de l'une et de l'autre décision, nous n'y voyons que des avantages. Mais nous estimons avec M. Flandin que la mention de l'arrêt est bien suffisante.

**219.** La renonciation de la partie qui a obtenu le bénéfice de la décision par laquelle la résolution est prononcée

dispense, suivant MM. Rivière et Huguet (n° 276), Mourlon
(*loco citato*) et Flandin (n° 652), de la mention prescrite par
l'article 4.

Nous éprouvons quelques doutes à cet égard. La résolution a annulé une mutation. Cette résolution est irrévocable puisqu'elle a été prononcée par une décision passée en
force de chose jugée. La renonciation au bénéfice de cette
décision a pour effet, si elle est acceptée, de faire revivre la
mutation ; elle devra être transcrite elle-même ; mais avant
qu'elle le soit, le passé sera réglé sous l'influence de la décision et l'avoué doit la compléter. Nous croyons donc qu'il
doit faire la mention.

**220.** Si l'avoué décède, ses héritiers ne succèdent pas à
une obligation de sa charge. (FLANDIN, n° 654, RIVIÈRE et
HUGUET, n° 282.)

**221.** Il en est de même du successeur que n'oblige pas
l'article 4 et qui peut ignorer la décision, (TROPLONG, *Trans.*,
n° 237; FLANDIN, n° 655; RIVIÈRE ET HUGUET, n° 282; MOUR-
LON, *Examen...*, app., n° 368.)

**222.** L'avoué destitué dans le cours du mois n'est pas passible de l'amende parce que l'amende n'est encourue qu'après
le mois et que, du moment de sa destitution, il ne peut
exercer sa fonction. (TROPLONG, *Trans.*, n° 239; FLANDIN,
n° 656.)

**223.** Mais s'il se démet dans l'intervalle du mois, ces
deux auteurs l'obligent, sous peine d'amende, à faire opérer
la mention. Cette opinion nous paraît rigoureuse. Il s'agit
d'une pénalité qu'on ne peut étendre. L'avoué remplacé
(nous ne parlons que de celui-là) pendant la durée du mois
n'a pas été avoué pendant le mois dont la durée est prévue
par l'article 4. Il nous semble que l'amende ne lui est pas
applicable.

## § 56

## DONATIONS

### Sommaire

**224.** La donation était, sous l'ancien droit, soumise, sauf quelques exceptions, à l'insinuation. D'après le dernier état du droit romain, le défaut d'insinuation, quand l'acte ne portait pas sur un cas spécialement dispensé, était une cause de nullité que le donateur lui-même pouvait invoquer. (DEMOLOMBE, *Donations*, t. III, n° 233.)

**225.** L'ordonnance de 1539 avait prescrit l'insinuation ; l'ordonnance de Moulins, du mois de février 1566, par son article 58, confirma cette disposition et déclara que, si l'insinuation n'avait pas été opérée dans le délai de quatre mois, la donation serait nulle « tant en faveur du créancier que de l'héritier du donnant ». Elle ajoutait toutefois : « et si, » dedans ledit temps, ledit donnant ou donataire décé- » dait, pourra néanmoins ladite insinuation être faite dans » ledit temps, à compter du jour dudit contrat ».

Le donateur ne pouvait par suite invoquer lui-même cette nullité.

**226.** L'ordonnance de février 1731, œuvre du chancelier d'Aguesseau, a réglementé avec plus de précision cette partie du droit. L'article 19 dispense de l'insinuation les

donations en ligne directe ; l'article 21 en dispense encore
les dons mobiles, augments, contre-augments, gains de
noces et de survie en usage dans certains pays ; et l'article 22
étend cette dispense aux donations de choses mobilières, là
où il y a tradition réelle, jusqu'à concurrence de mille
livres une fois payées. L'article 20 prescrit l'insinuation de
toutes les autres donations même rémunératoires ou mutuelles, et cela sous peine de nullité. L'insinuation doit,
d'après l'article 23, être faite d'immeubles réels ou ayant
une assiette fixe au greffe des baillages, sénéchaussées, ou
autres siéges royaux ressortissant nuement aux cours sou-
veraines, tant du domicile du donateur que de la situation
des immeubles, et, pour le surplus des valeurs données, au
greffe du domicile du donateur.

227. L'article 26 statuait que l'insinuation aurait lieu
dans les délais portés par les ordonnances, même après le
décès du donateur ou du donataire, ce qui était dire qu'elle
aurait lieu dans les quatre mois, puisque ce délai résultait
de l'ordonnance de Moulins, dernière disposition qui en
eût fixé le temps. L'article ajoutait que, dans ce cas, l'acte
aurait effet du jour de sa date, et que, même après les
quatre mois, quand bien même le donataire serait décédé,
l'insinuation pourrait être opérée pourvu que le donateur
fût vivant ; que, en ce cas, elle n'aurait effet que du jour de
l'insinuation.

228. L'article 27 conférait le droit de se prévaloir de la
nullité qui résultait du défaut d'insinuation, tant aux tiers-
acquéreurs et aux créanciers du donateur qu'à ses héritiers,
donataires postérieurs, légataires, et généralement à tous
ceux qui y auraient intérêt, autres que le donateur.

L'article 30 ne permettait ni au mari chargé de faire insinuer la donation faite à sa femme, ni aux ayants cause
de ce dernier d'opposer le défaut de transcription.

229. L'article 33 de l'ordonnance excepte de ces dispositions le ressort du Parlement de Flandre. Ce ressort était

soumis aux règles du nantissement, qui, comme nous l'avons dit, ont été l'origine de la législation relative à la transcription. Le Parlement de Flandre, dans ses observations, invoqua les inconvénients qui pouvaient résulter de l'abandon de traditions excellentes et, dans tous les cas, chères aux populations. Ce fut, dit M. Merlin (*R.*, v° *Donation*, section 6, § 3), pour satisfaire à ces réclamations, que fut écrit l'article 33.

Une déclaration du 12 janvier 1736 étendit l'exception à l'Artois, qui se trouvait dans les mêmes conditions que la Flandre.

**230.** La suppression du régime féodal ayant amené l'abandon des formalités du nantissement, la loi du 19 septembre 1790 ordonna la transcription au greffe des tribunaux des actes sujets au nantissement; et, pour faire cesser tous les doutes qui auraient pu surgir, l'article 24 du titre 1er de la loi du 13 avril 1791 déclara que le défaut de la transcription au greffe, substituée aux dessaisines... ne pourrait, dans les pays de nantissement, être opposé aux donataires par les héritiers du donateur.

**231.** Vint ensuite la loi du 11 brumaire an VII, dont l'article 26 prescrivait la transcription des actes translatifs de biens et droits susceptibles d'hypothèques. Cette loi s'appliquait aux donations comme aux autres aliénations (C. de cass., 10 mars 1810, premiers paragraphes de l'arrêt, S., 40, 1, 218; 4 mars 1830, S., 30, 1, 52; 19 février 1821, S., 21, 1, 206). Du moment où elle fut mise à exécution jusqu'au Code civil, les provinces autres que celles exceptées de l'insinuation par l'article 33 de l'ordonnance de 1731 et par la déclaration de 1736 furent soumises à deux formalités, l'insinuation et la transcription. (DEMOLOMBE, *Donations*, t. III, n° 240; MERLIN, *loco citato*.)

**232.** Enfin, le Code civil a prescrit la transcription par son article 939.

Cet article exigeant la transcription des donations de biens susceptibles d'hypothèques, on s'était demandé si les donations de servitudes, de droits d'usage ou d'habitation, en un mot, de droits non susceptibles d'hypothèque devaient être transcrites. Les auteurs s'étaient divisés sur ce point. M. Demolombe résume la discussion et se prononce dans le sens de la négative. (*Donations*, t. I, n^os 248 et suiv.)

M. Bugnet, sur Pothier (*Donations entre vifs*, n° 102), note 2, qui admet une opinion opposée, dit que la servitude est susceptible d'hypothèque quand elle en est frappée avec le fonds, soit dans les mains du propriétaire de l'héritage dominant, soit dans les mains du propriétaire de l'héritage assujetti. Mais c'est une objection plus ingénieuse que vraie. Pour que la donation de la servitude fût soumise, d'après le Code, à la transcription, il aurait fallu qu'elle fût par elle-même susceptible d'hypothèque, et elle ne l'était pas. On a argué de ce que la loi de brumaire contenait ces mots : « actes translatifs de biens et droits susceptibles d'hypothèques », et que le mot « droits » a été supprimé. Nous ne voyons pas quelle peut en être la conséquence pour notre question. Nous croyons donc à la vérité de l'opinion de M. Demolombe, à l'appui de laquelle il cite un arrêt de Bordeaux du 10 juillet 1856 (S., 57, 2, 56), MM. Duranton (t. VIII, n° 504), Marcadé (art. 939, n° 4), Bayle-Mouillard, sur Grenier (t. II, n° 162), Troplong (*Donations*, t. II, n° 1162), Flandin (n^os 679 et 680), Zachariæ, Massé et Vergé (t. III, p. 217), Aubry et Rau (t. VI, p. 81).

Dans le sens opposé, on cite un arrêt de Riom du 23 mai 1842 (S., 42, 2, 340), un arrêt de Caen du 19 mai 1853 (S., 54, 2, 772); MM. Delvincourt (t. II, p. 74, note 9), Grenier (t. IV, p. 68), Coin Delisle (art. 939, n° 11), Demante (t. IV, n° 80 *bis*, 2), Mourlon (*Trans.*, t. I, n^os 112 et 113), Lesenne (n° 161), Sellière (n° 371).

Au surplus, et au point de vue de la loi nouvelle, cette

question nous semble tranchée par les textes. L'article 2 comprend en effet textuellement les droits non susceptibles d'hypothèques, et les donations qui en seront faites devront être régies par cet article, à moins qu'on voie dans l'article 11 une disposition par laquelle la législation du Code civil ait été maintenue.

233. La dernière partie de cet article est ainsi conçue : « Il n'est point dérogé aux dispositions du Code Napoléon » relatives à la transcription des actes portant donation ou » contenant des dispositions à charge de rendre; elles con- » tinueront à recevoir leur exécution. »

M. Mourlon (*Trans.*, n°s 112 et 113) estime que l'art. 939 a été maintenu par la loi de 1855 tel qu'il a été conçu, et que ce serait y déroger que d'étendre les articles 1 et 2 de la loi nouvelle aux donations qui se trouvaient auparavant dispensées de transcription.

Mais cette opinion nous semble justement condamnée par l'ensemble des auteurs qui ont examiné la question. La loi nouvelle n'a rien touché au système de transcription prescrit par la loi ancienne pour les donations là où elle l'a trouvé établi. Mais elle n'a pas entendu laisser en dehors de ses dispositions les transmissions gratuites qui n'étaient pas précédemment atteintes. Son but a été d'assurer énergiquement le crédit. Comme le fait judicieusement observer M. Demolombe (*Donations*, t. I, n° 338), le Code civil laissait dans le droit commun les donations de biens non susceptibles d'hypothèques; la loi nouvelle a entendu respecter la transcription là où elle l'a trouvée établie et l'a prescrite là où elle ne l'était pas. Tel est aussi l'avis de MM. Grosse (*Trans.*, n° 352), Troplong (*ibid.*, n°s 112, 364, 470), Zacharie, Aubry et Rau (t. VI, p. 91), Flandin (n° 681).

234. Par suite, nous admettons avec M. Demolombe (t. III, n° 339) qu'il faut déclarer soumis à la mention les jugements qui prononcent la nullité ou la révocation. (Art. 4 de la loi de 1855.) M. Demolombe dit que ces juge-

ments sont soumis à la transcription; mais il nous semble
évident que c'est là un mot pris pour un autre involontai-
rement,

Et qu'il faut déclarer soumis à la transcription tout acte
entre vifs ou jugement constatant la remise ou la cession
gratuite de loyers ou fermages équivalents à trois années.
(Art. 2 et 5; *Adde* Lesenne, nº 162; Troplong, *Trans.*,
nᵒˢ 217 et 219; Zacharlæ, Aubry et Rau, t. VI, p. 91.)

235. Nous n'avons pas besoin de prouver que la transcription, qui n'est qu'un élément de publicité, ne couvre
pas les vices du titre transcrit. C'est d'ailleurs ce qu'a jugé
la Cour de cassation les 19 nivose an XII (S., 4, 2, 58) et
17 prairial an XIII (S., 5, 2, 672).

## § 57

### DES PERSONNES QUI PEUVENT OPPOSER LE DÉFAUT DE
### TRANSCRIPTION DE LA DONATION

### Sommaire

236. L'héritier du donateur pouvait demander la nullité
de la donation non insinuée. (Art. 27 de l'ordonnance de
1731.) De là on a conclu qu'il peut demander la nullité de
la donation non transcrite.

Il faudrait, pour qu'il en fût ainsi, que l'insinuation et
la transcription fussent régies par les mêmes principes et
eussent le même but.

Les principes sont loin d'être les mêmes. La transcription
ne s'applique qu'aux immeubles. L'insinuation au contraire
s'appliquait aux meubles, quand il s'agissait d'une valeur
supérieure à 1,000 livres, aussi bien qu'aux immeubles.

Et, quant au but, nous allons voir que l'insinuation se préoccupait de l'héritier aussi bien que des tiers, et qu'il n'en est pas de même de la transcription.

Nous disons que l'insinuation se préoccupait de l'héritier. L'article 27 le prouve suffisamment ; et cependant l'ordonnance exceptait de la nécessité de l'insinuation les donations en ligne directe faites dans les contrats de mariage.

**237.** Mais, en même temps que cette législation était appliquée dans toutes les provinces non soumises au nantissement, des traditions différentes étaient appliquées dans les régions où le nantissement avait gardé son empire par suite de l'exception écrite dans l'article 33 ; et, ici, l'absence de la formalité du nantissement ne pouvait être invoquée par l'héritier. Cette formalité, que la transcription a remplacée, n'intéressait que les tiers. (MERLIN, *Rép.*, v° *Nantissement*, § 1, p. 467, et v° *Donation*, sect. 7, § 3, p. 137.) M. Merlin cite à cette dernière page plusieurs arrêts du parlement de Flandre des 17 juillet 1778, 14 mai 1783 et 11 août 1785, et il rappelle que la loi du 13 avril 1791 avait déclaré l'héritier non recevable à opposer le non accomplissement de la transcription au greffe qui, pour le Nord et le Pas-de-Calais, avait été substituée au nantissement.

**238.** Lorsque la transcription eut été établie par la loi du 11 brumaire an VII, on ne put soutenir que l'héritier fût admis à invoquer l'article 26, puisque cet article disait nettement que jusqu'à la transcription les actes ne pourraient être opposés aux tiers, ce qui signifiait suffisamment qu'ils pourraient l'être à ceux qui n'étaient pas tiers. On a cherché à prêter à l'orateur du gouvernement une pensée opposée ; mais l'interprétation de ses paroles a été clairement rétablie par M. Merlin. (V° *Donation*, § 3, p. 139.)

**239.** Enfin, les textes du Code civil sont l'opposé de ceux de l'ordonnance de 1731. L'article 938 dit, en effet, que la donation acceptée est parfaite par le seul consentement sans le secours de la tradition, tandis que l'ordonnance prononçait la nullité quand l'insinuation ne venait pas fermer la bouche à l'héritier. L'article 941 permet à tous ceux qui ont intérêt d'invoquer le défaut de transcription; mais il le refuse au donateur. On s'empare à la vérité de cet article pour soutenir que, si la loi avait entendu refuser ce même droit à l'héritier, elle n'eût pas manqué de le dire ; mais que, si le mot héritier n'a pas été ajouté, ce n'est pas qu'on voulût rompre avec les traditions de l'ordonnance qui donnait à l'héritier le droit de demander la nullité.

M. Merlin (*loco citato*) a répondu à cette objection avec la puissance de dialectique qu'il portait dans toutes les discussions. A ce compte, a-t-il dit, le Code aurait donné à l'héritier un droit plus étendu que celui qu'il tenait de l'ordonnance, puis qu'aujourd'hui la donation non transcrite serait toujours nulle après la mort du donateur, pendant que, sous l'ordonnance, le donateur mort, l'insinuation pouvait encore être opérée si quatre mois ne s'étaient pas écoulés depuis la donation. (Art. 26 de l'ordonnance.)

Puis, loin de reproduire les principes de l'ordonnance, l'article 938 dit que la donation est parfaite par le seul consentement et sans tradition ; donc elle n'attend le secours d'aucune formalité pour échapper à la nullité comme sous l'ordonnance.

Enfin, si l'article 941 n'a pas parlé de l'héritier, c'est qu'il continue le défunt et que, la donation déclarée parfaite, on n'avait plus besoin de parler de l'héritier.

M. Merlin ajoute que l'orateur du gouvernement, dans l'exposé des motifs, a dit nettement que, depuis la loi du 11 brumaire an VII, beaucoup de personnes ont été frappées de l'inutilité de l'insinuation ; que la transcription la remplace parfaitement ; qu'il suit de là que, dans la pensée de l'orateur, la donation a été assimilée à cet égard aux autres contrats, et qu'il était notoire que la loi de l'an VII ne pouvait être invoquée par l'héritier. M. Merlin regarde comme contraire à la pensée de l'exposé des motifs toute autre interprétation. Il cite d'ailleurs le rapport de M. Jaubert au tribunat comme résolvant directement la question dans le sens que nous indiquons.

M. Merlin aurait pu ajouter que l'article 939 n'oblige à transcrire que les donations immobilières, et que, si, à défaut de transcription, la donation devient nulle vis-à-vis de l'héritier, le texte qu'on invoque, celui de l'article 941, ne s'appliquant pas aux donations mobilières, nous nous trouverions en présence de deux principes différents, l'un relatif aux immeubles et par suite duquel les donations non transcrites seraient nulles vis-à-vis de l'héritier, et l'autre relatif aux donations mobilières, qui ne permettrait pas de les annuler, puisque l'article 938 les déclare parfaites.

Indiquer ce résultat, c'est juger l'opinion qui permet à l'héritier d'invoquer le défaut de transcription.

Telle est au surplus l'opinion de M. Demolombe (*Donations*, t. III, n° 307), de MM. Delvincourt (t. II, p. 75, note 4), Toullier (t. III, n° 259), Bayle-Mouillard (t. II, n° 167, note C), Persil (*Régime hyp.*, t. II, chap. VIII, n°5), Duranton (t. VIII, p. 79), Marcadé (art. 941, n° 3), Poujol (art. 941, n° 6), Demangeat (note sur l'art. 941), Saintes-pès Lescot (t. III, n° 724), Troplong (*Donations*, t. III, n°˙ 1176, 1177), Zachariæ, Aubry et Rau (t. VI, p. 85, 86), Massé et Vergé (t. III, p. 322), Flandin (n° 930). C'est ce qui a été jugé par arrêts de Toulouse du 29 mars 1808 (S., 8, 2, 168), d'Angers, du 8 avril 1808 (S., 8, 2, 219), de Colmar, du 13 décembre 1808 (S., 9, 2, 319), de Toulouse, du 11 avril 1809 (S., 13, 2, 330), de Limoges, du 10 janvier 1810 (S., 11, 2, 33), de cassation, des 12 décembre 1810 (S., 11, 1, 33), du 23 août 1814 (S., 15, 1, 23), de Paris, du 21 novembre 1810; de Toulouse, du 8 mai 1817 (DALL., 47, 2, 187), de Besançon, du 6 juin 1854 (S., 51, 2, 724), d'Orléans, du 6 juin 1868 (S., 69, 2, 231).

L'opinion opposée cite MM. Malleville (art. 941), Bugnet sur Pothier (t. VIII, p. 389), Mourlon (*Rép. écr.*, t. II,

p. 96 et 297), et *Transcription* (t. II, n<sup>os</sup> 427 et suiv.), Bres-solles (n° 52), Demante (t. IV, n° 82 *bis*).

240. M. Merlin (*loco citato*) a longuement insisté sur l'argument à déduire des articles 1070 et 1072 du Code civil. Nous ne le suivrons pas sur ce terrain parce qu'il nous paraît faire une mauvaise application de ces articles. Nous reviendrons plus tard sur ce point. (*Voy.* n° 241.)

241. Un second donataire peut-il opposer au premier le défaut de transcription ?

On a soutenu que non. On a dit que la loi du 11 bru-maire an VII, à laquelle a été empruntée la transcription des donations, ne permettait pas au donata..e de contester une première donation à raison du défaut de transcription.

M. Demolombe, dont nous partageons l'opinion (*Dona-tions*, t. III, n° 298), répond que, d'abord, la transcription organisée par le Code pour la donation n'est pas exacte-ment celle du 11 brumaire an VII; il invoque à cet égard le sentiment exprimé par M. Troplong (*Donations*, n° 1183). Quant à la portée de la loi de l'an VII, il reproduit ensuite un passage de M. Merlin (*Questions de droit*, v° *Trans.*, § 6, n° 3), duquel il résulte que la loi de brumaire préférait in-contestablement le deuxième donataire pourvu de trans-cription au premier qui n'avait pas transcrit.

Nous ajoutons que M. Merlin a émis la même idée dans son répertoire au mot donation, § 3.

M. Demolombe rappelle que l'ordonnance de 1731 per-mettait à un deuxième donataire d'opposer au premier la non insinuation.

A l'objection tirée de ce que le donataire est un ayant cause du donateur, M. Demolombe répond qu'à ce compte l'acquéreur est aussi un ayant cause ; que le donataire est un ayant cause, mais particulier, qui ne représente pas le do-nateur et n'est pas tenu de ses engagements; qu'il est un tiers.

A celle tirée de ce que le donataire, *certat de lucro captando*,

il répond que le donataire postérieur pourrait éprouver de
la résolution de son titre un grand dommage; mais que
dans tous les cas il faut répondre que l'article 941 résiste
absolument à cette objection.

Quant au moyen tiré de l'action Paulienne, il répond
que, du moment où l'article 941 autorise le deuxième donataire à opposer le défaut de transcription, on ne peut l'en
dépouiller par des procédés indirects; que si le moyen était
bon contre un donataire, il le serait contre un acquéreur
qui aurait connu l'existence de la donation; en résumé, il
conclut que la donation non transcrite est comme n'existant pas, et que la connaissance du deuxième donataire ne
peut résulter que de la transcription de la première donation.

Nous arrivons au moyen tiré des articles 1070 et 1072 du
Code civil, à celui qui a fait tant d'impression sur M. Merlin, et qui l'a décidé, lui que nous avons vu enseigner que
la loi de l'an VII préférait le deuxième donataire ayant
transcrit au premier donataire non pourvu de transcription,
qui l'a décidé, disons-nous, à déclarer que sous le Code
civil il en doit être autrement. (Q. de d., *loco citato*.)

Ces deux articles sont ainsi conçus :

1070. « Le défaut de transcription de l'acte contenant
» la disposition pourra être opposé par les créanciers et
» tiers acquéreurs, même aux mineurs ou interdits, sauf
» le recours contre le grevé et contre le tuteur à l'exécu-
» tion, et sans que les mineurs ou interdits puissent être
» restitués contre ce défaut de transcription, quand même
» le grevé et le tuteur se trouveraient insolvables. »

1072. « Les donataires, les légataires, ni même les héri-
» tiers de celui qui aura fait la disposition, ni pareillement
» leurs donataires, légataires ou héritiers, ne pourront, en
» aucun cas, opposer aux appelés le défaut de transcription
» ou inscription. »

De ce que l'article 1072 défend au deuxième donataire de

celui qui a fait une donation grevée de substitution d'opposer le défaut de transcription de cette première donation, M. Merlin conclut que dans aucun cas la question que nous examinons ne peut être résolue dans le sens que nous proposons.

Comme nous n'adoptons pas entièrement l'opinion de M. Demolombe sur les deux articles que nous venons de reproduire, nous allons exposer nos propres idées.

L'ordonnance de Moulins prescrivait à la fois l'insinuation des donations et la publication avec enregistrement de celles qui portaient substitution. L'insinuation était prescrite, comme nous l'avons dit, par l'article 58; elle devait être faite dans les quatre mois; la publication et l'enregistrement des substitutions devaient être faits dans les six mois (art. 57). Ces formalités accomplies dans les délais avaient un effet rétroactif.

242. Un édit du 18 janvier 1712 ordonnait que toutes les substitutions faites par actes entre vifs ou par testaments seraient publiées en jugement et enregistrées à la diligence des héritiers soit institués, soit *ab intestat,* donataires ou légataires universels, ou même particuliers, lorsque leurs donations ou leurs legs seraient chargés de ces substitutions; l'édit ajoutait que ces publications seraient faites sans préjudice de l'insinuation ordonnée par l'édit de 1703, lequel se référait lui-même à l'ordonnance de Moulins.

Il résulte des textes que nous venons de citer que l'insinuation des donations et la publication avec enregistrement des substitutions étaient entièrement distinctes. Nous croyons de plus, et nous adoptons sur ce point l'opinion émise par M. Pison (*Revue critique de législation*, 1859, t. XIV, p. 14 et suiv.), que l'édit ou déclaration de 1712 n'obligeait les héritiers *ab intestat* à faire eux-mêmes publier la substitution que lorsqu'ils en étaient chargés, ainsi que son texte semble l'indiquer.

Tout cela va devenir plus clair par les textes de l'ordonnancé du mois d'août 1747 comparée à celle de 1731.

**243.** L'article 23 de l'ordonnance de 1731 prescrivait l'insinuation des donations au greffe des bailliages ou sénéchaussées royales du domicile du donateur et du lieu de la situation des biens. Il devait, aux termes de l'article 24, y être tenu un registre coté et paraphé par le premier officier du siège; l'insinuation devait, aux termes de l'article 26, être opérée dans les délais portés par les ordonnances, c'est-à-dire, dans les quatre mois, comme l'avait statué l'ordonnance de Moulins.

Les articles 19 et 24 de l'ordonnance de 1747 prescrivaient de leur côté la publication aux mêmes sièges de la substitution. Il devait aussi y être tenu un registre coté et paraphé; en outre de la copie entière de l'acte (art. 24) il devait en être fait une publication à l'audience (art. 18). Tout cela devait être fait dans les six mois (art. 28) avec rétroactivité au jour de l'acte.

Ainsi les délais, les formalités, tout en un mot différait entre l'insinuation de la donation et la publication, avec enregistrement, de celles qui portaient substitution. C'est ce qui ressort avec évidence d'une lettre du chancelier d'Aguesseau du 30 juin 1731, dont nous parlerons tout à l'heure.

C'est d'ailleurs ce que reconnaissent M. Demolombe (*Donations*, t. V, n° 533), M. Flandin (t. II, p. 125, n° 940) et M. Duranton (t. IX, n° 580).

**244.** Mais il importe de savoir à qui l'ordonnance de 1747 refusait le droit d'opposer le défaut de publication de la substitution et quelle était la portée de ce refus.

**245.** Louet, qui écrivait après l'ordonnance de Moulins, disait (*Lettre* S., n° 3) que cette ordonnance n'avait prescrit la publication qu'en faveur des créanciers du grevé et que l'héritier du donateur, pas plus que l'héritier du grevé, ne pouvaient s'en prévaloir; que cependant le Parlement de Paris avait jugé le contraire dans une affaire où le défaut de publication pouvait être opposé à une partie qui avait à

la fois le titre d'institué et celui d'héritier. L'annotateur
Brodeau dit qu'il faut distinguer ; que l'institué ni son
héritier ne peuvent user de ce moyen, parce que c'est à
l'institué à faire la publication, suivant l'édit de 1553, bien
que cela ait été omis dans l'ordonnance de Moulins ; mais
que l'héritier *ab intestat*, non chargé de la publication, peut
se prévaloir de son omission. Ricard au contraire, qui écrivait après Louet, disait, au numéro 1177, que l'ordonnance
de Moulins n'avait été faite qu'en faveur des créanciers au
point de vue de la publication, et que l'héritier ne pouvait
exciper de l'omission de cette formalité.

La question pouvait en effet être résolue diversement.

La donation ordinaire modifie l'ordre de transmission des
biens, puisque, si les biens donnés s'étaient trouvés dans la
succession, ils auraient appartenu à l'héritier désigné par
la loi, tandis qu'ils ont été livrés à la personne désignée par
la donation.

Mais il n'y a modification que de la succession du donateur ; c'est à celle-là que s'est attachée l'ordonnance des
insinuations que peut invoquer l'héritier du donateur.

Au contraire, la substitution modifie la transmission qui
serait résultée de l'ouverture de la succession du grevé.
Généralement l'héritier du donateur est désintéressé dans
la question. Il n'a donc pas à s'en occuper ; mais il peut
être appelé par les liens du sang à succéder au grevé, et
alors il est amené à invoquer le défaut de publication de la
substitution et à dire qu'il n'a pas à se reprocher l'omission.

Il peut d'ailleurs avoir hérité ou acheté d'un acquéreur
du grevé, et alors sa prétention prend un caractère plus
respectable.

246. L'ordonnance de 1747 avait à résoudre toutes ces
questions.

Elle commence par déterminer dans l'article 18 quelles
personnes sont chargées de la publication. Cet article est
ainsi conçu :

« Toutes substitutions fidéicommissaires faites soit par
» actes entre vifs ou par des dispositions à cause de mort
» seront publiées en jugement, l'audience tenante, et enre-
» gistrées au greffe du siége où la publication sera faite ; le
» tout à la diligence des donataires, héritiers institués, léga-
» taires universels et particuliers qui seront grevés de
» substitution, même des héritiers légitimes, lorsque la
» charge de la restitution tombera sur eux dans les cas de
» droit. »

Les articles 31 et 32 permettaient aux créanciers et tiers
acquéreurs d'opposer le défaut de publication, même aux
mineurs.

Quant à ceux qui n'avaient pas de droit résultant d'un
acte à titre onéreux, il importait de savoir s'ils pourraient
opposer le défaut de publication et à qui ils pourraient
l'opposer.

L'article 34 est ainsi conçu : « Les donataires, héritiers
» institués, légataires universels ou particuliers, même les
» héritiers légitimes de celui qui aura fait la substitution,
» ni pareillement leurs donataires, héritiers institués ou
» légitimes, et légataires universels ou particuliers, ne
» pourront, en aucun cas, opposer aux substitués le défaut
» de publication et d'enregistrement de la substitution. »

Si on rapproche cet article de l'article 18, on peut avoir
la tentation d'expliquer l'un par l'autre et de dire que l'héritier du donateur, qui n'a pas été obligé de faire la publication, doit pouvoir opposer son omission, s'il y a intérêt.

Et cependant nous croyons qu'il ne doit pas en être ainsi.
Nous avons dit que la question était posée dans le droit
précédent ; et M. d'Aguesseau, qui explique dans une lettre
du 24 mai 1748, publiée au tome XII de ses œuvres
(p. 584) qu'il a voulu tarir la source de toutes les difficultés,
a certainement entendu trancher celle-là. Aussi la rédaction de l'article 34 est-elle très précise ; elle ne se réfère pas à
l'article 18, et elle dit qu'en aucun cas le défaut de publica-

tion no pourra être opposé par les personnes dont elle parle.
M. d'Aguesseau avait d'ailleurs, dans la lettre du 30 juin
1731, qu'on trouve au tome XII de ses œuvres (p. 330),
distingué avec soin la publication de l'insinuation, et dit
nettement que l'héritier du donateur, qui peut opposer le
défaut d'insinuation, ne peut opposer le défaut de publication. Sans doute, de 1731 à 1747, il aurait pu changer
d'avis ; mais l'article 18, dont nous avons parlé, contient
lui-même une réponse à l'objection que nous venons de
signaler, puisqu'il oblige les héritiers non institués à la
publication, lorsque, dans les cas de droit, la restitution du
fidéicommis leur incombe, c'est-à-dire quand ils ont été
appelés à en profiter.

Ce qui, à notre sens, achève de prouver que le défaut de
publication ne pouvait être opposé par eux, c'est que, aux
termes des articles 35 et 36 du titre II, titre auquel appartiennent aussi les articles 18 et 34 que nous avons déjà
cités, ceux qui veulent se mettre en possession des biens
qui ont fait l'objet de la substitution ne peuvent le faire,
même quand la personne chargée de la publier n'a pas
rempli cette obligation, qu'en la remplissant eux-mêmes.

C'est, à notre avis, dire de la manière la plus formelle
que la substitution aura son effet dans tous les cas, à moins
que l'omission soit invoquée par les personnes qui ont
traité avec le grevé à titre onéreux.

Nous croyons donc que l'article 34 doit s'appliquer même
aux héritiers légitimes non grevés de substitution.

Mais est-ce à dire que ceux auxquels l'article 34 refusait
le droit d'attaquer la substitution non publiée fussent, par
cela même, non recevables à demander la nullité de la donation quand elle n'avait pas été insinuée ?

Non, certainement, parce que les deux formalités étaient
entièrement distinctes, comme nous l'avons dit, et tendaient
à des buts différents.

« L'insinuation des donations, dit Pothier (*Des substitu-*

» *tions*, sect. 1, art. 4, § 2), est requise pour que l'on sache
» que le donateur a donné son bien, afin que ses héritiers,
» ou ceux qui contracteraient avec lui ne soient point in-
» duits en erreur....., au lieu que l'insinuation des substi-
» tutions est requise, non pour qu'on sache que le dona-
» teur, auteur de la substitution a donné, mais pour qu'on
» sache que le donataire est grevé de substitution et que
» les biens dont on le voit en possession ne sont pas libres. »

Tout cela se comprend à merveille avec les deux formalités de l'ancien droit et avec ses combinaisons. L'héritier
du donateur, qui ne pouvait opposer le défaut de publication de la substitution, avait le droit de demander la nullité
de la donation non insinuée.

**217.** Mais les lois nouvelles n'ont pas isolé, comme l'ancien droit, les deux formalités; et, au lieu de faire insinuer,
d'une part, les donations, et, de l'autre, de faire publier et
enregistrer les substitutions, notre Code s'est borné à une
formalité unique, la transcription ; et, en la consacrant
dans l'article 1072, bien que la pensée du législateur se soit
reportée à la fin de non-recevoir que l'article 34 de l'ordonnance de 1747 opposait au donataire grevé, fin de non
recevoir qui ne s'appliquait qu'au moyen tiré de la non
publication de la substitution, il se trouve qu'il a donné au
texte une étendue supérieure à sa pensée, et qu'il a appliqué ce texte à la donation elle-même.

Faut-il dire que le texte de l'article 1072, car enfin il
existe, bien qu'il soit le produit d'une méprise, ne puisse
jamais être appliqué? Non, il faut bien l'appliquer, mais
en matière de donation avec substitution seulement.

Quant à la donation sans substitution, nous n'avons
qu'une chose à constater, c'est que la pensée du législateur,
dans la fin de non recevoir de l'article 1072, n'avait pas
plus d'étendue que celle de l'ancienne jurisprudence, et
que le texte est infidèle à la pensée inspiratrice.

Cela ne suffit-il pas pour ne pas chercher à interpréter

l'article 941 par l'article 1072? Pour nous, c'est l'évidence même.

On a invoqué les paroles de M. Jaubert, dans son rapport au tribunat, et desquelles il résulte, en effet, que le donataire ne peut invoquer le défaut de transcription. Mais, si les raisons que nous venons de donner et celles que nous allons ajouter démontrent que la loi n'est pas faite ainsi, ces paroles resteront comme ne traduisant pas exactement sa pensée.

Lors de la rédaction du titre des donations, on avait à choisir entre le projet de la commission de l'an VIII, qui proposait de s'en tenir à l'insinuation ancienne, dont le défaut pouvait être invoqué par le donataire, et le projet de la section de législation qui proposait la transcription de la loi de brumaire. Ce dernier projet fut adopté avec cette pensée que, si plus tard on rejetait le système hypothécaire de la loi de l'an VII, un léger changement suffirait pour rectifier les articles 939 et 940. (*Consultation de M. Bonjean*, S., 46, 1, 226.)

Ces deux systèmes conduisaient à l'adoption de l'opinion que nous venons d'embrasser.

Le droit d'exciper du défaut de transcription que nous accordons au donataire lui est reconnu par MM. Malleville (art. 941), Delvincourt (t. II, p. 74, note 8), Duranton (t. VIII, n° 515), Vazeille (art. 941, n° 2), Poujol (art. 941, n° 3), Coin-Delisle (art. 941, n°ˢ 18 et 19), Duvergier sur Toullier (t. III, n° 329, note A), Pison (*loco citato*), Zachariæ, Aubry, Rau (t. VI, p. 86, 87), Mourlon (*Répétitions écrites*, t. II, p. 346 et *Trans.*, t. II, n° 429), Flandin (n° 938). Cette opinion a été adoptée par arrêts de Colmar, 6 juillet 1848, Bordeaux, 1ᵉʳ février 1849 (S., 49, 2, 672), Nîmes, 31 décembre 1850 (S., 51, 2, 3), Pau, 29 mars 1871 (S., 71, 2, 1).

L'opinion contraire a été consacrée par arrêts de Montpellier du 2 juin 1831 (S., 31, 2, 325), Toulouse, 8 mai 1847

(S., 47, 2, 438), Bordeaux, 1er février 1849 (S., 49, 2, 672),
Besançon, 6 juin 1854 (S., 54, 2, 724). Elle a été professée
par MM. Merlin (*loco citato*), Grenier et Bayle-Mouillard
(t. II, n° 168), Guilbon (t. II, n° 566), Taulier (t. IV,
n° 78), Marcadé (t. III, sur l'art. 941), Troplong (*Donations*,
t. II, n° 1177, 1179), Massé et Vergé sur Zachariæ (t. III,
note 26, sur le paragraphe 480, p. 223.

248. La solution que nous venons d'adopter conduit à ce
résultat que le deuxième donataire, qui a transcrit, peut
opposer au premier donataire le défaut de transcription.
Mais ce premier donataire devient dès lors créancier du
donateur à raison de la garantie qu'il peut invoquer contre
lui. (DEMOLOMBE, *Donations*, t. III, n° 310.)

Si nous arrivons à démontrer que le créancier chirographaire peut, à son tour, invoquer contre un donataire le
défaut de transcription, il suivra que chacun des deux
donataires pourra opposer ce défaut à l'autre. Mais il y
aura cette différence que celui qui aura transcrit pourra
garder la propriété donnée, en payant à l'autre le montant
de la créance qui résultera pour celui-ci de la garantie qu'il
pourra invoquer contre le donateur.

249. Voyons donc si le créancier chirographaire peut
opposer le défaut de transcription de la donation.

On a contesté ce droit. Après la promulgation du Code
civil, il a été soutenu que la transcription n'était que le
préliminaire de la purge (TOULLIER, t. V, n° 235). C'était
là une erreur qu'on ne reproduit plus aujourd'hui. La transcription adoptée par le Code est celle de l'an VII, sauf toutefois les modifications de détail qui ont pu y être apportées.
M. Grenier (t. I, p. 274) et M. Malleville (t. II, p. 416)
avaient enseigné, au contraire, que la transcription était,
sous le Code, une condition de validité. Il résulte de ce que
nous avons dit au numéro 239 que la transcription, à la
différence de l'insinuation, n'est sous le Code, comme sous
la loi de brumaire, qu'un moyen de porter la donation à la
connaissance des tiers.

Mais quels sont donc ces tiers ? La loi de brumaire, article 26, avait dit que, jusqu'à la transcription, les actes translatifs ne pouvaient être opposés aux tiers qui avaient contracté avec le vendeur et s'étaient conformés aux lois, termes vagues et qui auraient pu faire douter que cette loi s'appliquât aux donations. La loi de 1855, au contraire, article 3, a parlé des tiers qui ont des droits sur l'immeuble ; et M. Debelleyme, rapporteur, pour qu'il ne surgît aucun doute, a expliqué qu'on avait eu pour but, en acceptant ces expressions, d'écarter les prétentions des créanciers chirographaires.

Si le Code avait adopté une formule aussi nette, la question n'aurait pu naître ; mais l'article 941 s'est borné à dire que le défaut de transcription pourra être opposé par toute personne ayant intérêt, ce qui constitue une formule dont la généralité n'est guère contestable. Cependant on a rapproché l'article 941 de l'article 939 et on a soutenu que, l'article 939 ne s'appliquant qu'aux immeubles susceptibles d'hypothèques, l'article 941 ne pouvait s'appliquer par suite qu'à ceux qui ont acquis des droits sur ces immeubles. Cette objection a certainement de la force ; on y ajoute que le créancier chirographaire est un ayant cause du débiteur dont il a suivi la foi. Et cependant la jurisprudence n'a pas admis cette thèse, et un arrêt de la Cour de cassation du 7 avril 1841 (S., 41, 1, 294) a jugé que l'article 941 ne doit pas, pour son interprétation, subir l'influence de l'article 939, et qu'il permet au créancier chirographaire de contester la donation non transcrite. On ne peut disconvenir, en effet, que les termes de l'article 941 ne soient d'une grande généralité et que, ce texte existant, il faille l'exécuter. Un arrêt de la même Cour, du 22 novembre 1859 (S., 61, 1, 85), a consacré la même opinion et jugé que le créancier chirographaire ayant intérêt, peut se prévaloir de l'article 941. On trouvera dans le *Recueil* de Sirey l'indication des arrêts dans les deux sens.

Cette opinion est celle qu'enseignent MM. Demolombe
(*Donations*, t. III, nᵒˢ 300 et 301), Delvincourt (t. II, p. 75,
note 6), Duranton (t. VIII, nᵒ 517), Poujol (art. 941, nᵒ 2),
Bayle-Mouillard sur Grenier (t. II, nᵒ 168 *bis*, *nota*),
Troplong (*Donations*, t. III, nᵒ 1183 et *Trans.*, nᵒ 365),
Mourlon (*Rép. écr.*, t. II, p. 317), Taulier (t. IV, p. 76,
77) et *Revue critique de jurisprudence* (t. I, p. 406), Demante (t. IV, nᵒ 82 *bis*), Zachariæ, Aubry et Rau (t. VI,
p. 85, 8), Massé et Vergé (t. III, p. 22).

**250.** Mais il reste encore à déterminer les cas dans lesquels il faut reconnaître l'intérêt du créancier chirographaire. M. Demolombe cite celui où il a fait une saisie
immobilière, une saisie brandon. Il nous semble que c'est
là restreindre le droit qu'on a reconnu ; et que, du moment où on concède au créancier chirographaire le droit de
contester la donation non transcrite, il faut le lui reconnaître dans tous les cas, pourvu qu'il ait un titre ayant date
certaine antérieure à la donation. L'arrêt de 1859, rendu
en matière de faillite, et applicable par conséquent à tous
les créanciers, vient à l'appui de notre observation.

**251.** Nous avons cité plusieurs arrêts de la Cour de cassation. Nous devons cependant en signaler d'autres qui,
tout en proclamant le principe, nous semblent ne pas le
porter à ses dernières conséquences. Ainsi, un arrêt de
cette Cour du 24 mai 1848 (S., 48, 1, 437), maintient la
donation faite par un donateur tombé depuis en faillite à
raison de la bonne foi du donataire. Deux autres arrêts du
26 novembre 1845 (S., 46, 1, 230) adoptent une solution
semblable. Il nous semble cependant que la bonne foi du
donataire est peu importante ; que ce qu'il faut examiner,
c'est le préjudice causé au créancier. Peut-être aussi ces
arrêts ont-ils subi l'influence des faits. Il s'agissait en effet
de donations faites par contrat de mariage, et on soutenait
que ces libéralités n'avaient de la donation que le nom et
devaient être assimilées aux contrats à titre onéreux. Mais

alors il aurait fallu examiner chacune de ces thèses, et ne pas nuire à l'une par l'influence de l'autre.

252. Nous devons toutefois, et au moment où nous nous occupons de ces arrêts, relater ici la discussion à laquelle se sont livrés quelques auteurs pour établir que la transcription de la donation est possible et doit produire tout son effet jusqu'au moment du jugement qui déclare l'ouverture de la faillite. M. Demolombe (*Donations,* n° 304) développe cette opinion et invoque l'article 448 du Code de commerce, qui autorise jusqu'à ce jugement les inscriptions d'hypothèques valablement acquises. Il reconnaît que cet article ne parle pas de transcription ; mais il dit que, là où il y a identité de motifs, on ne peut se prévaloir du silence de cet article au sujet de la transcription. Il ajoute que la transcription n'est pas l'œuvre du failli, mais celle du donataire, et qu'elle ne forme que le complément de la donation. Il invoque enfin la jurisprudence résultant des arrêts rendus par la Cour de cassation les 4 janvier 1847 (S., 47, 1, 175 et suiv.) et 18 janvier 1862 (S., 62, 1, 865), par lesquels des actes de nantissement signifiés après l'époque à laquelle remontaient diverses faillites avaient été maintenus. Il fait observer d'ailleurs que la doctrine qu'il combat aboutirait à dessaisir le failli de l'administration de ses biens avant le jugement qui déclare la faillite.

Nous ne pouvons nous rendre à ces raisons. La question nous semble se trouver tout entière dans celle que nous avons résolue d'accord avec l'illustre professeur, et qui consiste à savoir si le créancier chirographaire peut contester la donation non transcrite. Qu'est-ce donc que la masse des créanciers d'une faillite, si ce n'est l'ensemble des créanciers ? Et si chacun d'eux a le droit de tenir la donation non transcrite comme non avenue, comment n'attribue-t-on pas ce droit à la masse ? Pour faire cette distinction, il faut traiter celui des créanciers chirographaires qui a agi autrement que celui qui est resté dans l'inaction. Mais où prend-

ou cette distinction dans les textes de la loi? Outre qu'un
pareil système est purement arbitraire, il ne peut se justifier
aux yeux de la raison. En effet, le créancier éprouve un
préjudice par cela seul qu'on ne lui a pas fait connaître une
donation ; il est donc déraisonnable de maintenir contre
lui une donation qu'il n'a pas connue et qu'on fait transcrire ensuite avant qu'il ait pu agir. Et d'ailleurs, il est
facile d'apercevoir qu'on se jette dans des catégories de
créanciers, suivant que, dans une faillite, les uns auront
agi, pendant que les autres n'auront pas agi avant la transcription.

Nous croyons donc que M. Demolombe, dans la discussion à laquelle il se livre au point de vue du donataire mis
en face d'une faillite, abandonne à tort une opinion qu'il a
si justement développée.

253. Nous pensons que les textes mêmes qu'il invoque
ne peuvent déterminer la solution qu'il a adoptée.

L'article 446 du Code de commerce déclare nuls vis-à-vis
de la masse les actes suivants, quand ils sont faits depuis
l'époque à laquelle remonte la faillite ou dans les dix jours
qui précèdent, savoir : tous actes translatifs de propriétés
mobilières ou immobilières à titre gratuit ; 2º tous payements pour dettes non échues, et, pour dettes échues, tous
payements faits autrement qu'en espèces ou effets de commerce ; 3º toute hypothèque conventionnelle ou judiciaire
et tous droits d'antichrèse ou de nantissement constitués
sur les biens du débiteur pour dettes antérieurement con-
tractées.

L'article 448 permet d'inscrire jusqu'au jugement déclaratif de faillite tous les droits d'hypothèque ou de privilège
valablement acquis ; néanmoins, les inscriptions prises
dans le délai indiqué par l'article 446 peuvent être annu-
lées si elles sont séparées de l'acte auquel elles se réfèrent par un délai de plus de quinze jours, augmenté par le
délai des distances.

Constatons d'abord que, pour suivre logiquement l'analogie que M. Demolombe voit entre l'inscription et la transcription au point de vue de l'article 448, il aurait fallu maintenir exactement les conditions de cet article et regarder comme nulle une transcription postérieure à la donation de plus de quinze jours.

Quant à l'article 446, nous nous étonnons qu'il ait pu servir d'objection, pendant que toutes ses dispositions, puisées dans l'intérêt que la masse des créanciers inspire à la loi, sont dirigées contre les actes qui peuvent leur nuire. Ce n'est pas que nous allions jusqu'à dire que cet article serait une superfluité s'il n'avait pas en vue les donations transcrites après l'origine de la faillite. Sa disposition, en effet, a surtout sa raison d'être dans les donations mobilières qu'elle a entendu condamner.

Qu'elle s'applique à la donation immobilière, nous n'entendons pas le contester; son texte le porte; mais qu'il en résulte que les donations faites précédemment puissent être valablement transcrites, du moment où a surgi le point initial de la faillite, c'est ce que nous ne reconnaissons pas.

Cet article condamne toutes donations, tous payements pour dettes non échues, et tous payements pour autres causes faits autrement qu'en espèces ou en effets de commerce; et, enfin, il restreint les hypothèques que peut donner le failli aux transactions qu'il est appelé à faire, sans qu'il puisse en conférer pour le passé. En un mot, il limite l'action du failli aux actes d'administration. De là à valider des donations antérieures et non régularisées, il y a loin.

Il est vrai qu'on invoque les arrêts de 1847 et de 1862; mais, qu'on le remarque bien, aucun d'eux ne se réfère à une donation; les uns s'appliquent à un transport antérieur à la faillite, et signifié postérieurement, les autres s'appliquent à des nantissements placés dans les mêmes conditions. Aussi ne les cite-t-on que comme raisons d'analogie.

Mais nous renvoyons nous-même à ces arrêts et nous ne pouvons assez faire remarquer que le motif déterminant invoqué partout, c'est que les actes annulés par l'article 446 sont ceux qui ont été constitués depuis l'origine de la faillite pour une dette antérieure, tandis que les droits auxquels se référaient les significations étaient antérieurs à la faillite, mais concédés par l'acte même constitutif de la créance. Ne semble-t-il pas résulter de là que la signification d'un transport ou d'un nantissement antérieur à la faillite ne peut, quand elle est postérieure, produire un effet utile qu'autant qu'elle se réfère à un acte qui se trouve dans les conditions de ceux que le failli pourrait faire entre l'époque à laquelle remonte sa faillite et le jugement lui-même ; qu'ainsi on mesure l'effet de la signification sur la capacité du failli. Dans cet ordre d'idées, la transcription d'une donation se référant à un acte condamné par le numéro 1 de l'article 446 ne saurait produire effet.

Que ce soit là ou non la véritable pensée de la Cour, nous ferons observer que les arrêts invoqués comme analogie par M. Demolombe, se réfèrent à des actes à titre onéreux, tandis que la donation est toujours plus ou moins atteinte par le principe qui a dicté l'action Paulienne.

Nous répondrons, au surplus, qu'il faut toujours en revenir à cette idée, que l'article 941 a une disposition spéciale à la donation immobilière ; que, peu après le Code civil, le Code de commerce a été promulgué ; que son article 442 statuait que le failli, à compter du jour de la faillite, était dessaisi de l'administration de ses biens ; que sous l'empire de cette législation, la Cour de cassation a jugé, le 13 juillet 1830 (S., 30, 1, 375), que les cessions signifiées après l'époque de la faillite ne pouvaient avoir effet. La Cour, par les arrêts de 1845 et de 1862, a jugé que la nouvelle loi sur les faillites ne pouvait avoir les mêmes conséquences ; mais qu'elle n'en a pas pour cela abandonné à l'arbitraire le sort des actes faits par le failli. Et c'est sous l'empire de ces idées qu'elle a rendu les arrêts dont nous avons indiqué en partie la rédaction.

Si les arrêts de 1847 et de 1862 ont la signification que nous indiquons, loin de nuire à notre opinion, ils ne font que la confirmer. Si au contraire ils ont un sens différent, comme leur fondement repose sur la loi des faillites, ils ne peuvent atteindre des principes qui ont été consacrés par l'article 941 du Code civil, et qui n'ont pas besoin de demander un secours à la législation commerciale en ce qu'elle protège la masse des créanciers, puisque chaque créancier pris individuellement a lui-même le droit qu'il s'agit de faire respecter.

Un acte régulier peut être annulé vis-à-vis de la masse parce qu'une des formalités n'a pas été remplie à temps; mais un acte attentatoire aux droits des créanciers ne peut valoir parce qu'il aura été transcrit avant une époque indiquée par les articles du Code de commerce dont nous avons parlé.

Aussi constatons-nous que l'opinion que nous combattons est celle qui a été repoussée par l'arrêt du 23 novembre 1859 (S., 61, 1, 85). M. Flandin qui adopte l'opinion opposée constate au numéro 855 que cet arrêt consacre la thèse qu'il repousse.

Mais l'opinion de M. Demolombe a été adoptée par MM. Troplong (*Donations*, n° 1161), Saintes-pès-Lescot (t. III, n° 723), Zachariæ, Aubry et Rau (t. VI, p. 84), Massé et Vergé (t. III, n° 219); et il y a ceci de singulier, c'est que les arrêts de 1845 que nous avons cités et dont M. Demolombe invoque ici l'analogie, sont énergiquement combattus par M. Troplong (*Nantissement*, p. 266, n° 276) et par M. Massé (*Droit commercial*, n° 518, p. 449).

Nous ferons remarquer que la Cour de cassation a jugé, le 5 août 1869 (S., 69, 1, 303), que la vente transcrite après la déclaration de faillite et l'inscription prise au nom de la masse, ne peut prévaloir sur cette inscription, d'où il suit quo, transcrite après le jugement et avant l'inscription, elle prévaudrait. Mais nous ne sommes plus ici en matière de donation où le créancier chirographaire est un tiers. L'acquéreur au contraire ne peut succomber qu'en présence du créancier hypothécaire inscrit.

251. Nous avons dit au numéro 279 que l'héritier du donateur ne peut opposer le défaut de transcription de la donation ; nous venons de dire que le créancier le peut. Le légataire particulier le peut-il ?

Que, du moment où l'héritier n'est pas admis à le faire valoir, le légataire universel ou à titre universel ne le puisse pas non plus, c'est ce qui ne saurait être contesté ; mais le légataire particulier n'est pas tenu des dettes ; de là on induit qu'il peut invoquer ce moyen. On ajoute que l'ordonnance de 1731 le lui permettait et que la loi de l'an VII ne saurait être une objection, puisque, à prendre son texte à la lettre, il ne pourrait être appliqué qu'à la transcription d'une vente.

Nous croyons qu'il faut adopter la solution opposée. Nous avons déjà dit que les principes de l'ordonnance n'étaient pas ceux de la législation nouvelle. Nous avons constaté que la loi de l'an VII s'appliquait aux donations comme aux autres transmissions entre vifs; et son texte même (art. 26), « jusques-là ils ne peuvent être opposés » aux tiers qui auraient contracté avec le vendeur et qui se » seraient conformés aux dispositions de la présente », prouve, d'une part, qu'il ne s'appliquait qu'à ceux qui, en traitant, pouvaient avoir été trompés, d'autre part, qu'il ne pouvait être invoqué que par ceux au profit desquels la loi était faite, et non par ceux qui, comme le légataire, ne pouvaient avoir de droits que par suite d'une transmission héréditaire ou testamentaire, et n'avaient en conséquence aucun besoin de se conformer à la loi de l'an VII.

Les mêmes raisons pourraient être invoquées au point de vue de l'application de la loi de 1855.

On peut donc dire que l'obligation de transcrire ne leur est pas imposée; mais qu'ils ne peuvent pas non plus se prévaloir du défaut de transcription.

Quant au Code, dont les termes (art. 941) ont plus d'étendue, nous croyons que la solution ne doit pas être différente.

M. Demolombe, qui enseigne la doctrine que nous soutenons (Donations, t. III, n° 310), donne comme raison déterminante l'obligation du donateur et par suite la créance du donataire. Il ajoute que, si le légataire n'est pas tenu des dettes, le créancier est dans tous les cas préféré au légataire sur les biens de la succession.

Cette raison est excellente; nous ajouterons que le légataire est tenu de passer, en obtenant la délivrance des mains de l'héritier (art. 1014), par l'intermédiaire de celui-ci, et qu'il serait étrange, et dans tous les cas peu logique, qu'il fût obligé de demander à l'héritier une chose que l'héritier ne pourrait lui donner; nous ajouterons encore que, en cas de concours des donataires et des légataires, le légataire est toujours sacrifié au donataire (art. 905). Ce sont là, ce nous semble, des raisons plus que suffisantes pour établir le fondement de la thèse que nous venons de développer. M. Demolombe cite comme professant la même opinion MM. Duranton (t. VIII, n° 540), Coin-Delisle (art. 941, n° 20), Bayle-Mouillard (t. II, n° 167, note D), Demante (t. IV, n° 82 *bis*), Zachariæ, Massé et Vergé (t. III, p. 222); et, comme se prononçant dans un autre sens, MM. Merlin (q. de d., v° *Trans.*, § 6, n° 4), Troplong (*Donations*, n° 1178), Flandin (n° 947 et suiv.). On peut citer dans le même sens un arrêt de Caen du 27 janvier 1813 (S., 13, 2, 102) et un arrêt de Toulouse du 28 juillet 1853 (S., 54, 2, 1).

**255.** Le créancier de l'héritier peut-il invoquer le défaut de transcription d'une donation faite par le défunt? peut-il invoquer le défaut de transcription d'une vente? La

21

question est la même, avec cette nuance que, pour la vente, ainsi que nous le dirons plus tard, le créancier doit être pourvu d'une hypothèque.

M. Troplong (*Trans.*, n° 161) enseigne que l'acquéreur qui tient ses droits du défunt, mais qui n'a pas transcrit, est primé par celui qui, n'ayant acquis que de l'héritier, a eu soin de faire transcrire.

Dans son *Traité des donations*, au contraire (t. II, n° 1177), il enseigne que le créancier de l'héritier du donateur ne peut se prévaloir de la non transcription d'une donation faite par le défunt.

M. Flandin (n° 901) émet l'opinion enseignée par M. Troplong au numéro 161 de son *Traité de la transcription*; et, au numéro 934, il reproduit la doctrine que nous trouvons au numéro 1177 des *Donations* de M. Troplong.

M. Demolombe enfin, après avoir, dans son *Traité des donations* (t. III, n° 286) enseigné que la donation peut être transcrite à toute époque, après la mort, soit du donateur, soit du donataire, et que, après la mort du donateur, elle a pour résultat d'assurer l'effet de la donation contre les créanciers et les successeurs à titre particulier de l'héritier, déclare au numéro 311 que, puisque l'héritier ne peut opposer le défaut de transcription, il est tout simple que ses créanciers ne le puissent pas davantage.

A ce compte, il faudrait, comme M. Demolombe l'a dit lui-même (*Donations*, t. I, n° 298), enseigner que l'acquéreur ne peut opposer le défaut de transcription d'une vente précédente parce qu'il est l'ayant cause de son vendeur.

La Cour de Paris, dans un arrêt du 21 novembre 1840 (S., 41, 2, 40), cité par MM. Flandin et Demolombe, a dit que, si le créancier agit au nom de son débiteur, il ne saurait réclamer que ce qui appartient au débiteur; que, si le créancier agit de son chef, l'acte de donation lui étant étranger et émanant d'une personne qui lui était aussi étrangère, le créancier est sans qualité pour en contester le mérite, l'arrêt ajoute qu'il n'est pas exact que l'immeuble se trouve encore dans la succession et que l'héritier en ait été saisi, puisque, au regard de l'héritier, le bien donné n'est plus dans l'hérédité.

Ce sont là, à mon sens, des principes entièrement faux quand on les applique en matière de transcription. Le créancier, quand il invoque le défaut de transcription, n'agit pas au nom du débiteur; il attaque au contraire les actes de ce dernier; il agit en qualité de tiers et fait valoir ses propres droits.

Les biens, dit-on, sont hors de l'hérédité. Les créanciers de l'héritier doivent, comme celui-ci, prendre la succession avec ses charges. — La distinction faite ainsi entre le défunt et l'héritier est contraire au principe fondamental de l'article 724. Le mort saisit le vif. L'héritier continue le défunt, sauf le droit établi par la séparation des patrimoines dont nous parlerons tout à l'heure.

« L'héritier du défunt, c'est le défunt lui-même. *Hæres* » *sustinet personam defuncti* », dit M. Demolombe (*Donations*, t. III, n° 307).

Les biens ne sont pas plus hors de l'hérédité que, le donateur encore vivant, ils ne sont vis-à-vis de ses créanciers hors de son patrimoine tant que la donation n'a pas été transcrite.

La doctrine de la Cour de Paris nous semble le renversement de tous les principes ; et, puisque les difficultés d'une pareille question ont pu conduire les jurisconsultes les plus éminents à émettre, à quelques pages de distance, des doctrines si peu en harmonie les unes avec les autres, il importe de la soumettre à un examen approfondi et de voir si les idées que nous émettons s'accordent, d'une part, avec les traditions anciennes, et, de l'autre, avec les principes actuels.

**236.** Nous avons dit que l'origine de la transcription se trouvait dans la législation des pays de nantissement qui, aux doctrines anciennes de la tradition pour la translation de la propriété entre les parties, avaient ajouté les conditions de son existence vis-à-vis des tiers. Dans ces contrées, dont les principes avaient été maintenus par l'ordonnance de 1731 (art. 33), la livraison matérielle de l'immeuble vendu ou donné ne suffisait pas pour constituer le *jus in re*; il fallait, en outre, faire constater et consacrer, dans des registres publics, la prise de possession de l'acheteur; et cette formalité, dont le principe tenait surtout aux doctrines féodales et au droit des seigneurs sur le sol, s'était merveilleusement appropriée au crédit.

« Pour acquérir droit de seigneurie et propriété en aucun » héritage est requis que le vendeur, ou procureur pour lui » suffisamment fondé, se dévête ès-mains de la justice fon-» cière, sous laquelle est ledit héritage acquis au profit de » l'acheteur, et que icelui acheteur en soit vestu et saisi de » fait; et se fait communément ladite vesture par tradition » d'un petit bâton ou buchette ». (*Vermandois*, art. 126.)

Tant que ces formalités n'étaient pas remplies, il existait sans doute un lien de droit entre le vendeur ou donateur, d'une part, et l'acheteur ou donataire, de l'autre; mais celui-ci n'avait contre l'autre qu'une action personnelle (Paul GIDE, *Revue critique de législation et de jurisprudence*, t. XXVI, p. 870). Le premier restait, vis-à-vis des tiers, le vrai propriétaire du champ vendu ou donné.

« Une personne ayant vendu ou donné verbalement ses » maisons, fiefs ou héritages, est et demeure vraie héritière » et propriétaire jusqu'à ce qu'elle en soit déshéritée, ou » que les donataires ou acheteurs y soient tenus et décrétés » par mise de fait ou autre appréhension judiciaire. » (*Châtellenie de Lille*, titre X, art. 3; MERLIN, *R.*, v° *Nantissement*, p. 458; TROPLONG, *Transcription*, n° 7.)

Dans les contrées soumises au régime du nantissement, la propriété était généralement transmise, comme aujourd'hui, du défunt à son héritier sans aucune des formalités du vest et du dévest, au moins en ligne directe. (MERLIN, *Ib.*, § 1er, nos 5 et 6 ; FLANDIN, n° 10.)

Mais l'acquéreur ou le donataire qui n'avait pas obtenu la saisine par le vest et le dévest, appelés aussi œuvres de loi, adhéritance, mise de fait ne pouvaient, par le décès de celui avec lequel ils avaient traité, acquérir un droit de propriété que le vest et le dévest pouvaient seuls leur donner. Ce droit passait aux héritiers du vendeur ou donateur, sauf le droit personnel qu'avait contre lui l'acheteur ; en sorte, dit Merlin (*Rép.*, v° *Donation*, sect. 5, § 2, n° 9), que l'effet du défaut de tradition ne profitait qu'aux créanciers et aux tiers acquéreurs.

Il fallait donc, même après la mort du vendeur ou du donateur, faire procéder au vest et au dévest ou dessaisine. Deux coutumes, celles de Gand et de Douai, appliquaient même ces principes aux légataires. « Ainsi, dit » Merlin (*R.*, v° *Nantissement*, § 1, n° 6), dans ces deux cou » tumes le légataire, avant sa mise en possession, est au » niveau de l'acheteur qui n'a pas encore fait nantir son » contrat ; il n'a comme lui que des droits personnels ; et, » si l'héritier aliène la chose léguée avant la délivrance de » l'acte, qui en tient lieu, l'acquéreur n'a pas d'éviction à » craindre de la part du légataire. »

M. Merlin (*R.*, v° *Devoirs de loi*, § 2, n° 8) examine si la procuration donnée par le vendeur pouvait, après sa mort, suffire pour donner le vest à l'acquéreur, et, au mot mise de fait, § 3, n° 1, il indique les formalités à remplir pour ensaisiner l'acquéreur en cas de décès du vendeur.

L'article 54 de la *Coutume d'Amiens*, cité par M. Merlin (*R.*, v° *Donation*, sect. 5, § 2, n° 8), les *Coutumes de Lille, de la Châtellenie de Lille, de Douai, de la Gouvernance de Douai, du Baillage* et de celui de *Saint-Omer*, qu'il cite à la page 118 de la quatrième édition, posent énergiquement ce principe que l'acquéreur et le donataire doivent appréhender par mise de fait pour être saisis de la propriété après la mort

du vendeur ou du donateur quand ils ne l'ont pas fait de
son vivant. Merlin ajoute (p. 118) « que ces coutumes éta-
» blissent la même règle pour la validité et les effets de
» tous les autres contrats d'aliénation (autres que la dona-
» tion) à l'égard de l'aliénateur et de ceux qui succèdent à
» ses droits universels ».

Nous lisons cependant au tome 1er des *Donations* de
M. Demolombe (n° 225) : « C'est que, par suite, le donataire
» n'avait pas d'action personnelle, soit contre le donateur
» lui-même, soit contre ses héritiers pour les contraindre
» à lui livrer les objets donnés. »

« Et voilà bien ce qui était admis et pratiqué dans le
» ressort de certaines coutumes, dites *Coutumes de Nantis-*
» *sement,* où l'on tenait pour règle que la donation est un
» moyen d'acquérir et non pas une cause d'obligation ; que
» le donateur qui n'a pas délivré la chose donnée ne peut
» pas être contraint de le faire ; qu'en un mot, la donation
» n'a pas d'existence sans tradition actuelle (VANDERHAWE,
» sur la *Coutume de Gand : Voy.* aussi *Coutume de Cham-*
» *pagne,* art. 44, la réponse du Parlement de Douai aux
» questions de d'Aguesseau, MERLIN, *R.,* v° *Donation,* sect.,
» § 1, art. 2) ».

Nous croyons qu'il y a là une inexactitude. En effet, si
nous nous reportons au passage de Merlin que cite M. Demolombe, nous remarquons qu'il parle de deux manières
d'entendre la maxime « donner et retenir ne vaut », l'une
qui consiste à se réserver le droit de disposer, l'autre qui
consiste à livrer sans tradition ; que c'est dans cette seconde
acception que la règle a été appliquée dans la Flandre
flamande, il transcrit la réponse du Parlement de Douai à
d'Aguesseau, réponse dans laquelle nous lisons le passage
suivant : « On suit à la rigueur la maxime *donner et retenir*
» *ne vaut* dans toute la Flandre flamande ; nulle donation
» ne peut valoir comme donation entre vifs, si le donateur
» ne se dessaisit actuellement... »

M. Merlin cite à cet égard l'opinion de Vanderhawe sur la *Coutume de Gand*, et dit que cet auteur enseigne que la donation est un moyen d'acquérir et non une cause d'obligation ; mais il ajoute qu'il ne connaît aucune autre coutume qui entende ainsi la maxime *donner et retenir ne vaut*.

Et, quant aux coutumes non flamandes de nantissement, l'opinion de M. Merlin est suffisamment établie par les passages que nous avons déjà cités. S'il fallait les confirmer, nous renverrions au mot *donation*, 4e édition, p. 137, où M. Merlin examine l'opinion de ceux qui voulaient que, en Flandre et en Artois, à défaut de nantissement fait du vivant du donateur, la donation ne produisît aucun effet vis-à-vis de l'héritier, de même que, dans les pays d'insinuation, le défaut d'insinuation pouvait être opposé par l'héritier. M. Merlin ajoute que ce système fut proscrit par un arrêt du Parlement de Flandre du 27 juillet 1778, confirmé au Conseil le 21 août 1780, après une instruction contradictoire, et par deux arrêts de la même Cour des 14 mai 1783 et 11 août 1785.

Nous devons ajouter que M. Demolombe lui-même confirme, au numéro 307, ce que vient de dire M. Merlin et cite, en même temps que son témoignage, la jurisprudence du Parlement de Flandre.

Nous n'avons relevé le passage, extrait du n° 225, que parce que nous avons craint qu'on ne présentât sous un faux jour l'opinion de l'illustre professeur sur les doctrines des pays de nantissement.

Le système des pays de nantissement peut donc être ainsi formulé : propriété maintenue, au regard des tiers, sur la tête du vendeur ou du donateur et de celui qui le représente à son décès, jusqu'au moment où le déplacement s'en opère, au moyen du vest et du dévest; unité de ces législations pour les deux cas.

**237.** La loi du 11 brumaire an VII a-t-elle modifié ce système et fixé la propriété sur la tête de l'acheteur ou du donataire par l'effet du décès du vendeur ou du donateur?

Aux termes de l'article 26 de cette loi, jusqu'à la transcription, les actes translatifs de propriété ne peuvent être
opposés aux tiers qui auraient contracté avec le vendeur.
Peut-on s'emparer de ces derniers mots et dire que la loi
a opposé le vendeur à son héritier, distingué le premier du
second?

Nous croyons qu'on ne saurait raisonnablement le soutenir. Le souvenir de ce qui se pratiquait dans les provinces
de nantissement était encore vivant. Si on eût voulu, en en
consacrant sous un autre mot les principes fondamentaux,
y faire cette dérogation, on n'eût pas manqué de le dire
d'une manière formelle.

Il y a plus; la transcription était, depuis quelques années, pratiquée dans ces provinces comme le nantissement
l'était auparavant. En effet, la loi du 20-27 septembre 1790
contenait, sous le numéro 3, une disposition ainsi conçue :
« A compter du jour où les tribunaux de district seront
» installés dans les pays de nantissement, les formalités de
» saisine, dessaisine, déshéritance, adhéritance, vest, dé-
» vest, reconnaissance échevinale, mise de fait, main assise,
» plainte à la loi, et généralement toutes celles qui tien-
» nent au nantissement féodal ou censuel, seront et de-
» meureront abolies; et, jusqu'à ce qu'il en ait été autre-
» ment ordonné, la transcription des grosses des contrats
» d'aliénation ou d'hypothèque en tiendra lieu et suffira,
» en conséquence, pour consommer les aliénations et les
» constitutions d'hypothèques. »

Nous voilà en présence d'une pratique continuée sans
interruption; si la loi de l'an VII avait voulu n'exiger la
transcription que pendant la vie de l'aliénateur, elle n'eût
manqué de le dire.

258. Quant au Code civil et à la loi de 1855, on ne peut
pas soutenir davantage qu'il y ait eu introduction de principes opposés.

Le principe de la continuation de la personne du défunt par celle de l'héritier est toujours vivant comme idée fondamentale de la législation. Et cependant la transcription est exigée sans restriction, d'une part, par l'article 939 du Code civil, et, de l'autre, par les articles 1 et 2 de la loi de 1855, toutes les fois qu'il y a aliénation de biens susceptibles d'hypothèques.

Nous devons donc conclure sans hésitation que l'opinion qui consolide la mutation par le seul effet du décès doit être rejetée.

239. Nous devons toutefois dire quelques mots de l'objection qu'on pourrait vouloir tirer de la séparation des patrimoines.

Et d'abord cette séparation n'existe pas de plein droit, sauf les cas de minorité. Dans les autres cas, son existence est soumise à diverses conditions et elle doit être demandée, c'est dire assez que la situation normale est autre que celle qui résulte de la séparation.

Mais cette séparation elle-même, quels en sont les caractères? C'est une barrière placée entre les créanciers du défunt et ceux de l'héritier. Elle a pour but d'empêcher ceux-ci de primer ceux-là. Elle ne règle rien entre les créanciers du défunt pris séparément; or, pour la solution de la question qui nous occupe, ce qu'il faudrait prouver, c'est qu'elle consolide la propriété entre les mains de l'acquéreur et équivaut à transcription; qu'ainsi elle arrête les créanciers du défunt sur les biens vendus. Le fait-elle? On n'oserait certes pas le soutenir, puisque, entre les créanciers et les acquéreurs du défunt, elle garde la neutralité la plus complète.

Ce qu'il faudrait prouver encore, c'est que cette séparation paralyse toute transmission faite par l'héritier ; or, si on admet que l'inscription à fin de séparation des patrimoines engendre le droit de suite, comme l'a jugé la Cour de cassation le 27 juillet 1870 (S., 72, 1, 153), on reconnaît par cela même que la vente faite par l'héritier, saisit l'acquéreur quand elle est transcrite et qu'une surenchère de la part d'un créancier hypothécaire vient à se produire, et, si on n'admet pas la doctrine de cet arrêt, on attribue une valeur plus grande encore à la vente faite par l'héritier.

Nous n'insisterons pas sur ce qu'il y a d'illogique à reconnaître la régularité de la donation non transcrite quand elle émane d'un donateur décédé, quoiqu'elle soit contestée par les créanciers du donataire et à faire prévaloir la vente transcrite faite par l'héritier sur la vente non transcrite qui émane du défunt.

Nous croyons donc qu'il faut adopter la doctrine que M. Demolombe a enseignée au n° 286. Nous pensons que la transcription « peut (ajoutons : doit) être opérée à toute » époque, sauf au donataire (et nous ajoutons : à l'acqué- » reur) à subir les conséquences de son retard, et cela non- » seulement après la mort du donataire, mais aussi après » la mort du donateur; car elle a, dans ce dernier cas, pour » résultat très essentiel aussi d'assurer l'effet de la dona- » tion contre les créanciers à titre particulier de ses héri- » tiers ». Nous ajoutons : et contre tous créanciers et tous acquéreurs du défunt, mais avec la réserve des doctrines que nous avons émises sur le droit du créancier.

**260.** Ceux qui ont connu la donation ou la vente non transcrites, peuvent-ils se prévaloir du défaut de transcription et être préférés eux-mêmes, s'ils traitent dans les mêmes conditions et font transcrire?

M. Demolombe (*Donations*, t. III, n° 319) estime que non; il cite l'article 1071 du Code civil, écrit au titre des substitutions, article qui n'est que la reproduction de l'article 33, titre II de l'ordonnance de 1747. Il explique que, dans l'ancienne jurisprudence, il y avait doute, mais qu'en définitive on avait pensé généralement que l'article 33 de l'ordonnance était l'expression du droit commun. Il invoque l'opinion de Pothier (*Donations entre vifs*, sect. 2, art. 3, et nous ajouterons : introduction au titre XV de la *Coutume d'Orléans,* n° 61.)

Merlin (*R.,* v° *Mise de fait,* § 4, n° 3, et *Nantissement,* § 1ᵉʳ, n° 2) enseigne que dans les provincesde nantissement on jugeait le contraire.

M. Troplong (*Trans.,* n° 190) partage l'opinion de M. De-molombe et cite un arrêt de la Cour de cassation du 3 ther-midor an XIII qui jugea qu'il n'y a pas fraude à profiter d'un avantage offert par la loi.

Cette question a une grande analogie avec celle de savoir si le deuxième cessionnaire d'une créance, qui a fait si-gnifier au débiteur, doit être préféré au premier dont il connaissait les droits, lorsque celui-ci n'a fait aucune signification. La Cour de cassation a jugé le 5 mars 1838 (S., 38, 1, 630) qu'il peut être considéré comme ayant causé un dommage par sa faute. La Cour de Bastia a adopté sur ce point des principes opposés le 10 mars 1856 (S., 56, 2, 291). On peut consulter les notes qui, au bas de ces arrêts, indiquent la doctrine et la jurisprudence.

Nous comprenons l'opinion de la Cour de cassation en matière de cession. S'il y a eu mauvaise foi de la part du second cessionnaire, on peut peut-être dire que, à titre de réparation, il doit être condamné à respecter le droit du premier; et encore on se jette en ce cas dans tous les dan-gers de la preuve testimoniale, que, pour nous, nous n'ad-mettrions pas, à moins qu'il y eût fraude véritable, carac-térisée, par exemple, par une cession acceptée à vil prix.

Mais il n'en est pas de même en matière de vente ou de donation. Ici, il s'agit de l'assiette de la propriété. Renverser une vente ou une donation, c'est porter atteinte aux droits de plusieurs personnes intéressées au maintien de ces actes, aux droits des femmes, des pupilles, des créanciers.

Dans la cession, s'il y a eu faute ordinaire, imprudence, toutes choses qui ne vicient pas un contrat, en l'annulant à titre de réparation, on ne brise pas directement les droits des créanciers qui n'ont qu'une prise indirecte et non immédiate sur la créance cédée. Mais quand on annule une vente, on anéantit par cela même les droits qui sont venus s'asseoir sur l'immeuble acquis. S'il y a eu faute simple ne viciant pas le contrat, qu'on condamne l'acquéreur à des dommages-intérêts, soit; mais qu'on ne brise pas la vente, sans quoi on condamne d'une manière à peu près directe les créanciers hypothécaires. Les tiers peuvent toujours dire que la preuve légale pour eux consiste dans la transcription. Il y a au surplus un texte, celui de l'article 1071, qui n'a rien de spécial à la substitution. Il ne faut jamais se croire plus sage que la loi. Et avec ce texte, il nous semble raisonnable de dire comme la Cour de cassation qu'on ne commet pas une fraude en usant d'un droit conféré par la loi; que le tiers ne connaît de vente ou de donation que celle qui est transcrite.

Aussi lisons-nous dans une note imprimée au *Recueil* de Sirey (71, 2, 1) au bas d'un arrêt de Pau rendu dans ce sens, que cette opinion a été adoptée par la Cour de Paris les 7 décembre 1852 et 2 mai 1860. (PALAIS, 53, 1, 371, et 1861, n° 1184). M. Demolombe, qui adopte cette opinion, cite encore des arrêts de Grenoble du 4 juillet 1824 (S., 25, 2, 33), de la Cour de cassation du 21 février 1828 (D., 28, 1, 141), de Caen du 28 décembre 1835 (S., 48, 2, 735), de Limoges du 16 mai 1839 (S., 44, 2, 187). Il invoque de plus l'opinion de MM. Saintès-pès-Lescot (t. III, n° 728), Poujol, sur l'article 941, n° 1; Bayle-Mouillard (t. II, n° 167, note A), Zacharie, Aubry et Rau (t. VI, p. 90). Telle est d'ailleurs l'opinion de M. Flandin (n° 871 et suiv.), et c'est ce qu'a jugé la Cour de Caen le 20 juillet 1874 (S., 74, 2, 305).

S'il y avait fraude véritable, il résulte des autorités ci-dessus citées que la vente devrait être annulée; et nous donnons à cette idée notre pleine adhésion, puisque le contrat lui-même serait vicié. C'est ce qu'a dit M. Suin dans l'exposé des motifs de la loi et ce qui résulte des arrêts de la Cour de cassation des 8 décembre 1858 et 14 mars 1859. (S., 60, 1. 991 et 59, 1, 833.)

261. M. Demolombe (*Donations*, t. III, n° 314) enseigne que, si le donataire qui a transcrit avait renoncé à opposer le défaut de transcription d'une seconde donation, il serait non recevable à exciper de ce moyen; il cite un arrêt de Paris du 2 mai 1860.

Que celui qui a fait cette renonciation soit lié par elle, cela est incontestable. Mais cela fait-il que le deuxième donataire qui n'a pas transcrit soit saisi vis-à-vis des tiers? Non. Aux yeux des tiers, le premier donataire est le vrai propriétaire, tant qu'il n'aura pas fait une aliénation transcrite. Parmi ces tiers, nous comprenons les créanciers hypothécaires du premier donataire. Il faudrait y comprendre aussi ses créanciers chirographaires si la renonciation avait un caractère gratuit.

262. Nous donnons la même solution pour le cas posé par M. Demolombe au numéro 314 *bis*. Le donateur se rend caution solidaire de la revente que fait son donataire qui n'a pas transcrit. S'il donne une seconde fois, ou s'il vend, le deuxième donataire, l'acheteur pourra-t-il, après avoir transcrit, inquiéter celui auquel le premier donataire aura transmis lui-même, si ce dernier n'a pas transcrit?

Les mêmes raisons peuvent être invoquées.

263. Si l'acquéreur du premier donataire a fait transcrire sa vente, le deuxième donataire, qui a transcrit sans que le premier ait pris ce soin, pourra-t-il inquiéter l'acquéreur? Nous réservons cette question pour la discuter quand nous nous occuperons de l'article 7 de la loi de 1855. (*Voy.* au n° 288.)

264. M. Demolombe enseigne, au n° 312, que les créanciers du donataire ne peuvent invoquer le défaut de transcription. Il estime que, s'ils ont intérêt, ce n'est pas un intérêt légitime. Il invoque des arrêts de Poitiers, 10 juin

1851 (S., 51, 2, 609), Toulouse, 28 juillet 1853 (S., 54, 2, 1), Orléans, 31 mars 1860, et de la Cour de cassation du 1er mai 1861 (S., 61, 1, 481), une consultation de M. Devilleneuve (S., 54, 2, 1), l'opinion de MM. Aubry et Rau, sur Zachariæ (t. VI, p. 88), Massé et Vergé (t. III, p. 222), Flandin (nos 989 et 970). Il faut y ajouter un arrêt de la Cour de cassation du 15 janvier 1868 (S., 68, 1, 131).

Nous croyons qu'il suffit de lire le texte de la loi de l'an VII pour voir qu'elle a entendu protéger ceux qui traitent avec la personne qui se dessaisit, et qu'elle n'a pas en vue l'intérêt des créanciers de celui qui acquiert. Le Code civil, en donnant à tous ceux qui ont intérêt le droit de se prévaloir du défaut de transcription, n'a certes pas entendu protéger un autre ordre de personnes. Le créancier, en ce cas, n'a que le droit ordinaire des ayants cause.

## § 58

### DES PERSONNES CHARGÉES DE FAIRE TRANSCRIRE ET DE LEURS AYANTS CAUSE

#### Sommaire

**261** *bis.* Pour résoudre les questions qui surgissent en cette matière il faut nous reporter à la législation ancienne.

Dans le dernier état du droit romain, toute donation supérieure à une valeur de 500 écus d'or était, sauf quelques exceptions relatives à l'empereur ou aux captifs, soumise à l'insinuation ; et, à défaut de cette formalité, la nullité de la donation pouvait être proposée par le donateur lui-même pour toute la partie des valeurs données qui excédaient 500 écus d'or. (DEMOLOMBE, *Donations,* t. III, n° 233.)

L'article 132 de l'ordonnance de 1539 prescrivait l'insinuation et ajoutait : « Autrement seront réputées nulles et » ne commenceront à avoir effet que du jour de l'insi-» nuation ».

Ricard, qui écrivait après l'ordonnance de Moulins publiée en 1566, explique au numéro 1231 que de ces expressions quelques jurisconsultes avaient induit que le donateur pouvait, comme sous la législation de Justinien, révoquer sa donation tant qu'elle n'avait pas été insinuée.

**265.** D'autres soutenaient, dit-il au numéro 1232, que l'insinuation n'avait pour but que de rendre la donation publique ; mais que, même avant qu'il y fût procédé, le donateur était lié vis-à-vis du donataire. Ils concluaient même de là que les héritiers du donateur, tenus de ses faits et promesses, ne pouvaient contester une donation émanée de lui.

Cette difficulté dura, dit Ricard (n° 1233), jusqu'en 1566. A cette époque, l'article 1558 de l'ordonnance de cette même année (ordonnance dite de Moulins), mit fin à la controverse par la disposition suivante : « A faute de ladite insi-» nuation, seront et demeureront les donations nulles, et » de nul effet et valeur, tant pour le regard du créancier » que de l'héritier du donnant ». Dès lors, ajoute Ricard, personne ne douta plus que le donateur fût lié personnellement par sa donation.

Voilà donc une libéralité que le donateur ne pouvait

ébranler et que c. .endant ses héritiers avaient le droit de faire déclarer non avenue, si elle n'avait été insinuée pendant sa vie.

Toutefois, ce droit des héritiers pouvait conduire à des résultats peu conformes à l'équité.

On se demandait si le défaut d'insinuation était opposable à la femme mariée et au mineur? oui, en principe, disait Ricard au numéro 1238; cependant, ajoute-t-il, on posait la question de savoir si l'héritier du mari, quand la donation émanait de ce dernier, pouvait invoquer le moyen de nullité.

« Ceux qui défendent la cause des héritiers se fondent,
» dit-il, sur ce que l'ordonnance ayant déclaré la donation
» non insinuée nulle à l'égard de l'héritier, il s'en suit
» (suivant eux) que le donataire ne peut pas exciper de la
» donation comme d'un titre valable, et que s'il veut s'en
» prévaloir, l'héritier a juste raison de lui opposer ce man-
» quement, sans que l'on puisse considérer la qualité par-
» ticulière d'héritier du mari pour en induire une fin de
» non recevoir, parce que l'exception de l'ordonnance lui
» a donné une personnelle et lui appartient de son chef ».

Ricard estime cependant (n° 1239) que l'opinion opposée est préférable « non pas, dit-il, que les donations faites aux
» femmes par leurs maris, même par contrat de mariage,
» ne soient sujettes, à la rigueur, de l'insinuation comme
» les autres, et que les héritiers du mari n'aient pas le droit
» d'alléguer directement ce défaut de formalité qui leur
» appartient de leur chef, et non pas comme représentant
» le mari, ainsi que nous avons ci-dessus établi; mais par
» une autre considération résultant de l'exception qui ap-
» partient à la femme contre les héritiers qui lui font cette
» objection; en conséquence de ce que le mari étant le
» maître et ayant la direction des actions de la femme, il
» était de sa diligence de faire l'insinuation, si bien que,
» n'y ayant pas satisfait, sa succession est demeurée gâ-

» rante et conséquemment tenue des dommages-intérêts
» que la femme en souffre, lesquels ne peuvent pas moins
» montrer que le contenu en la donation ; il s'ensuit que
» les héritiers devaient être déclarés non recevables à la
» contester, parce que c'est un principe de droit que celui-
» là agit inutilement, et ne doit pas être entendu qui se
» trouve garant de l'action qu'il a intentée et qu'il voudrait
» poursuivre ».

Ainsi voilà la thèse clairement posée. L'héritier a le droit
de demander la nullité de la donation faite par le mari
auquel il a succédé ; ce droit est écrit dans la loi ; mais lui-
même peut être atteint par les conséquences de la négligence du mari dont il est héritier au point de vue passif
aussi bien qu'au point de vue actif. Dès lors il est repoussé
par une exception qui se déduit des principes généraux du
droit.

Ricard revient là-dessus aux numéros 1246 et 1247, et
reproduit la fin de non recevoir qui résulte de l'action indirecte et de garantie. Au numéro 1241, il l'étend aux donations faites à la femme par un étranger.

Ce que Ricard a dit de la femme, il le dit des mineurs
aux numéros 1242 et 1248.

Nous ne voyons nulle part que Ricard ait entendu appliquer ces idées aux successeurs à titre particulier du mari
qui n'étaient pas tenus de ses dettes.

Comment, par exemple, aurait-on pu repousser un créancier du mari dans son action en nullité de la donation faite
par le mari à la femme ?

Tel était l'état des choses lorsque fut publiée l'ordonnance
de 1731. Il importait de résoudre les questions soulevées
par les jurisconsultes qui avaient écrit sur l'interprétation
des ordonnances antérieures. Voici ce que nous lisons dans
l'ordonnance nouvelle :

L'article 27 donnait aux créanciers, donataires, héritiers
du donateur, le droit d'exciper du défaut d'insinuation.

C'était la reproduction de la législation antérieure. On ajoutait que le donateur ne pourrait pas s'en prévaloir. Il en était ainsi depuis l'ordonnance de Moulins.

L'article 30 statuait sur la difficulté prévue par Ricard de la manière suivante : « Le mari, ni ses héritiers ou » ayant cause, ne pourront, en aucun cas, et quand même » il s'agirait de donations faites par d'autres que le mari, » opposer le défaut d'insinuation à la femme commune » ou séparée, ou à ses héritiers ou ayant cause, si ce n'est » que ladite donation eût été faite pour tenir lieu à la » femme de bien paraphernal et qu'elle en eût la libre » jouissance et administration ».

Voilà donc législativement consacré le principe qui n'était autrefois qu'une déduction juridique admise par le plus grand nombre des jurisconsultes.

Mais, comme à la faveur de ce principe, on aurait pu enlever aux héritiers du donateur le droit de demander la nullité de la donation non insinuée, en écrivant dans la donation que le donateur serait chargé de l'insinuation, l'article 27 déclarait cette convention sans valeur.

L'article 31 contenait pour les tuteurs, curateurs, administrateurs ou autres personnes chargées de faire insinuer une disposition analogue à celle de l'article 30, et, comme cet article, comprenait leurs héritiers ou ayants cause.

Les articles 28 et 31 refusaient aux donataires placés ainsi sous la direction d'autrui le droit de se faire relever de la nullité; mais ils leur donnaient un recours contre ceux qui avaient négligé l'insinuation.

Quel était donc, dans les articles que nous venons de citer, le sens des mots « ayants cause ? » Comprenaient-ils les successeurs à titre particulier? Ou au contraire ne s'appliquaient-ils qu'à ceux qui représentaient à titre universel la personne chargée de l'insinuation ?

Il semble qu'ils répondaient aux doctrines de Ricard qui ne les appliquait qu'aux successeurs universels et n'avait pas pensé qu'on pût les appliquer à d'autres.

Cependant M. Demolombe (*Donations*, t. V, n° 333) dit que ces textes étaient entendus en ce sens que les successeurs à titre singulier étaient compris dans l'acception des mots « ayants cause » et ne pouvaient, par suite, opposer le défaut d'insinuation. Il cite Furgole (sur les art. 30 et 31 de l'ordonnance), Pothier (des donations entre vifs, sect. 2, art. 3, § 5, et introduction au titre XV de la *Coutume d'Orléans*, n° 63).

Mais il signale immédiatement ce qu'il y avait d'illogique à imposer les conséquences de l'omission d'une formalité à un acheteur, à un donataire qui ne représentent pas leur auteur au point de vue de l'obligation que celui-ci avait assumée.

Et voici, d'après M. Demolombe, la réponse de Pothier et celle de Furgole :

266. Je commence par celle de Pothier. (Introduction à la *Coutume d'Orléans*, titre, n° 63.)

L'ordonnance, par ces termes d'ayant cause, entend que si quelqu'un avait acquis, même à titre singulier, quelque immeuble du mari ou autre administrateur, « il ne pourrait » opposer le défaut d'insinuation de la donation, parce que » les choses par lui acquises se trouvant hypothéquées à » l'obligation en laquelle était le mari ou autre adminis- » trateur de faire insinuer la donation, il se trouverait lui- » même hypothécairement tenu des dommages-intérêts » résultant du défaut qu'il opposerait, et par conséquent » non recevable à l'opposer, si mieux il n'aimait délaisser les » choses hypothéquées. »

Quant à Furgole, M. Demolombe dit qu'il écrit que l'article 30 est applicable « lorsqu'on se trouve dans un cas » auquel la femme peut exercer son recours contre le mari, » ses héritiers ou ayant cause; la raison est parce que la » femme doit avoir une hypothèque légale pour ce recours... » en vertu de laquelle elle pourrait agir contre les tiers » possesseurs des biens de son mari; et par conséquent ceux

» qui ont droit et cause du mari même à titre onéreux, pos-
» térieurement à la donation, ne peuvent opposer à la
» femme le défaut d'insinuation parce qu'ils en sont eux-
» mêmes garants ».

Ne semble-t-il pas que l'éminent professeur s'est mépris
sur l'interprétation ainsi donnée au texte de l'ordonnance
au sujet des successeurs à titre singulier des personnes
chargées de faire opérer l'insinuation ?

L'acquéreur, dit Pothier, serait tenu hypothécairement
vis-à-vis de la femme, s'il faisait valoir la vente que lui a
consentie le mari, et par conséquent non recevable à l'opposer. Mais, s'il n'est repoussé que par l'exception de garantie, c'est que, en principe, il est recevable à faire valoir
sa vente. Et Pothier le reconnaît lui-même puisqu'il constate que celui-ci a le droit de maintenir cette vente, ou au
moins le bénéfice qui en résulte, en délaissant. Alors cet
acquéreur peut faire valoir l'hypothèque qui résulte pour
lui, suivant les principes de la législation ancienne, de la
vente qui lui a été faite, comme la femme a le droit de faire
valoir sa propre hypothèque.

Furgole ne dit-il pas implicitement les mêmes choses ?
On n'a pas assez remarqué les mots dont il se sert « postérieurement à la donation ». Ils signifient cependant que le
défaut de la cuirasse chez l'ayant cause du mari, c'est l'hypothèque de la femme, puisqu'il semble reconnaître le
droit de cet ayant cause quand le titre de celui-ci est antérieur à l'hypothèque de la femme.

La conséquence, c'est donc, ce nous semble, que, dans
l'opinion de Pothier et de Furgole, l'ayant cause du mari
peut opposer le défaut d'insinuation et qu'il ne peut être
arrêté que par l'exception de garantie. C'est ce que M. Demolombe semble reconnaître lui-même au numéro 327.

Au surplus, pour achever la démonstration sur ce point,
nous citerons le passage suivant de Pothier. (*Donations entre
vifs*, sect. 2, § 5, p. 472, édit. DUPIN.)

« La puissance de quelqu'un en laquelle le donataire a
» été lui donne bien une défense contre cette personne en
» la puissance de laquelle il a été, ou contre les héritiers
» de cette personne qui lui opposeraient le défaut d'insi-
» nuation ; mais elle ne lui donne aucune défense contre
» les tiers, quand même l'insolvabilité de la personne en
» la puissance de qui a été donné le donataire ne lui lais-
» serait aucun recours. C'est pourquoi les créanciers du
» mari peuvent opposer à la femme le défaut d'insinuation
» des donations qui lui auraient été faites par son mari,
» quoique la femme, pendant le temps qu'elle était en la
» puissance de son mari, n'ait pas eu la liberté de faire
» cette insinuation ».

Ce passage nous semble compléter la preuve que nous
voulions faire. Pothier a posé d'abord un héritier, c'est-à-
dire un successeur à titre universel aux prises avec la
femme ; l'héritier ne peut opposer le défaut de transcription.
Il pose ensuite un créancier du mari, c'est-à-dire un ayant
cause à titre singulier, et il arrive à un résultat opposé.

Ainsi, les éléments antérieurs à l'ordonnance de 1731 et
le sens dans lequel cette ordonnance a été prise depuis,
tout concorde pour repousser la portée donnée aux mots
« ayant cause ». L'article 30 a eu pour but de fixer législativement les principes que développait Ricard au n° 1239.
Mais ces principes n'étaient autres que ceux qui, dans
toutes les successions, règlent la dévolution des dettes et
ne s'appliquaient pas aux successeurs à titre particulier.
Jamais Ricard n'avait entendu que ce successeur peut être
atteint par une action ni exception personnelle et qu'il pût
être traité autrement que tous les tiers détenteurs. Si on
compare les articles 30 et 31 de l'ordonnance de 1731 avec
l'article 34 de l'ordonnance de 1747, on verra que, quand
d'Aguesseau voulait atteindre les successeurs à titre particulier, il s'exprimait autrement que dans l'ordonnance de
1731.

L'interprétation qu'on donnait autrefois de l'ordonnance de 1731 n'était donc pas celle qu'a signalée M. Demolombe. Et ici nous constaterons avec lui qu'il eût été souverainement contraire à la raison de refuser le droit d'exciper du défaut d'insinuation à un créancier, à un donataire, à un acquéreur du mari, parce que celui-ci avait négligé de remplir une formalité. Mais c'eût été punir un tiers d'une faute qui ne lui était pas personnelle. Nous employons ce mot à dessein; et nous ne faisons que répéter l'expression dont s'est servi Pothier dans le passage que nous venons de transcrire; en effet, dans le système de l'ordonnance un simple créancier, même chirographaire, était un tiers au point de vue du défaut d'insinuation.

268. Nous arrivons au système du Code civil sur la transcription et nous allons examiner si la pensée de l'article 941 est la même à cet égard que celle de l'ordonnance.

Si nous avons réussi à établir le véritable sens de l'ordonnance, nous n'avons plus d'efforts à faire; le mot employé est le même. On ne voit pas que l'article 941, en employant le mot ayant cause ait voulu lui donner plus d'étendue que l'ordonnance ne lui en donnait. Il nous semble donc qu'il faut l'entendre comme on l'entendait autrefois.

269. M. Demolombe, préoccupé des difficultés que créait la portée excessive des mots *ayant cause*, entendu comme il lui semblait qu'il était interprété, a enseigné aux n<sup>os</sup> 324 et suivants qu'il fallait distinguer l'hypothèse où la donation a été faite par un tiers à la femme, au mineur, à l'interdit, à un établissement public, de celui où elle a été faite par le mari à la femme, par le tuteur au mineur, par l'administrateur à l'établissement.

Dans le premier cas, il refuse le droit de se prévaloir de la non transcription aux successeurs à titre particulier et aux créanciers du mari, du tuteur, de l'administrateur; dans le second cas, il la leur concède.

Dans ce second cas, nous sommes naturellement de son avis ; il s'agit, en effet, de personnes non chargées de transcrire et qui se prévalent de droits qu'elles ont elles mêmes pour faire tomber une donation non transcrite.

Dans le premier cas, nous croyons que les successeurs à titre singulier, que les créanciers ont le même droit que dans le second, et par les mêmes raisons.

M. Demolombe objecte, à la vérité, que toutes ces personnes ne peuvent prétendre à un droit sur l'immeuble qu'en invoquant le droit du mari. Mais, quand le second donataire invoque contre le premier donataire le défaut de transcription, ne se prévaut-il pas de la transmission que lui a faite le donateur dont le droit était épuisé après la première donation ?

La situation est la même. M. Demolombe ne signale pas un changement fait intentionnellement par la nouvelle législation au point de vue de la question que nous discutons. Mais alors comment résister au texte de l'article 30 de l'ordonnance ?

« Le mari ni ses héritiers ou ayant cause ne pourront en » aucun cas, et quand même il s'agirait de donations faites » par d'autres que le mari, opposer le défaut d'insinuation » des donations faites à la femme. »

Cet article, que reproduit l'article 31 en ce qui concerne les autres personnes en puissance, ne distingue pas comme le fait M. Demolombe ; et, s'il semble regarder comme douteux le droit de présenter le moyen résultant du défaut d'insinuation, c'est celui où la donation a été faite par d'autres que le mari.

**270.** Nous croyons donc que l'article 941 doit être interprété en ce sens que la personne chargée de faire la transcription, ses héritiers et successeurs à titre universel ne peuvent opposer le défaut de transcription ; mais qu'il en est autrement de son acquéreur, de son donataire, de son créancier, en un mot, de son ayant cause à titre singulier.

La difficulté est née d'une fausse interprétation de l'ordonnance de 1731. La langue du droit est insuffisante au point de vue des diverses significations qu'on donne au mot *ayant cause*. On sait la discussion qui a surgi à cet égard entre MM. Toullier et Merlin, discussion qui n'est peut-être pas entièrement vidée, et on n'a, pour se convaincre que le mot *ayant cause* peut être interprété comme nous le faisons, qu'à lire l'article 8 de la loi de 1855.

**271.** La Cour de cassation avait, par un arrêt du 4 juin 1823 (S., 23, 1, 265) jugé que le défaut de transcription ne peut être opposé par un acquéreur du mari, qui, après avoir fait une donation à sa femme, avait vendu les mêmes biens à un tiers; mais, par un arrêt du 4 janvier 1830 (S., 30, 1, 525), et par un autre arrêt du 10 mars 1840 (S., 40, 1, 217), elle a jugé que le créancier du mari peut opposer le défaut de transcription, sauf à la femme à faire valoir ses droits hypothécaires.

La Cour a jugé que le principe de cette solution était écrit dans les articles 1070 et 1071 du Code civil. Nous devons dire toutefois que la Cour de Paris, par arrêt du 2 janvier 1854 (S., 54, 2, 7) et la Cour d'Angers, par arrêt du 15 décembre 1851 (S., 52, 2, 366), ont adopté la solution opposée.

Quant aux auteurs, nous trouvons au *Traité des hypothèques* de M. Troplong (t. II, p. 322) une note portant le n° 5, où l'auteur dit en parlant du mot « ayant cause »: ce mot ne signifie cependant pas toujours un successeur particulier « par exemple, dans l'article 941 du Code civil. »

Dans son *Traité des donations* (n° 1187) il cite l'arrêt de 1830 et dit que le crédit s'accommode mieux de cette dernière solution.

M. Demolombe cite comme refusant le droit d'opposer le défaut de transcription aux successeurs à titre particulier, MM. Merlin (Q. de d., v° *Transcription*, § 6, n° 3), Coin-Delisle (art. 941, n° 24), Bayle-Mouillard (t. II, n° 169, note E), Flandin (n° 975).

Nous ferons observer que la loi de l'an VII et la loi de 1855 ne contenant aucun texte applicable aux successeurs à titre singulier des personnes chargées de faire transcrire, la question ne peut se produire à cet égard. On serait sans doute en droit de leur opposer à elles-mêmes ce défaut; et, en ce qui les concerne personnellement, la négligence qui leur serait imputable devrait, à titre de réparation, aboutir à faire considérer la vente qui leur aurait été consentie comme non avenue; mais ce serait sans grande utilité vis-à-vis de leurs acquéreurs ou créanciers hypothécaires, à l'égard desquels la transcription devrait être maintenue. Leurs créanciers chirographaires auraient même le droit de faire maintenir les choses en l'état, sauf à celui qui aurait souffert du défaut de transcription à faire valoir la créance qui en résulterait pour lui (*Voy.* n° 282).

**272.** Il nous reste à indiquer quelles sont les personnes chargées de faire transcrire.

Et d'abord, qui a le droit de faire procéder à la transcription?

L'article 940 dit que si le mari ne fait pas transcrire une donation faite à sa femme, celle-ci pourra le faire sans autorisation, d'où on conclut fort justement que tous les incapables ont le même droit. La raison indique que ceux qui sont sous la puissance d'autrui peuvent remplir une formalité matérielle que leurs tuteurs négligent; les articles 2139 et 2194 prouvent que l'article 940 est l'expression du droit commun. (TROPLONG, *Donations*, n° 1175; DEMOLOMBE, *Donations*, t. III, n°⁸ 263, 264; DELVINCOURT, t. II, p. 75, note 1; DURANTON, t. VIII, n° 511; VAZEILLE, art. 940; POUJOL, art. 940; BAYLE-MOUILLARD, t. II, n° 166; COIN-DELISLE, art. 940; ZACHARIÆ, AUBRY et RAU, t. VI, p. 82; DEMANTE, t. IV, n° 81 *bis*).

M. Demolombe enseigne avec raison (*Ibid.*, n° 267) que les ascendants du mineur, auxquels l'article 935 donne le droit d'accepter pour lui, peuvent faire transcrire, même quand ils n'ont pas accepté.

Que le donateur en a le droit aussi; comment en effet le refuser à celui qui est partie dans l'acte? (ZACHARIE, AUBRY et RAU, t. VI, p. 82; FLANDIN, t. I, n° 717).

Au n° 269, M. Demolombe rappelle, d'après Pothier (*Donations entre vifs*, sect. 2, art. 111, § 3) que tout porteur de l'acte peut faire transcrire; mais il ajoute que les personnes que nous avons plus haut désignées ont de plus le droit de lever copie de la donation pour arriver à la faire transcrire. (DEMANTE, t. IV, n° 81 *bis*, 2.)

Les personnes obligées de faire la transcription sont les maris, tuteurs, curateurs, administrateurs.

**273.** Le mari peut n'avoir pas l'administration des biens de sa femme. Est-il obligé, malgré cela, de faire transcrire? M. Demolombe (*Donations*, t. III, n° 271) enseigne que non. Mais il estime, au numéro 273, que le mari doit faire transcrire, lors même que, sur son refus d'autoriser, la femme a accepté avec l'autorisation de la justice.

Nous éprouvons un doute sur la première partie de cette solution.

L'article 28 de l'ordonnance de 1731 permettait d'opposer le défaut d'insinuation à la femme commune ou séparée pour toutes les donations sans exception, sauf le recours de celle-ci contre son mari. L'article 30 ne permettait pas au mari ni à ses ayants cause d'user de ce moyen contre la femme et il répétait ces mots : « commune ou séparée ». L'article 29 refusait à la femme, en cas de non insinuation, le recours contre son mari lorsqu'il s'agissait d'un bien donné à la femme pour tenir lieu de bien paraphernal, à moins que le mari eût joui de ces biens du consentement de la femme, tandis que l'article 28 lui donnait ce recours dans tous les autres cas; et l'article 30 exceptait ce cas de destination à la paraphernalité du refus qu'il faisait au mari du droit d'invoquer le défaut de transcription.

Nous ne voyons pas bien les raisons qui faisaient distinguer le cas de paraphernalité du cas de séparation, à moins que ce fût, comme le dit M. Flandin (n° 733) le droit pour la femme, d'après la législation romaine, d'aliéner ses paraphernaux sans autorisation. Mais la distinction existe dans l'ordonnance; et ce qui nous prouve qu'elle est intentionnelle, c'est que le questionnaire que M. d'Aguesseau avait adressé aux magistrats supérieurs pour la préparation de l'ordonnance, questionnaire que nous trouvons au tome XII de ses œuvres (édit. de 1819, p. 284), contient au numéro 7 la question suivante :

« Si le défaut d'insinuation peut être opposé à une femme » pendant le mariage, pour les donations faites par le con- » trat de mariage. »

» S'il peut lui être opposé du moins 1° par les créanciers? » 2° pour les biens paraphernaux ? 3° par toutes sortes de » personnes et pour toute espèce de biens, quand elle est » séparée ? »

Nous rapprocherons du texte de l'ordonnance et du questionnaire l'opinion qu'émettait Ricard au numéro 1243, dans lequel il dit que la responsabilité du défaut d'insinuation ne doit pas être appliquée au cas où la femme a accepté avec l'autorisation de justice et au cas où elle est séparée de biens.

Nous lisons dans le *Recueil* de Louet, annoté par Brodeau (mot insinuation, n° 1), « j'ai vu juger par arrêt que » la femme séparée de biens d'avec son mari doit faire in- » sinuer la donation dans les quatre mois de la séparation, » pendant lesquels la femme peut agir; *habet directionem* » *actionum;* et, bien qu'elle demeure *in protestate viri* après » la séparation et tant que le mari vit, si est-ce qu'elle peut » agir, partant faire insinuer. »

La question était donc posée et l'ordonnance a statué autrement que Ricard et que l'arrêt cité par Louet.

Il suit de là que le mari, en cas de non insinuation, ne pouvait en opposer le défaut à la femme dans aucun cas, sauf celui de paraphernalité; que les cas de séparation n'étaient pas exceptés le moins du monde.

Nous ne voyons pas que le Code répète l'expression de paraphernalité. Il impose au mari dans tous les cas l'obligation de faire transcrire et, comme sanction, il lui refuse le droit de se prévaloir de la non transcription. Nous ne croyons pas qu'il soit possible d'échapper à ce texte.

Il nous semble qu'il n'y a pas à faire d'exception.

274. C'est dire assez que nous acceptons la deuxième solution d'après laquelle le mari administrateur ayant refusé d'autoriser sa femme ne pourrait pas contester la donation non transcrite et acceptée avec l'autorisation de la justice. M. Demolombe, qui adopte ce parti, cite eu sens contraire, savoir, sous l'ancienne jurisprudence, Ricard (première partie, n° 1243), Bergier, son annotateur, MM. Coin-Delisle (art. 942, n° 9), Bayle-Mouillard (t. II, n° 166, note 6), Flandin (n° 729). M. Demolombe se fonde sur l'obligation qui incombe à l'administrateur, malgré son refus d'autoriser et, dans cet ordre d'idées, il cite M. Demante (t. IV, n° 81 *bis*), M. Saintès-pès-Lescot (t. III, p. 735).

M. Flandin cite comme devant militer en faveur du mari qui n'a pas voulu autoriser l'article 1450 du Code civil, qui, au cas d'aliénation par la femme autorisée par justice, dit que le mari n'est pas garant du remploi.[1]

On peut, ce nous semble, opposer à cette idée l'article 1428 qui rend le mari responsable de tous dépérissements; mais il y a mieux à faire que d'invoquer des généralités ou des analogies, c'est d'invoquer le texte spécial, celui de l'article 940 qui, pour tous les cas, oblige le mari à transcrire.

Nous sommes frappé de cette idée que, quel que soit le régime matrimonial, que le mari ait refusé d'autoriser, ou qu'il ait autorisé, il serait souverainement immoral qu'il profitât d'une omission dont la faute lui serait le plus souvent imputable.

275. Le curateur du mineur émancipé est-il obligé de faire transcrire ?

Il est mentionné dans l'article 940; et, bien qu'on dise que le mot curateur y a été employé par inadvertance, ce qu'on induit de la place qu'il y occupe, bien qu'on dise qu'il n'est pas répété dans l'article 942, il nous suffit de faire remarquer que l'article 935 dit que la donation faite à un mineur émancipé est acceptée avec l'assistance du curateur. De même que l'article 482 veut que le curateur veille à l'emploi d'un capital reçu, de même la loi a dû vouloir qu'il fasse compléter une donation à laquelle il participe. M. Demolombe, qui enseigne cette doctrine (n° 276) cite en ce sens MM. Marcadé (art. 942, n° 2), Demante (t. IV, n° 82 bis), Flandin (n° 721 et 726), Massé et Vergé, sur Zachariæ (t. III, p. 219).

Le sourd-muet ne peut accepter s'il ne sait écrire; un curateur accepte pour lui (art. 936). Ce curateur doit faire transcrire. (DEMOLOMBE, t. III, n° 277.)

276. Quand le subrogé-tuteur accepte une donation faite au mineur, il doit la faire transcrire (DEMOLOMBE, n° 278), sans que le tuteur, qui reste chargé d'administrer, cesse d'être tenu de ce soin (DEMOLOMBE, n° 279; DELVINCOURT, t. II, p. 261; TOULLIER, t. III, n° 202; GRENIER, t. II, n° 166; BAYLE-MOUILLARD, note A; COIN-DELISLE, art. 942, n° 5 et 6; SAINTES-PÈS-LESCOT, t. III, n° 741; TROPLONG, t. III, n° 1191; DEMANTE, t. IV, n° 82 bis.)

277. M. Demolombe (n° 282) estime que l'ascendant qui a accepté pour un mineur est obligé de faire transcrire; nous le croyons par application des principes qui ont dicté les dispositions des articles 1991, 2007, 2010 du Code civil. M. Demolombe cite dans le sens de cette solution MM. Coin-Delisle (art. 942, n° 10), Bayle-Mouillard (t. II, n° 166, note 6), Demante (t. IV, n° 82 bis), Flandin (n° 737).

## § 59

### DU DROIT D'OPPOSER LE DÉFAUT DE TRANSCRIPTION DES
### ACTES AUTRES QUE LA DONATION

#### Sommaire

**278.** L'article 3 de la loi de 1855 est ainsi conçu :

« Jusqu'à la transcription, les droits résultant des actes
» et jugements énoncés aux articles précédents ne peuvent
» être opposés aux tiers qui ont des droits sur l'immeuble
» et qui les ont conservés en se conformant aux lois. —
» Les baux qui n'ont point été transcrits ne peuvent jamais
» leur être opposés pour une durée de plus de dix-huit ans. »

Nous avons dit que, entre les parties qui contractent, le

principe de la transmission de la propriété était maintenu par la loi nouvelle. Seulement elle décide que cette transmission n'existera pour les tiers que du jour de la transcription.

Si, ce qui nous paraît invraisemblable, un débat élevé en l'absence de toute transcription surgissait, il faudrait le résoudre d'après les principes qui existaient avant la loi nouvelle et attribuer la propriété à celui qui le premier aurait acheté par acte ayant date certaine. (TROPLONG, *Trans.*, n° 151 ; BRESSOLLES, n° 42 ; FLANDIN, n° 862.)

**279.** Peut-être est-il inutile d'ajouter que la propriété transmise entre les parties l'est aussi entre leurs héritiers et successeurs universels. Les doctrines de l'insinuation n'ont rien à faire ici. (TROPLONG, *ibid.*, n° 145 ; FLANDIN, n° 840.)

**280.** Ces principes doivent-ils avoir les mêmes conséquences quand le vendeur laisse plusieurs héritiers, dont un soutient être propriétaire de l'immeuble vendu en vertu d'une vente que lui a consentie le décédé ; en sorte que la lutte s'engage entre cet héritier et l'étranger qui a acheté ?

Ici surgit la question de savoir si l'exception de garantie est divisible, comme l'obligation, ou si elle est indivisible. Si en effet l'exception est indivisible, l'héritier qui se prétend propriétaire sera obligé pour le tout de faire valoir la vente consentie à l'étranger et empêché pour le tout de faire valoir la sienne propre.

Cette question, qui, dans l'ancien droit, divisait les jurisconsultes, les divise encore.

Pothier, après Dumoulin, avait pris parti pour l'héritier (*Vente*, n° 174). M. Troplong (*Vente*, n° 457, *Louage*, n° 200) se range du côté de ces deux grands jurisconsultes. Mais la thèse opposée compte des défenseurs d'une grande autorité. (MM. DELVINCOURT, t. III, p. 144 ; DUVERGIER, *Vente*, t. III, n° 355 ; MARCADÉ, sur l'art. 1626 ; MASSÉ et VERGÉ, sur Zachariæ, t. IV, § 684, note 2 ; AUBRY et RAU, t. III,

§ 355, notes 5 et 6 ; DALLOZ, *Jur. gén.*, v° *Vente*, n°° 443 et 444.)

La cour de cassation s'est constamment prononcée contre l'action de l'héritier (arrêts des 9 février 1811, S., 11, 1, 188 ; 11 août 1830, S., 30, 1, 395 ; 5 janvier 1815, S., 15, 1, 234 ; 14 janvier 1840, S., 40, 1, 569 ; 18 avril 1860, S., 60, 1, 519 ; 14 décembre 1868, S., 69, 1, 126).

La Cour de cassation de Belgique, par un arrêt du 5 juin 1856 que cite M. Flandin, s'est prononcée dans le même sens, accepté aussi par M. Flandin (n° 843).

La grande raison donnée par la Cour de cassation, c'est que si l'obligation de garantie se divise dans ses conséquences finales, elle a pour premier élément la nécessité qu'elle impose de défendre ; or, comme on ne défend pas une cause en présentant la moitié des moyens qui s'y réfèrent, l'exception de garantie a un premier aspect indivisible ; et, du moment où on reconnaît que celui qui attaque est obligé de défendre pour le tout, la conséquence logique, c'est qu'il ne peut attaquer.

Nous avouons que cette argumentation nous paraît fondée sur les règles les plus sévères du raisonnement. En fait, d'ailleurs, à quoi aboutirait l'action, à ne laisser à un acquéreur qu'une portion de la chose qu'il a entendu acheter en totalité. N'y a-t-il pas là une véritable indivisibilité d'intention ? (art. 1218).

Pothier, qui adopte l'opinion opposée au n° 174, renvoie cependant au n° 105, où il reconnaît qu'en défendant pour sa part, l'héritier ne satisfait même pas pour sa part à l'obligation *præstandi ei rem habere licere*. Enfin, au tome X, introduction au titre XII de la *Coutume d'Orléans*, n° 50, il enseigne que la femme, tenue pour moitié des dettes de la communauté, ne peut attaquer, même pour moitié, la vente faite par le mari. Le grand jurisconsulte peut donc être invoqué des deux côtés.

Nous concluons que, dans l'espèce que nous avons posée, l'héritier doit respecter la vente faite par son auteur.

**281.** En est-il de même de l'héritier bénéficiaire ? Assurément non. Celui-là ne confond pas ses droits avec ceux de la succession dont il n'assume aucune obligation. M. Flandin voudrait (n° 844) lui refuser en pareil cas toute action, parce que, dit-il, si on lui refuse la nécessité de garantir, on doit voir en lui le représentant de celui qui a à faire transcrire. D'abord le vendeur n'est pas tenu de faire transcrire ; puis, le serait-il, que cet engagement ne passerait pas à l'héritier bénéficiaire.

C'est en ce sens que Pothier lui-même résolvait la question (*Vente,* n° 175). C'est ce qu'enseignent M. Troplong (*Vente,* t. I, n° 447), M. Dalloz (*Jurisp. génér.,* v° *Vente,* n° 441), M. Toullier (t. IV, n° 357), M. Duranton (t. VII, n° 52), M. Marcadé (sur l'article 1626), M. Duvergier (*Vente,* n° 350).

**282.** Nous avons dit (n° 268) que les successeurs à titre particulier de la personne chargée de faire transcrire une donation ne sont pas compris dans les termes employés par l'article 941 et sont, par suite, recevables à faire valoir le défaut de transcription. Il est encore bien moins douteux qu'ils puissent faire valoir le défaut de transcription d'une vente que celui dont ils tiennent leurs droits aurait dû faire transcrire. Il est manifeste qu'ils sont des tiers au point de vue de la loi de 1855 (*Voy.* n° 271).

**283.** Les créanciers hypothécaires du vendeur sont des tiers au point de vue de la vente, puisqu'ils ont un droit sur l'immeuble. Mais, bien qu'en matière de donation les créanciers chirographaires soient des tiers (*Voy.* n° 249), ils sont, en matière de vente, de simples ayants cause, non recevables à se prévaloir du défaut de transcription. M. Debelleyme a expliqué, dans son rapport, qu'on avait entendu leur refuser ce droit. L'article 3 le dit énergiquement, puisqu'il ne donne ce moyen qu'à ceux qui ont un droit conservé sur l'immeuble ; et, par là, on a entendu un droit spécial, en dehors du droit général qu'ont tous les créanciers sur les biens de leur débiteur (art. 2092). L'article 941 donne, en matière de donation, le droit de se prévaloir du défaut de transcription à tous ceux qui ont intérêt. En matière de vente, le créancier chirographaire a bien intérêt comme les autres ; mais il lui manque la main mise sur l'immeuble, le droit spécial qu'a le créancier hypothécaire.

M. Merlin (R., v° *Nantissement*, § 1, n° 2) enseigne qu'en Artois on donnait au créancier chirographaire le droit que la loi de 1855 lui refuse incontestablement.

**284.** La saisie-immobilière, pratiquée par un créancier chirographaire, lui donne-t-elle le droit de contester la vente non transcrite faite par le débiteur lorsque, d'une part, la vente est postérieure à la saisie-immobilière, mais que, de l'autre, elle est antérieure à la transcription de la saisie ?

Il n'est pas de question plus controversée. Les uns disent que la saisie n'ajoute aucun des droits réels exigés par la loi de 1855 à la créance qui ne les avait pas déjà ; que le saisissant est un simple ayant cause de son débiteur ; qu'il met les biens en vente en vertu du mandat légal que l'article 2092 donne aux créanciers ; ils ajoutent que l'acquéreur, ne se trouvant en présence d'aucun des droits réels, devant lesquels la vente doit s'effacer, ne peut être inquiété.

D'autres distinguent entre le créancier chirographaire et le créancier hypothécaire.

D'autres, enfin, soutiennent que la transcription de la saisie, du moment où elle ne rencontre aucune transcription antérieure d'aliénation, doit prévaloir.

Nous adoptons ce dernier sentiment, et voici les raisons qui nous déterminent.

Le créancier porteur d'un titre exécutoire a le droit de faire procéder à une saisie-immobilière. Il importe peu, à ce point de vue, qu'il soit pourvu d'une hypothèque. Aucun des articles du titre de la saisie-immobilière n'exige une pareille condition. C'est pour cela que, au n° 22, nous avons repoussé toute distinction entre ces deux catégories de créanciers.

L'ancien article 692 du Code de procédure ne permettait pas au saisi, après la dénonciation de la saisie-immobilière, d'aliéner et déclarait la vente nulle, sans même qu'il fût nécessaire de la faire prononcer.

L'article 693 ajoutait que néanmoins l'aliénation aurait son effet si, avant l'adjudication, l'acquéreur consignait somme suffisante pour désintéresser les créanciers inscrits.

L'article 695 ajoutait qu'un exemplaire du placard serait notifié aux créanciers inscrits ; et, aux termes de l'article 696, du jour de l'enregistrement qui devait être fait de cette notification en marge de la saisie, cette saisie ne pouvait plus être rayée que du consentement des créanciers inscrits.

Puisque la loi n'exigeait le consentement des créanciers inscrits qu'à dater de cet enregistrement, il suivait que, auparavant, le saisissant était maître de sa saisie et pouvait en donner main levée sans eux et malgré eux. C'est ce qu'a jugé la Cour de cassation par arrêt du 14 mai 1835. (S., 35, 1, 331.)

En 1841, le titre de la saisie immobilière a été modifié. L'article 692 a été maintenu ; il est devenu l'article 686 du titre nouveau ; l'article 693 a été modifié, mais en faveur du saisissant, et l'article 687 du nouveau titre dit que la vente que ferait le saisi sera valable si l'acquéreur consigne somme suffisante pour payer les créanciers hypothécaires et le saisissant.

On somme les créanciers inscrits d'assister à la publication du cahier des charges (art. 692 nouveau) ; et, du jour de la mention aux hypothèques de cette sommation, la saisie ne peut plus être rayée que du consentement des créanciers inscrits. L'article 693 nouveau remplace avec cette modification l'ancien article 696.

M. Duvergier (Collection des lois, 1841), en rendant
compte de la discussion, explique que le saisissant, jusqu'à
la sommation d'assister à la publication, reste maître de
donner main-levée de sa saisie ; que l'ancienne jurisprudence
est maintenue ; que, sans doute, s'il refuse de le faire, il
faut alors que l'acquéreur paye tous les créanciers inscrits
et le saisissant ; mais que, si celui-ci consent à la radiation,
toute trace de la saisie est effacée. (Voy. p. 247, notes.)
C'est en effet ce que reconnaît un arrêt de Toulouse du
8 juin 1861 (S., 62, 2, 57).

Ainsi, par sa saisie, le saisissant, même lorsqu'il n'a pas
d'hypothèque, obtient le droit de s'opposer à la vente amiable, à moins qu'on le paye, droit que n'a en réalité, jusqu'à la mention de la sommation, aucun créancier inscrit,
puisqu'on peut se passer de leur consentement par la main-
levée du saisissant ; et, après la mention, on ne peut vendre
qu'en payant la créance du saisissant comme celle des
créanciers inscrits.

Donc, et en ce qui touche la vente que veut faire le saisi,
le saisissant a un droit plus puissant que les créanciers inscrits.

Ce droit est-il un de ceux que prévoit l'article 3 de la loi
de 1855 ? Nous le croyons parce que cette loi ne restreint
ce qu'elle dit ni à la vente ni à l'hypothèque ; elle parle de
droit sur l'immeuble ; et il ne nous semble guère contestable que par sa main-mise le saisissant en acquiert un.

Sans doute ce n'est pas un empêchement absolu à la
vente, comme le serait une première vente transcrite. Mais
le créancier hypothécaire, auquel on ne conteste pas le
droit réel suivant le système de la loi de 1855, ne peut pas
non plus empêcher de vendre ; il ne peut que surenchérir
et empêcher de payer.

Le saisissant n'a pas un droit exactement semblable à
celui du créancier hypothécaire ; mais il nous semble qu'il
a un droit sur l'immeuble et que dès lors il rentre dans les
prévisions de l'article 3 de la loi de 1855.

C'est là l'opinion qu'ont consacrée des arrêts de Caen (23 février 1866, S., 67, 2, 236) et (1er mai 1858, S., 58, 2, 449), Besançon (29 novembre 1858, S., 59, 2, 212), ce qu'a jugé le tribunal de Saverne le 30 mars 1860 (S., 60, 2, 245), ce qu'enseignent MM. Ollivier et Mourlon (commentaire de la loi de 1858 (n° 197), Mourlon (*Trans.*, n° 485), Bertaules.

M. Demolombe (*Donations*, t. 3, n° 302), sans se prononcer sur la question, semble indiquer qu'il partage notre opinion.

Mais on peut citer en sens contraire MM. Troplong (*Tra... .* n° 147), Flandin (n°° 851 et suiv., 904), Rivière et Huguet (*Questions* n° 174), Sellier (n° 304), Godoffre (*Journal* des avoués, t. 82, art. 2585), Bidard (sur les arrêts de Caen), et des arrêts d'Angers (1er décembre 1858, S., 59, 2, 11), Nîmes (3 décembre 1861, S., 62, 2, 8), Grenoble (1er juin 1865, S., 65, 2, 332), un jugement de Brioude du 3 décembre 1861 (S., 62, 2, 90).

M. Flandin cite un arrêt de la Chambre des requêtes du 13 juin 1860 (S., 61, 1, 351). Mais cet arrêt ne juge pas la question.

**285.** La vente faite par un propriétaire qui depuis est mis en faillite peut-elle être annulée si elle n'est transcrite qu'après la déclaration de faillite?

Nous avons discuté une question analogue à propos de la donation (n°° 252, 253). Nous avons dit que la donation non transcrite ne pouvant être opposée aux créanciers chirographaires ne saurait être opposée en matière de faillite ; que, voudrait-on appliquer les doctrines des arrêts de 1847 et de 1862 rendus à propos de la signification des actes de nantissement, on invoquerait à tort le principe de ces décisions qui le restreignent au nantissement donné par l'acte même à l'appui duquel le nantissement est concédé.

La situation change en matière de vente. La vente est permise jusqu'à la déclaration de faillite, pourvu qu'elle soit faite de bonne foi, et la transcription devra être validée pourvu qu'elle ne se heurte pas contre un droit réel régulièrement conservé. M. Troplong (*Trans.*, n° 148) reconnaît que c'est à ce point de vue qu'il faut juger la question ; mais il objecte que le jugement déclaratif de la faillite dessaisit le failli et investit les créanciers de son actif. C'est là une erreur. Le failli est dessaisi, non de la propriété, mais de l'administration (art. 487 du Code de commerce). Les créanciers sont encore de simples ayant cause ne pouvant attaquer que ceux des actes que la loi a défendus au failli ou ceux qui sont frappés d'une présomption de fraude. La transcription est donc encore possible ; mais elle ne peut plus être faite après l'inscription que le syndic a à prendre au nom de la masse, en vertu de l'article 490 du Code de commerce, que, comme dans les conditions ordinaires, peut s'opérer la transcription d'une vente en présence d'une hypothèque inscrite, c'est-à-dire que cette transcription transmet la propriété, mais grevée de l'hypothèque de la masse. Il en serait autrement si on ne devait voir dans cette inscription qu'un moyen de publicité ne conférant aucun droit hypothécaire, ainsi que le pensent MM. Pons (*Priv. et Hyp.*, t. II, n° 504), Bravard Veyrière (édition Demangeat, t. V, n° 310), Verdier (*Trans.*, t. II, n° 328), Bédarides (t. II, n° 416). Mais la Cour de cassation a jugé qu'il en devait être autrement le 29 décembre 1858 (S., 59, 1, 209). La Cour de Paris a consacré le 27 mai 1865 (S., 65, 2,227) la même opinion, qu'au surplus la Cour de cassation a reproduite le 5 août 1869 (S., 69, 1, 393), par un arrêt dans lequel elle juge que les syndics sont bien fondés, en ce qui concerne les aliénations antérieures à la faillite, mais non transcrites avant l'inscription de la masse, non à demander la transformation du droit de la masse en un droit de propriété, mais à agir comme agirait un créancier hypothécaire inscrit avant la transcription de la vente. Dans l'affaire à laquelle se rapporte cet arrêt, la vente était antérieure à l'époque à laquelle remontait la faillite. Il en serait évidemment de même si la vente avait été faite entre cette même époque et le jugement déclaratif de faillite. C'est ce qu'enseignent MM. Flandin (n° 857), Coin-Delisle (sur l'art. 941, n° 14), Dalloz (*Jur. gén.*, v° *Dispositions entre vifs et test.*, n° 1856), Rivière et François (n° 60), Rivière et Huguet, *Questions* (n° 189), Lesenne (n° 68).

**286.** Le donataire qui a fait transcrire peut-il opposer à l'acquéreur antérieur qui n'a pas eu le même soin le défaut de transcription ?

Nous avons dit (n°ˢ 241 et suiv.) que le donataire peut, quand il a transcrit, opposer le défaut de transcription à un premier donataire qui ne l'a pas fait.

Il peut, par la même raison, faire valoir ce moyen contre l'acquéreur. Il a en effet complété son droit par la formalité qu'exigeait de lui l'article 939 du Code civil. Si nous nous plaçons au contraire au point de vue de l'acquéreur, nous trouvons une mutation non réalisée vis-à-vis des tiers qui ont conservé leurs droits. Depuis la loi de 1855, en effet, la propriété n'est transférée pour tous ceux qui sont tiers que par la transcription, tandis que si nous étions sous le régime du Code civil, la propriété serait complète, même vis-à-vis des tiers sans le secours de la transcription.

Toutefois l'acquéreur, s'il était dépossédé ou non mis en possession, serait en droit de se pourvoir contre le vendeur et de faire valoir la garantie résultant de la vente. Il deviendrait donc créancier, et par les raisons que nous avons données, il pourrait lui-même exciper du défaut de transcription de la donation. Le donataire n'aurait alors d'autre moyen, pour garder l'immeuble, que de le désintéresser.

C'est en cela que nous modifions l'opinion émise en faveur du donataire par M. Flandin au n° 868.

**287.** Lorsque plusieurs ventes successives n'ont pas été transcrites, la transcription de celle qui les suit suffit-elle, ou faut-il les faire transcrire toutes ?

M. Tarrible, dans un article publié dans le répertoire de M. Merlin (v° *Trans.*, 3, nᵒˢ 2 et 3) enseigne que toutes ces mutations doivent être transcrites. Il reconnaît que, sous le Code civil, la vente même non transcrite trasmettait la propriété ; mais il fait observer que la transcription était le premier élément de la purge ; que le conservateur ne pouvait délivrer un état que sur les personnes qui lui étaient signalées comme propriétaires et que la purge serait incomplète si elle n'était pas notifiée à tous les propriétaires intéressés.

Si la transcription n'était nécessaire que pour la purge, la question que nous discutons n'était pas engagée ; les raisons données n'étaient d'ailleurs pas péremptoires, puisque l'acquéreur dernier pouvait donner dans ses réquisitions au conservateur des indications non contenues dans son contrat de vente. Aussi lisons-nous au bas de cet article une note de l'éditeur qui explique que cette doctrine n'est pas suivie dans l'usage et que, sous l'édit de 1771, les lettres de ratification purgeaient toutes les hypothèques, bien qu'elles ne fussent obtenues que sur la dernière vente.

Cette note de l'éditeur indiquait assez l'opinion de l'auteur du répertoire lui-même. Aussi ce dernier s'est-il empressé de publier au même mot, et dans ses additions, un arrêt de la Cour de cassation du 13 décembre 1813, qui se prononce dans un sens opposé à l'opinion de M. Tarrible et établit nettement que, pour la purge, l'article 2181 n'exige la transcription que du dernier contrat ; que l'article 2183, nᵒˢ 1 et 2, ne parle aussi que d'un seul acte ; qu'obliger à tout faire transcrire serait forcer à des frais considérables et souvent réclamer l'impossible ; qu'il suffit qu'on donne au conservateur les renseignements nécessaires sur les anciens propriétaires.

Au surplus, la question même que nous discutons s'était présentée sous la loi de l'an VII et avait été résolue par la Cour de cassation et par arrêt du 28 mai 1807 qui juge que

la transcription de la dernière vente suffit pour répondre au
vœu de la loi. Cet arrêt est reproduit par M. Merlin (R., v°
*Hypothèque*, section 2, § 2, art. 12) et au *Journal* de Sirey
(7, 1, 295.)

Sous le Code civil, nous l'avons déjà dit, la propriété était
transmise même vis-à-vis des tiers sans transcription. La
question ne pouvait donc porter que sur la purge.

Depuis la loi de 1855, elle porte sur la propriété même.
M. Troplong (*Trans.*, n° 167) estime qu'il faut distinguer ;
que si la dernière vente relate les précédentes, la transcription de la dernière suffit; que, si au contraire tout n'y est
pas relaté, elle est insuffisante. M. Domolombe (*Obligations*,
t. 1, n°ˢ 465 et 466) dit que dans tous les cas la transcription est indispensable pour toutes les ventes faites. Il cite
un arrêt de la Cour de cassation du 7 mars 1865. C'est probablement celui rapporté au *Recueil* de Sirey (65, 1, 165).
Mais, à notre sens, il ne s'applique pas à cette question.

Quant à nous, il nous semble que la question est tranchée
par l'article 6 de la loi de 1855: En effet cette disposition ne
permet pas aux créanciers ayant privilège ou hypothèque
aux termes des articles 2123, 2127 et 2128 de prendre utilement inscription après la transcription. Toutefois il donne au
vendeur et au copartageant quarante-cinq jours à dater de la
vente ou du partage pour prendre inscription, nonobstant toute
transcription pendant ce laps de temps. Ce délai de quarante-
cinq jours n'est certes pas accordé dans l'intérêt spécial de
celui qui a consenti la dernière vente, puisque la transcription,
en ce qui le concerne, vaut inscription ; que d'ailleurs le
conservateur prend inscription du nom de ce vendeur. La partie de l'article 6 dont nous venons de parler s'applique donc,
non au dernier vendeur, mais à un vendeur précédent. Si ce
vendeur n'a pas pris inscription dans les quarante-cinq jours, il
perd son privilège, et par suite son action résolutoire (art. 7).
Il ne peut donc plus reprendre son immeuble des mains du

dernier acquéreur. Comment comprendre qu'on soutienne que, à raison de la non transcription de cette vente, le dernier acquéreur ne soit pas saisi vis-à-vis de lui. C'est qu'on compare à tort la suite des ventes consenties successivement à une chaîne qui se rompt, à défaut d'un ou de quelques chaînons, quand l'une de ces ventes ou quelques-unes de ces ventes ne sont pas transcrites.

Aussi lisons-nous dans la discussion de la loi (séance du 18 janvier) que M. Allart a déclaré la question résolue dans ce sens par le texte de la loi nouvelle.

Ceux qui ne partagent pas cette opinion distinguent entre le vendeur originaire et la personne à laquelle il vend une deuxième fois. Le vendeur, disent-ils, n'a pas eu besoin de transcription pour connaître une vente à laquelle il a participé. Le deuxième acquéreur au contraire n'a pu la connaître ; et, quant au sous-acquéreur, il n'a pas plus de droits que son cédant.

Dans ce système, la loi de 1855 aurait substitué à la doctrine du dessaisissement par la puissance de la convention la nécessité de transcrire toutes les mutations successives. On fonde cette idée sur l'article premier. Mais on ne remarque pas que, loin de passer d'un extrême à l'autre en obligeant à tout transcrire, même les ventes intermédiaires, le projet sacrifiait le vendeur originaire non pourvu de transcription au dernier acquéreur mieux pourvu à cet égard ; et que ce ne fut qu'à grand'peine qu'on put, au moyen d'un amendement, faire adopter le principe écrit dans l'article 6.

Si l'article premier eût eu la portée qu'on lui prête, il eût été inutile de faire, par l'article 6, une exception à une règle non existante.

Donc, le sous-acquéreur peut trouver dans sa vente un droit que son auteur n'aurait pas trouvé dans la sienne.

C'est que le vendeur et le sous-acquéreur sont des tiers l'un vis-à-vis de l'autre.

La loi n'est peut-être pas parfaite ; mais elle n'est que ce qu'on l'a faite.

Si on eût voulu, quand on statuait sur les droits du vendeur originaire, traiter autrement que lui le deuxième acquéreur au profit duquel il lui arriverait de consentir une nouvelle vente, on n'aurait pas manqué de le dire, et de régler la situation des créanciers hypothécaires du vendeur, de même que celle du cessionnaire auquel il céderait le prix à lui dû.

Un passage de l'exposé des motifs de M. Suin et quelques paroles de MM. Rouher et Rouland au conseil d'Etat conduiraient à une solution opposée (les voir au n° 292). Mais tout cela est aujourd'hui sans importance par suite de la disposition de l'article 6, qui ne permet plus d'accepter de pareilles idées. La discussion de la loi a passé par bien des phases. Les idées émises par M. Rouher au conseil d'Etat ne sont peut-être pas tout à fait d'accord avec celles qu'il a émises devant le corps législatif (TROPLONG, *Trans.*, *app.*, p. 91) quand il a dit que ces questions étaient du domaine de l'autorité judiciaire, en souvenir sans doute de ce qu'on jugeait sous la loi de l'an VII. M. de Belleyme a lui-même renvoyé à la jurisprudence. Mais nous le répétons, une solution est intervenue depuis ; elle résulte de la disposition de l'article 6. Si on rapproche le texte de l'article 7 du passage suivant du rapport de M. Debelleyme, on n'aura plus aucun doute :

« Dans les spéculations sur la vente des immeubles, la » propriété passe rapidement dans plusieurs mains : en » supposant les acquéreurs successifs de bonne foi, il était » possible que l'un d'eux laissât écouler quelques heures, » quelques jours sans faire transcrire, tandis qu'un autre » postérieur à lui, remplirait cette formalité. Un si faible » retard, une imprudence si légère, devait-elle faire perdre » les conséquences du droit de propriété et devenir une » cause légale de ruine ? » (TROPLONG, *app.*, p. 46.)

L'opinion que nous adoptons est celle de MM. Flandin (n° 885), Lemarcis, (p. 33, n° 8), Rivière et François (n° 12), Dalloz (*Rép. alph.*, v° *trans..* n° 493, 494), Verdier (*Revue politique de droit fr.*, t. 20, p. 54 et t. 22, p. 282). Duvergier (*Recueil des lois*, 1855, p. 67, note).

M. Demolombe cite comme partageant la sienne MM. Humbert (n° 40), Fons (n° 43), Leseune (n° 63 et 65), Ducruet (n° 14 et 24), Mourlon (t. II, n° 45) Paul Gide (*Revue critique de jurisprudence*, avril 1865), Larombière (t. I, art. 1138).

Nous aurions pu répondre à la distinction de M. Troplong que le conservateur ne constate pas sur ses tables les diverses mutations indiquées dans la vente soumise à la transcription. Il se borne à inscrire la vente et l'acquisition qu'il vient de transcrire. Mais toutes ces raisons nous paraissent inutiles devant le texte de la loi.

288. Nous avons réservé au n° 263 l'examen de la question de savoir si un donataire qui ne fait pas transcrire sa donation et vend ensuite à un tiers lui transmet un droit inattaquable.

Ici nous croyons que la solution ne doit pas être la même que celle donnée au numéro précédent, et que l'acquéreur, même après avoir transcrit immédiatement sa vente, pourrait toujours être inquiété à raison de la non transcription de la donation. En effet, l'article 11 de la loi de 1855 maintient la législation du Code sur l'effet des donations. Or la donation non transcrite est comme non avenue pour les tiers intéressés. L'article 6 dont nous venons de parler et l'article 7 qui le suit ne s'appliquent pas aux actes à titre gratuit. L'action en révocation pour inexécution des donations reste donc toujours pendante. Les articles 692 et 717 du Code de procédure qui ne permettent pas au vendeur d'attaquer l'adjudicataire sur saisie ne s'appliquent pas au donateur. Et, quant aux parties intéressées, auxquelles l'article 911 permet de tenir la donation comme non avenue, nous ne voyons pas quelle objection l'acquéreur pourrait leur opposer.

**289.** M. Troplong (*Trans.*, n° 166) pose l'espèce suivante : le 1er mai 1855, Pierre vend à Primus un immeuble que celui-ci revend le 20 septembre 1856 à Secundus. Primus n'a pas fait transcrire ; mais Secundus le fait le 25 septembre 1856. Antérieurement, et dès le 15 mai 1855, Primus a vendu le même immeuble, à Tertius, qui ne fait transcrire qu'après Secundus, qui sera propriétaire.

M. Troplong répond que Tertius a eu tort de ne pas faire transcrire pour avertir les tiers, et que Secundus qui a acheté dans l'ignorance de sa vente sera préféré.

Nous croyons cette solution juste. Nous avons dit que Secundus était régulièrement saisi malgré l'omission de transcription faite par son vendeur. Cette lacune ne nuit pas à la régularité de sa transcription. Or, d'après l'article 3, jusqu'à la transcription, les droits transmis ne peuvent être opposés aux tiers qui se sont conformés aux lois et ont eux-mêmes un droit réel. Donc Tertius ne pourra évincer Secundus. Tel est aussi l'avis de M. Flandin (n° 887), de MM. Rivière et François (n° 52), Rivière et Huguet (n° 212), Mourlon (*Examen critique*, app., n° 344), Pont (*Priv. et Hyp.*, n° 265). Mais l'opinion opposée est enseignée par MM. Ducruet (n° 14), Lesenne (n° 64), Fons (n° 43).

**290.** Au n° 168, M. Troplong se demande ce qui doit arriver si Primus, au lieu de vendre à Secundus, lui confère une hypothèque ; il est manifeste, dit-il, qu'en se faisant inscrire lorsque Tertius s'endort dans le non exercice de son droit, et le laisse inconnu aux tiers, Secundus se sera rendu préférable à Tertius.

M. Troplong cite à ce propos un arrêt de la Cour de cassation du 13 brumaire an XIV (S., 6, 1, 92). Mais cet arrêt ne saurait être appliqué à ce cas. Il est rapporté au *Répertoire* de M. Merlin (v° *Hyp.*, section 2, § 6, art. 15) et voici la rubrique qui en est donnée : « En cas de concours entre

» les créanciers du vendeur et ceux de l'acquéreur qui n'a
» pas fait transcrire son contrat, comment se détermine la
» préférence ? se détermine-t-elle par l'ordre des anciennes
» hypothèques ou par celui des inscriptions ? »

La question jugée est exactement celle qu'indique M. Merlin. Les enfants Lambert qui avaient hypothèque du chef
d'un ancien propriétaire, mais qui ne s'étaient inscrits qu'a-
près les créanciers d'un propriétaire plus récent, ont été
repoussés par application de l'article 39 de la loi de l'an VII,
qui, pour régler le passage d'une législation à l'autre, avait
voulu que les créanciers des anciens propriétaires s'inscri-
vissent dans les trois mois sous peine de n'être colloqués
qu'au rang de leur inscription.

Pour résoudre la question posée par M. Troplong, il faut
se placer dans l'espèce même qu'il a posée. Son article 168 se
réfère aux faits relevés au n° 167 et même au n° 166. Nous
sommes en présence d'une vente consentie par Pierre à
Tertius, vente soumise à la transcription, et d'une hypothèque donnée à Secundus par Primus, autre acquéreur de
Pierre qui n'a pas fait transcrire sa vente. Mais Secundus,
son créancier hypothécaire, a pris inscription avant la transcription faite par Tertius.

Voici, ce nous semble, quelle doit être la solution :

Tertius est incontestablement propriétaire, puisque la
vente faite à Primus n'a pas été transcrite, et que, aux termes de l'article 3 de la loi de 1855, jusqu'à la transcription,
les droits résultant des actes qui y sont soumis ne peuvent
être opposés aux tiers. Or si on maintenait les créanciers hy-
thécaires de l'acquéreur dont la vente s'évanouit à défaut de
transcription et qu'on les opposât à celui qui a exactement rempli cette formalité, on donnerait effet contre
l'acquéreur véritable à une vente qui ne doit en produire
aucun ; sans doute on n'enlèverait pas, dans le cas indiqué,
la propriété à cet acquéreur ; mais on le grèverait d'hypothèques, tandis qu'il ne peut être grevé du chef de celui
dont il ne reconnaît pas le droit.

Le résultat devrait être le même si la vente de Primus avait été transcrite, mais après celle de Tertius.

**291.** Si Tertius, au lieu d'être acquéreur, est simplement créancier hypothécaire de Pierre, et qu'il soit en lutte avec Secundus, créancier hypothécaire de Primus qui lui-même a acheté de Pierre sans avoir fait transcrire, devra-t-il primer Secundus ?

Oui : car tant que la vente faite à Primus n'est pas transcrite, elle est comme non avenue vis-à-vis de Tertius, créancier inscrit de Pierre, propriétaire connu des tiers.

Au contraire, Primus a-t-il transcrit ? Il faut d'abord se demander si l'inscription de Tertius est antérieure à la transcription ; si elle ne l'est pas, elle tombe devant l'article 6.

Si elle est antérieure, l'immeuble passe entre les mains de Primus avec l'inscription qui le grève ; et cette inscription primera celle qui aurait pu survenir de chef de l'acquéreur, quelle que soit sa date. (*Voy.* n° 292.)

Tel est le sentiment de M. Dalloz (*Jur. gén.*, v° *Priv. et hyp.*, n° 1722), de M. Fons (n° 44), de M. Lesenne (n° 66), de M. Sollier (n°° 314 à 329).

M. Flandin (n°° 893 et 894) enseigne l'opinion opposée ; il invoque mal à propos l'arrêt Lambert dont nous avons parlé, et cite l'opinion émise par M. Troplong au numéro 168, où, comme nous l'avons dit, M. Troplong pose une question autre que celle-là.

**292.** Que devra-t-on décider si le débat s'engage entre les créanciers hypothécaires du premier vendeur et ceux des personnes auxquelles les acquéreurs successifs ont donné des hypothèques. Soit une vente consentie par Pierre à Primus, une revente faite par Primus au profit de Secundus qui seul a fait transcrire. Cette transcription est précédée d'une inscription prise par un créancier de Pierre et d'une autre prise par un créancier de Primus. Nous avons dit que la transcription faite par le dernier acquéreur fixe la filiation des ventes et les consolide toutes; mais, vis-à-vis du créancier hypothécaire inscrit de Pierre, ce dernier n'a été dessaisi que par la transcription opérée au nom de Secundus. Dès lors l'inscription de ce créancier prévaut sur celle du créancier de Primus, lors même que l'inscription de ce second créancier serait antérieure à celle du créancier de Pierre, parce que, comme nous venons de le dire, l'inscription du créancier de Pierre grève l'immeuble qui, aux yeux des tiers, repose encore sur la tête de Pierre, tandis que l'inscription du créancier de Primus porte sur le vide jusqu'au moment de la transcription faite par Secundus, et que, au moment de cette transcription, l'immeuble passe sur la tête de Secundus : 1° avec les hypothèques assises du chef de Pierre, tant qu'il a été propriétaire ostensible; 2° du chef de Primus.

Nous lisons dans un extrait du procès-verbal des délibérations du conseil d'Etat publié avec le rapport de M. Bayle-Mouillard dans une affaire soumise à la Cour de cassation dont nous parlerons plus bas, rapport publié au *Journal* de Sirey (60, 1, 605), ce qui suit :

« A propos de la discussion de l'article 6, un doute s'était » élevé dans l'esprit de M. Marchand; lorsque l'acheteur » était marié, l'hypothèque légale de la femme antérieure » à la vente, antérieure à la transcription, ne frapperait- » elle pas l'immeuble vendu avant le privilége du vendeur ? » Voici, dit M. Rouher, la réponse à l'objection de » M. Marchand. L'acheteur ne confère pas de droits à sa » femme par l'acquisition qu'il a faite, la femme est un » tiers. Le droit vis-à-vis des tiers n'est établi que par la » transcription. La femme n'a pas de droit sur l'immeuble » jusqu'au moment où la transcription est opérée. Or, par » l'effet même de la transcription, le privilége du vendeur » se révèle. Et M. Rouland ajoutait presque immédiate- » ment : le système nouveau a cet avantage que la saisine » au profit des tiers n'existe qu'au moyen d'un acte rendu » public. »

L'erreur de MM. Rouher et Rouland consistait en ce qu'ils pensaient que, sous la loi nouvelle, il fallait une transcription pour consolider chaque mutation, tandis que le contraire est établi par l'article 6.

M. Marchand avait donc raison dans ses scrupules. La femme du vendeur, et après elle, celle de l'acheteur, conservent dans le cas que nous venons de poser leur hypothèque légale, même là où le vendeur perd son privilège. Il en était ainsi sous le Code civil. Lorsque l'acheteur revendait sans que son propre vendeur fût inscrit, la femme du vendeur avait un droit d'hypothèque légale parfaitement conservé, bien que le privilège de son mari n'existât plus.

Le créancier hypothécaire inscrit et le créancier à hypothèque légale dispensé d'inscription ne peuvent perdre un droit qu'ils ont maintenu par les moyens à leur disposition, du moment où le droit du propriétaire du chef duquel ils l'ont est consolidé.

Mais il est clair que, du moment de la transcription de Secundus, le créancier non inscrit et ne disposant pas d'une hypothèque légale ne pouvait s'inscrire.

M. Suin, dans l'exposé des motifs (TROPLONG, *Trans.*, *app.*, p. 10 et 11) avait, dans un passage de son travail, confirmé les idées émises par M. Rouher. Il faut, à notre sens, ne pas s'en préoccuper actuellement, parce que ce courant d'idées a été modifié par l'article 6 tel que l'amendement introduit l'a établi.

**203.** Une transcription et une inscription peuvent être présentées le même jour. A qui faudra-t-il attribuer la priorité?

L'article 2147 veut que les inscriptions du même jour viennent toutes au même rang. On ne peut appliquer cette disposition à deux actes dont l'un exclut l'autre. Il faut donc choisir et donner la préférence à l'un d'eux. Pour cela, il faut examiner, en fait, quel est celui qui s'est produit avant l'autre.

L'article 679 du Code de procédure veut que, si le conservateur ne peut procéder immédiatement à la transcription d'une saisie, il fasse mention sur l'original de l'heure de la présentation, afin de faire servir cette mention au jugement de la question de priorité. Mais cette disposition n'est pas reproduite au chapitre des hypothèques. Nous n'y trouvons que l'article 2200, aux termes duquel le conservateur inscrit jour par jour les remises qui lui sont faites et remet au porteur une reconnaissance sur timbre, avec numéro d'ordre et obligation de transcrire dans l'ordre des remises.

Plusieurs systèmes se sont produits. Le tribunal de Bagnères de Bigorre a jugé le 24 février 1859 (S., 60, 2, 427) que la transcription n'a d'effet qu'à dater du lendemain. C'est une réminiscence de l'article 834 du Code de procédure, qui ne faisait courir la quinzaine de la transcription que du lendemain ; mais c'est violer la loi nouvelle qui dit que, à partir de la transcription, on ne peut plus prendre inscription (art. 6).

On ne peut, par la même raison, préférer, avec MM. Rivière et Huguet (n° 202), l'acquéreur au créancier, il faut rechercher quelle a été dans la journée l'heure précise de la présentation. M. Flandin (n° 925) estime que le registre du conservateur forme une preuve, mais soumise à la preuve contraire. M. Troplong (*Trans.*, n° 192) dit que ce registre forme une présomption. Nous le croyons comme M. Troplong. Il ne peut former preuve complète, puisqu'il n'est pas un procès-verbal, qu'il se borne à des constatations de remises sans indication d'heure, et pour lesquelles la priorité résulte de l'ordre dans lequel elles sont faites. Mais plusieurs remises peuvent être simultanées et alors le classement sur le registre donnera un résultat contraire à la vérité. Nous estimons que la présomption est en faveur du classement ; mais qu'il peut être combattu par des preuves contraires. S'il était établi qu'une transcription et une inscription ont été présentées simultanément, nous croyons que l'inscription serait valable, puisque au moment de la présentation de l'inscription la transcription n'était pas opérée et que la mention n'était pas encore faite ; qu'ainsi les tiers n'étaient pas encore avertis.

La jurisprudence n'a point encore de courant bien établi. Il a été jugé le 5 juillet 1860 (S., 50, 2, 481) par le tribunal d'Arras, qu'il faut se référer au registre du conservateur, et, le 17 juin 1868, par le tribunal de Die (S., 69, 2, 153) que l'article 2147 n'est pas applicable au cas de concours d'une inscription et d'une transcription, et qu'il faut se reporter au registre en le contrôlant d'ailleurs par les autres faits.

Si deux transcriptions étaient présentées simultanément, la loi étant muette sur ce point, il faudrait, ce nous semble, donner la préférence à l'acte le plus ancien. C'est l'opinion qu'émet M. Flandin (nᵒ 926).

### § 60

### EFFETS DE LA TRANSCRIPTION

#### Sommaire

**294.** « A partir de la transcription, dit l'article 6, les créan-
» ciers privilégiés ou ayant hypothèque, aux termes des
» articles 2123, 2127 et 2128 du Code Napoléon, ne peuvent
» prendre utilement inscription sur le précédent proprié-
» taire. Néanmoins le vendeur et le copartageant peuvent
» utilement inscrire les priviléges à eux conférés par les
» articles 2108 et 2109 du Code Napoléon dans les qua-
» rante-cinq jours de l'acte de vente ou de partage, nonobs-
» tant toute transcription d'actes faite dans ce délai. Les arti-
» cles 834 et 835 du Code de procédure civile sont abrogés. »

Quels sont les priviléges, quelles sont les hypothèques dont l'inscription doit être antérieure à la transcrip-tion ?

Aux termes de la loi du 11 brumaire an VII, article 2, l'hypothèque et le privilége n'avaient d'effet que par leur inscription. Les hypothèques légales étaient, comme les autres, assujetties à l'inscription (art. 3). Aux termes de l'ar-ticle 14, l'hypothèque suivait l'immeuble dans toutes les mains. D'après l'article 26, jusqu'à la transcription, une vente ne pouvait être opposée aux tiers ; mais, du jour de la transcription, une inscription ne pouvait plus être prise.

Ce système était simple ; mais le Code civil adopta d'au-tres principes et permit à plusieurs hypothèques légales de rester occultes pendant un certain temps. L'article 2166 avait quelque analogie avec la loi de l'an VII, en ce sens que, après la vente, qui, à elle seule et sans le secours de la transcription, transmettait la propriété, les inscriptions, à l'exception cependant de celles des femmes, des mineurs et des interdits, n'étaient plus possibles. Mais le Code de procédure, par ses articles 834 et 835, vint porter une modification à ce système. D'après l'article 834, les créanciers ayant hypothèque aux termes des articles 2123, 2127 et 2128 pouvaient s'inscrire utilement dans la quinzaine de la transcription. Il en était de même, aux termes du dernier paragraphe de cet article, des créanciers privilégiés.

**295.** Le sens de cet article n'a jamais été douteux. On avait éprouvé le besoin de mentionner les articles 2123, 2127 et 2128 que parce qu'on voulait maintenir aux hypothèques légales dispensées d'inscription le droit de s'inscrire jusqu'à la purge ; mais on appliquait la nécessité de s'inscrire à celle des hypothèques légales qu'assujettissait le droit commun à l'inscription, telles que celles de l'État, des communes... sur les comptables, ainsi que l'a jugé la Cour de cassation par arrêt du 8 mai 1811 (S., 13, 1, 464). La loi de 1855, en abrogeant l'article 834 tout en répétant ses termes, a certainement entendu parler des mêmes hypothèques et des mêmes privilèges. Ainsi les hypothèques légales des femmes, des mineurs et des interdits, que la législation actuelle n'oblige pas à s'inscrire immédiatement, sont seules à l'abri de la portée de l'article 6. Sont soumis par suite à la nécessité d'une inscription antérieure à la transcription les privilèges dégénérés en hypothèques (art. 2113), l'hypothèque du légataire (art. 1017), celle de la masse en matière de faillite (art. 490 et 517 du Code de commerce.)

La suite des diverses législations que nous venons d'énumérer, l'esprit des changements opérés nous paraissent commander l'opinion que nous adoptons et qu'enseignent MM. Troplong (*Trans.*, n° 271), Flandin (n° 1008). Il nous semble d'ailleurs que le texte même de la loi nouvelle est suffisamment impératif. Si l'article 26 de la loi de brumaire

qui disait que les actes devaient être transcrits et que
» jusque là, ils ne pouvaient être opposés aux tiers», était
interprété en ce sens que, après la transcription, ils étaient
à l'abri des hypothèques non inscrites antérieurement, les
mêmes expressions employées dans l'article 3 de la loi de
1855 commandent la même solution. L'énumération de
l'article 6 qui n'a été faite que pour exclure les hypothèques légales dispensées d'inscription par elles-mêmes ne
peut nuire que dans cette mesure à l'étendue de l'article 3.

296. C'est dire assez que nous n'exceptons pas de l'obligation de s'inscrire avant la transcription celui qui veut se
prévaloir de la séparation des patrimoines, droit que la loi
qualifie de privilége (art. 2111 du Code civil). Toutefois il
existe une grande divergence d'opinions sur la nature de la
séparation des patrimoines et la portée des articles 880 et
2111 du Code civil.

M. Troplong (*Hyp.*, t. I, n°ˢ 323 et 327, *Trans.*, n° 288)
enseigne que la séparation des patrimoines n'est pas un véritable privilége ; qu'elle n'en a que le nom, et quelle ne
donne aucun droit de suite. M. Demolombe professe une
autre opinion (*Successions*, t. V, n° 208).

Nous adoptons l'opinion de M. Demolombe, et voici
quelles sont nos raisons :

Le privilége de la séparation des patrimoines est fort ancien dans notre droit. L'édit de 1673 sur la publicité des
hypothèques exigeait que chaque hypothèque fût portée à
la connaissance du public par une opposition faite dans les
quatre mois de sa date (art. 22). L'article 30, relatif à la
séparation des patrimoines était ainsi conçu : « Les créan-
» ciers d'un défunt qui auront fait enregistrer leur opposi-
» tion avant son décès sur les immeubles à lui appartenant
» ne seront obligés de la former de nouveau après son
« décès. »

Aux termes de l'article 31, ceux qui ne l'avaient pas fait

avant le décès devaient le faire dans les quatre mois de ce décès, et, à cette condition, ils étaient préférés, sur les biens de la succession, aux créanciers de l'héritier.

L'article 42 était ainsi conçu : « Ceux qui acquerront des » immeubles ou auxquels ils écherront à autre titre que de » succession ou legs universel, seront tenus de faire signi- » fier les titres de leur propriété à ceux qui auront en- » registrer leurs oppositions, soit qu'ils soient principaux » opposants ou seulement en sous ordre, aux domiciles par » eux élus, autrement ils ne pourront acquérir aucune » prescription au-dessus de celle de trente ans. »

Cet article s'appliquait à l'opposition faite par le créan- cier du défunt comme aux autres.

Cet édit fut rapporté l'année suivante, mais uniquement parce que l'idée de la publicité des hypothèques, idée si vraie et si essentielle au crédit, n'était pas encore acceptée, et que le niveau intellectuel de ce temps était bien éloigné de celui de Colbert ; que d'ailleurs l'intérêt de l'aristocratie qui entourait Louis XIV s'opposait à ce qu'on connût la situation de ses membres. (Voy. n° 8.) Quant aux principes spéciaux à la séparation des patrimoines, ils étaient étran- gers à la suppression de l'édit. Du moment où il n'eut plus force de loi, on rentra dans le domaine de l'hypothèque occulte, par suite, dans celui des décrets volontaires, et plus tard, dans celui des lettres de ratification.

« Par notre droit, dit Pothier (Successions, p. 268), il n'y » a aucun temps limité; on est toujours à temps tant que » les biens de la succession peuvent encore facilement se » démêler d'avec ceux de l'héritier. »

L'édit de 1771 sur les lettres de ratification donnait aux créanciers chirographaires le droit d'être payés sur le prix de la vente par préférence aux hypothécaires non opposants, à la condition de pratiquer une opposition. Il leur donnait donc un droit de suite, et ce droit, quand il était accom- pagné du droit de séparation des patrimoines, donnait as- surément un privilège (art. 19).

La loi du 11 brumaire an VII faisait dépendre le sort des
créanciers privilégiés et hypothécaires de l'inscription qui
serait faite de leurs créances. Elle ne faisait d'exception
que pour les frais de scellés, d'inventaire, pour l'année
échue et l'année courante de la contribution, pour les frais
de maladie, d'inhumation et les salaires des domestiques
(art. 11). Mais l'article 14 ajoutait : « Le tout sans préju-
» dice du droit qu'ont les créanciers des personnes décé-
» dées et les légataires de demander la distinction et la
» séparation des patrimoines conformément aux lois. »

Cette loi n'exigeait donc aucune inscription pour la séparation des patrimoines. C'est ce qu'a jugé la Cour de cassation par plusieurs arrêts, et notamment par arrêts des
22 janvier 1806 et 8 septembre même année (S., 6, 1, 193
et 403). Il résulte de ces arrêts que, la vente faite avant
qu'une inscription ait été prise, le créancier du défunt peut
faire valoir son privilège sur le prix non payé sous l'empire de la loi de brumaire.

Si ce créancier peut, malgré l'héritier et les créanciers
de l'héritier, se faire allouer le prix de la vente, n'est-il pas
clair qu'au moyen d'une inscription antérieure à la vente
il peut empêcher le payement du prix ? On reconnaît que,
tant que l'immeuble n'est pas vendu, il peut s'en faire
attribuer la valeur, la logique ordinaire conduit à dire qu'il
peut empêcher l'héritier de le divertir. Mais il y a plus;
les textes mêmes conduisent forcément à ce résultat, puisque l'opposition, qui autrefois tenait lieu d'inscription,
empêchait le payement et obligeait l'acquéreur à soumettre
le prix à une distribution dans laquelle le créancier du
défunt était payé. Cette opposition n'était-elle pas une des
mesures prises conformément aux lois? Poser cette question, c'est la résoudre.

Le Code civil est survenu, et, à côté de l'article 880 qui
permet la demande en séparation tant que les biens sont
dans les mains de l'héritier, nous trouvons l'article 2111

qui alloue un privilége aux créanciers qui demandent la séparation des patrimoines. Il le leur donne sur les immeubles de la succession par une inscription prise sur chacun d'eux dans les six mois. Avant ce délai, il ne permet pas de concéder hypothèque à leur préjudice. Et on soutiendra que ce droit donné aux créanciers du défunt, cette inscription prise en leur nom, cette défense de la primer par d'autres inscriptions, que tout cela s'évanouira par la vente et la réception du prix que fera l'héritier! Il n'aura pu hypothéquer valablement; et il pourra valablement vendre et recevoir! Tout cela semble contraire aux règles de la logique la plus élémentaire. Il y a là, non-seulement le nom du privilége, mais encore la chose. L'article 2111 est confirmé par l'article 2113, qui dit que les inscriptions prises après les six mois n'en constituent pas moins des inscriptions hypothécaires.

Ainsi nous trouvons des textes précis en accord complet avec la législation de 1673, avec l'édit de 1771, en un mot, avec tous les monuments du droit français, avec le bon sens. C'est plus qu'il n'en faut pour justifier cette thèse. Aussi la voyons-nous entièrement confirmée par un arrêt de la Cour de cassation du 27 juillet 1870 (S., 70 1, 153), arrêt qui est venu rendre définitif un jugement du tribunal de Bourganeuf auquel nous avions concouru.

Dans la discussion de la loi de 1855, un député, M. Duclos, avait demandé qu'une disposition fût insérée pour donner un délai convenable à l'effet d'inscrire la séparation des patrimoines. Il n'a point été fait de réponse à son observation. Mais la conséquence de ce silence et des termes de la loi, c'est que, après la transcription qui seule aujourd'hui complète la vente, le droit de suite se perd si l'inscription n'a pas été prise antérieurement. M. Flandin, qui partage notre opinion (n° 1055), enseigne au numéro 1056 que, après la transcription de la vente, une inscription n'aurait plus d'utilité; mais que le créancier conserve sur le prix le droit de préférence que l'article 880 lui assure pendant trois ans sur le prix tant qu'il n'est pas distribué. Nous croyons cette opinion fondée.

**298** Nous croyons devoir, avant de passer à un autre sujet, dire quelques mots d'une autre question, celle de savoir si le créancier hypothécaire inscrit du défunt a besoin, pour faire valoir utilement son hypothèque, afin de lutter contre les hypothèques légales de l'héritier et de maintenir son droit contre les créanciers du défunt, d'inscrire la séparation des patrimoines. Nous ne pouvons croire qu'il en soit ainsi. Le créancier inscrit suit les biens partout où ils passent et prime nécessairement les créanciers de l'héritier. C'est ce que pensait Pothier (*Successions,* t. VII, p. 266). C'est ce qu'ont jugé la Cour de Bordeaux, le 2 juillet 1816 (S., 46, 2, 653), la Cour de Grenoble, le 11 mars 1854 (S., 54, 2, 737), la Cour de Pau, le 30 juin 1830 (S., 31, 2, 103), et la Cour de cassation, le 30 novembre 1847 (S., 48, 1, 17). Ces décisions sont critiquées par M. Pont (*Priv. et Hyp.,* t. I, n° 300), mais approuvées, sauf quelques détails, par MM. Aubry et Rau, sur Zachariæ (t. V, § 619, p. 218). M. Demolombe (*Successions,* t. V, n° 196) dit que c'est une question très grave; il adopte cependant l'opinion consacrée par les arrêts que nous venons de citer. MM. Aubry et Rau, au contraire, estiment qu'elle n'est pas susceptible de controverse sérieuse; nous le croyons comme eux et nous rappelons sur ce point l'article 30 de l'édit de 1673 que nous avons transcrit plus haut. Ce texte, nous paraît l'expression du droit commun. Nous ne croyons pas que notre législation ait entendu y rien changer.

Avec les idées de M. Pont, on arriverait à dire qu'un créancier, que priment les créanciers hypothécaires de l'héritier, prime cependant ceux du défunt qui avaient inscrit leur créance après lui et qui, comme lui, n'ont pas pris l'inscription à fin de séparation des patrimoines.

**299.** Il arrive un moment où la femme, le mineur, l'in-

terdit sont tenus de prendre une inscription, en dehors des
conditions ordinaires de la purge. Ce moment est indiqué
par l'article 8 qui dit que : « Si la veuve, le mineur devenu
» majeur, l'interdit relevé de l'interdiction, leurs héritiers
» ou ayants cause n'ont pas pris inscription dans l'année
» qui suit la dissolution du mariage ou la cessation de la
» tutelle, leur hypothèque ne datera à l'égard des tiers que
» du jour des inscriptions prises ultérieurement. »

Une vente peut se produire pendant la durée de cette
année. L'acquéreur pourra-t-il soutenir que son immeuble
est libre si une inscription n'a été prise au nom de l'incapable avant la transcription? Non, pourvu que l'année ne
soit pas écoulée au moment de l'inscription. Le texte est
précis. La dispense d'inscription existait auparavant jusqu'à
la purge; elle a été restreinte par la loi nouvelle; mais elle
existe encore jusqu'au moment où expire l'année. (FLANDIN,
n° 1011 ; TROPLONG, *Trans.*, n° 315.)

**300.** M. Troplong enseigne, au numéro 316, que si l'acquéreur commence la purge dans l'année, et que l'incapable s'inscrive dans les délais de cette purge, bien que ce
soit après l'année, l'inscription aura effet parce que l'acquéreur aura fait lui-même sa condition. Nous croyons que
c'est là une erreur. L'article 8 limite la dispense d'inscription à l'année. Cette année écoulée, l'hypothèque n'aura
plus l'immunité première que la loi lui attribuait; elle ne
sera pas rétroactive; et l'immeuble sera passé libre entre
les mains de l'acquéreur. Telle est l'opinion de M. Flandin
(n° 1014). On n'a, pour se convaincre de la vérité de cette
opinion, qu'à mettre l'incapable inscrit après l'année en
présence des créanciers hypothécaires ordinaires inscrits
auparavant. Certainement il ne pourrait les primer.

**301.** Ici peut surgir la question du droit de préférence
entre créanciers, dont parle M. Flandin au numéro 1015 et
qu'il restreint à ceux qui sont encore incapables. Il se fonde
sur l'article 772, qui parle des créanciers à hypothèques

légales n'ayant pas pris inscription dans le délai de la purge. Oui, cet article s'applique aux incapables non sortis de l'incapacité; mais l'article 717 donne aussi un droit de préférence; et il semble manifeste qu'il le donne à ceux auxquels a été faite la sommation prescrite par l'article 692. Or ce dernier article parle du mineur devenu majeur. Donc il s'applique à un incapable devenu capable. Seulement, nous pensons que la sommation n'a, pour lui, de raison d'être que dans le cas où l'incapacité a cessé depuis moins d'un an. Sans quoi on lui opposerait l'article 8 de la loi de 1855. Pour soutenir le contraire, il faudrait voir dans l'article 717 du Code de procédure une abrogation de l'article 8 de la loi de 1855, abrogation qui n'a certes pas été faite intentionnellement. Ce que nous disons du mineur s'applique à la femme et à l'interdit.

Pour nous résumer sur ce point, nous croyons que le droit de préférence n'a été donné qu'à celui qui n'est pas sorti depuis plus d'un an de l'incapacité, et que celui qui en est sorti depuis plus d'un an ne peut invoquer ce droit, lors même qu'il aurait reçu la sommation prescrite par l'article 692 du Code de procédure civile. C'est ce qu'a jugé la Cour d'Orléans le 9 juin 1874 (S., 74, 2, 302).

302. L'article 8 refuse-t-il de prolonger la dispense d'inscription de l'hypothèque légale à d'autres qu'à la veuve, au mineur, à l'interdit relevé de l'interdiction et à leurs héritiers?

Le mari meurt le premier, le texte s'applique à sa veuve et l'oblige à s'inscrire dans l'année; mais elle meurt elle-même, cette obligation passera-t-elle à ses héritiers, soit majeurs, soit mineurs?

Le mineur devient majeur; il est, comme la veuve, tenu de s'inscrire dans l'année; mais il décède auparavant; faut-il que ses héritiers, soit majeurs, soit mineurs, prennent la même précaution?

Quelques détails historiques nous semblent devoir jeter une vive lumière sur ces questions.

Colbert avait, dans l'édit de 1673, introduit quelques dispositions qui sont la véritable origine de l'article 8 de la loi de 1855. Cet édit, en assurant la publicité des hypothèques, maintenait la dispense de publicité pour les hypothèques des femmes et des mineurs.

Son article 58 était ainsi conçu : « Les mineurs seront » néanmoins tenus, dans l'an après leur majorité, de for- » mer leur opposition sur les biens de leurs tuteurs, pro- » cureurs ou curateurs comptables, et de la faire enregistrer » en la manière ci-dessus ; auquel cas ils seront conservés » dans les hypothèques du jour de l'acte de tutelle ; et si » leur opposition n'est enregistrée qu'après l'année de leur » majorité, elle n'aura d'effet que du jour de l'enregis- » trement. »

L'article 63 obligeait les femmes séparées de biens à faire enregistrer leurs oppositions dans les quatre mois, et l'article 64, analogue à l'article 58, obligeait les veuves à faire enregistrer leurs oppositions dans l'année.

La loi de l'an VII, qui obligeait à inscrire l'hypothèque des incapables, n'avait pas à restreindre de dispense lorsque finissait l'incapacité ; mais, en même temps que, par son article 23, elle limitait à dix ans l'effet des inscriptions, elle ajoutait : « Néanmoins, leur effet subsiste... et sur les » époux pour tous leurs droits et conventions de mariage » soit déterminés, soit éventuels, pendant tout le temps du » mariage et une année après ».

Le Code civil n'avait pas limité la dispense d'inscription, et un avis du conseil d'Etat du 8 mai 1812 déclarait que cette dispense durait autant que l'hypothèque.

L'Assemblée législative avait, en 1851, adopté un amendement de MM. Demante et Gaslonde ainsi conçu : « Faute » par les ayants-droit ou leurs représentants d'avoir pris » inscription dans l'année qui suivra la dissolution du ma- » riage ou la cessation de la tutelle, les hypothèques légales » énoncées en l'article précédent ne produiront effet qu'à » la date des inscriptions ultérieurement prises. »

Il est à remarquer que, lorsque les différentes Cours avaient été consultées en 1841 sur la réforme hypothécaire, les Cours de Grenoble et de Colmar avaient émis l'opinion qu'il fallait prendre des mesures en faveur des héritiers mineurs de la femme et de la femme mineure elle-même.

Mais, au milieu des graves débats que fit surgir la discussion de la loi de 1855, ces conseils furent perdus de vue; la rédaction de 1851 fut elle-même laissée de côté et on adopta celle que nous trouvons sous le numéro 6 de la loi nouvelle.

Avec ce texte, on se demande donc si la dispense d'inscription n'est pas indéfiniment maintenue dans le cas où la femme meurt la première, parce que, dans ce cas, on n'est plus en présence de la veuve à laquelle la loi a imposé l'inscription dans l'année.

Si on relit attentivement l'article 8, on y retrouvera la substance de la disposition suivante : La femme mariée, après la mort de son mari, le mineur devenu majeur ou leurs représentants, seront tenus de s'inscrire dans l'année. Les représentants dont la loi parle sont, en ce qui concerne la femme, non exclusivement les représentants de la femme morte après son mari et devenue la veuve de ce dernier, mais les héritiers de la femme morte, soit avant, soit après. La marche de la phrase l'indique assez. Si on eût voulu ne parler que de la femme devenue veuve, on n'eût pas manqué de dire qu'il n'en serait pas ainsi des héritiers de la femme morte avant le mari; et, si on se fût préoccupé de la minorité possible de quelques-uns de ses héritiers, on n'eût pas manqué de dire que la rétroactivité de l'inscription n'appartiendrait qu'aux héritiers mineurs.

Le mot veuve s'applique donc à la femme devenue veuve et à la femme décédée avant le mari, la partie de l'article qui s'occupe des héritiers a en vue les deux situations. Cette dernière imposant l'obligation à la fois à la femme survivante et aux héritiers de la femme prédécédée, il s'ensuit que l'article 8 reproduit à lui seul les deux articles de l'édit de 1673, de même que l'article 23 de la loi de l'an VII obligeait au renouvellement tant les héritiers de la femme que la femme elle-même quand le mariage était dissous depuis un an.

Il reste la question de savoir si l'obligation d'inscrire dans l'année s'applique aux héritiers de la femme prédécédée, quand ils sont mineurs et sous la tutelle du mari. On a dit sur ce point qu'on avait entendu faire cesser la dispense d'inscription que quand cessait l'incapacité; mais s'il en eût été ainsi, on eût certainement distingué entre les héritiers mineurs et les héritiers majeurs. On ne l'a pas fait parce que l'article 6 rappelle les courtes prescriptions, les déchéances dont le délai court pendant la minorité, parce que le mineur a des défenseurs autres que le tuteur, le subrogé-tuteur, les parents, le ministère public, parce que si l'hypothèque attachée à la situation de la femme mariée disparaît à défaut d'inscription, celle attaché à la tutelle, mais qui ne remonte qu'à l'ouverture de la tutelle, ne disparaît pas; parce que enfin on ne trouve pas trace dans la loi de la distinction à faire entre les mineurs placés sous la tutelle du père survivant et les mineurs qui peuvent n'être pas placés sous sa tutelle. Ce serait faire la loi et non l'appliquer que de l'interpréter dans un sens opposé à celui que nous adoptons.

C'est dans ce sens que s'est prononcée, après partage, la Chambre civile de la Cour de cassation par un arrêt de rejet du 2 mai 1866 (S., 66, 1, 233). C'est ce qui a été jugé par arrêts de Grenoble, 29 avril, 1858 (S., 59, 2, 70), Toulouse, 2 janvier 1863 (S., 63, 2, 191), Grenoble 26 février 1863 (S., 63, 2, 275), Bourges, 17 février 1872 (S., 72, 2, 133), Paris, 21 janvier 1875 (S., 75, 2, 77).

Au contraire se sont prononcés dans le sens de la permanence de l'hypothèque sans inscription, quand les héritiers de la femme sont sous la tutelle du mari, les arrêts suivants :

Riom, 3 août 1863 (S., 63, 2, 171), Agen, 6 décembre 1864 (S., 65, 2, 138).

On reconnaît généralement que, quand les héritiers de la femme sont majeurs, l'article est applicable (Grenoble, 29 avril 1858, précité, Bourges, 20 août 1859 (S., 60, 2, 241), Bordeaux, 12 mars 1860 (S., 60, 2, 524), Aix, 10 janvier 1861, (S., 61, 2, 177), Metz, 19 mars, 1861, (S., 61, 2, 179), Toulouse, 2 janvier 1863, (S., 63, 2, 191), Grenoble, 26 février 1863, précité, Riom et Agen précités.)

L'opinion adoptée par la Cour de cassation est celle de MM. Mourlon (*Trans.*, n° 871), Flandin (n° 1018), Rivière et Huguet (n° 380), Bressolles (n° 98), Verdier (n° 626), Aubry et Rau (t. II, § 269, note 16), Gauthier (*Code des placements fonciers*, n° 39, note 1), Labbé (*Observations*, S., 66, 1, 233), Bioche (*Dictionnaire de procédure*, v° *Trans.*, n° 147), Troplong (*Trans.*, n° 311).

303. L'année court du jour de la cessation de l'incapacité. Le dernier jour du terme compte, puisque l'inscription doit être prise dans l'année ; au contraire le jour où l'incapacité cesse ne compte pas. (Troplong, *Trans.*, n° 312), Flandin (n° 1022), Bressolles (n° 99), Pont (*Priv. et Hyp.*, n° 827.)

*Voy.* au surplus *infrà* n° 327.

304. Si l'inscription n'est prise qu'après l'expiration de l'année, et qu'une faillite soit survenue auparavant, le droit hypothécaire de la femme ou du mineur sera-t-il atteint ?

On sait que l'article 2146 du Code civil déclare sans effet les inscriptions prise dans le délai pendant lequel les actes faits avant l'ouverture de la faillite sont nuls, et qu'il en est de même de celles qui sont prises depuis l'ouverture d'une succession bénéficiaire.

L'article 443 de l'ancien Code de commerce ne permettait d'acquérir ni privilége ni hypothèque sur les biens d'un failli dans les dix jours qui précèdent l'ouverture de sa faillite. Mais cette rigueur a été modifiée par l'article 446 du Code de commerce actuel, qui ne défend que l'affectation hypothécaire ayant pour objet une convention antérieure, et par l'article 448 qui permet d'inscrire jusqu'au jugement déclaratif de faillite une hypothèque antérieure et donne aux tribunaux le droit d'annuler, si l'inscription est prise plus de quinze jours après l'acte qui a donné naissance à l'hypothèque.

Ces dispositions ne pouvaient, dans l'opinion générale, être appliquées aux hypothèques dispensées d'inscription ; mais on a conclu de l'article 8 de la loi nouvelle que l'inscription prise plus d'une année après la cessation de l'incapacité doit être déclarée nulle si une faillite a été déclarée auparavant.

On soutient que l'incapable doit être assimilé au majeur du moment où le délai de faveur qui lui a été accordé est expiré et que toute immunité lui est alors refusée.

C'est ce qu'a jugé un arrêt de la Cour de cassation du 17 août 1868 (pourvoi des syndics Barbier, S., 68, 1, 377). Cet arrêt casse un arrêt de la Cour de Rouen du 11 mai 1866. Il reconnaît d'ailleurs que l'hypothèque légale n'est pas atteinte par la faillite ni par l'acceptation bénéficiaire ; mais il constate que, l'année expirée, l'hypothèque légale doit être traitée comme toute autre hypothèque et qu'elle est annulée par l'article 448 ; que le créancier à hypothèque légale, qui a joui d'une véritable immunité par la concession qui lui a été faite d'une année pour s'inscrire, est moins excusable qu'un autre créancier s'il a laissé se produire la faillite. L'arrêt ajoute que le mot « tiers » dont se sert l'article 8 s'applique à tous les créanciers chirographaires et autres, et qu'il a plus d'étendue que dans les articles 3 et 7 de la loi de l'

᾿62, on avait déféré à la Cour de cassation un ar    ᾿ur de Colmar du 15 janvier précédent qui avait ma    .u, pour valoir à sa date, une inscription prise après l'année accordée par l'article 8, et avant un jugement déclaratif de faillite, parce que, disait-on, il s'était écoulé plus de quinze jours entre la date de l'inscription et la naissance de l'hypothèque légale, et que la Cour eût dû annuler à raison de la disposition du deuxième paragraphe de l'article 448. La Cour de cassation, par arrêt du 2 mars 1863 (pourvoi des syndics Winckler, S., 63, 1, 425), rejeta le pourvoi, mais sans se prononcer sur l'application de l'article 448, et en déclarant que les tribunaux sont, dans tous les cas, aux termes de cet article, souverains juges des faits.

L'arrêt de 1868 a été à cet égard plus précis. Il constate que le deuxième paragraphe de cet article s'applique à un autre ordre de faits et de principes et qu'il est sans application à la difficulté soulevée.

Nous croyons que la Cour a repoussé avec raison l'application de ce paragraphe qui ne peut s'appliquer aux causes donnant naissance à une hypothèque légale. Les termes de l'article qui parlent de la date de l'acte constitutif de l'hypothèque indiquent assez qu'ils s'adresse à un autre ordre de faits.

Nous estimons aussi que, s'il y avait nullité, elle pourrait être invoquée par les créanciers chirographaires.

Mais nous ne pouvons croire que la faillite ou l'acceptation bénéficiaire constituent une cause d'inefficacité pour l'inscription prise par l'incapable après l'année de faveur.

L'article 8 dit que, en ce cas, l'hypothèque de l'incapable ne date que du jour de l'inscription.

Cette disposition, qui a été proposée par M. Demante et qu'il avait empruntée lui-même à l'édit de 1673, était rédigée dans l'article 2131 voté le 12 février 1851, par l'Assemblée législative de la manière suivante :

« Faute par les ayants droits ou leurs représentants d'avoir
» pris inscription dans l'année qui suivra la dissolution du
» mariage ou la cessation de la tutelle, les hypothèques léga-
» les énoncées dans l'article précédent ne produiront effet

» qu'à dater des inscriptions qui seraient ultérieurement
» prises. »

On a certainement entendu exprimer la même idée par
ces deux rédactions. Mais la question est de savoir si on a
entendu supprimer seulement la rétroactivité ou si on a
voulu transformer l'hypothèque.

« L'existence de l'hypothèque légale, dit l'exposé des mo-
» tifs, indépendamment de toute inscription, a soulevé d'in-
» terminables débats; nous ne voulons pas même donner le
» plus léger prétexte de les renouveler. Cette grande faveur
» sera maintenue tant que sera maintenue sa raison d'être :
» tant que la femme est dans la dépendance du mari, dont
» l'intérêt est contraire au sien, tant que le mineur est sous
» l'autorité d'un tuteur disposé à se défendre contre toute
» inscription, si elle était nécessaire, la loi supplée par une
« protection peut-être exorbitante à la résistance du mari ou
» du tuteur. Mais quand la capacité d'action sera venue à
» l'un et à l'autre, le besoin de la publicité reprendra tous
» ses droits, et il ne peut plus être question que d'accorder
» un délai pour remplir la formalité prescrite par la loi
» commune. »

Quelle est la grande faveur qu'on maintient par cette protection peut-être exorbitante ? Ce n'est certes pas l'existence
de l'hypothèque ; on entend bien la maintenir ; ce qu'on
supprime, c'est la clandestinité ; c'est aussi la rétroactivité.

Mais l'hypothèque reste avec son origine toute légale. Or
nous avons dit, et la Cour de cassation le reconnaît, que
l'article 2146 du Code civil et l'article 448 du Code de commerce n'atteignaient pas ce genre d'hypothèque. A l'époque
où ces articles ont été promulgués, l'hypothèque légale
n'était assujettie à l'inscription qu'en cas de purge. Ils
ne peuvent donc atteindre cette hypothèque qu'autant que
l'article 8 en aura opéré la transformation.

Or, où trouve-t-on que l'incapable cesse, après l'année,

d'avoir l'hypothèque que la loi lui avait donnée originairement ? L'article 8 lui en donne-t-il une nouvelle ? Evidemment non. Il maintient l'ancienne ; mais il diminue sa puissance en lui retirant la rétroactivité et la clandestinité. Elle est obligée de se produire par une inscription, et, pour qu'elle soit atteinte alors, il faut trouver un texte autre que les articles 2146 et 448 qui n'atteignent pas l'hypothèque légale.

Nous disons que l'hypothèque reste l'hypothèque originaire-diminuée de puissance au point de vue de la clandestinité et de la rétroactivité. Nous croyons l'avoir établi par l'absence de tout terme substituant une hypothèque neuvelle à l'hypothèque ancienne ; mais l'article 11 dit lui-même que, « à défaut d'inscription dans l'année, l'hypothè- » que légale ne prend rang que du jour où elle est ultérieu- » rement inscrite » ; de même que l'article 2131 de l'Assemblée législative lui continuait sa qualification d'hypothèque légale. Donc, elle reste hypothèque légale sans transformation, mais avec la diminution de puissance que nous avons indiquée.

Après cela, on n'a pas assez remarqué que, pour qu'une hypothèque change de nature, il faut que cela résulte nettement d'un texte. L'hypothèque conventionnelle et l'hypothèque judiciaire s'inscrivent suivant des formes tracées par l'article 2148 du Code civil. Les formes de l'inscription de l'hypothèque légale sont tracées par l'article 2153. Annulera-t-on une inscription qui aura été faite suivant le système indiqué par ce dernier article ?

L'article 2151 n'alloue que deux années d'intérêts et l'année courante. La jurisprudence ne limite pas les intérêts alloués à l'hypothèque légale (TROPLONG, *Hyp.*, t. III, n° 701 *bis*); TARRIBLE, v° *Inscription*. *Rép.*, p. 244 ; GRENIER, t. I, n° 104 ; Bourges, 23 mai 1829, S., 30, 2, 73 ; Caen, 23 novembre 1842, S., 43, 2. 123 ; Bordeaux 10 août 1849, S., 50, 2, 219).

Lequel choisira-t-on de ces deux articles pour l'appliquer à l'inscription prise par l'incapable après l'année? Nous croyons que ce sont autant de raisons de penser que, si l'article 8 avait voulu dénaturer l'hypothèque, faire d'une hypothèque légale une hypothèque d'une autre nature, il aurait pris la peine de le dire. Il se fut demandé s'il fallait assimiler la nouvelle hypothèque à l'hypothèque conventionnelle ou à l'hypothèque judiciaire, si elle continuerait à grever tous les immeubles du débiteur, en un mot, il aurait senti le besoin de régler les conditions de cette transformation.

Nous croyons donc que c'est à tort qu'on a emprunté aux articles 2146 et 448 des doctrines qu'alors on ne songeait pas à appliquer aux hypothèques légales. Qu'on remarque d'ailleurs que la veuve se trouve souvent en présence d'enfants mineurs qui représentent leur père. Il faudra donc qu'elle prenne une inscription contre eux, sans quoi elle pourra un jour ou l'autre, si une faillite survient de leur part, perdre son hypothèque. Et, puisque la jurisprudence décide que l'acceptation bénéficiaire ne peut plus être modifiée par une acceptation pure et simple (C. de cass., 10 février 1838, S., 40, 1, 92 ; 3 août 1857, S., 58, 1, 286 ; 29 juin 1853, S., 53, 1, 722 ; 8 juin 1863, S., 63, 1, 379), elle se trouvera aux prises avec un danger de tous les jours.

Il y aurait eu dans l'affaire jugée par la Cour de cassation en 1868 un moyen plus solide à opposer de la part des syndics, c'était d'opposer l'inscription prise par la masse. Mais la Cour de cassation ne pouvait, ce nous semble, que juger l'affaire en l'état où elle lui était présentée.

Nous ne pouvons croire qu'elle l'ait bien jugée ; et, malgré le respect profond que nous avons pour les hautes lumières des magistrats éminents qui la composent, nous avons cru devoir en toutes circonstances lui soumettre à elle-même et soumettre au public notre sentiment dans toute sa liberté.

L'arrêt qu'elle a rendu a renvoyé devant la Cour de Caen, qui, par décision du 27 janvier 1870 (S., 70, 2, 331) a adopté l'opinion de la Cour suprême.

L'arrêt de la Cour de cassation est accompagné dans le *Recueil* de Sirey de notes étendues dans lesquelles on cite comme approuvant sa doctrine MM. Troplong (*Trans.*, n° 317), Mourlon (*Ibid.*, t. II, n° 878), Verdier (*Ibid.*, n° 638), Aubry et Rau, d'après Zacharic (t. II, § 269, p. 754, 755, note 19).

Si on adopte l'opinion de la Cour de cassation, on devra l'appliquer de même au cas de succession vacante par les raisons que nous donnerons au n° 333. C'est ce que la Cour de Paris a jugé le 24 juin 1862 (S., 63, 2, 37).

305. Le legs est une mutation à cause de mort. Il est donc dispensé de transcription pour opérer la transmission (*voy.* n° 11) du testateur au légataire ; mais s'il a pour objet un immeuble grevé d'inscriptions, et que le légataire veuille user du droit de purger, droit qu'on lui reconnaît généralement (TROPLONG, *Hyp.*, t. IV, n° 903), la transcription devient nécessaire à cet effet.

MM. Troplong (*Trans.*, n° 273) et Flandin (n° 1025) enseignent avec raison que la suppression des articles 834 et 835 du Code de procédure entraîne la perte du droit hypothécaire pour celui des créanciers hypothécaires qui n'était pas inscrit lors du décès. Toutefois, il nous semble que M. Troplong s'exprime inexactement quand il dit que la transmission qui s'opère par le décès purge sans transcription. Elle arrête le cours des inscriptions ; mais pour que la purge se produise, il faut passer d'abord par la transcription (art. 2166 du Code civil) et remplir les autres formalités de la purge.

306. Nous n'avons pas besoin de faire observer que le légataire universel n'a pas le droit de purge ; on juge qu'il en est de même du légataire à titre universel (*voy.* n° 70). Enfin nous ferons remarquer que deux arrêts de la Cour de cassation, l'un du 12 novembre 1872, au rapport de

M. Massé, l'autre du 27 du même mois, au rapport de M. Pont, jugent que la loi de 1855 n'a rien modifié à la nécessité de commencer par la transcription pour arriver à la purge. (*Voy.* ces arrêts, S., 72,1, 86.)

**307.** Les priviléges énumérés dans l'article 2101 du Code civil sont, aux termes de l'article 2107, dispensés d'inscription. Cependant, il résultait virtuellement de l'article 2166 que l'acquéreur était, à leur égard, à l'abri du droit de suite, s'ils n'étaient pas inscrits avant l'aliénation. Les articles 834 et 835 du Code de procédure leur avaient donné une marge de quinze jours à dater de la transcription. Cette marge a été supprimée par l'article 6 de la loi de 1855. (TROPLONG, *Trans.*, n° 283 ; DALLOZ, *Jur. gén.*, v° *Priv. et Hyp.*, n°ˢ 628 et 2022 ; PONT, *Priv. et Hyp.*, n°ˢ 288, 313 et 1122 ; GAUTHIER, n° 179 ; MOURLON, *Examen critique*, n° 382 ; MARTON, sur l'article 96 de la loi belge. — *Contrà*, SELLIER, n°ˢ 221 et 222.)

En perdant le droit de suite, ils ne perdent pas le droit de préférence, puisque ce genre de privilège porte sur les meubles aussi bien que sur les immeubles. (TROPLONG, *ib.* ; FLANDIN, n° 1029.)

**308.** Les articles 2103 et 2110 accordent un privilège aux constructeurs, sous la condition qu'un procès-verbal préalable constate l'état antérieur à la construction et qu'un autre procès-verbal détermine la plus-value. Il faut (art. 2103) que ce deuxième procès-verbal ait été dressé dans les six mois de la perfection des travaux. L'article 2110 exige l'inscription de ces deux procès-verbaux. Le privilège remonte à la date de l'inscription du premier procès-verbal. Ce privilège ne porte que sur la plus-value.

Que la première inscription doive être antérieure à la transcription de la vente que fait le propriétaire, ce ne peut être l'objet d'un doute en présence de l'article 6 de la loi de 1855.

Mais si pendant les travaux, ou avant qu'ils soient reçus,

la transcription intervient, le privilège sera-t-il éteint par l'absence de la deuxième inscription, ou celle-ci pourra-t-elle intervenir postérieurement ?

La Cour de cassation a jugé le 18 novembre 1868 (S., 70, 1, 243) que la deuxième inscription peut-être postérieure. Entendre autrement la loi, serait, a dit M. le conseiller Guillemard, rapporteur, exiger l'impossible.

309. Dans quel délai la deuxième inscription doit-elle être faite ? La Cour a répondu qu'elle doit être faite dans les six mois de l'achèvement des travaux, et que le délai pour la réception des travaux et l'inscription est le même.

Nous partageons entièrement cette opinion. La première inscription avertit les tiers; et, pour la prise de la deuxième, il suffit de se conformer à la loi. C'est ce qu'enseignent MM. Troplong (*Trans.*, n° 286) et Flandin (n°° 1037, 1039 et suivants).

310. Mais si les travaux sont achevés et reçus au moment où a lieu la transcription, et sans que le délai de six mois soit expiré, la deuxième inscription prise après la transcription serait-elle tardive ? MM. Troplong (*Trans.*, n° 287) et Flandin (n°° 1042, 1143) enseignent que oui. M. Flandin cite dans ce sens MM. Rivière et Huguet (n° 321), Mourlon (*Examen critique*, n° 387), Sellier (n° 283), Gauthier (n° 176).

Nous éprouvons beaucoup de doutes sur l'exactitude de cette solution. Le dépôt du rapport de l'expert ne dépend pas du constructeur qui n'y prend pas part, comme un créancier prend généralement part à l'obligation qui lui est consentie. Le dépôt peut-être fait quelques minutes seulement avant la transcription. Nous ne voyons nulle part que, dans ce cas, la deuxième inscription doive être prise plus tôt que dans les cas ordinaires ; et, comme la première inscription est celle qui doit surtout éveiller l'attention des tiers, nous croyons que le délai de six mois doit être accordé dans ce cas comme dans les autres.

## § 61

## DU PRIVILÉGE DU VENDEUR

### Sommaire

**311.** On sait que l'article 2108 du Code civil n'avait fixé aucun délai fatal dans lequel le vendeur dût inscrire son privilége tant que l'immeuble vendu restait entre les mains de l'acquéreur. Mais, du moment de la vente qui, sous la législation du Code civil, transmettait vis-à-vis de tous la propriété, le privilége était éteint. Les articles 834 et 835 du Code de procédure vinrent lui donner, comme aux autres créanciers, un délai de quinzaine à dater de la transcription de la revente.

Si dans ce délai le privilége n'était pas inscrit, il était irrévocablement perdu ; mais l'action résolutoire restait et produisait des résultats nuisibles au crédit. La loi a voulu remédier à cet état de choses. L'article 6 de la loi de 1855 oblige le vendeur à prendre inscription dans les quarante-cinq jours de sa propre vente. Mais M. Troplong (*Trans.*, n° 279) fait remarquer que ce délai n'entraîne la perte du privilége qu'autant qu'il y a eu revente transcrite. Tel est le sentiment de MM. Rivière et François (n°° 102, 114, 116), Rivière et Huguet (n° 365), Lesenne (n°° 111 et 115), Mour-

lon (*Examen critique*, n°ˢ 371, 378), Fous (n° 56), Sellier
(n° 230), Duvergier (*Recueil de lois*, 1855, p. 69, notes,
deuxième colonne, *in fine*).

Malgré cet ensemble d'autorités, M. Flandin (n° 1094)
enseigne que, si le vendeur ne s'inscrit pas dans les quarante-cinq jours de sa vente, il perd son privilége, et devient
simple créancier hypothécaire, qu'il y ait ou qu'il n'y ait pas
revente.

Il importe de vérifier le fondement de cette opinion.

M. Flandin dit qu'il faut rapprocher l'article 6 de l'article
2113 du Code civil, et que ce dernier article fait dégénérer
le privilége en hypothèque là où les conditions prescrites
n'ont pas été remplies. Mais il ne remarque pas que, si l'article 2108 est placé dans la même section que l'article 2113,
l'article 2113 ne s'applique qu'à ceux des priviléges pour
lesquels un délai spécial a été prescrit, comme le privilége
du copartageant, celui de la séparation des patrimoines ; et
que, quand au vendeur, on n'a jamais soutenu que, sous le
Code civil et en l'absence d'une revente, il y eut un délai
fatal pour son inscription. L'article 2113, en cas de revente,
avait une portée beaucoup plus grande que celle qu'indique
M. Flandin. L'hypothèque qu'il laissait ne datait que de
l'époque des inscriptions qui devaient être prises, « ainsi,
dit-il, qu'il sera expliqué ». Or, quand devaient-elles être
prises ? Elles devaient l'être avant la revente, sans quoi, aux
termes de l'article 2166, le privilége était éteint.

L'article 2113 ne signifie donc pas ce que lui fait dire
M. Flandin. Il ne s'applique pas au vendeur, auquel on n'im-
posait pas de délai. Et, là où M. Flandin lui fait produire
une transformation du privilége en hypothèque, il se produisait, sous le Code civil, une extinction.

M. Flandin reconnaît cependant lui-même que telle était
la portée de l'article 2113 ; mais il l'applique comme si l'article 2108 avait imposé un délai de quarante-cinq jours,
comme s'il eût fixé une limite, à l'exemple de l'article 2109
et de l'article 2111.

Passons aux autres raisons données par M. Flandin.

Il reconnaît que le premier alinéa de l'article 6 ne s'applique qu'au cas de revente; mais le second, dit-il, a plus de portée et il ne distingue pas entre le cas de revente et celui où l'acquéreur n'a pas revendu.

Nous établirons tout à l'heure que le texte lui-même a une autre signification. Mais nous avons hâte d'indiquer les autres objections que M. Flandin puise dans le rapport de M. Debelleyme, dans les paroles de M. Delapalme et de M. Suin, et dans l'article 7 de la loi nouvelle.

Il nous semble facile d'établir que toutes ces raisons sont sans portée pour la thèse que veut établir M. Flandin.

Nous avons indiqué quel était l'état de choses au moment où fut votée la loi de 1855. Voyons d'abord quel était le projet présenté par le gouvernement.

Son article 8 était ainsi conçu : « A partir de la transcrip-
» tion, les créanciers privilégiés ou ayant hypothèque, aux
» termes des articles 2123, 2127 et 2128 du Code Napoléon,
» ne peuvent prendre utilement inscription sur le précé-
» dent propriétaire. »

« Les articles 834 et 835 du Code de procédure civile
» sont abrogés. »

L'article 9 du projet était exactement ce qu'il est dans la loi votée, avec cette seule différence qu'il portait dans le projet le numéro 9 et que dans la loi il ne porte que le numéro 7.

M. Flandin ne peut contester que l'article 8 du projet ne fût qu'un retour à la législation du Code civil, avec cette modification que le vendeur pouvait prendre son inscription jusqu'à la transcription de la revente, tandis que, sous le Code civil, il ne pouvait la prendre du moment où la vente était consentie. Cet article du projet ne faisait donc que remanier l'article 2166 du Code civil et l'approprier au système de la loi nouvelle.

L'exposé des motifs dressé par M. Suin dit textuellement ce qui suit :

« L'article 8 n'est que la conséquence rigoureuse du prin-
» cipe admis par l'article 4. Le délai est plus dangereux
» qu'utile ; il affaiblit la règle sans que les prétendus inté-
» ressés puissent toujours profiter de tout le délai : car si l'a-
» liénation est faite frauduleusement, on a soin de faire opé-
» rer la transcription sans bruit ; on laisse ignorer le point
» de départ de la quinzaine accordée ; et les créanciers peu-
» vent rarement en profiter. Ils pourront d'ailleurs, en cas
» de fraude, attaquer l'acte fait en fraude par leur débiteur
» en vertu de l'article 1167. »

L'article 4 du projet dont parle M. Suin est celui qui dit que, jusqu'à la transcription, on ne peut opposer les actes nouveaux aux tiers.

Donc la pensée de l'exposé est fidèle à celle du projet qu'il avait à développer. On ne touche rien au droit du ven-deur tel qu'il a été consacré par le Code civil en ce qui con-serve le privilège, tant que la propriété reste entre les mains de l'acquéreur. Seulement, on oblige le vendeur à prendre inscription, en cas de revente, avant la transcription.

Et, en ce qui concerne le droit de résolution, M. Suin dit textuellement :

« La nouvelle règle que nous posons n'apporte aucune
» modification à l'action résolutoire du vendeur contre son
» acquéreur resté propriétaire de l'immeuble : elle n'exerce
» son influence qu'en faveur des tiers de bonne foi et qui
» ont rempli les formalités pour consolider leur droit. »

La pensée reste la même.

Voilà pour le projet. — Voyons ce qui a suivi :

Le rapport de M. Debelleyme porte en substance ce qui suit :

Le projet supprime les articles 834 et 835 du Code de procédure ; « il en résulte que tout vendeur non payé de-
» vait instantanément faire transcrire son contrat, sous

» peine de perdre son privilége dans le cas où une nouvelle
» vente aurait eu lieu et aurait été transcrite avant la
» sienne. »

La commission a pensé que cette rigueur était excessive
et mettait en danger le droit de propriété même. Ce n'est
pas le vendeur qui doit en principe faire transcrire ; l'y
obliger, c'est le forcer à avancer des droits pour remplir une
obligation qui incombe à l'acquéreur.

La commission avait, par ces motifs, demandé à la fois
le maintien des articles 834 et 835 et un délai de trois
années à dater de la vente pour l'exercice du droit de résolution, nonobstant le défaut de transcription.

La Commission, loin de vouloir enchérir sur l'aggravation qui résultait pour le vendeur du projet de loi, demandait donc un adoucissement à sa rigueur. Mais le Conseil
d'Etat se montrait inexorable et voulait la suppression des
articles 831 et 835. Enfin on se mit d'accord en concédant
au vendeur quarante-cinq jours à dater de sa propre vente,
pour le cas où son acquéreur aurait revendu par un acte
transcrit.

La Commission a donc obtenu que le vendeur disposât
de quarante-cinq jours que ne lui donnait pas le projet. La
partie de ces quarante-cinq jours qui s'écoule après la transcription de la revente est un délai ajouté à celui qu'avait le
vendeur d'après le projet. Que fait au contraire M. Flandin ?
Il suppose qu'on a entendu renverser complètement la législation du Code civil ; que, du moment où quarante-cinq
jours se sont écoulés, même en l'absence d'une revente, à
dater de la vente première, le privilége s'est transformé en
hypothèque, comme le privilége du cohéritier inscrit après
les soixante jours se change en une simple hypothèque. Mais
il n'y a pas trace de cela dans la loi nouvelle. Le projet lui-
même ne supprimait le privilége à défaut d'inscription
qu'en cas de revente. La loi votée est moins rigoureuse que
ce projet. Donc elle ne peut avoir le sens que lui prête
M. Flandin.

Et d'ailleurs, il suffit de lire l'article 6 pour se convaincre qu'il ne doit pas être interprété autrement que nous le faisons.

« A partir de la transcription, les créanciers privilégiés
» ou ayant hypothèque aux termes des articles 2123, 2127
» et 2128 du Code Napoléon, ne peuvent prendre utilement
» inscription sur le précédent propriétaire. »

C'est la répétition de ce qui était écrit dans le projet. Aussi M. Flandin reconnaît-il que, si on ne prend que ce paragraphe, on ne peut lui donner le sens qu'il lui prête. Mais il soutient que ce sens résulte du deuxième paragraphe.

Ce serait quelque chose d'étrange, qu'un texte ayant un sens bien déterminé, sens bien accusé dans le projet, pût prendre une signification opposée quelques mois plus tard et à raison de quelques lignes qu'on y aurait ajoutées.

Voyons cependant cette addition.

« Néanmoins, le vendeur ou le copartageant peuvent uti-
» lement inscrire les privilèges à eux conférés par les arti-
» cles 2108 et 2109 du Code Napoléon dans les quarante-
» cinq jours de l'acte de vente ou de partage, nonobstant
» toute transcription d'actes faite dans ce délai. »

« Les articles 834 et 835 du Code de procédure sont
» abrogés. »

Ce paragraphe commence par ce mot « néanmoins » ; il indique donc qu'il tempère la rigueur du premier, tandis que, dans la pensée de M. Flandin, il contiendrait une aggravation. Il ne dit d'ailleurs qu'une chose, c'est que l'inscription prise dans les quarante-cinq jours vaudra malgré une revente. Mais il est loin de dire que le vendeur devra s'inscrire dans ces quarante-cinq jours, qu'il y ait ou qu'il n'y ait pas de revente.

Les paroles de M. Delapalme, qu'invoque M. Flandin, ne peuvent le servir d'avantage. M. Delapalme insistait pour que le projet fût adouci, en cas de revente, en faveur du vendeur, et il constatait que le délai demandé pour ce dernier courrait du jour de sa vente. Tout cela ne prouve qu'en faveur de notre opinion.

Enfin M. Flandin invoque l'article VII de la loi. Les tiers dont parle cet article sont manifestement, dit-il, les créanciers hypothécaires inscrits et le sous-acquéreur.

Que M. Flandin se reporte au projet. L'article 8 de ce projet n'était que la reproduction, en d'autres termes, de la disposition de l'article 2166, ainsi que nous l'avons déjà dit, avec la modification nécessitée par l'effet donné à la transcription ; et cependant l'article 9, devenu depuis l'article 7, était conçu dans les termes qu'on lui a maintenus. Si cet article signifiait alors ce que lui fait dire M. Flandin, il était en contradiction avec l'article précédent. Si au contraire il ne disait qu'une chose, c'est que la résolution ne pouvait plus se produire après l'extinction du privilége, comment a-t-il pris une signification qu'il n'avait pas ?

On ne peut s'empêcher de reproduire ici ce qu'a dit M. Suin. L'article 6 de la loi est la conséquence rigoureuse de l'article 3. La revente ne peut être opposée au premier vendeur que du jour de sa transcription. Jusqu'à la transcription, elle ne peut en aucun cas lui être nuisible. Mais quand il n'y a pas revente, on ne peut trouver dans la nouvelle loi aucune disposition qui serve de fondement au système que nous combattons.

Que M. Flandin nous permette d'ailleurs de lui faire observer que jamais un changement de système ne se produit sans qu'on le déclare. Or, son interprétation conduirait à la modification la plus radicale des droits du vendeur. Après quarante-cinq jours écoulés, le vendeur n'aurait plus ni privilége ni droit de résolution, quand bien même l'acquéreur n'aurait pas revendu. Il lui resterait une simple hypothèque, primée par les créanciers hypothécaires inscrits et par ceux ayant une hypothèque légale. Ce serait un changement complet dans notre système hypothécaire. Pour qu'une modification pareille fût appliquée, il faudrait qu'on eût

entendu la faire et qu'on l'eût écrite en termes non équivo-
ques.

Aussi l'opinion de M. Flandin est-elle restée isolée, et la
jurisprudence l'a formellement condamnée. Un arrêt de la
Cour de cassation du 6 mai 1868 (S., 68, 1, 255) juge que,
tant que l'immeuble reste entre les mains du premier acquéreur, l'article 2108 ne lui impose aucun délai pour s'inscrire, et que la loi de 1855, loin de restreindre son droit, lui
donne une extension plus grande en lui accordant quarante-
cinq jours en cas de revente. C'est ce qui résultait d'ailleurs
d'arrêts de la même Cour des 14 février 1865 (S., 65, 1, 191),
2 décembre 1863 (S., 64, 1, 57), et ce qu'ont jugé les Cours
de Montpellier, 5 mai 1869 (S., 69, 2, 264), de Poitiers,
18 juillet 1861 (S., 61, 2, 182), d'Alger, 24 juin 1870 (S.,
71, 2, 215).

**312.** Que les quarante-cinq jours partent de la première
vente, et non de la deuxième, c'est ce qu'indiquent la loi et
son esprit. On a voulu éviter le préjudice que causerait au
premier vendeur une revente précipitée. On s'est donc attaché, pour savoir s'il y avait précipitation, à la distance qui
séparait la seconde vente de la première et au temps que
cette distance laissait au premier vendeur. Quant au texte,
il parle du vendeur et du copartageant; l'acte de vente
qu'il a en vue est celui consenti par le vendeur dont il a
parlé. Cela est surtout évident si on remarque que le
partage ne peut être que celui par suite duquel est consentie la vente qui peut nuire au privilége. Là il ne peut y
avoir de doute, parce qu'il n'y a qu'une vente. Or, au cas
de la vente opposée à la revente, la vente qui sert de point
de départ est celle qui, dans l'ordre de la rédaction, corres-
pond au partage opposé, pour le cas où un copartageant
est en lutte avec un acheteur, c'est-à-dire au premier des
deux actes qui se sont suivis.

**313.** Et, comme on a entendu accorder au vendeur un
délai de quarante-cinq jours seulement, ce délai part de la

date de la vente première et non de sa transcription. Tel est aussi le sentiment de MM. Troplong (*Trans.*, n° 278), Flandin (n° 1093), Rivière et François (n° 100), Rivière et Huguet (n° 332), Mourlon (*Examen..*, n° 372), Lemarcis (p. 32).

314. Il est peut-être inutile de faire remarquer que la transcription continue à valoir inscription au profit du vendeur, suivant les termes de l'article 2108. (FLANDIN, n° 1097.)

315. On a enseigné que la transcription n'était pas soumise au renouvellement décennal prescrit par l'article 2154. C'est là, ce nous semble, une erreur. L'inscription d'office a été ajoutée à la transcription afin que la suite des inscriptions fût complète. Mais, comme la transcription, au point de vue de la conservation de la créance, ne vaut que ce que vaut une inscription, la durée de son effet à cet égard n'est pas plus grande. Aussi un avis du Conseil d'Etat du 22 janvier 1808 a-t-il décidé que l'inscription d'office est sujette à renouvellement, et que ce renouvellement doit être fait par le vendeur. Dès qu'il y a lieu à renouvellement, c'est manifestement dire que la transcription serait, au bout de dix ans, insuffisante à cet égard. C'est ce qu'a jugé la Cour de cassation le 2 décembre 1863 (S., 64, 1, 57), conformément à un arrêt qu'elle avait déjà rendu le 26 décembre 1826, et ce qu'ont jugé les Cours de Paris, 30 novembre 1860 (S., 61, 2029), d'Alger, 17 mai 1865 (S., 65, 2, 187). Telle est l'opinion de MM. Zachariæ, Massé et Vergé (t. V, § 818), Troplong (*Trans.*, n° 294). Mais l'opinion contraire a été adoptée par MM. Pont (*Hyp.*, n° 274), Rivière et Huguet (n° 367), Mourlon (*Examen....* n°° 694 et 695), Flandin (n° 1104).

316. Mais la transcription a un effet permanent en tout ce qui touche la publicité de la transmission immobilière. L'article 2154 ne prescrit le renouvellement qu'au point de vue de la créance.

317. On s'est demandé si la transcription d'une vente con-

tenant mention de ce qui reste dû au vendeur valait renouvellement de l'inscription primitive, et pouvait tenir lieu de la transcription non effectuée de la vente première. Nous avons dit (n° 287) que la transcription de la dernière vente suffisait. Cela est vrai, mais pour la consolidation du droit de propriété. On ne pourrait, en effet, supprimer une vente sans ébranler la base même de l'édifice. En ce qui concerne la créance du premier vendeur, elle est, nous l'avons dit, assujettie à la prise d'une inscription régulièrement renouvelée. La transcription vaut inscription, mais pour la vente à laquelle elle s'applique. L'article 2108 n'a pas dit autre chose. Et, si la transcription d'une première vente a été omise, qu'il n'y ait pas eu inscription en temps utile, il y a transcription étrangère à la créance qu'on veut conserver, ainsi que l'a jugé la Cour de cassation le 29 avril 1845 (S., 45, 1, 535), conformément à un premier arrêt du 14 janvier 1848 (S., 48, 1, 360). C'est ce qu'ont aussi jugé les Cours de Montpellier, 9 juin 1853 (S., 53, 2, 406), de Paris, 30 novembre 1860 (S., 61, 2, 29). Cette doctrine a été reproduite par la Cour de cassation le 7 mars 1865 (S., 65, 1, 165).

C'est aussi le sentiment de MM. Delvincourt (t. III, p. 280, note 9), Grenier (*Hyp.*, t. II, n° 377), Persil (*Régime hypothécaire*, sur l'article 2108, n° 2), Troplong (*Hyp.*, t. I, n° 284, Pont (*ib.*, n° 265), Flandin (n°° 1098 et 1099).

**318** M. Pont (*Hyp.*, n°° 263 et 264) pose la question de savoir si le vendeur peut, tant que la transcription n'est pas faite, prendre une inscription. Il estime que non. Il fait toutefois une exception pour le cas de revente, et à raison de la disposition de l'article 6 de la loi de 1855. Alors, dit-il, c'est en réalité contre le sous-acquéreur que le vendeur prend inscription.

Le savant magistrat nous semble se méprendre. Sous la loi de l'an VII, la question s'est présentée devant la Cour de cassation. L'article 26 avait une disposition analogue à celle de la loi de 1855 et statuait que, jusqu'à la transcription, les actes translatifs de propriété ne pouvaient être opposés aux tiers qui auraient contracté avec le vendeur et se seraient conformés à la loi nouvelle. La Cour de cassation, sur les conclusions de M. Merlin et par arrêt du 6 juillet 1807 (S., 8, 1, 42), cassa un arrêt de la Cour d'Agen qui avait décidé que si la loi n'avait pas exigé pour la conservation du privilége la transcription de la vente, elle n'aurait pas obligé le conservateur à prendre une inscription d'office.

C'était bien condamner l'objection que fait M. Pont, et qui consiste à dire que, tant que la vente n'est pas transcrite, la propriété réside sur la tête du vendeur, qui alors inscrit contre lui-même. L'article 29 de la loi de l'an VII contenait d'ailleurs quelques expressions qui sont une révélation sûre de la pensée du législateur, puisqu'il disait que la transcription conserve le droit de préférence et que, à cet effet, le conservateur inscrit d'office les créances non encore inscrites.

Sous le Code civil, la question a été jugée dans le même sens par l'arrêt Corot, rendu par la Cour de cassation le 7 mars 1811 (S., 11, 1, 225) et par un arrêt de Rennes du 21 août 1811 (S., 13, 2, 111).

Depuis la loi de 1855, la situation est la même.

M. Pont ne remarque pas que la propriété est transférée entre les parties ; que, si l'article 3 de la loi de 1855 permet aux tiers de méconnaitre la vente tant qu'elle n'est pas transcrite, elle n'entend parler que de ceux qui ont intérêt à le faire, c'est-à-dire de ceux qui ont des droits ne procédant pas de la vente nouvelle ; mais que l'acquéreur ni ses créanciers et acquéreurs ne peuvent se prévaloir de la non transcription.

L'article 3 ne s'applique donc pas à eux. L'article 6 d'ailleurs permet au vendeur de prendre inscription en vertu d'une vente non transcrite ; c'est évidemment parce que cette vente lui donne un privilége ; et ce privilége existe sans qu'il y ait eu transcription. L'article n'est pas l'expression d'un droit exceptionnel quand il permet de pren-

dre une inscription en vertu d'une vente non transcrite. Il
est au contraire une conséquence du droit commun. Il ne
dit pas que le vendeur pourra s'inscrire en ce cas, et ne
pourra le faire dans les autres, et certes il se serait exprimé
ainsi s'il eût voulu adopter les idées de M. Pont.

Telle est l'opinion de M. Flandin (n° 1109), de M. Mourlon
(*Examen*, n° 237), de M. Dalloz (*Jur. gén.*, v° *Priv. et Hyp.*,
n° 653), de M. Lemarcis (chapitre I⁰ʳ, section 3, n° 6, p. 32),
de M. Sellier (n° 173).

Nous ajoutons que, régulièrement, l'inscription doit être
prise, même en cas de revente, contre l'acquéreur avec qui
l'inscrivant a traité.

**319.** On a beaucoup discuté au Corps législatif la question de savoir si les ventes sous signatures privées devraient
continuer à être admises à la transcription, comme elles
l'étaient auparavant, ainsi que l'avait admis un avis du
conseil d'Etat du 12 floréal an XIII. La loi nouvelle ne change
rien à l'ancien état de choses, d'où il suit qu'il reste maintenu à cet égard. L'avis du conseil d'Etat dont nous venons
de parler admettait même les ventes dont les signatures
n'avaient pas été préalablement reconnues ou vérifiées. Telle
est l'opinion de MM. Flandin (n° 1108), Troplong (*Hyp.*,
t. I, n° 285 *bis*), Grenier (*Hyp.*, t. II, n° 386), Delvincourt
(t. III, p. 283), Persil (*Rég. hyp.*, sur l'art. 2108), Duranton (t. II, n° 98), Pont (*Hyp.*, t. I, n° 266), Dalloz (*Jur. gén.*,
v° *Priv. et Hyp.*, n° 636), et c'est ce qui a été jugé par l'arrêt
de la Cour de cassation du 6 juillet 1807 (S., 8, 1, 42).

**320.** Le vendeur qui ne s'est pas inscrit dans les quarante-cinq jours a-t-il en cas de revente le droit de préférence entre créanciers?

Si aucune revente n'avait eu lieu, nous avons dit qu'il
pourrait s'inscrire et qu'il aurait droit à toute l'étendue de
son privilége. Mais quand il y a revente, et que, à défaut
d'inscription, il a perdu le droit de suite, peut-il se présenter dans l'ordre et réclamer collocation?

Sous le Code civil, le privilége était éteint du moment où une revente s'opérait sans inscription ni transcription préalables (art. 2166), et nous ne voyons pas qu'on ait distingué, pour ce cas, entre le droit de suite et le droit de préférence.

L'article 834 du Code de procédure donne à tous les créanciers privilégiés et hypothécaires quinze jours à dater de la transcription de la revente pour inscrire leurs créances, et on lit à la fin de sa disposition : « Sans préjudice des autres » droits résultant aux vendeurs et aux héritiers des arti- » cles 2108 et 2109 du Code Napoléon. »

Quel est le sens de cette dernière partie de l'article ?

Entend-elle relever le vendeur de sa déchéance vis-à-vis des créanciers ?

Remarquons bien le chemin qui a été fait. L'article 2166 faisait tout perdre à défaut d'inscription, droit de suite et droit de préférence. (TROPLONG, *Hyp.*, n° 79.) L'article 834 donne quinze jours ; mais si on n'en use pas, il est raisonnable de croire qu'on se trouvera dans la situation où l'on aurait été si l'article 834 n'avait pas été érigé en loi. Aussi M. Tarrible dit-il (*Répertoire* de M. Merlin, v° *Trans.*, § 3, n° 6, p. 108) : « Le droit attribué au privilége du vendeur par » l'article 2108 du Code Napoléon est conservé par la trans- » cription du titre d'aliénation qui vaut inscription pour le » vendeur. L'article 834 du Code de procédure présuppose » la transcription, puisque la date de celle-ci est le point » de départ du délai de quinzaine accordé pour s'inscrire. » Et comme cette transcription vaut inscription pour le » vendeur, il est évident que dans le cas d'une vente uni- » que, le vendeur n'a nullement besoin de répéter son ins- » cription dans le délai de quinzaine. Le premier vendeur, » dans le cas de deux ventes successives, ne serait plus tenu » de répéter son inscription dans la quinzaine si le premier » contrat de vente consenti par lui avait été transcrit, puis- » que la transcription vaudrait pareillement inscription en » sa faveur. Tels sont les autres droits résultant au vendeur » que le législateur a entendu lui réserver. »

Puis M. Tarrible prévoit le cas d'une revente et de trans-cription de la revente seulement. Dans ce cas, « comme il » n'y aurait point de transcription réelle ni fictive du pri-» vilége du premier vendeur, celui-ci serait sans doute tenu » de se conformer à la disposition de l'article 834 du Code » de procédure, c'est-à-dire d'inscrire dans la quinzaine de » la transcription du second contrat de vente afin de con-» server son privilége ».

M. Troplong reproduit ces passages de M. Tarrible dans son *Traité des hypothèques* (t. I, n° 282) et dit que M. Dalloz (*Hyp.*, p. 99, n° 17) attribue à tort à M. Tarrible l'opinion que le droit de préférence est maintenu. Il dit que la juris-prudence a avec raison repoussé cette idée. Il cite l'arrêt Richardot rendu par la Cour de cassation le 12 juillet 1824 (DALLOZ, *Hyp.*, 105 et 106) et l'arrêt rendu par la Cour de Paris le 16 mars 1816 (S., 17, 2, 41), et fait observer que l'ab-sence d'inscription place le vendeur dans la situation où il était sous le Code civil, et qu'alors il est aux prises avec les créanciers hypothécaires de l'acquéreur.

On peut ajouter que depuis l'époque où ont été rendus ces arrêts, les vendeurs ont cherché à suppléer à la perte du pri-vilége par l'action résolutoire. De là sont nées les difficultés qui ont surgi sur le point de savoir si, en produisant à un ordre, ils n'avaient pas approuvé la revente. Enfin nous croyons pouvoir affirmer que la perturbation qui est résultée des actions résolutoires a eu une grande part dans la pré-sentation de la loi de 1855. La discussion dans laquelle il a été si souvent question des actions de cette nature prouve que c'était là l'une des grandes préoccupations des jurescon-sultes.

Mais de cette situation même il résulte que le droit de préférence n'était pas accepté, sans quoi on n'aurait pas eu besoin de recourir à l'action résolutoire.

La loi de 1855 a-t-elle changé en quoique ce soit ce point de droit ?

Non, à notre sens. Elle a donné quarante-cinq jours au vendeur. Ces quarante-cinq jours datent de sa vente, tandis qu'auparavant il avait seulement quinze jours à dater de la transcription de la revente ; mais si la revente n'avait lieu que longtemps après la vente première, l'article 834 conférait en réalité un délai beaucoup plus long que celui de la loi de 1855, qui au contraire est plus avantageux si la transcription de la revente est voisine de la vente. Mais la loi de 1855 donne-t-elle encore le droit de préférence après la perte du droit de suite ? Non ; nous nous trouvons dans une situation analogue à la situation antérieure. Les articles 6 et 7 disent d'ailleurs qu'il n'y a plus place ni à une inscription utile ni à une action résolutoire. Or si, le droit de suite écarté, on maintenait le droit de préférence, on donnerait l'équivalent d'une inscription utile dans la lutte qui s'engagerait avec les créanciers. Du jour de la transcription, et les quarante-cinq jours écoulés, la revente peut être opposée par les créanciers qui sont des tiers quand ils ont une hypothèque. Et cependant, avec le droit de préférence, on arriverait à franchir cet obstacle.

Nous savons bien que les articles 717 et 772 du Code de procédure ont maintenu le droit de se présenter dans l'ordre à des créanciers à hypothèques légales non inscrits en temps utile. Mais c'est une situation spéciale qui ne peut se produire qu'avec un texte. La loi de 1841 sur l'expropriation pour utilité publique (art. 17) reporte sur le prix le droit non inscrit des incapables, mais c'est l'application de la même idée. Qu'on applique un texte là où il y en a un. Mais, à notre sens, et dans la question qui nous occupe, il y en a plusieurs qui condamnent la thèse que nous combattons.

Nous croyons donc, dans le cas que nous avons prévu, à la perte du droit de préférence.

Telle est l'opinion de MM. Flandin (n° 1111), Rivière et Huguet (n° 346), Mourlon (*Examen...*, n° 670). Les détails dans lesquels nous allons entrer, en nous occupant du copartageant, ne peuvent que rendre cette démonstration plus décisive.

DU COPARTAGEANT.

**Sommaire**

321. Le copartageant qui n'a pas pris inscription dans les quarante-cinq jours perd le droit de préférence comme le droit de suite.
322. Le partage sous signatures privées est valable et doit être, au point de vue de sa date, respecté par les créanciers pour tout ce qui tient au privilége.
323. L'interprétation de l'article 2109 ne doit pas être restreinte dans les termes de sa lettre.
324. Le délai d'inscription est le même pour tous les cas prévus par les articles 2103 et 2109.
325. Quel est le point de départ des soixante jours ?
326. *Quid* s'il y a lieu à homologation ?
327. L'inscription, au cas de revente, doit-elle être prise dans les quarante-cinq jours. *Dies à quo.*
328. Le *dies ad quem* doit-il être compté dans le délai ?
329. *Quid* du jour férié qui termine le délai ?

321. En est-il du copartageant comme du vendeur ?

Nous discuterons immédiatement cette question afin de ne pas séparer des matières intimement liées l'une à l'autre.

Le copartageant garde-t-il le droit de préférence après avoir perdu le droit de suite ?

M. Pont (*Priv., et Hyp.*, n° 318) et M. Dalloz (*Jur. gén.*, v° *Priv. et Hyp.*, n° 693) estiment que oui. M. Flandin, au n° 1143, combat cette opinion.

Nous devons d'abord expliquer que M. Tarrible (*loco citato*), après avoir parlé du vendeur, parle du cohéritier et semble lui conserver à la fois le droit de suite et le droit de préférence pourvu qu'il s'inscrive dans les soixante jours. Au contraire, le discours qu'il a prononcé comme orateur du tribunat dit nettement que, pour exercer le droit de suite, il faut que le cohéritier se soit inscrit dans la quinzaine de la transcription ; que si, sans se trouver dans cette quinzaine, l'inscription est seulement comprise dans le délai de soixante jours, le cohéritier n'a plus que le droit de préférence. Telle est l'opinion émise par M. Troplong dans son *Traité des hypothèques* (t. I, n° 317) et celle de M. Grenier (*Hyp.*, t. II, n° 400).

Le projet de loi présenté par le gouvernement, et délibéré par le Conseil d'Etat en 1853, obligeait à faire transcrire les actes de partage, et l'article 7 statuait que le conservateur prendrait d'office une inscription comme en matière de vente. L'article 8 reproduisait, comme nous l'avons dit, mais dans des termes différents, l'article 2166 du Code civil. De plus, il abrogeait les articles 834 et 835 du Code de procédure.

De là il suivait nécessairement que la transcription d'une vente ne laissait place, en faveur du cohéritier, ni au droit de suite ni au droit de préférence. Le droit de suite disparaissait à raison de l'absence de l'inscription et par la combinaison de l'article 2166 avec le projet. Le droit de préférence ne restait pas, puisqu'il ne pouvait exister qu'avec l'article 834 qu'on supprimait.

La commission du Corps législatif s'éleva contre l'obligation de transcrire ces partages et contre la suppression de l'article 834. Elle demanda le maintien du délai de quinzaine. Le Conseil d'Etat s'étant montré inflexible à cet égard, on songea à tourner la difficulté ; et on arriva à discuter sur la durée du délai qu'on accorderait au vendeur et au copartageant. On demanda soixante jours, terme emprunté à l'article 2109. Le Conseil d'Etat ne voulait accorder que trente jours. On arriva enfin au délai de quarante-cinq jours, qui fût écrit dans la loi. Voici comment M. Rouher motiva la concession du Conseil d'Etat.

M. Rouher parle d'abord du vendeur. Il explique que la loi nouvelle a solidarisé le privilège et le droit résolutoire ; que, si la première vente n'est pas transcrite et que la deuxième le soit, le vendeur peut perdre sa créance ; que, pour éviter ce danger, le projet lui accorde un délai suffisant.

« Arrivant à ce qui concerne le copartageant, M. le vice-
» président du Conseil d'Etat rappelle qu'aux termes de
» l'article 2109 du Code Napoléon, le copartageant, au profit
» duquel est stipulée une garantie de soulte ou retour de
» lots, a soixante jours pour faire inscrire son privilège sur
» immeubles abandonnés à son copartageant, faute de quoi
» il peut être primé par des créanciers inscrits du chef de
» de ce dernier. Mais, ce délai même de soixante jours, la
» jurisprudence a décidé que, dans certaines circonstances,
» il pourrait être réduit à une moindre durée. Si le copar-
» tageant, possesseur de l'immeuble, le vend et que l'acqué-
» reur fasse transcrire son contrat, il a été jugé que le copar-
» tageant ayant droit à la soulte ne jouirait, pour faire
» inscrire son privilège, que du délai de quinzaine après la
» transcription comme les créanciers ordinaires ; il peut donc
» en vertu de cette jurisprudence, par le résultat d'un acte
» qu'il aura ignoré, être privé du retour de lots pour lequel
» la loi avait voulu lui assurer un privilège. Et cependant
» il n'aura à se reprocher aucune négligence ; il n'aura pas
» fait comme le créancier hypothécaire qui a omis de pren-
» dre inscription. C'est donc avec raison et sans violer le
» principe de l'égalité que le projet de loi, pour garantir
» le vendeur et le copartageant de périls que toute la pru-
» dence possible ne saurait conjurer, leur accorde la faculté
» et le délai portés dans l'article 6. »

Résumons ce que nous venons de dire : le projet ne permettait plus au vendeur ni au cohéritier de se prévaloir,
s'ils n'étaient pas inscrits avant la transcription de la revente,
ni du privilège, ni de l'action résolutoire. On le modifie et
on lui accorde quarante-cinq jours qui courent, non comme
le délai de quinzaine donné par l'article 834 de la transcription de la revente, mais de l'acte même de vente ou de partage. Ces quarante-cinq jours sont donnés comme concession

après le refus du délai même de l'article 2109. Ils sont donnés dans les mêmes conditions au vendeur et au cohéritier que M. Rouher assimile évidemment. L'article 834, duquel on avait fait sortir un droit de préférence pour le cohéritier, est supprimé. M. Rouher réserve si peu le droit de préférence pour le cohéritier, qu'il reconnaît que le sort de la créance dépend du délai accordé et compare ce cohéritier au créancier ordinaire.

Nous croyons qu'en présence de ces éléments on ne peut que repousser l'opinion de M. Pont, et avec elle le droit de préférence dans le cas où une inscription n'est pas prise dans les quarante-cinq jours.

Dans ce cas, comme nous l'avons dit pour le vendeur, le privilège qu'avait d'abord le cohéritier, et qui s'est éteint à défaut d'inscription, se trouve aux prises avec des tiers qui ont conservé leurs droits et qui, aux termes de l'article 3 de la loi de 1855, peuvent opposer ce défaut d'inscription.

Notre opinion est celle de M. Bressolles (*Exposé*, n° 84), Fons (n° 64), Lemarcis (chap. I, section 3, n° 7), Mourlon (*Examen*, n° 384).

**322.** Nous nous référons, pour le partage sous signatures privées, à ce que nous avons dit à l'égard de la vente (n° 319). La situation, au point de vue qui nous occupe, est la même. Les créanciers n'ont point intérêt à contester la date du partage, puisque le délai de soixante jours court d'une époque antérieure à l'enregistrement. (TARRIBLE, v° *Privilége du répertoire* de M. Merlin, section 5, § 7.)

**323.** Bien que l'article 2109 ne parle que des soultes et retours de lots, et du prix de la licitation, il n'en faut pas moins s'en référer à l'article 2103 qui a un texte beaucoup plus général. La raison indique même qu'il faut se référer au titre du partage pour les obligations respectives des copartageants. (FLANDIN, n° 1125.)

Ainsi il doit être appliqué à l'éviction subie par un copartageant. Le privilége s'applique alors à la garantie du partago (Troplong, *Hyp.*, t. I, n° 201 ; Persil, sur l'article 2109, n° 3 ; Vazeille, sur l'article 885, n° 4 ; Grenier, t. II, n° 703, C. de cass., 12 juillet 1853 ; arrêt Pernot, S., 53, 1, 742). On peut indiquer en sens contraire Delvincourt, t. II, p. 153), et un arrêt de Liège du 9 mars 1818.

Il doit être appliqué aux dettes de la succession payées par un cohéritier en sus de sa part ; il s'agit toujours de la garantie du partage. Aux termes de l'article 826 chacun des héritiers aurait le droit de demander la vente préalable d'immeubles pour payer les dettes. Si aucun d'eux n'use de ce droit, c'est qu'il y a garantie implicite pour chacun du payement de sa part. En ce sens, on peut citer Pothier (*Communauté*, n° 762), Persil (*Priv. et Hyp.*, sur l'art. 2103), Troplong (*Hyp.*, t. I, n° 239), l'arrêt Satin de la Cour de cassation, du 2 avril 1839 (S., 39, 1, 385).

La Cour de Toulouse a jugé le 15 janvier 1841 (S., 41, 2, 238, arrêt Desserres), que le privilège ne pourrait exister en ce cas qu'autant que celui qui a payé aurait été contraint de le faire. Nous ne pouvons approuver cette décision. Ou le principe du privilège se trouve pour ce cas dans les articles 2103 et 2109, ou il n'y est pas. S'il s'y trouve, il est inutile d'obliger un cohéritier à subir des poursuites et des frais avant de payer.

324. La Cour de Pau a jugé le 29 avril 1851 (S., 52, 2, 343, arrêt Baron) que, en ce cas, le délai de l'article 2109 n'est pas applicable. C'est encore une erreur. L'article 2109 n'est pas applicable. C'est encore une erreur. L'article 2109 n'est que la mise à exécution de l'article 2103, et il s'applique à tous les cas où le privilège est admissible.

325. Quelle est la date à laquelle remonte le point de départ des soixante jours ? C'est, dit l'article 2109, le partage ou l'adjudication. Mais il peut rester et il reste presque toujours une liquidation à faire ; peut-on attendre en ce cas ? Non, à notre sens, l'inscription doit être prise au moment où cesse l'indivision et où se fixe la propriété de chacun, afin que les créanciers puissent connaître la situa-

tion hypothécaire de ceux auxquels sont attribués les immeubles. C'est en ce sens que se sont prononcés MM. Troplong (*Hyp.*, t. I, n° 318 *bis*), Flandin (n° 1128), Aubry et Rau sur Zachariæ (t. II, § 278, p. 805), Rivière (*Jurisprudence* de la Cour de cassation, n° 565), la Cour de Bordeaux par l'arrêt Papon du 15 juin 1831 (S., 31, 2, 275), celle de Lyon par l'arrêt Chambron du 21 février 1832 (S., 32, 2, 566), par l'arrêt du 29 décembre 1835 (S., 36, 2, 451) et par l'arrêt Rolland du 23 janvier 1866 (S., 66, 2, 287), celle de Montpellier par l'arrêt du 4 janvier 1845 (S., 45, 2, 371), celle d'Agen, par l'arrêt Sourget du 6 février 1852 (S., 52, 2, 233), la Cour de cassation, par l'arrêt Midan du 23 juillet 1839 (S., 39, 1, 560) et par l'arrêt du 19 juin 1849 (S., 49, 1, 626).

Il semble que la Cour de cassation ait rendu une décision opposée par l'arrêt Légal de Nirando, du 11 août 1830 (S., 31, 1, 63).

**326.** Mais si des mineurs sont intéressés et qu'un partage proposé soit soumis à l'homologation, il nous semble que le délai ne court que du jour de cette homologation. Il n'y a, en effet, jusque-là qu'un projet. C'est là l'opinion de M. Troplong (*Hyp.*, t. 1. n° 314 *ter.*, à la note). D'après M. Pont (*Priv.*, n° 494), la jurisprudence se serait unanimement prononcée dans un autre sens. Il existe, en effet, un arrêt de Paris du 3 décembre 1836 (affaire Leduc, S., 37, 2, 277) et un arrêt de la Cour de cassation du 15 juin 1842 (affaire Leduc, S., 42, 1, 631). Mais dans ces deux affaires, il s'agissait d'adjudication sur licitation à la suite desquelles une liquidation était à faire. Or, dans ce cas, nous ne doutons pas que le délai ne dût courir, parce qu'il y avait autre chose qu'un simple projet à homologuer. On peut au contraire citer un arrêt de la Cour de cassation du 17 février 1820 (S., 37, 2, 277, en note) qui, dans une situation semblable, a pensé que le délai était prorogé jusqu'à la liquidation ; mais nous croyons que c'est là une erreur ; que ce délai devait courir du jour de l'adjudication sur licitation qui n'a jamais rien de provisoire et qui a au contraire un caractère définitif. M. Flandin (au n° 1131) semble accepter l'opinion de M. Pont. Nous ne pouvons la partager.

**327.** Nous avons maintenant à examiner la manière de compter les jours du délai. Au cas de revente, l'inscription doit-elle être prise dans les quarante-cinq jours de l'acte qui sert de point de départ ?

Doit-on compter dans ces quarante-cinq jours celui de l'acte ?

Doit-on y compter celui de l'inscription ?

Et, si le dernier jour du délai est un jour férié, le délai doit-il être reporté au lendemain ?

M. Troplong examine la question du *dies à quo* dans son *Traité des hypothèques* (t. I, n° 291). Il établit que notre ancienne jurisprudence française avait, à la suite de la pratique, rompu avec les traditions des lois romaines et exclu du délai le jour qui sert de point de départ.

**328.** Et, quand au dernier jour du terme, il dit au volume troisième (n° 714) qu'il faut au contraire le comprendre dans le délai assigné à la prise d'une inscription. Il se sépare en cela de l'opinion émise par M. Merlin dans son répertoire (17ᵉ volume, mots : *délais et prescription*).

Que le *dies à quo* ne doive pas être compté, nous ne croyons pas que ce puisse être une chose douteuse. Le point d'où l'on part ne peut être compris dans la distance qu'on a parcourue. Il semble, au contraire, que le dernier jour du terme doive être compté toutes les fois qu'une formalité doit être remplie dans un délai déterminé. Si en effet on la remplit en dehors du délai, on ne peut dire qu'on ait satisfait à la loi. Cependant l'article 6 du titre III de l'ordonnance de 1667 voulait que dans les délais des assignations et des procédures on ne comptât ni les jours des significations, ni ceux des échéances. L'article 1033 du Code de procédure paraissait avoir été rédigé dans cet esprit. Mais la jurisprudence n'avait

pu se plier entièrement à une disposition qui semblait contredire les lois ordinaires du raisonnement. Aussi quand, en 1862, on voulut remanier ce texte, se préoccupa-t-on de cette situation. M. Josseau, après avoir dit que tantôt la loi statue qu'une chose sera faite dans un délai de..., tantôt elle adopte une autre formule, et que ces différences avaient amené des solutions différentes, explique dans son rapport que la commission s'était demandé s'il n'y avait pas lieu de compléter la disposition de l'article 1033 par quelques règles générales. « Mais, ajoute-t-il, elle n'a pas tardé à recon-
» naître la difficulté de trouver une rédaction qui pût don-
» ner pour toutes les hypothèques une solution satisfai-
» sante. Chaque jour la jurisprudence se fixe davantage et
» formule des règles d'interprétation basées sur le sens que
» l'usage, cette suprême loi du langage, assigne aux
» expressions employées par le législateur. Une nouvelle
» rédaction pourrait faire naître de nouvelles incertitudes.
» Dans cet état de choses, la commission a jugé que le plus
» sage était de reproduire textuellement une disposition sur
» la portée de laquelle on commence d'ailleurs à être à peu
» près d'accord. »

Aussi la Cour de Bordeaux a-t-elle jugé le 15 juillet 1864 (affaire Mercès, S., 64, 2, 245) qu'une requête civile qui doit être signifiée dans un délai de deux mois est non recevable si elle est signifiée en dehors de ce délai, et la Cour de cassation saisie d'un pourvoi sur cet arrêt a jugé le 4 décembre 1865 (S., 66, 1, 22) que l'article 1033 ne s'applique qu'aux ajournements, citations, sommations et autres actes faits à personne ou domicile, et qu'il reçoit exception lorsque le législateur a clairement manifesté l'intention qu'un acte ne pût être fait après l'échéance. Elle a donc rejeté le pourvoi.

Ce sont là, ce nous semble, les véritables principes. C'était d'ailleurs ce qu'on avait jugé avant la loi nouvelle (Voy. l'arrêt Tabouret, de Riom, 18 mai 1843 (S., 43,

2, 500 et la note). Un arrêt de la Cour de cassation du 1er juillet 1874 (affaire de *Société générale*, S., 74, 1, 432) est venu confirmer cette doctrine.

**329.** Quant au jour férié qui termine le délai, on aurait pu l'assimiler aux autres jours fériés compris dans le délai. Mais M. Josseau a expliqué que par le nouvel article 1033 on avait voulu généraliser l'article 162 du Code de commerce et prolonger d'un jour quand le dernier jour est un jour férié. Cette idée a été consacrée par le tribunal du Hâvre (affaire Delafosse, 16 mai 1872, S., 72, 2, 152). Ce jugement nous semble motivé de la manière la plus solide ; il rappelle le rapport de M. Josseau et cite l'article 9 de la loi du 3 juin 1862 relative aux pourvois en cassation, article qui proroge quand le dernier jour est un jour férié; et cependant, en ce cas, l'objection qu'on déduit de la première partie de l'article 1033 ne peut avoir aucune prise. Il ne s'agit, en effet, dans cet article, ni d'ajournement, ni d'aucun acte à personne ou domicile, mais d'un pourvoi à déposer au greffe de la Cour de cassation; et, quand il s'agit d'une personne habitant Paris, la question du délai des distances ne peut servir de raison à objecter.

Nous croyons d'ailleurs qu'on peut motiver la solution de la manière suivante :

La question de délai donnait lieu avant la loi de 1862 à des solutions très divergentes; on se demandait si l'ancien article 1033 devait être appliqué à tous les cas, ou s'il était limité aux cas qu'il avait littéralement prévus. La commission, ainsi que l'a expliqué son rapporteur, M. Josseau, entendait généraliser la solution; mais elle fut arrêtée par la difficulté que présentait une rédaction l'appliquant à tous les cas. Elle a donc laissé le champ libre à la jurisprudence, bien que sa pensée sortît du cadre textuel de l'article 1033; et, quant aux dispositions relatives aux distances et aux jours fériés, le texte même de la loi nouvelle ne peut laisser de doute : « Il en sera de même dans tous les cas prévus

» en matière civile et commerciale lorsque, en vertu de
» lois, décrets ou ordonnances, il y a lieu d'augmenter un
» délai à raison des distances:.... Si le dernier jour du délai
» est un jour férié, le délai sera prorogé au lendemain. »

L'article 9 cité par le tribunal du Hâvre et les termes du
rapport prouvent que la première partie de l'article 1033
n'enchaîne pas l'interprétation des tribunaux et que, là où
la loi a voulu qu'un acte fût fait au plus tard à une date
précise, il ne pût être fait le lendemain. Le rapport prouve
encore que la dernière partie n'est liée ni au commencement
de l'article, ni au délai des distances. On ne comprendrait
pas d'ailleurs que, là où il y a augmentation à raison des
distances quand il s'agit d'un acte rentrant dans le texte
du premier paragraphe, un jour férié donnât lieu à prorogation, et que, quand le texte du premier paragraphe ne se
prête pas à la situation, le jour férié ne prorogeât pas. Un
jour férié est en effet utilisé comme un autre au point de
vue des voyages, tandis qu'il ne peut servir pour les actes
à faire dans un greffe qui se trouve fermé.

Nous devons dire cependant que la Cour de Rouen qui,
le 19 mars 1870 (arrêt Picton, S., 70, 2, 236), avait adopté
notre opinion dans une affaire relative à une surenchère
du dixième, dans laquelle il lui suffisait de se retrancher
dans le texte de l'article 1033, a, le 21 juillet suivant, sous
la présidence du même magistrat et avec le même magistrat
du parquet (affaire Caron, S., 71, 2, 140) distingué entre
la surenchère du dixième faite par exploit et celle du
sixième faite au greffe; et que la Cour de Lyon, par arrêt
du 19 août 1865 (affaire Carillon, S., 66, 2, 276), a appliqué
la même doctrine.

Mais la Cour de Besançon a, le 30 janvier 1873, adopté
l'opinion que nous avons développée (affaire Jeune, S., 74,
2, 149).

27

## § 63

### DU DROIT DE RÉSOLUTION

**Sommaire**

**330.** Le droit de résolution est lié, par l'article 7, au sort du privilége. Examinons donc quand le privilége prend fin.

La question n'a d'importance sérieuse qu'en matière de faillite, de succession bénéficiaire et de succession vacante.

M. Troplong examine ces questions dans son *Traité des hypothèques* (t. III, n° 650). Il explique qu'une déclaration de novembre 1702 contenait le germe du principe écrit dans l'article 2146; mais qu'elle ne s'appliquait réellement qu'aux hypothèques conventionnelles et judiciaires; que probablement la pensée qui a dicté l'article 2146 n'était pas différente; mais que le texte conduit à des résultats bien plus étendus, et que toutes les fois qu'il a eu à l'appliquer comme magistrat, il a cru devoir sacrifier la pensée pré-sumée à la lettre de la loi.

Les auteurs avaient généralement le même sentiment que M. Troplong; mais la Cour de cassation appliquait à la lettre l'article 2146 (affaire Vaulxerre, 16 juillet 1818, S., 19, 1, 27, et 12 juillet 1824, affaire Vallée, S., 38, 1, 102, en note).

L'article 448 du Code de commerce modifié a permis d'inscrire jusqu'au jugement déclaratif de la faillite les droits de privilège valablement acquis; les tribunaux ont toutefois le droit d'annuler l'inscription prise plus de quinze jours après la constitution du privilège.

Le vendeur peut-il inscrire son privilège après ce jugement?

M. Pont enseigne que oui (*Priv. et Hyp.*, n° 903). Il motive son opinion par les raisons suivantes : Jusqu'à la transcription le vendeur n'est pas dessaisi; il peut toujours vendre et hypothéquer; la transcription, quand elle se produit, vaut inscription en sa faveur.

Le vendeur n'est pas dessaisi sans transcription. — C'est l'idée qu'a émise M. Rouher au conseil d'Etat, que M. Suin a exprimée dans l'*Exposé des motifs* et que M. Bayle-Mouillard semble avoir acceptée dans son *Rapport*, mais que la Cour de cassation a évitée dans son arrêt. (*Voy.* n° 292.) Nous avons expliqué qu'elle est loin d'être vraie et qu'elle est en contradiction avec l'article 6. Serait-elle vraie, qu'elle nous semble n'avoir rien à faire dans une question régie encore par le Code civil dont la législation, en ce qui concerne les privilèges et hypothèques, n'a été touchée que par l'article 6 de la loi nouvelle. La question serait toujours de savoir si le temps de s'inscrire n'est pas passé; et, pour cela, il faudrait consulter le Code et l'article 6 dont nous avons parlé.

Le droit de vendre et d'hypothéquer après une première vente ne peut être invoqué. De pareils actes seraient l'infraction de tout droit et ne pourraient être consommés que par de malhonnêtes gens. On ne peut donc s'en prévaloir juridiquement.

Le vendeur, en réalité, n'a plus de droits sur l'immeuble. Ses créanciers hypothécaires et un acquéreur ultérieur peuvent seuls nier son dessaisissement jusqu'à la transcription.

L'acquéreur failli pourrait même, ce nous semble, faire transcrire sans difficultés. Sans doute cette transcription ne pourrait avoir l'effet d'une inscription utile; mais elle aurait celui d'une transcription ordinaire et déplacerait la propriété vis-à-vis des tiers.

Nous disons que la transcription ne pourrait équivaloir à une inscription. Si en effet l'article 2108 lui donne ce caractère, il ne le lui attribue certainement que là où peut exister une inscription. Si une inscription est impossible, la transcription pouvant, à ce point de vue, avoir l'effet d'une inscription, mais ne pouvant en avoir davantage, ne saurait avoir un effet utile à cet égard.

Se prévaudrait-on de cette idée, que la masse des créanciers d'une faillite se compose de créanciers chirographaires, et que l'article 7 de la loi de 1855 ne peut être invoqué que par ceux qui ont un droit réel sur l'immeuble? Nous répondrions que la rédaction de cet article reproduit en effet celle de l'article 3; et que, puisque le texte est ainsi fait, il faut le respecter, bien qu'en fait il puisse conduire à ce résultat presque impossible que la demande soit admissible contre l'un et inadmissible contre d'autres. Mais nous ajouterions que l'inscription prise au nom de la masse lui confère un droit hypothécaire, ainsi que nous l'avons dit (n° 285) et que dès lors le terrain de l'objection manque en ce qui concerne la faillite.

Nous parlerons plus tard de la succession bénéficiaire.

Reste une dernière objection qui va se produire nettement dans l'arrêt de Bordeaux et dans l'arrêt de la Cour de cassation dont nous allons parler.

L'arrêt de Bordeaux (affaire Marlaguet, S., 57, 2, 642) porte la date du 15 juillet 1857. Il juge que la transcription seule peut dessaisir le vendeur; que, dans tous les cas, la perte du privilège, en cas de faillite, n'est pas irrévocable et ne peut être invoquée que par la masse, et que l'article 7 ne s'applique qu'à la perte définitive.

Cette affaire portée à la Cour de cassation a été soumise au rapport de M. Bayle-Mouillard, dont nous avons déjà parlé, rapport très savant et très complet, mais dont nous n'avons pu accepter toutes les doctrines. La Cour, par arrêt du 1er mai 1860 (S., 60, 1, 612), a jugé que, la vente étant antérieure à la loi de 1855, la question de dessaisissement ne pouvait se présenter, et, quant au surplus, elle a adopté le système de la Cour de Bordeaux.

Ainsi, la chambre civile de la Cour de cassation décide que quand un privilège n'est pas irrévocablement perdu, que quand, éteint vis-à-vis des créanciers, il ne l'est pas vis-à-vis du failli, la résolution doit être admise. Mais, ces mêmes créanciers qu'on a voulu protéger au point de vue du privilège, on a voulu les protéger aussi au point de vue de l'action résolutoire. Et cependant ce droit résolutoire peut être la cause de leur ruine.

Nous comprenons jusqu'à un certain point, et tout à l'heure nous allons nous retrouver en présence de cette situation, nous comprenons la distinction des personnes vis-à-vis desquelles une résolution doit être admise, et de celles vis-à-vis desquelles elle doit être repoussée, bien qu'en pratique ce soit inacceptable. Mais nous ne pouvons comprendre que la résolution soit accueillie au préjudice des créanciers au profit desquels la nullité du privilège a été prononcée, quand ces créanciers présentent les conditions du droit réel que semble exiger l'article 7; qu'on réserve l'action résolutoire contre le failli, soit; mais, contre ses créanciers, nous ne pouvons le comprendre.

La question n'a pas tardé à se reproduire, comme on devait s'y attendre. Mais cette fois, c'a été contre une succession bénéficiaire; et alors il a fallu recourir à d'autres moyens. La Cour de Montpellier avait jugé, le 6 avril 1859 (affaire Joyeuse, S., 59, 2, 594) que les créanciers d'une succession bénéficiaire ne présentent pas le droit réel exigé par l'article 7 pour repousser l'action résolutoire. La Cour de cassation, saisie du pourvoi, l'a repoussé par arrêt de la Chambre civile du 27 mars 1861 (S., 61, 1, 758) par les motifs de la Cour de Montpellier. Mais elle a senti la nécessité de la distinction ; et elle a dit qu'il n'était pas établi que l'une des parties qui pouvaient invoquer une hypothèque légale l'eût invoquée dans la cause.

Il suit de là que si le moyen résultant de l'hypothèque légale eût été invoqué, la résolution eût dû être prononcée contre les uns et non contre les autres.

Si on applique cette idée à la faillite, elle sera la condamnation de l'arrêt de 1860 à cause du droit qui résulte de l'inscription de la masse.

Puisque nous venons de parler de l'arrêt de 1861, nous croyons devoir épuiser immédiatement les objections que nous avons à y faire, quoiqu'il se réfère à la succession bénéficiaire.

Est-il donc vrai que les créanciers d'une succession bénéficiaire n'aient aucun droit réel. C'est ce dont nous doutons en ce qui nous concerne. Ils peuvent prendre l'inscription à fin de séparation des patrimoines qui, même quand elle est tardive, leur donne un droit hypothécaire (art. 2113). Cette inscription leur confère le droit de suite (C. de cass., 27 juillet 1870, S., 72, 1, 153). Donc ils ont un droit réel dans ce cas. Et, même quand l'inscription n'a pas été prise, la situation est la même que si elle l'avait été, ainsi que cela a été décidé par de nombreux arrêts que nous signalerons un peu plus bas, quand nous aurons terminé ce que nous avons à dire sur la faillite.

Le dernier mot ne nous semble donc pas dit en ce qui concerne l'article 7. Nous comprenons que la question est difficile ; que la situation du vendeur est pleine d'intérêt ; mais nous croyons aussi que la solution d'une difficulté doit toujours être nette et qu'un problème gagne toujours à être résolu directement et complètement.

Nous devons ajouter que la rédaction de l'article 7 a quelque chose de fâcheux à raison de la situation qu'elle crée et de la différence qu'elle établit entre les différents créanciers. On peut refuser à l'un un privilége qu'on accorde à un autre. Mais on peut difficilement résoudre une vente vis-à-vis des uns et la maintenir vis-à-vis des autres. On ne peut cependant contester la portée des termes de l'article 7, si on le rapproche de l'article 3 et si on se reporte aux propositions faites par M. Pougeard à l'Assemblée législative. (*Voy.* TROPLONG, *Trans.*, n° 289.) Mais il n'en conduit pas moins à des résultats fâcheux.

Nous croyons d'ailleurs qu'on peut, en faveur des vendeurs que viendrait surprendre une faillite, faire les observations suivantes.

331. L'article 6 prévoit le cas où la transcription d'une revente se produit avant que le privilége d'un vendeur précédent soit inscrit. Ce privilége, sous le Code civil, était éteint par la revente; sous le Code de procédure, par l'expiration du délai de quinzaine sans inscription. Le projet de la loi de 1855 maintenait l'extinction quand l'inscription n'était pas antérieure à la transcription. Malgré l'extinction reconnue, on a voulu ménager au vendeur et au cohéritier un délai de quarante-cinq jours à dater de leur titre pour s'inscrire utilement. Ne pourrait-on pas appliquer la disposition de l'article 6 au cas où une cause d'extinction survient avant les quarante-cinq jours ? Nous le croyons. Il nous semble que ces mots « à partir de la transcription », dans la pensée de la loi, signifient : à partir du moment où le privilége s'éteindrait. Nous soumettons au moins cette observation au jugement des jurisconsultes.

Nous devons dire que la doctrine de la Cour de cassation a été adoptée par la Cour de Dijon (affaire Lachouille, 13 juin 1861, S., 61, 2, 211), par la Cour de Grenoble (affaire Favier, 24 mai 1860, S., 60, 2, 326). Elle a été repoussée par la Cour de Nancy par l'arrêt Willemart du 6 août 1859 (S., 59, 2, 594).

MM. Rivière et Huguet (nᵇ 373), qui repoussent la résolution, reconnaissent cependant qu'elle devrait être prononcée du moment où elle serait demandée après la prise d'une inscription au nom de la masse. M. Rivière a nettement exprimé cette idée au tome XV de la *Revue de législation et de jurisprudence* (p. 433). C'est ce qu'a jugé la Cour de Riom par l'arrêt Maigne du 1ᵉʳ juin 1859 (S., 59, 2, 598).

La doctrine de l'extinction paraît adoptée par MM. Mourlon (*Examen...*, n° 379), Sellier (n° 239), Bressolles (n° 96). M. Flandin la soutient avec énergie aux numéros 1189 et suivants.

Il est bien entendu que le vendeur peut, malgré la faillite, empêcher par une nouvelle inscription la péremption d'une inscription déjà prise. (TROPLONG, *Priv. et Hyp.*, n° 660 *bis*; MERLIN, *Rép.*, vᵒ *Inscrip. hyp.*, § 9, n° 1, q. de d., § 3, n° 1 et 2.) C'est ce qui résulte des arrêts suivants : Grenoble (affaire Laugier, 15 décembre 1809, S., 10, 1, 98), cass., 5 avril 1808 (S., 8, 1, 216), *ibid.*, 18 février 1808 (S., 8, 1, 222), 20 février 1850 (S., 50, 1, 185). Ce dernier arrêt permet de prendre une inscription nouvelle pour des intérêts quand le capital est inscrit et que ces intérêts sont échus après la faillite.

**232.** Ce que nous venons de dire nous dispense de nous étendre sur le principe en tant qu'il s'applique à la succession bénéficiaire.

Nous ferons remarquer ici qu'une jurisprudence imposante dispense les créanciers de former une demande en séparation de patrimoines et de prendre inscription à cet effet, quand il y a acceptation bénéficiaire, parce que la loi prononce elle-même la distinction des deux patrimoines, et que y obliger le créancier, serait l'astreindre à une formalité oiseuse; que la jurisprudence déclare de plus cette séparation irrévocable, parce que le droit des créanciers une fois né ne peut être changé par un fait qui leur est étranger; que d'ailleurs des intérêts considérables s'établissent sur cette donnée et ne peuvent ensuite être troublés.

Sur la dispense de demande en séparation et d'inscription, *voy.* les arrêts suivants : Cass., 18 juin 1833 (S., 33, 1, 730), 29 juin 1853 (S., 53, 1, 722), 3 août 1857 (S., 58, 1, 286), 8 juin 1863 (S., 63, 1, 379), et l'indication des autres autorités citées dans la note portée au bas de l'arrêt de 1853 que nous avons déjà cité.

Et sur la permanence de la séparation, les arrêts de la Cour de cassation des 10 février 1839 (S., 40, 1, 92), les arrêts déjà cités de 1853, 1857 et 1863 ainsi que les notes.

Nous devons ajouter que la séparation existe par le seul fait de l'acceptation bénéficiaire d'un seul des héritiers, lors même qu'il ne résulterait que de sa minorité, ainsi que l'a jugé la Cour de cassation les 11 décembre 1851 (S., 55, 1, 277) et 3 août 1857 (S., 58, 1, 286).

Mais nous devons signaler aussi la différence de vues qui semble exister entre l'arrêt de la Cour de cassation du 3 août 1837, en ce qu'il juge que la séparation résultant de l'acceptation bénéficiaire d'un seul des héritiers persiste malgré le partage, et un arrêt de la Cour de cassation aussi, du 25 août 1858 (S., 59, 1, 66), qui juge que la séparation, en ce cas, n'est pour toute la succession que la conséquence de l'indivision, et qu'elle cesse pour celui des cohéritiers qui a accepté purement et simplement par l'effet du partage, à moins que l'inscription prescrite par l'article 2111 ait été prise à temps. Mais ce qui prouve que la Cour de cassation n'a entendu faire que cette modification à sa jurisprudence, c'est que, par l'arrêt du 8 juin 1863 que nous avons cité, elle a confirmé le maintien de la séparation pour le cas où l'héritier, après avoir accepté bénéficiairement, accepte purement et simplement.

**333.** Ce que nous avons dit en ce qui concerne la résolution appliquée à la succession bénéficiaire, doit, ce nous
semble, être appliqué à la succession vacante, bien qu'elle
ne soit pas nommée dans l'article 2146. Il y a ici, à notre
sens, des raisons plus puissantes que dans le cas de la succession bénéficiaire pour que l'insolvabilité présumée produise son effet. La loi du 9 messidor an III avait une
disposition précise dans l'article 12. L'assimilation à la
succession vacante est enseignée par MM. Flandin (n° 1183),
Tarrible (*Rép. de M. Merlin*, v° *Inscrip.*, § 4, n° 5), Grenier
(*Hyp.*, t. I, n° 120), Persil (*Régime hyp.*, sur l'art. 2146,
n° 14), Duranton (t. XX, n° 83), Troplong (*Hyp.*, n° 659 *ter*),
Pont (*Hyp.*, n° 918), Dalloz (*Jur. gén.*, v° *Priv. et Hyp.*,
n° 1444), C. de cass., 4 thermidor an XII (S., 7, 2, 1217).

**334.** Un membre du Corps législatif, M. Millet, a, dans
la séance du 16 janvier 1855, émis l'opinion que l'article 7
ne peut être appliqué qu'à la résolution prononcée en vertu
de l'article 1654, et non à celle prononcée en vertu de l'article 1656, c'est-à-dire à la condition résolutoire convenue
par les parties.

Cette opinion a été écartée à juste titre par les auteurs.
La commission chargée, en 1849, de préparer un projet de
réforme hypothécaire, distinguait le cas où la résolution
avait été convenue pour le cas de défaut de payement. Elle
accordait alors le droit de résolution contre les tiers, en
exigeant que cette convention fût rendue publique. La condition résolutoire implicite ne devait pas avoir le même
effet. Mais la commission de l'Assemblée législative pensa
que la convention deviendrait de style; elle proposa un
système plus absolu et qui repoussait dans presque tous les
cas l'action en résolution. Plus tard M. Rouher proposa un
système nouveau, qui, amendé lui-même, est devenu l'article 7 de la loi de 1855. Mais ce système ne distingue pas
entre la résolution procédant d'une convention formelle et
celle procédant d'une convention implicite. Il s'agit tou-

jours de la volonté des parties exprimée ou sous-entendue.
Dans tous les cas, le droit de résolution est réglementé par
l'article 7, qu'il invoque l'article 1654 ou qu'il invoque
l'article 1656, qui, ainsi que l'ont dit avec raison MM. Troplong (*Trans.*, n° 301) et Flandin (n°s 1167 et 1211), n'en est
qu'une variété. Telle est l'opinion de MM. Lesenne (n° 129),
Bressolles (n° 93), Sellier (n° 243), Gauthier (n° 228).

**335.** M. Troplong (*Trans.*, n° 295, *in fine*) dit que le vendeur peut se mettre à couvert en stipulant que la vente ne
sera parfaite que par la transcription ; que, sinon, elle sera
comme non avenue. Au n° 276, il semble cependant n'avoir
pas grande confiance dans la solidité de ce moyen. « Ce
» serait, dit-il, une clause inusitée que celle qui retiendrait
» la propriété sur la tête du vendeur jusqu'à ce que son
» privilège eût été dûment publié ».

Il y a entre cette convention et celle prévue par M. Millet
la différence qui sépare la condition suspensive de la condition résolutoire. Or, la loi de 1855 n'ayant atteint que la
condition résolutoire, on peut dire que la condition suspensive reste debout. Ces principes ont été consacrés par la
Cour de cassation le 22 novembre 1820 (S., 21, 1, 128); par
la Cour de Rouen, le 14 mai 1817 (S., 18, n° 335). Ces
arrêts posent en principe qu'on peut convenir valablement
que la propriété ne sera transmise que sous la condition
qu'une transcription qui assurera le privilège du vendeur
aura été opérée. La question a été discutée aussi devant la
Cour de Nîmes dans l'affaire qu'elle a jugée le 11 février
1858 (S., 58, 2, 466), et devant la Cour de cassation dans
l'affaire qu'elle a jugée le 22 juillet 1872 (S., 73, 1, 299).
Mais les solutions données aux faits ont dispensé ces Cours
de juger la question même. La convention dont nous venons
de parler n'est pas autre chose d'ailleurs que la réserve du
droit de folle-enchère, en matière de vente judiciaire, avec
cette différence que la folle-enchère ne fait pas passer la
propriété sur la tête de celui qui en use, tandis que la con-

vention que nous signalons la replace sur la tête du vendeur qui l'a transmise, et avec cette autre différence que, pour cette convention, il faut un jugement, tandis qu'un jugement n'est pas nécessaire pour la folle-enchère (*Voy.* n°* 195 et 312).

**336.** L'article 717 du Code de procédure statue sur les conditions du maintien de l'action résolutoire en matière de vente forcée. Mais on ne peut assimiler ce cas à celui de l'article 7. Le vendeur qui s'est inscrit et a reçu la sommation dont parle l'article 717 peut exercer son action ou s'en abstenir. S'il ne l'exerce pas, il perd son droit de résolution, mais il garde son privilège. Nous devons ajouter que, l'adjudication prononcée sans que l'action résolutoire ait été entamée, l'extinction de l'action en résolution pourrait être invoquée même par les créanciers chirographaires. Nous ne voyons aucune disposition qui les en empêche. La condition de l'existence du droit sur l'immeuble exigée par la loi de 1855 nous paraît ne pas se trouver dans l'article 717.

**337.** L'échangiste doit-il être assimilé au vendeur ?

Aux termes de l'article 1707 du Code civil, il doit l'être pour tous les cas où une situation différente n'est pas créée par la loi. Il semble donc qu'un privilège doit être attribué à la soulte. C'est ce qu'enseignent MM. Pont (*Priv. et Hyp.*, n° 187), Zachariæ, Aubry et Rau (t. II, § 263, p. 118), Troplong (*Hyp.*, t. 1. n° 215), Dutruc (n° 23), Delvincourt (t. III, p. 285), Persil (*Hyp.* sur l'art. 2103, § 1, n° 11), Duranton (t. XIX, n° 155). C'est ce qu'ont jugé la Cour de Limoges le 23 août 1860 (D., 61, 2, 6) et la Cour de cassation, le 14 novembre 1859 (S., 60, p. 803). Un arrêt de cette Cour, du 11 mai 1863 (S., 64, 1, 357), semble regarder ce principe comme certain.

Mais on s'accorde à reconnaître que le privilège ne peut, en matière d'échange, être appliqué en dehors du cas de soulte. C'est ce qu'a décidé la Cour de cassation le 26 juillet 1852 (S., 52, 1, 693), et ce qu'avaient jugé la Cour de

Turin le 10 juillet 1813 (S., 14, 2, 13), et celle de Paris, le
20 janvier 1834 (S., 34, 2, 273). La Cour de Bordeaux a
statué dans le même sens, le 6 avril 1865 (S., 65, 2, 347).

338. Les projets de l'Assemblée législative repoussaient
la demande en résolution de l'échange aussi bien que celle
de la vente lorsque la demande en résolution n'était pas
antérieure à la publication du droit des tiers; mais ces mêmes projets donnaient un privilége à l'échangiste, même
pour les dommages-intérêts à réclamer en cas d'éviction
(FLANDIN, n° 1220). Plus tard, le projet de M. Rouher leur
fut substitué. Ce projet ne présentait pas les mêmes éléments et ne parlait plus de l'échangiste. L'article 7 n'en
dit pas un mot, on ne peut donc appliquer que sa disposition. Or elle ne s'applique qu'à la résolution pour défaut
de payement. Dès lors, on doit, par application de l'article
1707, repousser la demande en résolution de l'échange
quand elle se fonde sur le non-payement d'une soulte, si
elle n'est pas appuyée sur l'existence d'une inscription.
Mais quand la demande a une cause autre que le non-payement de la soulte, on devrait, ce nous semble, l'admettre
lors-même qu'il n'existerait pas d'inscription, parce que
l'article 7 n'atteint que celui qui, obligé de s'inscrire, a eu
le tort de ne pas le faire. C'est ce qu'enseignent MM. Flandin (n° 1221), Pont (Priv. et Hyp., n° 187), Troplong
(Trans., n° 209). Nous croyons que c'est dans le sens des
idées que nous venons d'émettre qu'il faut accepter un arrêt
de Nancy, qui a jugé que l'article 717 et la loi de 1855 ne
s'appliquent pas à l'échange (9 juillet 1862, S., 62, 2, 353).

339. La Cour de cassation a jugé le 3 août 1868 (S. 68,
1, 381) que l'action résolutoire est admissible lorsque l'inscription, périmée plus tard, ne l'est pas encore au moment
où la demande est formée contre le tiers détenteur. Cet arrêt
nous paraît fondé. Quand une disposition est rigoureuse, il
ne faut pas l'exagérer.

340. Dans aucun cas, la demande en résolution de la

donation pour inexécution ne peut être repoussée à défaut d'inscription. Le donateur n'a pas de privilége ; et, bien que les projets de l'Assemblée législative repoussassent sa demande en révocation dans les mêmes cas que celle de l'échangiste, l'article 7 de la loi de 1855 ne les reproduit pas exactement. On a jugé que l'article 717 ne s'applique pas non plus au donateur dont l'action peut, ainsi qu'on l'a dit fort justement, n'être nécessitée que très tard (Bordeaux, 26 juin 1852, S., 53, 2, 145 ; jugements de Louhans, 30 janvier 1852, de Vervins, 11 février 1853, S., 53, 2, 205 et 421, note, S., 62, 2, 353 ; Troplong, *Trans.*, n° 300 ; Rivière et François, n° 117 ; Rivière et Huguet, n° 355 ; Bressolles, n° 95 ; Ducruet, n° 56 ; Sellier, n° 212 ; Gauthier, n° 230.)

341. Nous donnerons la même solution pour les actions en nullité, en rescision (Ducruet, n° 27, Flandin, n° 1232, Lesenne, n° 128 ; on peut consulter en ce sens les notes de M. Duvergier sur l'article 717, dans son *Recueil de lois*, 1841, p. 264 et 265).

Nous trouvons dans ces notes des observations auxquelles nous ne pouvons que donner notre assentiment. L'article 717, comme l'article 7 de la loi de 1855, s'applique seulement à la résolution fondée sur le défaut de payement ; M. Duvergier remarque que la demande en résolution peut être fondée sur d'autres causes, et qu'alors elle ne serait pas atteinte par l'article 717 ; mais que, si les conditions inexécutées peuvent se traduire en supplément de prix, l'article 717 peut être opposé. Tout cela nous paraît plein de justesse et applicable à la loi de 1855.

342. Nous avons dit (n° 335) que le vendeur peut stipuler que la propriété ne passera sur la tête de l'acquéreur que sous la condition suspensive que celui-ci aura fait transcrire. La Cour de cassation a jugé le 24 juin 1846, ainsi que nous l'avons expliqué au numéro 195, que la folle-enchère anéantit la vente par l'effet de cette espèce de condition ; et non par l'effet de la condition résolu-

toire. S'il en est ainsi, on ne peut appliquer à ce cas
l'article 7 de la loi de 1855. D'ailleurs, ainsi que le
remarque très bien la Cour de Besançon dans un arrêt
du 30 juillet 1859, la revente sur folle-enchère n'exige
pas comme la résolution ordinaire la prononciation par le
juge de la résolution elle-même ; la partie poursuivante n'a
qu'à reprendre son cahier de charges, à requérir un certificat du greffier et à remettre aux enchères. Ces raisons
nous paraissent déterminantes. Nous croyons donc que la
résolution prévue par l'article 7 n'a rien de commun avec
la folle-enchère. C'est ce qu'estime M. Flandin (n° 1208),
et ce qu'a jugé la Cour de Besançon par l'arrêt que nous
avons cité, ce qu'elle avait jugé le 16 décembre 1857 ; ce
qu'ont jugé le Tribunal de Grenoble le 20 juillet 1858
(S., 59, 2, 601), la Cour de Bordeaux, le 2 août 1860 (S.,
61, 2, 158, celle de Chambéry, le 12 mai 1869 (S., 71, 2,
249) ; le jugement de Grenoble fait judicieusement remarquer que la revente sur folle-enchère ne donne pas lieu à
un droit d'enregistrement de résolution.

## § 61

### DE LA SUBROGATION A L'HYPOTHÈQUE LÉGALE

**Sommaire**

313. L'article 9 de la loi de 1855 est ainsi conçu : « Dans
» le cas où les femmes peuvent céder leur hypothèque légale
» ou y renoncer, cette cession ou cette renonciation doit
» être faite par acte authentique, et les cessionnaires n'en
» sont saisis à l'égard des tiers que par l'inscription de cette
» hypothèque prise à leur profit, ou par la mention de la
» subrogation en marge de l'inscription préexistante. Les
» dates des inscriptions ou mentions déterminent l'ordre
» dans lequel ceux qui ont obtenu des cessions ou renon-
» ciations exercent les droits hypothécaires de la femme ».

De graves difficultés sont nées de ce texte. En 1861, nous
avions préparé un travail que le *Journal* des notaires et des
avocats a publié sous le n° 17075 (t. XCII, p. 181).

Nous le reproduisons textuellement :

« La loi du 23 mars 1855 ne compte que quelques années
» d'existence, et cependant elle a déjà donné lieu à bien
» des controverses, c'est le sort de toutes les lois nouvelles;
» nous ne devons pas nous en étonner. Le dernier mot
» n'est dit sur leur interprétation que lorsque tous les
» points de vue ont été présentés, et que toutes les combi-
» naisons qui peuvent naître de la diversité des espèces ont
» été soumises à la raison publique qui leur donne, avec le
» temps, une solution solide et définitive.

» Il est donc utile que tous, grands et petits, émettent
« leurs vues. C'est ce qui nous a déterminé à développer les
» nôtres sur une question qui, mal résolue, pourrait porter
» une grave perturbation dans le monde des affaires.

» La difficulté que nous voulons aborder a fait l'objet des
» études d'un homme initié à la fois aux plus hautes théo-
» ries du droit et à leur application pratique, de M. Ducruet,
» président de la Chambre des notaires de Lyon.

» M. Ducruet soutient que l'acquéreur est dans la néces-
» sité de faire mentionner au bureau des hypothèques tou-
» tes les renonciations à hypothèques légales faites à son
» profit.

» Des jurisconsultes éminents, MM. Coin-Delisle et Pont
» avaient prévu cette difficulté, et soutenu au contraire
» que la renonciation faite dans ces conditions a un carac-
» tère essentiellement extinctif; et, dès lors, que l'article 9
» de la loi de 1855 ne peut y être appliqué.

» On sait que cet article a voulu prévenir les dangers
» qui menaçaient ceux auxquels les femmes cédaient le
» bénéfice de leur hypothèque légale ou au profit desquels
» elles y renonçaient.

» Les livres de droit étaient pleins de discussions rela-
» tives aux renonciations de la femme, et pas un ordre ne
» se terminait sans qu'une lutte se produisît entre plusieurs
» cessionnaires de son hypothèque.

» La loi nouvelle a voulu y porter remède par la dispo-
» sition suivante : Art. 9.....

» Cette loi s'occupe, comme on le voit, des cessions et
» des renonciations. On sait en effet que plusieurs renon-
» ciations constituent de véritables cessions, et, pour qu'il
» ne pût y avoir de doutes sur sa pensée, elle l'a précisée
» en employant le mot de cessionnaires, pour déterminer
» quels seraient ceux qu'atteindraient ses prescriptions.

» Cependant M. Ducruet proscrit toute distinction et
» professe que la mention est imposée à tous, à l'acquéreur

28

» qui a payé son prix, comme au créancier qui a une
» créance à recouvrer. Son système est fondé sur cette
» donnée que la renonciation faite par la femme, au profit
» de l'acquéreur, a un caractère, non extinctif, mais né-
» cessairement translatif.

» Il importe d'apprécier la valeur de ce point de départ,
» de bien caractériser le droit de la femme, et de dissiper
» quelques nuages qu'on a cherché à jeter sur une situa-
» tion que la jurisprudence semblait avoir bien éclaircie.

» Aux yeux de M. Ducruet, la femme mariée est inca-
» pable de consentir à la restriction de son hypothèque
» légale (art. 2144). La renonciation qu'elle consent au
» profit de l'acquéreur ne peut être que la conséquence de
» l'engagement qu'elle contracte de garantir la vente (ar-
» rêt du 9 janvier 1822); et cette renonciation, loin d'étein-
» dre son hypothèque légale dans les termes de l'article 2180
» C. N., donne à la femme un droit sur le prix (arrêts des
» 21 février 1849 et 6 novembre 1853); faite en faveur des
» tiers moyennant un prix, elle est nécessairement trans-
» lative. (Art. 780 C. N.)

» Nous n'entendons pas tout contester dans ces affir-
» mations. Nous reconnaissons que la femme qui consent
» une vente avec son mari, sans que le prix en soit payé,
» reste maîtresse de son hypothèque légale vis-à-vis des
» créanciers de ce dernier.

» Mais, qu'elle ne puisse dans aucun cas donner au pro-
» fit de l'acquéreur un consentement qui éteigne son hypo-
» thèque, sans garantir la validité de la vente; que l'ar-
» ticle 2144 y soit un obstacle; c'est ce qu'il nous est
» impossible d'admettre. Et voici les raisons qui détermi-
» nent notre conviction.

» Les articles 2121 et 2135 donnent à la femme une
» hypothèque légale sur les biens de son mari. L'article
» 2140 permet aux parties majeures de convenir dans le
» contrat de mariage qu'il ne sera pris inscription que sur

» quelques-uns des immeubles du mari, et annule toute
» suppression absolue de l'hypothèque légale.

» Mais l'article 2144 prévoit le besoin que peut avoir le
» mari, dans le cours du mariage, d'obtenir une réduction
» non écrite dans le contrat ; cette réduction pourra alors
» être consentie par la femme; elle devra être soumise à
» une délibération des quatre parents les plus rapprochés
» de celle-ci, et, après cette instruction, elle sera prononcée
» par l'autorité judiciaire toujours libre de rejeter la de-
» mande.

» On comprend toutes ces précautions. La loi suppose
» toujours la femme placée sous l'influence du mari.

» Elle a proscrit, dans le contrat de mariage, la sup-
» pression absolue de l'hypothèque légale, parce que, sui-
» vant les prévisions si justement émises par le premier
» consul (PONT, *Priv. et Hyp.*, t. I, n° 543) au sein du con-
» seil d'Etat, cette suppression serait devenue de style dans
» les conventions matrimoniales.

» Par la même raison, elle a dû entourer de précautions
» les réductions que consentirait la femme après son union ;
» sans quoi chaque mariage serait infailliblement suivi
» d'une réduction volontaire, et bien peu de femmes con-
» serveraient la plénitude du droit dont la loi a voulu les
» armer. On a donc dû protéger la femme après le mariage.

» Tout cela est parfaitement raisonnable quand il s'agit
» du mari seul, tant que les tiers ne sont pas mis en con-
» tact avec la femme.

» Mais du moment où elle est appelée à traiter avec les
» tiers, ou elle renonce vis-à-vis d'eux à user de son droit
» d'hypothèque, ou elle promet de ne pas les inquiéter, ou
» bien, si nous prenons un autre ordre d'idées, du moment
» où elle leur transmet le bénéfice de cette hypothèque, on
» n'a plus, pour juger de la validité de ces stipulations,
» qu'à se demander si par son contrat de mariage la femme
» a conservé la liberté de s'engager. Si elle n'a pas adopté

» un régime d'inaliénabilité, l'article 1431 lui permet de
» s'obliger pourvu qu'elle soit autorisée par son mari. Dès
» lors, on ne saurait comprendre qu'après avoir aliéné son
» hypothèque, elle puisse la reprendre, qu'après avoir pro-
» mis de ne pas inquiéter un acquéreur, elle puisse l'atta-
» quer ensuite.

» C'est là cependant ce que semble soutenir M. Ducruet,
» non point vis-à-vis des créanciers qui ont la femme pour
» engagée, ni vis-à-vis de l'acquéreur dont la vente a été
» consentie par le mari et la femme, mais vis-à-vis de celui
» à qui elle promet, après la vente, de ne pas l'inquiéter.

» Il se fonde sur un arrêt de la Cour de cassation du
» 3 janvier 1822, rendu dans les conditions suivantes :

» Les créanciers de la femme Deschamps font saisir les
» immeubles de son mari ; pour assurer autant qu'il est en
» elle le payement de leurs créances, elle consent à ce
» qu'ils soient payés par préférence à elle-même sur le
» prix des immeubles saisis, et elle renonce à sa priorité
» d'hypothèque sur ces immeubles. Plus tard, elle réitère
» par acte notarié cette subrogation donnée d'abord par
» acte sous signatures privées. La vente est poursuivie et,
» dans l'ordre les créanciers opposent à la dame Deschamps
» les deux actes qu'elle a consentis.

» La Cour de Dijon, chargée de statuer sur l'affaire, con-
» sidère que l'abandon volontaire et spontané fait par la
» dame Deschamps de son hypothèque légale, sans aucun
» avantage personnel, sans y être obligée par un contrat
» ordinaire préexistant, et uniquement pour venir au
» secours de son mari, constitue une restriction d'hypo-
» thèque qui aurait dû être soumise aux prescriptions de
» l'article 2144.

» La Cour de cassation adopte ces idées et rejette le pour-
» voi des créanciers.

» Nous avouerons que de pareilles idées nous paraissaient
» abandonnées depuis longtemps. Nous avons donc été

» surpris de les voir reprises par un homme aussi distingué
» que M. Ducruet.

» Nous n'avons pas été moins surpris de les trouver dans
» les livres qui servent de guides aux conservateurs des
» hypothèques.

» M. Baudot (*Traité des formalités hypothécaires*, t. I, nᵒˢ 911
» et 912), reconnaît que lorsque la femme s'est obligée,
» soit personnellement, soit avec son mari, au profit d'un
» tiers, la main-levée qu'elle consent ensuite en faveur de
» la même personne doit être validée, sans quoi il faudrait
» dénier à la femme le droit de s'obliger, droit que lui
» accorde l'article 1431.

» Puis, il semble prévoir le cas où la renonciation n'est
» pas précédée d'un engagement de la femme, et conseiller
» aux conservateurs de ne pas radier l'inscription dont elle
» donne main-levée. Il invoque l'opinion de M. Troplong,
» consignée aux numéros 639 et 613 *bis* de son *Traité des*
» *hypothèques*, opinion que M. Pont (p. 451 et 452) invoque
» à son tour et avec bien plus de raison, pour la thèse oppo-
» sée.

» M. Hervieu (*Résumé de jurisprudence*, nᵒ 35) déclare
» expressément « que la femme capable de s'obliger, qui
» n'a figuré ni à la vente de l'immeuble du mari, ni à la
» quittance du prix, peut donner main-levée de son inscrip-
» tion en ce qui concerne l'immeuble aliéné, s'il est établi
» que le prix de la vente a été employé à désintéresser un
» créancier du mari et de la femme ».

» Au numéro 36, il ajoute « que lorsque la femme n'a
» contracté aucun engagement personnel en faveur de
» l'acquéreur, soit par sa participation à la vente, soit par sa
» présence à la quittance, la femme est incapable pour con-
» sentir à la radiation de l'inscription de son hypothèque
» légale sur l'immeuble aliéné par son mari, parce que la
» main-levée est alors évidemment donnée dans l'intérêt du
» mari seul ».

» Il cite l'arrêt de 1822 et d'autres arrêts qui n'ont en
» vue que le maintien du droit hypothécaire de la femme
» vis-à-vis des créanciers, quand elle a figuré à une vente
» qui ne contient pas quittance du prix.

» Ainsi voilà une théorie bien posée, suivant MM. Her-
» vieu et Baudot, il faut de la part de la femme une pro-
» messe de ne pas inquiéter l'acquéreur; qu'elle soit dans
» la vente, qu'elle soit dans la quittance, M. Hervieu s'en
» contente; mais si la femme donne main-levée postérieu-
» rement à la quittance, M. Hervieu regarde cette main-
» levée comme nulle, et veut appliquer alors l'article 2014.

» M. Ducruet, sans s'expliquer d'une manière précise sur
» cet ordre d'idées, maintient que la renonciation au profit
» de l'acquéreur ne peut être que la conséquence de l'enga-
» gement de maintenir la vente.

» Toutes ces doctrines nous paraissent condamnées par
» la raison et abandonnées par la jurisprudence.

» Elles nous semblent condamnées par la raison. En
» effet, quand la femme à quelque époque que ce soit, donne
» main-levée de son hypothèque légale, elle renonce évi-
» demment à inquiéter l'acquéreur. Cet engagement est
» autorisé par l'article 1431, et dès lors, il importe peu que
» l'acquéreur puisse produire un engagement préexistant ;
» car la loi n'a pu dire qu'une femme ne pourrait s'enga-
» ger que par deux actes, et qu'un seul serait insuffisant.

» Vouloir que la femme ne puisse renoncer à son hypo-
» thèque que lorsqu'elle a consenti à la vente, ou qu'elle
» s'est obligée vis-à-vis des créanciers, c'est, sous prétexte
» de la protéger, l'exposer à de bien plus grands dangers.

» Reconnaître, comme le fait M. Hervieu, que la pré-
» sence de la femme à la quittance suffit pour valider la
» renonciation, c'est reconnaître la vérité de nos propres
» idées, puisque la renonciation faite après coup implique
» approbation des payements faits, soit entre les mains du
» mari, soit entre les mains de ses créanciers.

» Enfin, demander que la femme reçoive le prix de sa
» renonciation, c'est, ce nous semble, méconnaître toute
» l'économie de la loi. La femme facilite son mari, soit,
» mais nous ne voyons pas que cela lui soit défendu. L'im-
» portant, c'est qu'elle s'engage vis-à-vis des tiers (TROP-
» LONG, n° 643 *bis*, p. 545). Tout le monde sait que, lors-
» qu'elle s'oblige avec son mari pour les affaires de la
» communauté ou du mari, la loi la maintient toujours à
» l'état de caution. Personne que je sache n'a jamais con-
» testé l'efficacité de l'obligation (pourvu, et nous faisons
» toujours cette réserve), que le contrat de mariage con-
» sacre la capacité de la femme, et cependant les deniers
» qui proviennent du prêt sont reçus par le mari seul, chef
» de la communauté.

» Donc, la difficulté ne peut tenir à ce que la femme n'a
» pas d'intérêt à s'engager. Le cautionnement, le mandat,
» le dépôt, et plusieurs autres contrats ne donnent aucun
» bénéfice à celui qui les souscrit, et cependant ils engen-
» drent un engagement.

» Les raisons données par l'arrêt de 1822, et répétées par
» les auteurs qui les invoquent, sont donc sans valeur.

» Quant à l'application de l'article 2144, elle doit être
» limitée, nous le répétons, aux réductions que la femme
» consentirait sans traiter avec les tiers ; une réduction con-
» sentie dans ce cas serait nulle. Elle serait la suppression
» totale ou partielle de l'hypothèque légale faite en faveur
» du mari ; tandis qu'elle ne peut être validée que quand
» elle est consentie au profit des tiers.

» Nous avons dit que les décisions que nous repoussons
» sont depuis longtemps abandonnées par la jurisprudence.

» Dès l'année 1823, le 28 juillet, la Cour de cassation
» statua sur des circonstances entièrement semblables à
» celles de l'arrêt de 1822, dont on lui proposait de repro-
» duire la doctrine ; mais cette fois la Cour déclara que les
» articles 2144 et 2145 n'étaient applicables que lorsque le

» mari demandait la restriction dans son intérêt, tandis
» que la renonciation qui faisait l'objet du litige avait été
» faite pour une autre cause.

» La Cour de Paris a rendu le 11 décembre 1834 un
» arrêt qui repousse une subrogation consentie par une
» femme, au bénéfice de son hypothèque légale, sans
» l'accomplissement des formalités proscrites par les arti-
» cles 2144 et 2145 ; mais depuis, elle a consacré la thèse
» opposée par un arrêt du 23 août 1844.

» Enfin, les doctrines de l'arrêt de 1822 ont été soumises
» de nouveau à la Cour de cassation, le 30 juillet 1845, dans
» des conditions qui ont encore avec celles de 1822 une
» analogie saisissante. M. Pataillo, conseiller rapporteur,
» pose les principes que nous avons développés plus haut;
» il établit que l'article 2144 est fait pour le cas où la
» femme agit vis-à-vis du mari seul, et qu'il y a une ligne
» de démarcation profonde entre ce cas et celui où elle
» traite avec des tiers, que le mari en profite ou non. La
» Cour déclare dans son arrêt que « les articles 2144 et 2145
» ne sont applicables qu'aux réductions d'hypothèques
» demandées par le mari seul, et non aux contrats sincères
» que la femme passe avec des tiers, même dans l'intérêt
» de son mari, ces contrats étant régis par d'autres dispo-
» sitions au nombre desquelles se trouve l'article 217 du Code
» civil (S., 45, 1, 711) ».

» Quant à l'opinion des auteurs, elle est loin de consacrer
» le système de M. Ducruet.

» M. Raudot cite les numéros 639 et 643 *bis* du *Traité*
» *des hypothèques* de M. Troplong. On ne saurait faire une
» citation plus malheureuse. En effet, au numéro 643,
» M. Troplong dit textuellement que lorsque la femme
» renonce à son hypothèque légale dans l'intérêt d'un tiers,
» elle traite directement avec lui, que le plus souvent elle
» se dépouille pour l'investir.

» Donc, dans la pensée de M. Troplong, la femme peut
» se dépouiller sans investir personne.

» Au surplus (p. 545 et 546), M. Troplong explique que
» dans les cessions d'hypothèques légales faites au profit
» des tiers, cessions auxquelles ne s'applique pas l'article
» 2144, il importe peu que la femme soit déterminée par
» l'intérêt du mari ; qu'il est indifférent qu'il y ait, ou non,
» une obligation préexistante de la femme.

» Au numéro 602, la pensée de M. Troplong se révèle
» tout entière.

» Dans les commencements, dit-il, on a voulu contester
» à la femme mariée sous le régime de la communauté le
» droit de renoncer à son hypothèque légale. Mais les dou-
» tes ont été bientôt résolus. Capable de toute espèce d'obli-
» gations, et même d'aliéner ses immeubles, la femme
» commune peut, à plus forte raison renoncer à l'hypo-
» thèque qui sert de garantie à sa dot. Qui peut le plus peut
» le moins. C'est ce qui fut reconnu très positivement dans
» les discussions au conseil d'Etat par MM. Tronchet et
» Regnault. On peut lire dans le tome VII des *Conférences*
» les débats auxquels donna lieu l'article 2140 du Code
» civil; on en verra la preuve.

» M. Troplong cite les conclusions de M. Merlin, pré-
» sentées à la Cour de cassation dans une affaire jugée le
» 12 février 1811, conclusions et arrêt où nos opinions sont
» évidemment consacrées.

» Enfin, M. Pont (p. 451 et 452) professe les idées que
» nous venons de développer, et invoque à son tour l'opi-
» nion de MM. Durauton et Zacharie.

» Nous avons peut-être donné trop de développements à
» cette discussion ; mais nous nous sommes trouvé en pré-
» sence de doctrines qui nous semblent embarrasser la pra-
» tique, et dont les conséquences peuvent d'ailleurs présen-
» ter plus d'un danger. Nous avons cru devoir les aborder
» avec quelques détails pour en montrer le peu de solidité.

» Nous revenons maintenant à l'article 9 de la loi de
» 1855, qui nous semblait ne pouvoir être bien compris

» qu'après que nous aurions nettement caractérisé la situa-
» tion et le droit de la femme.

» Si les idées que nous venons d'émettre sont justes, on
» sera bien forcé d'admettre que la renonciation de la
» femme au profit de l'acquéreur peut avoir un caractère
» extinctif, ou au moins que les principes qui régissent
» l'action de la femme n'ont rien qui y répugne.

» Voyons maintenant, au point de vue de l'acquéreur, si
» quelque règle nous oblige à ne nous arrêter qu'au côté
» translatif de l'opération.

» Lorsque l'acquéreur paye un créancier hypothécaire, il
» se produit deux résultats en apparence opposés.

» D'une part, la créance et par suite l'hypothèque du
» créancier sont éteintes (art. 1234 et 2180 C. N.)

» De l'autre, l'acquéreur peut, s'il en éprouve le besoin,
» les faires revivre dans son propre intérêt, afin de lutter
» contre d'autres créanciers armés d'une hypothèque sur
» l'immeuble vendu (art. 1251).

» Ce dernier droit lui est concédé pour sa propre sûreté,
» pour que le payement qu'il fait présente plus de solidité.

» Mais évidemment le résultat principal, celui qui do-
» mine la situation, c'est l'extinction ; et la résurrection
» de la créance, qui dépend du besoin qu'en aura l'acqué-
» reur, ne se présente à l'esprit que comme ressource des-
» tinée à corroborer le payement.

» L'acquéreur a le droit, ou de tenir pour éteinte l'hypo-
» thèque attachée à la créance soldée, ou de la présenter
» comme encore vivante.

» Mais dans aucun cas il ne peut se faire rembourser de
» cette créance, si lui-même n'est pas obligé de payer une
» deuxième fois.

» Appliquons maintenant ces données aux divers cas qui
» peuvent se produire.

» Une vente est consentie par le mari seul ; l'hypothèque
» de la femme est inscrite. Après la transcription, il est

» établi qu'il n'existe pas d'autre inscription. Le mari
» quittance. La femme intervient et promet à l'acquéreur
» de ne pas l'inquiéter; elle renonce en sa faveur à l'hypo-
» thèque légale et donne main-levée de son inscription.

» Faudra-t-il que l'acquéreur fasse opérer la mention
» exigée par l'article 9 de la loi de 1855 en marge de l'ins-
» cription de la femme ? non évidemment, l'acquéreur n'a
» aucune crainte à concevoir. Il n'y a plus qu'à faire opé-
» rer la radiation de cette inscription, c'est-à-dire à faire
» l'opposé de ce qu'exige cette loi. Peut-être même, s'il
» voulait faire opérer la mention, trouverait-on dans ce cas
» plus d'une bonne raison pour la refuser.

» Autre cas : après la transcription d'une vente consentie
» par le mari seul, un état révèle l'existence de plusieurs
» inscriptions parmi lesquelles figure celle de la femme.

» Le vendeur s'entend avec les créanciers, l'acquéreur
» leur paye son prix. La femme donne main-levée de son
» inscription.

» La mention sera-t-elle nécessaire ? Non encore et par
» les mêmes motifs.

» Enfin la femme vend avec le mari et renonce en faveur
» de l'acquéreur à son hypothèque légale, inscrite ou non.
» Le prix est payé comptant.

» S'il n'existe pas d'autres inscriptions, la transcription
» opérée, rien ne s'oppose à ce que l'acquéreur fasse radier
» l'inscription de la femme.

» S'il existe d'autres inscriptions et que les créanciers
» en donnent main-levée, même résultat qui se produit
» encore au cas où le prix, non payé dans la vente, est
» payé ultérieurement du consentement de tous.

» Le seul cas qui permette le doute est celui-ci : le prix
» d'une vente consentie par les deux époux est payé en tout
» ou en partie. La femme donne au profit de l'acquéreur
» main-levée de son hypothèque légale. Mais la femme,
» sans tenir compte de la transmission qu'elle a faite à

» l'acquéreur de son hypothèque légale, la cède à un tiers
» qui fait opérer la mention prescrite par la loi de 1855.

» Ce cas est celui qui se prête le plus aux idées de
» M. Ducruet.

» Voyons cependant si l'acquéreur, pourvu d'une vente
» transcrite, mais non d'une mention de subrogation,
» devra succomber devant un cessionnaire armé de cette
» mention.

» Que l'acquéreur puisse invoquer le bénéfice de la subro-
» gation vis-à-vis des créanciers du mari, je ne suppose
» pas qu'on le conteste. Il y a une subrogation complète,
» établie avec toutes les conditions d'une cession de
» créance; cession par le créancier (la femme); présence
» du débiteur (le mari), équivalente à acceptation. Les au-
» tres créanciers du mari seraient sans qualité pour récla-
» mer contre l'absence de mention : car l'article 9 n'a pas
» été fait pour eux; les tiers dont il parle sont les autres
» personnes auxquelles la femme peut céder ou avoir cédé
» son hypothèque légale. (TROPLONG, *Trans.*, n°ˢ 341 et 342,
» PONT, *Hyp.*, t. I, n° 467.)

» Et, quant au cessionnaire de l'hypothèque légale, l'ac-
» quéreur lui répondra : l'hypothèque de la femme est
» éteinte vis-à-vis de moi; la femme a renoncé à m'inquié-
» ter, elle vous a cédé un droit mort dans ses mains; je
» n'avais donc pas besoin de faire opérer une mention pour
» me garantir d'une arme qui, dirigée contre moi, reste
» sans force.

» J'ai, à la vérité, le droit de la présenter comme vivante
» pour l'opposer aux autres créanciers du mari. Mais c'est
» là le privilége de ma situation.

» L'acquéreur est pourvu par la loi même du droit d'in-
» voquer la créance et l'hypothèque de la femme. Il n'a
» besoin pour cela d'aucune stipulation; il n'a besoin non
» plus d'aucune précaution autre que la transcription de sa
» vente, parce que, s'il veut se servir de cette hypothèque,

» c'est uniquement pour lutter contre les réclamations
» d'autres créanciers, mais sans aucune pensée d'agression.

» C'est là, ce nous semble, le côté délicat de la question.
» Si le système de M. Ducruet, au sujet de la mention,
» peut avoir quelques moyens de se soutenir, il ne peut,
» ce nous semble, les trouver que dans la différence d'atti-
» tude de l'acquéreur et dans l'opposition de ses réponses,
» suivant qu'il se trouve en présence des créanciers du
» mari ou des ayants cause de la femme.

» Nous devons déclarer, qu'en face d'une loi non encore
» suffisamment éprouvée et dont la jurisprudence n'a pas
» précisé le sens, nous avons cru devoir user dans la pra-
» tique de la mention prescrite par la loi de 1855, quand
» nous avons eu à craindre de rencontrer la dernière des
» situations que nous venons d'indiquer. Mais nous ne
» l'avons fait que pour obéir aux conseils de la prudence,
» bien que, dans notre opinion, cette précaution dût être
» sans grande utilité.

» Au fond, le caractère extinctif de la renonciation de la
» femme nous semble dominer la situation ; et c'est parce
» que M. Ducruet l'a compris que presque toute sa discus-
» sion tend à établir que, de la femme, il ne peut émaner
» qu'une translation de droits ; et que, si plus tard il y a
» extinction, c'est qu'il s'opère entre les mains de l'acqué-
» reur une confusion ou une compensation ; comme si la
» simplicité des résultats ne se prêtait pas aussi bien aux
» nécessités du droit que la multiplicité des combinaisons.

» L'acheteur veut avant tout liquider sa situation et
» rendre sa propriété exempte de charges et d'hypothèques.
» Or, il arrive un moment où la liquidation est complète,
» la propriété purgée, la position nette et bien connue.
» Quand tout est consommé, il faut bien arriver au dénoû-
» ment. Alors, dans le système de M. Ducruet, l'acquéreur
» se trouvera donc obligé, pour faire radier une inscription
» d'hypothèque légale que la femme aura pu lui trans-

» mettre, sans pouvoir l'éteindre, il sera obligé, disons-
» nous, d'en donner main-levée lui-même.

» Mais on se demandera comment la loi n'a pas prévu
» cette nécessité, afin d'en éviter les frais.

» Pourquoi compliquer ainsi une situation et vouloir
» que, quand l'acquéreur a été déchargé par le véritable
» créancier, il soit censé se décharger lui-même par la
» force des abstractions et obligé d'arriver, en fait, à c
» actes inutiles pour dégrever lui-même son propre i
» meuble.

» Le système de M. Ducruet tend à augmenter les frais,
» et même à exposer l'acquéreur à de véritables dangers,
» en donnant des armes à la fraude que M. Ducruet veut
» prévenir.

» Sans doute la femme pourra surprendre la bonne foi
» de ceux auxquels elle persuadera, pour leur transmettre
» le bénéfice de son hypothèque légale, que cette hypo-
» thèque est encore entière.

» Mais nous n'arriverons jamais au dernier terme de la
» perfection. Chaque situation a ses inconvénients. Et,
» pour consacrer les idées que nous combattons, il aurait
» fallu déclarer que les quittances devront être suivies
» d'une mention en marge de l'inscription qui s'y réfère,
» ce que n'a certes pas voulu la loi de 1855.

» Au surplus, le caractère instinctif du payement fait
» par l'acquéreur n'a jamais été mieux signalé que dans
» les débats d'un pourvoi soumis à la Cour de cassation
» par la caisse hypothécaire et suivi d'un arrêt de la Chambre
» civile du 24 février 1846.

» Ce pourvoi soumettait à la Cour la question de savoir
» si le payement a, dans ce cas, comme élément principal,
» le caractère de la subrogation ou celui de la libération.

» M. Delangle, aujourd'hui garde des sceaux, alors
» avocat général, établit, avec cette puissance de raison qui
» a fait son élévation, qu'avant tout l'acquéreur veut se

» libérer; et que la subrogation n'a été établie que pour
» rendre cette libération plus réelle et plus effective. La
» Cour adopta son opinion.

» Le payement fait par l'acquéreur avait été effectué
» entre les mains d'un créancier ordinaire. Le point de
» vue spécial à la femme, que M. Ducruet soutient ne pou-
» voir consentir qu'une renonciation translative, n'a donc
» pu y être examiné. Mais les questions d'imputation y ont
» été discutées, et tous les détails de cette affaire sont de
» nature à jeter de vives lumières sur la question (S., 46,
» 1, 279).

» Nous avons jusqu'ici raisonné dans la pensée que l'ac-
» quéreur n'aura à faire valoir la subrogation à l'hypo-
» thèque légale de la femme que sur l'immeuble par lui
» acheté.

» Mais il peut se faire que, après avoir payé son prix au
» mari et à la femme, il soit obligé de le payer une seconde
» fois aux créanciers du mari. Alors, pour s'en faire rem-
» bourser, il éprouvera le besoin de faire valoir sa subro-
» gation sur les autres immeubles du mari.

» L'ancienne jurisprudence ne lui en donnait pas le
» droit. Pothier au moins le lui contestait (*Obligations*,
» n° 558) et voulait que l'étendue de la subrogation se me-
» surât sur l'immeuble acquis, à moins qu'une subroga-
» tion véritable n'eût été expressément consentie au profit
» de l'acquéreur.

» Mais le Code Napoléon a donné plus de portée à cette
» subrogation ; et l'acquéreur, pour les sommes qu'il a à
» recouvrer, a les mêmes droits que la femme. (Arrêts de
» la Cour de cassation des 7 novembre 1851 et 28 novembre
» 1853.)

» Dans ce cas, les idées de M. Ducruet ont de la vérité.
» l'article 9 devient applicable et il faut faire la mention
» qu'il exige.

» D'où vient cette nécessité ? On le comprend aisément.

» Quand l'acquéreur n'a à lutter que sur son propre prix,
» sans avoir besoin de recourir sur les autres immeubles
» du mari, il fait valoir l'hypothèque légale de la femme
» pour conserver la somme par lui payée et pour confirmer
» son payement.

» Dans ce cas, le caractère extinctif s'allie très bien avec
» le caractère translatif, ou, en d'autres termes, avec la
» subrogation. Car l'acquéreur fait valoir cette subrogation
» non pour réclamer, mais pour retenir.

» Lorsque, au contraire, il a à recourir contre d'autres
» débiteurs, alors il rentre dans les conditions ordinaires
» de la cession; et, si la femme a cédé son hypothèque
» légale à une autre personne, il devra, pour primer ce
» cessionnaire, justifier d'une mention faite en temps utile.

» La comparaison entre ces deux situations nous semble
» de nature à jeter une vive lumière sur la question.

» Enfin, pour parcourir les diverses phases de la ques-
» tion, nous devons dire quelques mots de la vente faite
» sous signatures privées par le mari avec le concours de
» sa femme. M. Pont estime que l'acte authentique exigé
» par l'article 9 ne s'applique pas à la renonciation qui en
» résulte de la part de la femme. M. Ducruet, conséquent
» avec ses idées, veut au contraire y appliquer cette dispo-
» sition.

» La solution, que nous avons adoptée sur les questions
» précédentes, détermine la réponse que nous avons à
» donner sur celles-ci.

» Si l'article 9 ne s'applique qu'aux renonciations essen-
» tiellement translatives, c'est-à-dire à celles qui peuvent
» conduire l'acquéreur à exercer un recours contre un
» autre acquéreur, il s'ensuit que le payement fait à la
» femme et au mari, même sur une vente faite sous signa-
» tures privées, est à l'abri de toute critique de la part d'un
» cessionnaire ultérieur de la femme; pourvu (et nous
» maintenons toujours cette condition) que la vente ait été

» transcrite avant la mention opérée au profit du créancier
» cessionnaire de la femme.

» Toutes les idées que nous avons développées plus haut
» trouvent ici leur application.

» Nous ne nous dissimulons pas que ces questions pré-
» sentent de la gravité. En présence d'une loi dont le texte
» a une apparence de généralité, il n'est pas impossible
» qu'il survienne plus d'une décision opposée à nos vues.
» Aussi ne chercherons-nous à détourner personne de pré-
» cautions qui n'ont que l'inconvénient d'occasionner des
» frais. Nous ne pouvons même assez recommander d'éviter
» avec soin les ventes sous signatures privées dans lesquelles
» les femmes mariées ont à intervenir. Il est toujours pru-
» dent de ne pas s'exposer aux incertitudes des décisions
» judiciaires.

» Mais, au fond, nous sommes convaincu que les idées
» que nous venons d'émettre sont vraies, conformes à la
» pensée de la loi, d'accord même avec son texte, puisque,
» à côté du mot « renonciation », se trouve celui de ces-
» sionnaire qui en devient le correctif.

» Ce n'est pas, nous devons l'avouer, sans quelque hési-
» tation que nous sommes intervenu dans ce débat, que
» peut-être nous aurions dû laisser se poursuivre au-dessus
» de nous. On voudra bien nous pardonner de nous y être
» mêlé. Nous avons cru devoir, nous aussi, apporter notre
» pierre à l'édifice, afin que, s'il surgit une difficulté, ce
» que nous avons cru être un des côtés de la vérité, ne reste
» pas inaperçu. »

311. Depuis l'époque où a été publié ce travail, la Cour
de Lyon et la Cour de cassation ont eu à s'occuper de la
question; mais nous nous empressons de dire qu'elles n'ont
pas eu à la juger directement. Et, pour que leurs arrêts ne
soient pas invoqués en faveur de la thèse qu'ils n'ont eu ni
à accepter ni à repousser, nous croyons devoir en reproduire les éléments principaux.

Le 14 juin 1860, une vente est consentie par le sieur
Coste et la dame Viard au sieur Francon, moyennant
7,000 francs payés comptant. La dame Coste intervient,
s'oblige solidairement avec son mari et renonce à son hypothèque légale en faveur de l'acquéreur. La vente est transcrite le 30 juillet suivant et l'état révèle une inscription
prise par un sieur Blanc, créancier de M. Coste, mais primée par l'hypothèque légale de Mme Coste. Le 30 août 1860,
Mme Coste subroge M. Tracol à son hypothèque légale ;
celui-ci l'inscrit en son nom. L'acquéreur au contraire n'a
pris aucune inscription et n'a fait aucune mention.

Sur une sommation du sieur Blanc, créancier inscrit,
l'acquéreur notifie son contrat avec réserve de répéter contre
ses vendeurs le prix qu'il a payé. Un ordre s'ouvre. La
dame Coste est colloquée au premier rang pour ses reprises
qui s'élèvent à 19,700 francs ; puis, et en sous ordre, sont
colloqués sur cette collocation directe : 1° M. Francon, acquéreur pour son prix ; 2° au second rang, le sieur Tracol,
créancier subrogé par la femme après la vente ; 3° le sieur
Blanc. Les sieurs Blanc et Tracol contestent l'ordre provisoire.

Sur les débats, la Cour de Lyon rend, le 22 décembre
1863, l'arrêt suivant :

« Considérant que Francon, acquéreur d'un immeuble
» soumis à l'hypothèque légale de la dame Coste a, suivant
» exploit du 28 décembre 1861, conformément aux dispo-
» sitions de l'article 2183 du Code Napoléon, notifié son
» contrat et fait offre de payer son prix ; que ce prix de
» 3,800 francs a été mis en distribution dans l'ordre actuel ;
» que sur ce prix la dame Coste a été colloquée au premier
» rang en vertu de son hypothèque légale, pour ses droits
» matrimoniaux ; que sa collocation n'a point été contestée,
» et qu'il est ainsi reconnu que l'hypothèque légale de la
» dame Coste existe avec tous droits à faire valoir par cette
» cause sur la somme à distribuer ; considérant que le

» débat ne s'élève que sur le sort de deux collocations en
» sous ordre de celle qui a été faite au profit de la dame
» Coste; que les deux contredisants ne peuvent se faire
» substituer à la dame Coste que comme représentant celle-
» ci par suite d'une cession ou renonciation qui leur aurait
» transféré le bénéfice de son hypothèque légale; que la
» question dépend donc de l'application à faire entre eux
» des dispositions de l'article 9 de la loi du 23 mars 1855 ;
» considérant que Tracol et consorts, porteurs d'une subro-
» gation à l'hypothèque légale, qui leur a été consentie par
» l'acte authentique du 30 août 1860, et pour laquelle ils
» ont pris inscription régulière au bureau de la conser-
» vation des hypothèques le 12 septembre 1860, sont fondés
» à réclamer de ce chef, à l'encontre de toute partie, une
» collocation; que Francon au contraire, n'ayant pas satis-
» fait à la formalité prescrite par l'article 9 de la loi du
» 23 mars 1855, ne peut se prévaloir d'une renonciation à
» l'hypothèque légale qui soit opposable aux tiers; qu'ainsi
» la collocation en sous ordre réclamée par Francon ne
» peut venir en concurrence utile de celle demandée par
» Tracol et consorts, et que cette dernière jouit d'une prio-
» rité qui ne peut lui être disputée. Par ces motifs, infirme ;
» ordonne que le tableau d'ordre fait provisoirement sera
» rectifié; dit que Tracol et consorts seront colloqués en
» sous ordre de la dame Coste au rang de l'hypothèque
» légale de celle-ci,... dit que la collocation en sous ordre
» réclamée au même rang de l'hypothèque légale par Fran-
» con, ne viendra qu'après la précédente, s'il y a lieu. »

Pourvoi en cassation par Francon et rejet par arrêt de la
Chambre civile du 29 août 1866 dont voici le texte (S., 67,
1, 9) :

« Attendu que, aux termes de l'article 9 de la loi du
» 23 mars 1855, dans le cas où les femmes peuvent céder
» leur hypothèque légale ou y renoncer, cette cession ou
» cette renonciation doit être faite par authentique, et les

» cessionnaires n'en sont saisis que par l'inscription de
» cette hypothèque prise à leur profit ou par la mention de
» la subrogation en marge de l'inscription préexistante ; et
» les dates des inscriptions ou mentions déterminent l'or-
» dre dans lequel ceux qui ont obtenu des cessions ou
» renonciations exerceront les droits hypothécaires de la
» femme; attendu que cette disposition s'applique à l'ac-
» quéreur, qui, ayant payé son prix au moment du contrat,
» offre ensuite, sur la sommation d'un créancier hypothé-
» caire du vendeur, d'acquitter les dettes hypothécaires
» dont l'immeuble par lui acquis est grevé, et qui, dans
» l'ordre ouvert en conséquence de cette offre, prétend
» primer tout à la fois le créancier inscrit avant la vente et
» divers autres créanciers subrogés ultérieurement par des
» cessions régulièrement inscrites à l'hypothèque légale de
» la femme du vendeur, en se présentant lui-même comme
» subrogé à la même hypothèque légale en vertu d'une
» renonciation consentie en sa faveur dans l'acte même de
» vente et en demandant à exercer, au moyen d'une collo-
» cation en sous ordre, les droits hypothécaires de la femme
» colloquée en premier ordre ; que l'acquéreur se trouve,
» en pareil cas, vis-à-vis des autres cessionnaires de l'hy-
» pothèque légale dans la situation textuellement prévue
» par la disposition précitée; que la renonciation, dont il
» ne réclame et ne peut réclamer le bénéfice au regard du
» créancier du vendeur que comme l'ayant saisi des droits
» hypothécaires de la femme, n'est point, à défaut soit d'une
» inscription, soit de l'accomplissement des formalités de
» la purge, opposable aux cessionnaires dont les subroga-
» tions ultérieures ont été régulièrement inscrites confor-
» mément à ladite disposition; qu'en effet, le mode de
» publicité dont cette même disposition détermine la forme
» et l'efficacité comme étant le seul propre à avertir les tiers
» des cessions ou renonciations par lesquelles la femme
» aurait disposé de son hypothèque légale et à régler l'or-

» dre dans lequel ceux qui auraient obtenu de telles ces-
» sions ou renonciations exerceront les droits hypothécaires
» de la femme, ne saurait être utilement suppléé par un
» autre mode ayant un tout autre objet, et spécialement
» par la transcription du contrat de vente où la femme in-
» tervenante aurait déclaré se désister au profit de l'acqué-
» reur de son hypothèque légale sur l'immeuble vendu ;
» d'où il suit qu'en décidant, dans l'état des faits, que le
» rang des créanciers qui se présentaient à l'ordre comme
» exerçant, en vertu des cessions ou renonciations qu'ils
» avaient obtenues de la femme Coste, les droits hypothé-
» caires de celle-ci, devait être, dans la collocation en sous
» ordre de ladite femme, réglé suivant la date de leurs
» inscriptions, l'arrêt dénoncé, loin de violer l'article 9 de
» la loi du 23 mars 1855, en a fait une juste application, —
» rejette. »

Avant d'entrer dans la discussion de ces arrêts et des
questions auxquelles ils se réfèrent, nous devons dire
qu'une pétition au sénat demandant une loi interprétative
a été rapportée par M. de Casabianca (*Moniteur* du 21 juin
1862). Ce rapport estime que, bien que l'article 9 puisse
donner lieu à une double interprétation, il paraît cependant
n'imposer l'obligation d'inscrire qu'au cessionnaire de la
femme, que l'inscription suppose une créance; et que lorsque l'hypothèque légale est éteinte, et que cette renonciation a été rendue publique par la transcription de la vente,
il n'y a plus aucune formalité à remplir.

Une autre pétition adressée plus tard et rapportée par
M. Lacaze aboutit à un vote opposé qui fut émis par le sénat
le 16 avril 1869.

311 *bis*. La question est grave et préoccupe à juste titre
l'opinion publique : il importe qu'elle soit bien résolue.
Voyons quelle doit en être la solution.

Et d'abord l'article 9 affecte-t-il la capacité de la femme ?
M. Bertauld (*Subrogation à l'hypothèque légale*, n° 82)

enseigne que l'authenticité est requise, non *ad probationem*, mais *ad solemnitatem*, comme une garantie de liberté et de maturité du consentement; au numéro 85, il ajoute que la femme elle-même peut invoquer le défaut d'authenticité.

Mais si la femme s'oblige, sans même que son engagement soit mêlé d'aucun élément de subrogation à son hypothèque légale, le créancier pourra, ce nous semble, faire asseoir sans contestation possible une saisie-arrêt sur les reprises qu'elle a contre son mari et que garantissent, au moyen de l'hypothèque légale, les immeubles de celui-ci; et, quand le jugement intervenant sur la validité de la saisie aura consacré cette saisie, quel moyen y aura-t-il de contester la subrogation à l'hypothèque légale ? M. Bertauld reconnaît lui-même, au numéro 83, qu'il suffit qu'un acte authentique la constate; qu'un acte notarié n'est pas nécessaire.

Or, le contrat judiciaire n'est pas autre chose que le consentement imposé aux parties qui le refusent à tort.

Si la subrogation peut être ainsi faite indirectement, pourquoi ne pas vouloir qu'elle résulte directement d'un acte sous signatures privées dans les rapports de la femme au subrogé et quand l'intérêt des tiers n'y est pas mêlé ?

On n'ira pas, nous le supposons, jusqu'à vouloir créer une dotalité nouvelle quand il s'agira de l'hypothèque légale d'une femme mariée sous un régime qui n'altère pas sa capacité.

Nous ne reviendrons pas sur ce que nous avons dit dans le travail qu'a publié le *Journal des notaires* au sujet de l'application de l'article 2144 à la subrogation à hypothèque légale. M. Bertauld partage à cet égard l'opinion que nous avons émise, et dit dans son introduction (p. 3 et 4) qu'on a repoussé avec raison la proposition faite en 1841 par la Faculté de Paris, et qui tendait à interdire à la femme de s'obliger avec son mari, et pour les dettes de celui-ci, et la proposition faite à la même époque par la Faculté de Strasbourg de soumettre ce genre d'obligation aux articles 2144 et 2145.

Ces propositions prouvent suffisamment que nous avions raison sur ce point dans notre discussion contre M. Ducruet.

La question que nous discutons en ce moment sur la validité de la subrogation consentie sans authenticité, quand l'intérêt des tiers n'y est pas mêlé, surgirait toujours quand la femme subrogerait dans son propre intérêt.

M. Bertauld reconnaît, au numéro 1 du livre que nous avons cité, que la femme qui peut engager indirectement ses créances dotales, peut les engager directement. Si le résultat que nous venons de présenter comme produit par la saisie-arrêt est exact, pourquoi obliger à prendre une voie détournée et à subir des frais considérables quand on peut arriver directement et avec de bien moindres frais.

Et cependant nous trouvons dans un sens diamétralement opposé à notre opinion, un jugement du tribunal de Bourganeuf, du 27 février 1869 (S., 69, 2, 88), que nous avons le regret d'avoir à combattre sur tous les points. Voici les faits :

Un jugement du 30 novembre 1867 avait condamné le sieur Baleynaud à payer au sieur Faye une somme de 1,841 francs. Au moment où on allait le mettre à exécution, et sur le procès-verbal de l'huissier, la dame Baleynaud se rendit caution solidaire de son mari et subrogea le créancier dans tous ses droits contre son mari. Plus tard, et, sur le refus de cette dame de renouveler sa subrogation par un acte dont l'authenticité ne fût pas contestable, le créancier la fit assigner. Le jugement reconnaît que, mariée sous le régime de la communauté, elle a pu s'obliger ; mais il décide que la subrogation ne pouvant être consentie que par acte authentique, le défaut d'authenticité peut être relevé par la femme elle-même; que l'authenticité a été exigée dans son intérêt aussi bien que dans celui des tiers. Le tribunal refuse donc de consacrer la subrogation déjà consentie.

Mais, si la femme peut s'obliger, et, si l'engagement qu'elle a pris n'est pas complet, est-ce que les tribunaux ne sont pas là pour le compléter à défaut par elle d'y consentir? Le tribunal, en cas de saisie-arrêt, aurait donc mis une restriction à la portée du jugement de validité et déclaré qu'il ne pourrait s'appliquer au droit de subrogation à l'hypothèque légale? Ce transport judiciaire aurait donc attribué au créancier la créance de la femme sans l'hypothèque légale qui la protège? Tout cela nous semble peu soutenable. Le jugement constitue un acte authentique. Du moment où la femme Baleynaud refusait d'aller devant un notaire, le tribunal devait prononcer la subrogation qu'elle refusait de consacrer par acte notarié.

Sans doute la présence d'un officier public est une garantie pour la femme. M. Troplong lui-même, qu'on reconnaît partager nos idées, l'a dit au numéro 321 de son ouvrage sur la transcription. Mais est-ce à dire pour cela que la subrogation que la femme consentira par acte sous signatures privées pourra être méconnue par elle? Il faudrait, pour cela, aller jusqu'à dire que sa capacité n'existe à cet égard qu'autant qu'elle s'exerce par acte authentique. Or, a-t-on voulu toucher à sa capacité? Nous ne le pensons pas. L'article 9 a entendu donner aux tiers, en exigeant l'authenticité, la garantie qu'exige déjà l'article 2182 du Code civil.

Nous venons de voir qu'avec les idées que nous combattons on aboutit à ce résultat singulier, qu'on arriverait par voie détournée au but qu'on n'aurait pu atteindre directement. Mais nous croyons pouvoir établir qu'on n'a pas voulu porter atteinte à la capacité de la femme. Pour cela, il suffit de jeter les yeux sur les travaux préparatoires.

Le projet du gouvernement présenté en 1853 était ainsi conçu :

« Les femmes ne peuvent céder leurs droits à l'hypo-
» thèque légale ou y renoncer que par acte authentique, et
» les cessionnaires n'en seront saisis à l'égard des tiers que

» par l'inscription de cette hypothèque prise à leur profit,
» ou par la mention de la subrogation en marge de l'ins-
» cription préexistante. » (BERTAULD, p. 35.)

Nous avons relu l'exposé des motifs. Nous y voyons la
préoccupation de l'intérêt des tiers; celle de la capacité de
la femme, nous ne l'y trouvons pas. Mais la commission du
Corps législatif a craint que cette rédaction même parût
une atteinte quelconque aux droits que la femme tient du
Code, et elle a substitué la forme actuelle : « Dans le cas où
» les femmes peuvent..... »

Le changement est ainsi expliqué par M. Debelleyme,
dans son rapport :

« Elle a fait subir (la commission) à l'article 11 un chan-
» gement de rédaction tendant à bien établir que la loi
» actuelle n'a pas pour but de modifier, en quoi que ce soit,
» la législation relative aux droits de la femme mariée, en
» matière de cession ou de renonciation à son hypothèque
» légale. »

On ne peut être plus net. La capacité n'a été changée en
quoi que ce soit. Donc l'article 9 n'a de rapport qu'avec les
droits des tiers. La femme est aussi engagée quand elle
cède, par acte sous signatures privées, le bénéfice de son
hypothèque légale que quand elle vend sous cette forme ses
biens immeubles.

Le *Recueil* de Sirey, en reproduisant le jugement du tribunal de Bourganeuf, dit que sa décision est conforme à
l'opinion de MM. Mourlon (*Trans.*, n° 1005), Verdier (t. II,
n° 270), Bertauld (n° 87), Aubry et Rau, sur Zachariæ
(t. II, § 288 *bis* et note 17, p. 898), et contraire à celle de
MM. Troplong (*Trans.*, n° 362), Rivière et Huguet (n° 398),
Rivière et François (n° 138 *quater*), Flandin (n° 1547),
Pont (*Priv.*, *et Hyp.*, n° 467).

343. L'imperfection de l'acte sous signatures privées
peut-elle être opposée par le créancier chirographaire de la
femme?

M. Bertauld enseigne que non (n° 95) : « L'intérêt, dit-
» il, est la condition du droit; mais il ne crée pas le droit;
» le créancier chirographaire de la femme est son ayant
» cause; il n'est pas un tiers dans le sens de l'article 9. »

Cette solution est entièrement d'accord avec celle que
nous avons donnée sur la question précédente. Elle nous
paraît l'être peu avec celle que donne M. Bertauld sur
l'aptitude de la femme à invoquer le moyen de nullité. Si
la femme pouvait relever ce moyen, tous ses créanciers
pourraient le faire, de même qu'ils peuvent attaquer un
contrat de mariage nul (C. de cass., arrêt Larive, 19 juin
1872, S., 72, 1, 281), de même qu'ils peuvent relever le défaut d'autorisation (MERLIN, Q. de D., v° *Hyp.*, § 4, n° 4,
C. de cass., affaire Dacheux, 10 mai 1853, S., 53, 1, 572), de
même que les créanciers du mineur peuvent exciper de la
minorité (BASTIA, affaire Blasini, 30 août 1851, S., 54., 2,
481 et arrêts cités).

La cession est valable en elle-même; mais elle ne l'est
qu'entre les parties, comme la vente non transcrite. Les
tiers intéressés peuvent la tenir pour non-avenue, et ces
tiers sont ceux qui ont traité sur la créance dans l'ignorance de la cession et dans les conditions de l'article 9. Cet
article dit simplement « tiers », sans ajouter : qui ont des
droits sur l'immeuble. Mais nous croyons que le but que le
législateur veut atteindre conduit à la solution de M. Bertauld sur ce point. Nous croyons, par les mêmes raisons,
que le créancier de la femme porteur d'un acte authentique
ne peut non plus se prévaloir de l'article 9, quand il n'a pas
traité sur le bénéfice de l'hypothèque légale. En un mot,
pour nous servir des expressions de M. Bertauld, nous pensons que l'article 9 ne s'applique qu'entre bénéficiaires des
stipulations sur l'hypothèque légale (*Voy.* TROPLONG, *Trans.*,
n° 341 et 342, POST, *Priv. et Hyp.*, n° 467).

316. M. Bertauld, au même numéro, dit que l'acquéreur du mari peut se prévaloir de l'article 9 et méconnaître

une subrogation qui no s'est pas révélée par les moyens que cet article indique. Nous croyons, en effet, que l'acquéreur est l'un des tiers les plus directement intéressés.

347. Nous arrivons à la partie grave des difficultés que soulève l'article 9.

L'inobservation de l'article 9 peut-elle être opposée à l'acquéreur aussi bien qu'au créancier cessionnaire ?

Nous n'entendons pas reprendre en entier la discussion à laquelle nous nous sommes livré dans le travail que nous avons reproduit plus haut. Nous examinerons seulement s'il n'y a pas à donner quelques raisons qui n'y aient pas trouvé place, et si nous devons persister dans toutes les solutions que nous y avons acceptées.

Et d'abord reportons nos regards en arrière ; examinons les diverses phases qu'a eu à traverser la loi avant de recevoir sa forme définitive.

M. Bertauld (p. 34 et 35) indique les rédactions diverses qui ont été proposées.

Projet du gouvernement en 1849 : « Les femmes ne peu-
» vent céder leurs droits à l'hypothèque légale ou y renon-
» cer en faveur des tiers que par acte authentique, et les
» cessionnaires n'en seront saisis que par la mention qui
» sera faite de la cession en marge de l'inscription
» (art. 2127.) »

Projet de la commission de l'Assemblée législative en 1850 : « Les femmes ne peuvent céder leur hypothèque lé-
» gale aux créanciers envers lesquels elles s'obligent con-
» jointement avec leurs maris, ni renoncer à cette hypo-
» thèque en faveur de ces mêmes créanciers que par acte
» authentique (art. 2115). »

Projet du conseil d'État en 1850 : « Les femmes ne peu-
» vent céder leurs droits à l'hypothèque légale ou y renon-
» cer en faveur des tiers que par acte authentique, et les
» cessionnaires n'en seront saisis que par la mention qui
» sera faite de la cession en marge de l'inscription
» (art. 2130). »

Projet du gouvernement en 1853 : « Les femmes ne peu-
» vent céder leurs droits à l'hypothèque légale ou y renon-
» cer que par acte authentique, et les créanciers n'en seront
» saisis, à l'égard des tiers, que par l'inscription de cette
» hypothèque prise à leur profit ou par la mention de la
» subrogation en marge de l'inscription préexistante. »

De pareilles dispositions pouvaient-elles s'appliquer à la
renonciation purement instinctive ? Il nous semble que non.

Nous avons combattu l'opinion de M. Ducruet. Nous ne
reproduirons pas notre argumentation. Seulement nous
constaterons que M. Bertauld qui, au numéro 83, applique
l'article 9 à la renonciation extinctive concédée à l'acquéreur, et qui par cela même en reconnaît le caractère, déclare
formellement au numéro 10 que la femme peut renoncer à
son hypothèque légale sans transmettre sa créance.

Comment comprendre d'ailleurs que, quand une femme
reçoit d'un acquéreur, après séparation de biens, le montant
d'une collocation, elle fasse autre chose qu'une extinction ?
Et, si en recevant elle éteint son hypothèque, où trouvera-
t-on ailleurs que dans les articles 2144 et 2145, qu'il faut
toujours circonscrire aux cas pour lesquels ils sont faits, où
trouvera-t-on, disons-nous, que la femme ne puisse renoncer
sans recevoir à son hypothèque et l'éteindre au profit de
l'acquéreur ? A ce compte, il faudrait dire qu'on a supprimé en partie l'article 2180 du Code civil.

Plaçons-nous au surplus au point de vue où se place le
législateur avant d'arrêter les termes de la loi. S'il avait eu,
en écrivant l'article 9, la pensée de l'appliquer à la renonciation extinctive, est-ce qu'on n'eût pas remarqué que par
cela même on annulait l'effet du payement tant que la
mention exigée ne serait pas effectuée par l'acquéreur après
le payement ?

Mais la purge éteint incontestablement. Qu'est-ce donc
que la purge, sinon une procédure par suite de laquelle la
femme a renoncé à son hypothèque légale, ou au moins à
son droit de suite, quand elle n'a pas pris inscription ?

Pour être conséquent, n'aurait-il pas fallu exiger une mention spéciale à la suite de cette purge ?

Aussi M. Lefebvre, avocat à la Cour de cassation, soutient-il dans le *Journal du notariat* (feuille du 20 janvier 1861), que lorsque la renonciation de la femme ne se trouve pas dans la vente transcrite, si l'acquéreur au profit duquel a été faite une renonciation extinctive échappe à l'article 9, il n'échappe pas à l'article 6. Mais qu'il nous permette de le lui dire, ce n'est pas là interpréter la loi, c'est la refaire. L'article 6 s'applique à la transcription d'un acte translatif d'immeubles, il n'a rien de commun avec la transmission d'une créance ; dans aucun cas, il n'a de rapports avec la renonciation extinctive à une hypothèque (*Voy.* au n° 380).

M. Bertauld dit au numéro 93 : « L'extinction définitive, » absolue, s'inscrit, afin que le néant ne garde pas la valeur » de la réalité, afin que la mort ne se déguise pas sous » l'apparence de la vie ; afin que la femme, en un mot, ne » trafique pas de ce qu'elle n'a plus. »

Avec ce système, il faut, pour être logique, décider que la quittance d'une collocation faite pendant la vie ou après la mort du mari sera mentionnée, afin que le néant n'ait plus l'apparence de la vie.

Allons plus loin, si on avait voulu obliger l'acquéreur à inscrire une hypothèque même éteinte, on aurait certainement fixé un terme après lequel cette nécessité disparaîtrait. C'est bien assez que de se trouver dans l'obligation de lutter contre le néant ; au moins faut-il qu'on sache combien de mps cette situation anormale doit être maintenue.

Or, qu'on ne perde pas cela de vue, plusieurs auteurs, et, entre autres MM. Bertauld (n° 8), Troplong (n° 337), Flandin (n° 1557), Larombière (t. 3 sur l'article 1250, n° 61) appliquent l'article 9 même après la mort du mari. La situation que nous examinons pourrait donc avoir une bien longue durée.

Eh bien, s'il se trouvait un législateur assez imprévoyant

et assez peu logique pour obliger à inscrire une hypothèque.
éteinte, et à la traiter comme on traite une hypothèque
vivante pendant un si long temps, ce législateur prépare-
rait certainement le terrain à de nombreuses fraudes, et
ferait de ce néant une réalité redoutable, puisque un jour
ou un autre la mauvaise foi profiterait d'un oubli, d'une
négligence, pour asseoir là-dessus une subrogation.

Nous ne pouvons croire qu'on ait entendu modifier assez
profondément le Code civil pour obliger à publier une
hypothèque éteinte, pendant qu'on ne publie ni la purge
ni la quittance, et qu'on n'a pas fixé la durée d'un pareil état
de choses.

Toutefois nous devons dire quelques mots d'une objection
qui n'a pas été faite, mais qu'on pourrait peut-être déduire
des termes des articles 1 et 2 de la loi. Ces articles obligent
à transcrire aussi bien la renonciation au bénéfice d'un acte
translatif que la translation elle-même. Donc, pourrait-on
dire, l'extinction de l'hypothèque doit être publiée aussi
bien que sa naissance. Mais cette objection n'aurait rien de
fondé. La renonciation à une vente ne peut être faite que
d'un commun accord ; ce n'est autre chose qu'une rétrocession ; la renonciation à un usufruit transmet cet usufruit
au nu-propriétaire qui ne l'avait pas. Il n'en est pas de
même de la renonciation à une hypothèque faite au profit
d'un acquéreur. Cet acquéreur a reçu de la vente la pléni-
nitude de la propriété qu'il entendait acquérir. Mais si elle
est grevée de créances, ces créances peuvent s'éteindre suivant les différents modes indiqués par la loi, le payement,
la prescription, sans qu'il soit besoin d'aucune transcription,
et, à notre sens, sans qu'il soit besoin d'une mention.

Le système contre lequel nous luttons s'empare d'un
texte dont il exagère la portée. Mais, à notre tour, nous
demanderons si le mot cessionnaire n'est pas un trait de
lumière qui explique la direction véritable de l'article ?
Cela nous a toujours paru manifeste. La loi a voulu obliger

à la mention celui qui devient cessionnaire d'un droit à mettre en mouvement; mais elle n'a pu vouloir y assujettir celui qu'on renonce à inquiéter en abdiquant une hypothèque. C'est ce qu'enseigne M. Larombière (t. III, sur l'art. 1250, n° 61).

348. Seulement, nous nous demandons si, de notre côté, nous n'avons pas donné trop d'étendue à notre interprétation en appliquant la dispense de mention à l'acquéreur qui peut avoir besoin de se prévaloir un jour de l'hypothèque légale. Nous avons pensé qu'à un cessionnaire ultérieur, nanti d'une mention, il pourrait répondre : vis-à-vis de moi, votre titre est éteint; j'ai à la vérité le droit de le tenir pour vivant contre les créanciers du mari; mais vous, vous ne pouvez vous prévaloir d'un droit qui n'existe plus.

Nous comprenons cependant qu'on nous objecte les diverses transformations de l'article 9. Le projet de l'Assemblée législative était le reflet des observations de la Faculté de Paris et n'avait en vue que les créanciers. Mais le projet du conseil d'État semblait avoir plus d'étendue, puisqu'il avait substitué le mot « tiers » à celui de « créanciers ». Nous modifions donc à cet égard notre opinion première et nous estimons que, si l'acquéreur, qui n'a plus besoin de se prévaloir de la subrogation, n'a aucune mesure à prendre, celui qui peut en avoir besoin doit mentionner la subrogation ou prendre une inscription en son nom. Le mot tiers employé dans la loi actuelle doit donc, rapproché du mot cessionnaire, être interprété en ce sens que la renonciation tendant à maintenir vivante l'hypothèque et à la transmettre d'une personne à une autre, est celle dont parle l'article 9; mais que quand la renonciation est consentie avec la pensée d'éteindre l'hypothèque légale, l'article 9 ne peut plus trouver son application.

349. Et maintenant quelques mots sur l'arrêt de Lyon et sur celui de la Cour de cassation. Nous avons dit que la question que nous examinons n'avait pas été réellement

soumise à la Cour de Lyon et à la Cour de cassation, ou
plutôt qu'elle ne pouvait leur être utilement présentée.

La démonstration en est facile à faire. En effet, la Cour
de Lyon constate que la collocation de la femme n'avait
été attaquée par personne ; elle était donc définitive. La
lutte s'engageait entre l'acquéreur et un subrogé ultérieur.
Dès lors, il ne pouvait y avoir place qu'aux conditions de
l'article 9. L'hypothèque légale étant tenue par tout le
monde pour vivante, malgré la renonciation, elle ne pouvait plus être transmise que de l'une des manières indiquées
par cet article. Et, comme l'acquéreur n'avait rempli ni
l'une ni l'autre des deux formalités, il devait succomber.
Si dès l'abord il avait dit : la femme a donné main-levée
de son hypothèque légale ; cette hypothèque n'existe plus ;
il aurait dû triompher. Mais, loin de tenir ce langage, il
avait produit en sous ordre sur la femme ; et il semble logique qu'on lui ait appliqué le système de l'article 9. M. Lefebvre pense que sa situation lui permettait de repousser le
créancier subrogé, malgré la situation fausse qu'il avait
prise ; pour nous, nous en doutons. La Cour de cassation ne
l'a pas pensé non plus. Quant à juger la question même
que nous avons examinée, tous ceux qui liront avec attention l'arrêt rendu après avoir bien étudié les faits de la
cause, resteront convaincus que la Cour l'a au contraire
réservée avec soin.

350. M. Lefebvre estime que, lorsque la renonciation
extinctive ne se trouve pas dans la vente même soumise à
la transcription, elle ne peut être opposée aux tiers ; et
cependant il comprend l'article 9 en ce sens que la renonciation extinctive n'est pas soumise à la nécessité de la
mention ou de l'inscription. Seulement il dit que les dangers auxquels sont exposés les tiers que la femme peut
subroger, quand l'extinction n'est pas publiée, suffisent pour
nécessiter cette publication, et que l'analogie résultant de
l'article 6 doit déterminer à se prononcer dans le sens de
cette publication.

Nous croyons qu'il faut se prononcer dans un sens ou dans un autre. Ou l'article 9 s'applique à l'acquéreur qui invoque une renonciation extinctive, ou il ne s'y applique pas; s'il s'y applique, la Cour de cassation dit avec raison que la loi ayant indiqué pour son application une mention ou une inscription, on ne peut y substituer la transcription d'un acte dans lequel se trouve la renonciation. C'est aussi ce que pense M. Bertauld (n° 99).

Si au contraire l'article 9 ne s'y applique pas, on ne saurait, à raison de dangers possibles, obliger les acquéreurs à des mesures que la loi n'a pas prescrites et qui ne se prennent pas sans frais. Sans doute, la femme pourra, en dissimulant une quittance ou une renonciation, abuser de la confiance de quelqu'un; mais un créancier peut, après avoir reçu, subroger à sa créance et tromper ainsi.

Nous persistons donc à cet égard dans ce que nous avons dit au numéro 317.

Encore une fois, si la loi avait voulu faire publier les quittances ou les renonciations extinctives, elle l'aurait dit, et aurait exigé, non une inscription qui suppose un droit existant, et qui a une durée limitée, mais une autre mesure ayant une application spéciale et n'ayant pas besoin d'être renouvelée.

**331.** La vente peut avoir été consentie par un acte sous signatures privées. Si la femme y a figuré et a donné mainlevée de son hypothèque légale, dira-t-on, avec l'article 9, que cette main-levée n'a aucune valeur vis-à-vis des tiers? Les idées que nous venons d'émettre nous conduisent à décider que la renonciation doit avoir effet. L'article 9 ne s'applique qu'à la renonciation translative, et, dès lors l'extinction qui a été, sinon le but, au moins l'un des éléments de l'acte, doit être définitive. Nous persistons donc dans ce que nous en avons dit dans le travail publié en 1861. Le contraire est cependant enseigné par MM. Flandin (n° 1553),

Rivière et Huguet (n° 391), Pont (n°ˢ 82 et 83), Mourlon (*Revue pratique*, t. I, p. 307).

Mais, qu'on ne le perde pas de vue, pour tous les cas que nous venons d'examiner, nous supposons que la vente a été soumise à la transcription. Tant qu'elle ne l'a pas été, l'acquéreur n'est pas saisi vis-à-vis des tiers, et comme les résultats qu'on consacre dans notre opinion doivent se produire pour tous, *erga omnes*, il faut que l'acquéreur soit saisi vis-à-vis de tous. Jusque-là, l'effet de l'acte peut être décliné par les tiers.

352. Des difficultés ont surgi sur les formes matérielles à employer pour l'exécution de l'article 9. On a cru, au début, pouvoir se borner en prenant une inscription d'hypothèque conventionnelle, à expliquer que l'acte contenait en même temps subrogation par la femme à son hypothèque légale. De là, des débats soumis aux tribunaux. Les auteurs se sont divisés. M. Bertauld (n° 98) explique que M. Pont se contente d'un seul bordereau pour inscrire tout à la fois l'hypothèque conventionnelle et l'hypothèque légale, et que M. Mourlon au contraire exige deux bordereaux. M. Bertauld ne pense pas que la jurisprudence prenne la responsabilité de sévérités qui ne sont pas dans l'article 9, il se réfère au numéro 97, où il enseigne qu'il n'y a d'absolument nécessaire que les formalités de l'avertissement à donner aux tiers « et qui résultent de la stricte et impérieuse nécessité ».

M. Troplong (*Trans.*, n° 344) se contente d'un bordereau, pourvu qu'il contienne les mentions exigées pour chacune des hypothèques par les articles 2148 et 2153.

La jurisprudence semble avoir dans l'origine porté assez loin le formalisme.

Avant la loi de 1855, et par l'arrêt Linois du 4 février 1856 qui maintenait un arrêt d'Orléans du 12 juillet 1854 (S., 56, 1, 525), la Cour de cassation a jugé qu'il ne suffisait pas de faire une mention de la subrogation à l'hypo-

thèque légale dans une inscription d'hypothèque conventionnelle. Un arrêt du 1er juin 1859 (affaire Florent, S., 61,
1, 223) déclare insuffisante une inscription qui ne mentionne pas la subrogation et se borne à l'énonciation d'un
engagement solidaire des deux époux. Un arrêt de la
Chambre des requêtes du 9 décembre 1852 (affaire
Deshayes, S., 73, 1, 146) dit, comme M. Troplong, que
l'inscription doit contenir les conditions des deux articles
que nous avons cités; mais il déclare qu'elles se trouvent
dans un bordereau d'inscription d'hypothèque conventionnelle à la fin duquel le créancier a dit requérir mention de
la cession d'antériorité que la femme lui a consentie par
l'obligation, afin que l'inscription du créancier prime celle
de la femme pour ses reprises résultant de son contrat de
mariage ou de tous autres actes.

Nous croyons que la Cour suprême a bien interprété la
loi en repoussant le système qui multiplierait les formalités.
L'article 9 se contente d'une inscription prise au nom du
créancier ou d'une mention qu'il fait en marge de l'inscription prise par la femme. Rien n'empêche le créancier de
comprendre dans un seul bordereau l'inscription de l'hypothèque conventionnelle et celle de l'hypothèque légale.
Nous comprenons que les éléments de l'article 2153 doivent
se trouver dans l'inscription, aussi bien que ceux de l'article 2148; mais nous ne voyons pas qu'ils doivent s'y trouver rangés dans un ordre plutôt que dans un autre, ni qu'il
faille reproduire les noms et les sommes à la suite de
l'hypothèque conventionnelle. L'inscription maintenue par
l'arrêt de 1872 n'affectait pas la forme ordinaire d'une inscription en ce qui concernait la priorité; elle semblait
s'inspirer de la forme assignée aux mentions à faire en
marge de l'inscription déjà prise par la femme. Mais l'intention n'était pas douteuse et les tiers n'ont pu s'y tromper.
Nous croyons donc que la Cour a sainement jugé. Nous
adoptons l'opinion qu'elle a consacré et qu'avaient enseignée
MM. Bertauld et Troplong.

Nous n'en recommandons pas moins à ceux qui prennent
ces inscriptions cumulatives de ne pas s'écarter des habi-
tudes ordinaires et d'inscrire distinctement et séparément
l'une et l'autre hypothèque.

353. Faut-il absolument faire une mention en marge de
l'inscription de la femme, quand elle en a pris une? Ou
suffit-il que le subrogé en prenne une en son nom?

M. Bertauld (n° 96) estime que le subrogé peut se borner
à prendre une inscription, tandis qu'il semble que M. Mourlon ait professé l'opinion opposée.

Nous ne croyons pas qu'il y ait grand doute possible.
L'article 9 donne le choix au subrogé. S'il avait entendu
l'obliger à une mention quand la femme a pris antérieurement une inscription, il l'aurait certainement dit. M. Bertauld fait très justement observer que l'inscription de la
femme peut paraître irrégulière au subrogé et qu'il serait
contraire à la raison de l'obliger à lier le sort de sa créance
à une formalité dont il suspecterait la valeur.

M. Flandin (n° 1565) ne voit, comme nous, aucune
difficulté à adopter cette solution.

354. L'idée dominante du livre de M. Bertauld sur la
subrogation, c'est que l'hypothèque ne peut être séparée de
la créance. M. Larombière (t. III, p. 226 à 258) accepte
cette idée. M. Troplong au contraire la combat énergiquement (Transc., n° 327 et suiv.). MM. Rivière et Huguet et
M. Pont partagent son sentiment.

Nous n'entendons pas discuter ici complètement cette
question. Nous ne pouvons cependant ne pas reconnaître
qu'il y a du vrai dans les doctrines de MM. Bertauld et
Larombière. L'hypothèque est la garantie attachée à une
créance. Elle est destinée à assurer l'exécution d'une obligation; elle demeure étrangère à toute autre. Un privilége
est attaché à un droit. L'en détourner, c'est l'anéantir. Il
doit en être de même de l'hypothèque. Aussi a-t-il été jugé
avec raison que la cession du rang hypothécaire faite par

un créancier ne peut donner lieu à une collocation, si la
créance que l'hypothèque était destinée à protéger est venue
à s'éteindre (C. de cass., arrêt CHARVIN, 25 janvier 1853,
S., 53, 1, 123). M. Mourlon (*Subrogation*, p. 585) a dit avec
la même justesse que la contrainte par corps ne pouvait
être appliquée d'une créance à une autre.

Cependant M. Mourlon a, depuis, émis une opinion qui
semble différente (*Transc.*, nos 926 à 932); et la loi de 1855,
qui mentionne littéralement la subrogation à hypothèque
légale paraît avoir pris parti pour M. Troplong. Mais, au
fond, ceux mêmes qui combattent les doctrines de M. Bertauld et de M. Larombière les appliquent en réalité.

Quand une femme cède son hypothèque légale, elle cède
réellement, qu'on s'en rende compte ou non, la créance
que cette hypothèque garantit; elle donne au moins au
créancier le droit d'en user au besoin. En revanche, le
droit du créancier remplacera pour elle celui qu'elle lui a
cédé, s'il a besoin d'en user. La loi lui donne d'ailleurs une
nouvelle créance armée d'une nouvelle hypothèque, mais
qui ne prend rang que du jour de l'engagement (art. 1435
et 2135). La femme peut donc, en ce cas, se prévaloir soit
de sa nouvelle créance, soit de celle que le créancier lui
laisse en échange. Mais cela, on le comprend, n'est vrai
que quand elle s'engage pour son mari. Si elle s'engage
pour elle-même, comme elle paye sa propre dette, elle ne
peut plus exercer de recours, ni faire valoir aucun autre
droit contre son mari.

Nous serions donc disposés à voir une véritable cession
de créance là où on ne voit généralement qu'une cession
d'hypothèque légale ; et cette circonstance, qu'il y a réellement ce qui devrait y être dans les idées de MM. Bertauld
et Larombière, explique suffisamment l'application pratique
qui se fait chaque jour sans souci des principes.

333. Ce que nous venons de dire de la subrogation à
hypothèque légale, nous croyons qu'on peut le dire aussi
de la cession d'antériorité.

**336.** L'article 9 nous semble exiger que la cession de la créance de la femme, quand elle est faite en termes exprès, et que la cession de priorité soient soumises à ses formalités. Nous venons de dire qu'au fond la cession de créance se trouve dans la subrogation. Nous ne pouvons donc décliner l'application de l'article 9. M. Bertauld enseigne cette thèse par les mêmes raisons (au n° 93). M. Troplong lui-même est de cet avis (*Trans.*, n°ˢ 333, 334 et 335), et il le motive sur cette considération que là où il y a autre chose que la subrogation à l'hypothèque, cette subrogation s'y trouvant, l'article devient applicable. MM. Rivière et Huguet (n° 93) estiment au contraire que, quand la femme cède la créance elle-même, l'article 9 n'est plus applicable. M. Flandin (au n°ˢ 1555, 1556) se prononce pour son application que combat M. Brossolles au numéro 100.

**337.** M. Bertauld (n° 107) pose un cas véritablement embarrassant.

Deux subrogations sont faites, l'une à Paul, qui inscrit le premier, l'autre à Pierre, qui signifie conformément à l'article 1690 du Code civil avant que Paul ait fait une signification. Si Paul, dit-il, faisait signifier avant que Pierre se fît inscrire, il devrait avoir la priorité. Mais il ajoute que si Pierre prenait inscription avant que Paul eût fait sa signification, il devrait triompher.

M. Mourlon enseigne (*Trans.*, n° 909) que l'application de l'article 9 dispense de la signification, tandis que M. Bertauld estime que l'article 1690 non abrogé doit être appliqué (n°ˢ 87 et 107). M. Larombière (sur l'article 1250, n° 61) émet la même idée.

Nous reconnaissons qu'il y a là une situation délicate.

Avant la loi de 1855, lorsqu'une cession n'était consentie qu'après une saisie-arrêt portant sur la créance cédée, il y avait lieu à contribution; la cession signifiée était considérée comme équivalente à une opposition. (DUVERGIER, n° 201, *Observations*, S., 37, 2, 1.; MOURLON, *Subrogation*, p. 561; TROPLONG, *Vente*, t. II, n° 926.)

La loi nouvelle semble n'avoir pas prévu le cas où la subrogation serait faite en l'absence du débiteur et n'avoir en vue que celui où la subrogation serait consentie par la femme avec l'autorisation du mari et en la présence de ce dernier, débiteur des reprises, et acceptant, virtuellement au moins, cette subrogation.

Est-ce à dire que l'article 1690 ait été abrogé pour ce cas? Nous ne saurions le penser. C'est une solution trop hardie pour qu'on l'accepte sans qu'il existe un texte qui la prononce. (*Voy.* n° 36, 37, 36, 38 *bis.*)

Si la subrogation est consentie en présence du mari et au profit de plusieurs cessionnaires, celui qui le premier se sera conformé à l'article 9 sera préféré aux autres. Le même résultat se produira si plusieurs cessions de ce genre sont consenties.

Mais si le mari ne figure pas à la cession, s'il faut la faire signifier, le cessionnaire devra-t-il signifier avant de prendre son inscription ou de faire la mention? La Cour de cassation a jugé les 25 mars 1816 et 11 août 1819 (S., 16, 1, 233 et 19, 1, 450) que le cessionnaire peut s'inscrire avant d'avoir signifié. C'est ce qu'a jugé la Cour de Besançon le 12 février 1841 (S., 41, 2, 617). L'inscription prescrite par l'article 9 n'a pas pour but d'assurer un rang parmi les créanciers du débiteur ; elle ne tend qu'à avertir ceux auxquels la femme pourrait céder de nouveau. Qu'elle soit prise avant ou après la signification, nous ne croyons pas que sa validité puisse avoir à en souffrir. La loi nouvelle n'a pu songer à régler l'ordre dans lequel seraient accomplies deux formalités, puisqu'elle a perdu de vue l'une de ces formalités. Par la même raison, nous ne voyons pas que la publication doive mentionner la signification qui peut être postérieure. Mais nous croyons qu'il faut prendre l'une et l'autre mesures, pour que le droit du cessionnaire soit complet. Il faut la publicité de l'inscription parce qu'elle a été exigée pour empêcher une deuxième cession. Il faut la signification parce qu'elle a été prescrite par l'article 1690 d'une manière générale pour saisir le cessionnaire, et que, encore aujourd'hui, elle seule peut empêcher une saisie et qu'elle avertit directement le débiteur du changement de créancier.

M. Bertauld refuse le bénéfice de la cession au cessionnaire qui a le premier satisfait à l'article 9, lorsque, dans le temps qui s'est écoulé entre cette formalité et la signification qu'il fait faire au débiteur, un autre cessionnaire a signifié conformément à l'article 1690 et publié conformément à l'article 9.

Si on prend à la lettre l'article 9, on peut contester la solution de l'éminent professeur ; et cependant nous croyons qu'il s'est placé dans le véritable esprit de la loi qui a voulu, non retrancher sur les formalités à remplir par le cessionnaire, mais y ajouter les conditions prescrites par l'article 9.

Ici, comme dans le cas du premier paragraphe, les termes employés dépassent la pensée de la loi. Le second paragraphe ne s'applique qu'à la subrogation qui se pratique généralement, à celle que la femme consent avec l'autorisation de son mari. On n'a pas songé qu'il peut en être fait d'autres, et on ne s'est pas demandé si la publicité qu'on prescrivait pourrait suffire si elle n'était pas accompagnée des formalités anciennes prévues par l'article 1690.

Les dates des inscriptions ou des mentions doivent sans doute déterminer le droit à la créance, mais à la condition qu'on ait rempli les formalités normales prescrites par l'article 1690.

La loi n'ayant prévu que la subrogation faite par la femme en présence du mari, les autres cas sont en dehors des dispositions de la loi nouvelle et doivent être régis par le droit commun, d'après lequel celui qui a le premier rempli une formalité nécessaire est préféré aux autres. Autrefois une seule formalité était nécessaire. Aujourd'hui il en faut deux. Celui qui a terminé le premier doit donc triompher.

Le cessionnaire n'est saisi, vis-à-vis du débiteur et vis-à-vis des simples ayants cause de ce dernier, que par la signification. Ce n'est qu'alors qu'il peut être comparé à l'acquéreur d'un immeuble, et que la publicité qu'il donne ou qu'il a donnée à sa cession, conformément à l'article 9, peut être comparée à la transcription.

Nous nous demandons ce qui adviendrait si une saisie-arrêt surgissait entre l'inscription prise par un cessionnaire en exécution de l'article 9, et la signification qu'il fera faire. Un autre cessionnaire qui aurait fait signifier pourrait-il soutenir comme autrefois que sa signification vaut saisie? Nous le croyons. Sans doute la cession simplement signifiée n'a plus la force translative qu'elle avait autrefois tant qu'elle n'est pas publiée conformément à l'article 9. Mais la cession publiée est atteinte elle-même par la saisie. Une contribution s'ouvre et nous rentrons dans les conditions anciennes.

338. Nous avons dit (n° 347) que MM. Troplong, Bertauld et Flandin appliquent l'article 9, même après la dissolution du mariage. M. Troplong reconnaît qu'on ne se trouve plus en présence des mêmes raisons. Il serait étrange qu'on eût voulu perpétuer après la mort du mari une situation exceptionnelle. On reconnaît en effet que l'article 9 ne s'applique pas aux créances ordinaires et qu'il doit être restreint à la femme mariée. (TROPLONG, trans., n° 344; BERTAULD, n° 112, FLANDIN, n° 1574.) Si on prolonge l'effet de l'article 9 en dehors du mariage, même après l'année passé laquelle l'hypothèque légale ne remonte pas au-delà de l'inscription, ne semble-t-il pas manifeste que le texte, à supposer qu'il existe, aura dépassé les besoins? Mais il nous semble que le texte même n'a pas la signification qu'on lui prête. Ce texte porte le numéro 9; il parle des femmes qui cèdent leur hypothèque légale. Or, qu'on le remarque bien, l'article qui précède, qui entend parler de la femme prise au moment où le mariage est dissous, emploie une autre

expression. Il dit : « la veuve ». Ce rapprochement nous paraît décisif et nous dispense de prêter à la loi une portée qui a paru excessive à ceux mêmes qui ont cru la trouver dans l'article 9. Nous croyons que cet article ne peut s'appliquer à la femme devenue veuve.

Nous trouvons d'ailleurs dans l'exposé des motifs de M. Suin un passage qui confirme notre interprétation. Après avoir parlé des débats qu'ont soulevés les hypothèques légales, il dit que cette faveur sera maintenue tant qu'elle aura sa raison d'être, savoir : pour la femme, tant qu'elle sera sous la dépendance du mari dont l'intérêt est contraire au sien, et, pour le mineur, tant qu'il est en tutelle ; il ajoute :

« Le même raisonnement a dicté l'article 11 (devenu » dans la loi l'article 9) ; le cessionnaire de la femme n'est » protégé quant à lui par aucune des considérations qui » peuvent empêcher la femme de prendre inscription con- » tre son mari ; il ne doit pas jouir de la même exception... »

Donc on parle de celui qui vient d'être subrogé par une femme encore engagée dans les liens du mariage.

M. Debelleyme, dans son rapport, dit de même qu'on a fait subir au projet un changement pour bien établir que la loi n'a pas pour but de modifier la législation relative aux droits de la femme mariée.

Nous devons cependant déclarer que l'opinion contraire a été adoptée par MM. Mourlon (*Examen critique*, n° 396), Rivière et Huguet (n° 404), Pont (*Priv. et hyp.*, n° 796).

359. La subrogation peut être expresse ou tacite. (BER-TAULD, n° 62.) Il y a subrogation tacite quand la femme participe à la vente ou à l'hypothèque des immeubles sur lesquels frappe son hypothèque légale. (BERTAULD, n° 63 ; TROPLONG, *Hyp.*, t. II, n° 603 ; FLANDIN, n° 1550, arrêt de cass., 25 février 1862, S., 62. 1, 357).

360. Mais si la femme ne fait que cautionner la dette, ou s'obliger même solidairement avec son mari, sans participer

à une hypothèque, elle ne subroge pas. Le créancier n'a sur l'avoir de la femme que le droit général de tout créancier (art. 2092); mais elle ne lui transmet aucun droit spécial sur les reprises pour lesquelles elle a un droit hypothécaire. (PROUDHON, *Usufruit*, t. V, n° 2334; GRENIER, *Hyp.*, t. I, n° 254; PERSIL, *Reg. hyp.*, sur l'article 2121, n° 20; DURANTON, t. XII, n° 143; GAULTIER, *Subrogation de personnes*, n° 585; BERTAULD, n° 69; MOURLON, *Subrogation, Appendice*, § 6, p. 610; TROPLONG, *Hyp.*, t. II, n° 603; DALLOZ, *Jur. gén.*, 80, *Priv. et hyp.*, n° 961; FLANDIN, n° 1552.)

On pourrait citer dans un sens opposé un arrêt de la Cour de cassation du 17 avril 1827 (S., 28, 1, 91), et un arrêt de Bourges du 4 mars 1831 (S., 32, 2, 31). Mais le contraire a été jugé par la Cour de Paris le 2 janvier 1836 (S., 36, 2, 149); par celle de Caen, le 15 juillet 1840 (S., 40, 2, 522); par celle d'Orléans, le 24 mai 1848 (S., 48, 2, 146); par la Cour de Paris, le 8 avril 1853 (S., 53, 2, 135).

361. La même solution doit être donnée dans le cas de condamnation même solidaire contre le mari et la femme. La condamnation donne sans doute une hypothèque sur les immeubles de la femme; mais elle ne donne sur les valeurs mobilières que le droit d'affectation générale qui résulte pour le créancier de l'arti e 2 32. C'est ce qu'enseignent MM. Grenier (n° 254), Bertauld (n° 70), Aubry et Rau sur Zachariæ, t. II, § 288 *bis*, Pont, n° 463, et ce qui a été jugé par la Cour de cassation les 27 novembre 1834 et 14 mars 1865 (arrêt LERICHE, 565, 1, 209); par la Cour de Paris, le 2 janvier 1836 (S., 36, 2, 149); par la Cour de Caen, le 5 juillet 1840 (S., 40, 2, 522).

### § 63

### FORMES DE LA TRANSCRIPTION

#### Sommaire

361. L'échange ne saurait être scindé; mais une transcription suffit pour les deux échangistes.

362. L'article 2181 du Code civil obligeait à faire transcrire intégralement l'acte translatif. L'article 3 du projet de la loi nouvelle prescrivait le dépôt au bureau de la conservation d'une copie entière dont il était donné récépissé au déposant et qu'il y laissait déposée. Le conservateur en faisait un extrait qu'il transcrivait sur un registre. Il résulte du rapport de M. Debelleyme (*Appendice* de M. Troplong, p. 36) que, cette substitution de la reproduction par extrait à la reproduction littérale ne présentant pas les mêmes avantages, la commission a préféré l'ancien mode. De là, il suit que, bien que le texte définitif ne contienne pas les mots « en entier » la pensée de la loi est la même que celle de l'article 2181.

363. Mais il y a à cela des tempéraments nécessaires. Si une adjudication est faite par lots, ne pourra-t-on soumettre à la transcription que l'acte entier? Une instruction de la régie qui porte le n° 1569 a répondu dans les termes suivants :

« A l'égard des contrats translatifs d'immeubles, l'arti-
» cle 2181 du Code civil veut qu'ils soient transcrits en
» entier. Ces termes de la loi sont évidemment exclusifs de
» la transcription par extraits des contrats.....

» La transcription en entier est donc une mesure d'ordre
» public et d'intérêt général.

» Cependant il est des actes dont la transcription peut
» être divisée. Lorsqu'il s'agit par exemple, soit d'une vente
» d'immeubles en détail, soit d'une donation contenant
» partage faite conformément aux articles 1075 et 1076 du
» Code civil, on peut faire transcrire séparément la partie
» de l'acte concernant les immeubles transmis à tel acqué-
» reur, à tel donataire. Cette distinction qu'autorise la
» décision insérée dans l'*Instruction*, n° 385, est admise par
» MM. Grenier, *Hypothèques*, t. II, n° 369, Troplong, t. IV,
» n° 911. Dans la vente d'immeubles en détail dans la
» donation contenant partage, on peut dire qu'il existe

» autant de contrats distincts qu'il y a d'acquéreurs ou de
» donataires. Chacun des contrats peut être transcrit sépa-
» rément sans dérogation à l'article 2181 du Code civil.
» Mais la formalité ne peut avoir lieu que sur le dépôt d'un
» extrait, d'une copie littérale de toutes les dispositions
» générales et spéciales de l'acte qui se rapportent aux
» immeubles qu'il s'agit de purger. Un extrait analytique
» ne remplirait en aucune manière le vœu de la loi. »

**364.** M. Flandin (n° 377) ne pense pas qu'on puisse appliquer la même règle à un acte de vente ordinaire dans
lequel des immeubles divers seraient transmis à des acquéreurs différents. Il explique que, en cela, il se sépare de
l'opinion de M. Troplong (*Priv. et hyp.*, t. IV, n° 911), de
M. Pont (*Rev. crit.*, t. IV, p. 174), de M. Grenier (*Hyp.*,
t. II, n° 369). Nous croyons que M. Flandin se trompe.
L'instruction que nous venons de reproduire le condamne
et nous ne voyons pas de différence rationnelle entre ce cas
et celui d'une adjudication par lots.

**365.** Seulement il est bien entendu que, quand il s'agit
d'une adjudication, il faut transcrire, non-seulement la
partie qui concerne le transcrivant, mais encore le cahier
des charges en entier. (FLANDIN, n° 776.) De même, quand
il s'agit d'une vente amiable à divers, il faut que toutes les
conditions imposées à chacun soient reproduites.

**366.** Un échange ne saurait être scindé. La transmission
de l'un est la condition de la transmission de l'autre et son
équivalent. Il faut donc tout transcrire. (FLANDIN, n° 779 ;
TROPLONG, *Hyp*, t. IV, n° 911 ; PERSIL, *Hyp.* sur les art.
2181 et 2182 ; DALLOZ, *Jur. gén.*, v° *Priv. et hyp.*, n° 1728 ;
BRESSOLLES, n° 37 ; *contrà*, GRENIER, *Hyp.*, t. II, n° 369).

On ne saurait non plus exiger deux transcriptions parce
qu'il y a deux échangistes. Autant vaudrait dire qu'il faut
transcrire pour le vendeur et transcrire pour l'acquéreur.
Une seule transcription suffit pour tout le monde. (FLANDIN,
n° 780 ; RIVIÈRE et HUGUET, n°⁵ 112 et 113) *contrà*, LEMARCIS,
chap. I, sect. 1, n° 3.

Nous no croyons pas devoir pousser plus loin l'examen des autres difficultés que peut présenter la transcription. Ce que nous avons dit nous paraît devoir servir à la solution des difficultés de détail qui peuvent surgir.

Nous nous bornerons, quant aux articles 10 et 11, à les reproduire sans nous étendre sur leur interprétation. Les difficultés qu'ils ont pu soulever sont essentiellement temporaires. Il peut en surgir encore, mais certainement en petit nombre. Nous ne croyons pas devoir prolonger pour cela un travail que nous aurions voulu pouvoir rendre plus court.

« ART. 10. — La présente loi est exécutoire à partir du 1er janvier 1856. »

« ART. 11. — Les articles 1, 2, 3, 4, et 9 ci-dessus ne
» sont pas applicables aux actes ayant acquis date certaine
» et aux jugements rendus avant le 1er janvier 1856. Leur
» effet est réglé par la législation sous l'empire de laquelle
» ils sont intervenus. Les jugements prononçant la résolu-
» tion, nullité ou rescision d'un acte non transcrit, mais
» ayant date certaine, avant la même époque, doivent être
» transcrits conformément à l'article 4 de la présente loi.
» Le vendeur, dont le privilège serait éteint au moment où
» la présente loi deviendra exécutoire, pourra conserver
» vis-à-vis des tiers l'action résolutoire qui lui appartient
» aux termes de l'article 1654 du Code Napoléon, en faisant
» inscrire son action au bureau des hypothèques dans le
» délai de six mois, à partir de la même époque. L'inscrip-
» tion exigée par l'article 8 doit être prise dans l'année à
» compter du jour où la loi est exécutoire; à défaut d'ins-
» cription dans ce délai, l'hypothèque légale ne prend rang
» que du jour où elle est ultérieurement inscrite. Il n'est
» point dérogé aux dispositions du Code Napoléon relatives
» à la transcription des actes portant donation ou contenant
» des dispositions à charge de rendre ; elles continueront à
» recevoir leur exécution. »

# TABLE DES PARAGRAPHES

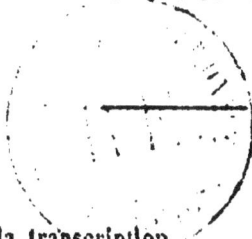

La table qui précède est relative aux divers paragraphes ou grandes divisions de l'ouvrage. Chacun de ces paragraphes comprend les matières qui ont entre elles quelque analogie.

La table suivante comprend, par ordre alphabétique, les questions traitées. Les chiffres de cette table se réfèrent aux numéros qui ont été donnés aux subdivisions des paragraphes. Ces numéros se succèdent sans interruption du commencement à la fin du volume.

# TABLE ANALYTIQUE

## A

## B

# F

# G

# H

# M

# N

### U

### V

FIN.

LIMOGES. — Imp. Ve H. DUCOURTIEUX, IMPRIMEUR DE LA COUR.
5, rue des Arènes, 5.

IMPRIMERIE — LIBRAIRIE — PAPETERIE

## Vᵉ H. DUCOURTIEUX

RUE DES ARÈNES, 5, LIMOGES

# THÉORIE ET PRATIQUE

DES

# OBLIGATIONS

OU

## COMMENTAIRE

DES TITRES III ET IV, LIVRE III, DU CODE NAPOLÉON

ART. 1101 A 1386

### Par M. L. LAROMBIÈRE

Premier Président à la Cour d'appel de Paris

CINQ VOLUMES GRAND IN-8º. — Prix : 40 francs

# RÉPERTOIRE

DE

# JURISPRUDENCE CIVILE

Analyse sommaire des Arrêts rendus par la Cour d'appel de
Limoges, 1820 à 1872 (52 années, 6,000 décisions

### Par Ernest PÉNICAUD

GREFFIER EN CHEF.

*L'impression de cet ouvrage est subventionnée par la Cour*

DEUX FORTS VOLUMES GRAND IN-8º. — Prix : 15 fr.

*Un Supplément à ce Recueil paraîtra tous les cinq ans.*

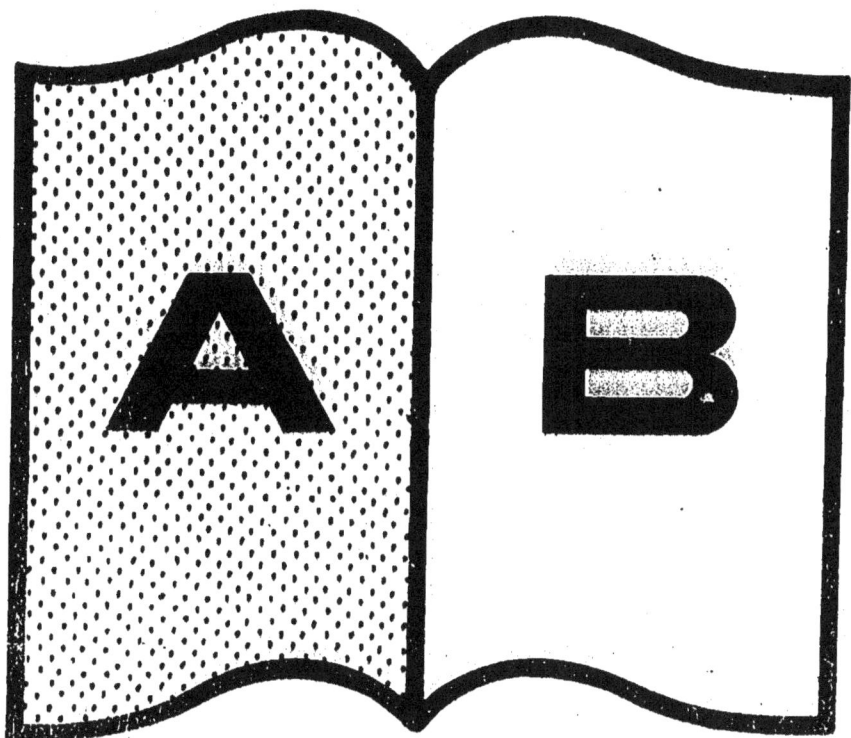

Contraste insuffisant

**NF Z 43**-120-14

www.ingramcontent.com/pod-product-compliance
Lightning Source LLC
Chambersburg PA
CBHW031608210326
41599CB00021B/3099